"十二五"国家重点图书出版规划项目

工商管理经典译丛

Product Design and Development

(Fourth Edition)

Karl T. Ulrich　Steven D. Eppinger

产品设计与开发（第4版）

［美］卡尔·T.犹里齐　斯蒂芬·D.埃平格　著

杨德林　王彬　主译

东北财经大学出版社　大连

Dongbei University of Finance & Economics Press

图书在版编目（CIP）数据

产品设计与开发：第四版／（美）犹里齐等著；杨德林，王彬主译．—大连：东北财经大学出版社，2009.5（2019.11 重印）
（工商管理经典译丛）
书名原文：Product Design and Development，Fourth Edition
ISBN 978－7－81122－593－8

Ⅰ．产… Ⅱ．①犹… ②杨… ③王… Ⅲ．①产品－设计 ②产品技术开发 Ⅳ．TB472

中国版本图书馆 CIP 数据核字（2009）第 057087 号

辽宁省版权局著作权合同登记号：图字 06－2008－386 号

东北财经大学出版社出版
（大连市黑石礁尖山街 217 号　邮政编码　116025）
教学支持：（0411）84710309
营 销 部：（0411）84710711
总 编 室：（0411）84710523
网　　址：http：//www.dufep.cn
读者信箱：dufep@dufe.edu.cn

大连永盛印业有限公司印刷　　东北财经大学出版社发行

幅面尺寸：200mm×270mm　字数：450 千字　印张：20.75　插页：1
2009 年 5 月第 1 版　　2019 年 11 月第 4 次印刷

责任编辑：李　季　　责任校对：那　欣　何　群
封面设计：冀贵收　　版式设计：钟福建

定价：66.00 元

译者前言

有关工具和方法方面的著作大都枯燥无味，但宾夕法尼亚大学沃顿商学院的Karl T. Ulrich 和 MIT 斯隆管理学院的 Steven D. Eppinger 两位教授合著的《产品设计与开发》却打破了这种模式。他们为产品开发设计了严谨而有力的方法和工具，使得它们充满活力！这本书对每一种方法都通过具体的工业实例或案例来说明，而且每一章都选择不同的产品实例，这就使得该书非常活泼、有趣。

作者试图通过强调方法的作用并力求在产品开发的理论和实践之间求得平衡。方法实际上就是完成一定任务的相关程序，是实践经验的系统化，但它并不一定就是精确的理论。在该书的所有情况下，方法论为解决产品开发问题提供了一个个具体的途径。作者就是这样，以一种可读性很强的方式把理论与实践紧密地联系在一起。同时，本书所介绍的方法又具有很强的可操作性，一般都能立即应用于具体的产品开发活动之中。

作为教师，我总想及时把我认为有益的东西介绍给学生。当我在 1999 年得到《产品设计与开发》的第一和第二版的时候，就立即被该书所吸引，也马上将部分内容在我的 MBA 课堂上使用，把相关的资料发给我的学生。学习了这本著作的同学们反映，这是他们见到的有关新产品开发管理方面最好的教科书。许多同学鼓励我把它翻译成中文出版，以便更多的中国读者能够学习它。我觉得这确实是一件值得去做的大好事，因为不管是我国企业的新产品开发管理水平，还是我国高等学校新产品开发管理的研究与教学水平，都与西方发达国家有相当大的差距。而这样一本通俗、有趣的高水平教科书的中文译本的出版和普及必将大大有利于我们这方面工作水平的普遍提高。这样的想法也同样产生于东北财经大学出版社有远见的领导和编辑的脑海中，他们及时办理了与 Mc Graw Hill 出版社的版权事宜。《产品设计与开发》（第二版）的中文译本就这样于 2001 年与读者见面了。

本书的两位作者均长期从事新产品开发的研究工作，是该研究领域非常活跃且成果卓著的学者。实际上，本书正是产品设计与开发方法新成果的综合体现，其中也包括不少他们自己的研究成果。随着时间的推移，不断有新的成果产生，两位作者也不断修改、充实和完善他们的书稿。《产品设计与开发》自 1995 年第一版问世，到 2008 年初已经出版了四版（英文版）。这也从一个侧面反映了该书的受欢迎程度。

我与《产品设计与开发》的作者之一，MIT 斯隆管理学院副院长 Steven D. Eppinger 教授保持了长期的友谊和合作关系。我个人从这种友谊和合作关系中获益良多。2005 年春季学期，我首次到斯隆管理学院访问期间就经常参加 Eppinger 教授主持的产品开发研讨课。承蒙 Eppinger 教授抬爱，2005 年 6 月我回到清华后又接到他的邀请，协助他主持了2005年7月13日在上海金茂大厦举办的“环球研发，创新中国”高层研讨会。该会议是Intel公司和PTC公司共同发起的管理高层年度研讨会。每年的研讨会由一位学术界的顶级学者主持，就一个重要管理专题与世界各地的产业领袖一起研讨。2004年首届研讨会的专题是“公司国际化战略”，由哈佛商学院的Michael E. Porter教授主持。2005年的会议就由Eppinger教授主持，研讨会的专题为“全球化创新”。研讨会在美国波士顿、法国巴黎、德国杜塞尔多夫、英国伦敦、日本箱根、中国上海、中国台北、韩国汉城分别举行。在美国以外的研讨会，均由主持教授（或由Intel和PTC公司）邀请一位当地的学者一起主持。上海的研讨会就由我协助Eppinger教授完成主持工作。会后他告诉我，希望由我继续承担起刚刚出版的《产品设计与开发》第三版（英文版）的翻译工作，以便能够在中国继续发行、传播。Eppinger教授的信任使我非常感动，但考虑到我当时的时间安排已经非常紧张，只能谢绝了他的好意。

2006年我得到中美政府Fulbright项目的资助，由Steven D. Eppinger教授，以及MIT创业中心主席Edward B. Roberts教授和清华大学经济管理学院常务副院长陈国青教授共同推荐，到MIT斯隆管理学院访问1年。在我访问期间，Eppinger教授担任斯隆管理学院的代理院长（院长选任的过渡期），工作虽然很繁忙，仍然非常关心我的访问和工作情况，给予许多关照和帮助。2007年8月，在我的访问将要结束之时，Eppinger教授专门与我商谈了即将出版的《产品设计与开发》第四版（英文版）的中文稿出版问题，希望我能承担翻译工作。当时我就愉快地答应了。

本书的翻译是许多人共同努力的结果：陈春宝、周亮、刘慧卿、李泉注、李伟、高敬、刘建新、董乐等参与了初稿的翻译，昆明理工大学王彬老师对全书进行了校对、修订。在此谨向他们表示衷心的感谢。

虽然本书原稿是一本优秀著作，但由于译者水平有限，加之时间仓促，译文中肯定有不少不成熟的地方，甚至存在某些错误，其责任应由主译者承担，也欢迎广大读者朋友批评指正。

杨德林
清华大学经济管理学院
2009年3月

前　言

本书是我们在产品开发这一交叉性课程的讲义的基础上编写出来的。参加该门课程的学习者包括工程和工业设计领域的研究生及 MBA 学生。尽管《产品设计与开发》主要面向上述交叉性领域的研究生，但许多工程设计领域的研究生和本科生的教师会发现它也是一本很有用的教学参考书。同时，本书对于工业从业人员也是很有用处的，实际上，我们的大部分学生本身就来自从业人员，他们曾在产品开发或其他相关领域工作过。

本书把市场营销、设计和制造的观点融合为一个产品开发的整体思路。因此，它能使每个学生都正确理解实实在在的产品开发实践，以及开发团队中不同成员扮演的复杂而基本的角色。本书还特别关注工业从业人员，为他们提供了一套产品开发方法，可以立即应用于项目开发实践中。

近来在工业设计教学领域发生了一场争论，即设计的教学工作是应首先为学生建立理论基础，还是首先让学生在不太严格的监控下开展实践活动。对于产品设计与开发的更广泛活动，我们舍弃了这两个极端。没有实践的理论是无效的，因为许多细微之处、例外和微妙的地方必须在实践中才能学到；同时，一些必要的设计理论需要充分的事实支持，而没有理论指导的实践也太容易产生混乱，因为产品开发人员和研究人员已经积累起来的知识也需要系统化。在这方面，产品开发如同航海：熟练通过实践获得，但航海理论和船舶运作机理（甚至一些小技巧）的指导也会产生很大的帮助。

我们试图通过强调方法论，在理论和实践之间求得平衡。方法论是完成任务的一个按部就班的程序，但它几乎体现不出清晰而精确的理论。在某些情况下，研究和实践的传统可以部分地支持方法论，在“产品开发项目的经济分析”一章中就是如此。在另一些情况下，方法论是较新的和专门技术的精华，在“工业设计”一章中就是这样。在所有情况下，方法论都为解决产品开发问题提供了具体的途径。实践中，最好在工业或学术背景下的项目工作应用中通过结构化方法学习产品开发。因此，本书旨在为在课程项目或工业实践背景下完成产品开发任务提供指导。

本书的每一种方法都通过具体的工业实例或案例研究来说明。每一章我们选择不同的产品实例，而不是在全书中使用相同的例子。之所以提供不同的例子，是因为我们认为这样可能使本书更加有趣，另一方面也试图通过这种办法来说明这些方法可以应用于从保龄球设备到注射器这样广泛的产品领域。

本书设计灵活：它由 16 个独立的章节构成，每一章为产品开发流程中的一个特殊部分提供一种开发方法。这种形式的主要好处是，每一章都独立于其他部分。

这样，教学人员、学生和从业者就可以很容易地找到他们最需要的材料。

这次出版的第四版对全书的例子和数据进行了更新，扩展了一些内容，融入了产品开发实践和研究的新近成果。

作为该书的补充，我们还在互联网上建立了一个网址。这主要是为教师、学生和从业人员提供一种网上资源，我们将及时对它进行更新，补充参考资料和实例，并提供与产品开发各专题有用的相关资源链接。请登录www. ulrich – eppinger. net来使用这些资源。

模式化方法在产品开发中的应用也有助于开发流程的研究和提高。实际上，我们希望读者能够应用本书的思想作为创造自己开发方法的种子，使得它能适合于读者自己的个性、智慧和企业环境。我们鼓励读者和我们共享经验并提供改进这些材料的建议。请写信告诉我们您的观点和评价。我们的电子信箱是 ulrich@wharton. upenn. edu 和 eppinger@ mit. edu。

致 谢

数以百计的人以各种不同的方式为本书的出版付出了自己的努力。我们感谢众多的工业从业者，他们提供了大量数据、实例和观点。我们感谢众多的同事、助研和支持人员，以及我们的资助人和 McGraw－Hill 团队，他们给予我们很多帮助。如果没有他们的合作与协助，我们是难以完成本书的。

这本教材得到了来自 Aflred P. Sloan 基金、MIT 的制造领导者计划、Gordon 著作基金和 MIT 的产品开发创新中心的资助。

许多工业从业者帮助我们收集数据和整理实例。我们特别向以下各位表示感谢：Richard Ahern ，Liz Altman，Lindsay Anderson，Terri Anderson，Mario Belsanti，Mike Benjamin，Scott Beutler，Bill Burton，Michael Carter，Pat Casey，Victor Cheung，David Cutherell，Tom Davis，John Elter，George Favaloro，David Fitzpatrick，Marc Filerman，Gregg Geiger，Anthony Giordano，David Gordon，Kamala Grasso，Matt Haggerty，Rick Harkey，Matthew Hern，Alan Huffenus，Art Janzen and the Enterprise Design Group，Randy Jezowski，Carol Keller，Edward Kreuzer，David Lauzun，Peter Lawrence，Brian Lee，David Levy，Albert Lucchetti，Paul Martin，Doug Miller，Leo Montagna，Al Nagle，John Nicklaus，Hossain Nivi，Paolo Pascarella，E. Timothy Pawl，Amy Potts，Earl Powell，Jason Ruble，Virginia Runkle，Nader Sabbaghian，David Shea，Wei－Ming Shen，Leon Soren，Paul Staelin，Michael Stephens，Scott Stropkay，Larry Sullivan，Malcom Taylor，Brian Vogel，David Webb，Bob Weisshappel，Dan Williams，Mark Winter。

我们也得到了我们同事的大力协助。在某些特别的教学和研究工作中，我们经常得到他们的鼓励和支持，其中有些已在书中得到反映。我们尤其要感谢 MIT 的制造领导者（LFM）计划和 MIT 的产品开发创新中心（CIPD）这两个由主要的制造企业以及 MIT 工程学院和管理学院参加的模范合作伙伴。我们受益于与这两个计划相关的工作人员的合作，尤其是 Gabriel Bitran，Kent Bowen，Don Clausing，Tom Eagar，Charlie Fine，Woodie Flowers，Steve Graves，John Hauser，Rebecca Hendersen，Maurice Holmes，Tom magnanti，Kevin Otto，Don Rosenfield，Warren Seering，Shoji Shiba，Anna Thornton，Jim Utterback，Eric von Hippel，Dave Wallace 和 Dan Whitney。我们得到了来自 LFM，CIPD 以及 Gordon 著作基金的资助。最重要的是，LFM 和 CIPD 在产品开发和制造中为我们提供了接触工业项目和研究问题的特殊途径。

一些同事帮助我们审阅了书中的章节，并通过书中材料在班级教学中的应用为我们提供了大量的反馈信息。我们尤其感谢这些审阅者和“beta 测试者”，他们是

Alice Agogino，Don Brown，Charles Burnette，Gary Cadenhead，Roger Calantone，Cho Lik Chan，Kim Clark，Morris Cohen，Michael Duffey，William Durfee，Josh Eliashberg，David Ellison，Woodie Flowers，Gary Gabriele，Abbie Griffin，Marc Harrison，Rebecca Henderson，Tim Hight，Mike Houston，Marco Iansiti，Kos Ishii，R. T. Johnson，Viswanathan Krishnan，Yuyi Lin，Richard Locke，Bill Lovejoy，Farrokh Mistree，Wanda Drlikowski，Robert Pelke，Warren Seering，Paul Sheng，Robert Smith，Carl Sorensen，Mark Steiner，Chuck Turtle，Marcie Tyre，Dan Whitney，Kristin Wood，Khim – Tech Yeo。

一些工业从业人员和培训专家也在审阅与评论各章原稿方面为我们提供了帮助，他们是 Wesley Allen，Geoffrey Boothroyd，Gary Burchill，Eugene Cafarelli，James Carter，David Cutherell，Gerard Furbershaw，Jack Harkins，Gerhard Jünemann，David Meeker，Ulrike Näger，B. Joseph Pine II，William Townsend，Brian Vogel，John Wesner。

我们也感谢班级里的一千多名学生。几年来，我们在这些班级里试讲这些教材。这些学生分布于 MIT，赫尔辛基技术大学，Rhode Island School of STOA（意大利），宾夕法尼亚大学和南洋理工大学（新加坡）的不同的教学项目。许多学生提出了提高教材水平的建设性意见并提供了最终选用的资料。通过观察学生在产品开发项目中如何使用这些方法，我们进一步润色了材料。

几位 MIT 的学生助研对本书中的开发方法、实例和数据的调研工作提供了很大帮助。不同的学生负责不同的章节，具体分工如下：Paul Brody（第 10 章），Tom Foody（第 13 章），Amy Greenlief（第 12 章），Christopher Hession（第 3 章），Eric Howlett（第 7 章），Tom Pimmler（第 11 章附录），Stephen Raab（第 14 章），Harrison Roberts（第 11 章附录），Jonathan Sterrett（第 4 章）和 Gavin Zau（第 6 章）。

其他学生也为相关章节提供了数据、评价和批评建议，他们是 Tom Abell，E. Yung Cha，Steve Daleiden，Russell Epstein，Matthew Fein，Brad Forry，Mike Frauens，Ben Goss，Daniel Hommes，Bill Liteplo，Habs Moy，Robert Northrop，Leslie Prince Rudolph，Vikas Sharma 和 Ranjini Srikantiah。我们也感谢 MIT 的工作人员 Cara Barber，Anna Piccolo，Kristin Rocheleau 和 Kathy Sullivan 的热心帮助。

Irwin/McGraw – Hill 团队的工作是极优秀的，尤其要感谢我们的责任编辑 Andy Winston 持之以恒的努力。同样感谢开发编辑 Kelly Pekelder、资深项目经理 Bruce Gin、复制编辑 Gretlyn Cline、图片编辑 Jeremy Cheshareck、摄影师 Stuart Cohen 以及设计师 Jillian Lindner 的努力。

最后，感谢家人的关爱和支持。我们的父母给予了诸多鼓励。Nancy，Julie，Lauren，Andrew，Jamie 和 Nathan 在本产品开发项目漫长的开发过程中表现出了无尽的耐心。

卡尔·T. 犹里齐

斯蒂芬·D. 埃平格

目　录

第1章 引　论

第2章 开发流程和组织

第3章 产品规划

第4章

确认顾客需求

第5章

产品规格说明

第6章

概念生成

第 7 章

概念选择

第 8 章

概念测试

第9章 产品构造

第10章 工业设计

第11章 制造设计

第 12 章 原型化

第 13 章 稳健设计

第 14 章

专利和知识产权

第 15 章

产品开发项目的经济分析

第 16 章

产品开发项目管理

1 引论

制造型企业在经济上的成功要依靠它们拥有的一种能力，这种能力就是识别顾客需要并以低成本迅速制造出满足顾客需求的产品的能力。要达到这样的目标不仅仅是一个营销的问题，也不仅仅是一个产品设计或制造的问题，它是一个包含所有这些职能的产品综合开发问题。本书给出了一整套方法，以期提高交叉团队共同开发产品的能力。

“产品（product）”就是企业销售给顾客的东西。“产品开发（product development）”是一整套活动，这种活动从发现市场机会开始，到产品的制造、销售以及运送到消费者手中结束。尽管本书的许多资料在任何一种产品开发中都是有用的，我们还是要集中讨论工程化的、单独的和有形的产品。图表1—1就是几个典型的工程化有形产品的例子。由于我们集中于工程化的产品，本书更适合动力设备和计算机外设这类产品的开发，而不是杂志或毛衣这类产品的开发；由于我们集中于可分离的产品，本书不太适合诸如汽油、尼龙、纸张等产品的开发；由于集中于有形产品，我们没有强调在开发无形服务和软件产品中所涉及的问题。尽管有如此多的限制，本书所提供的方法仍可以很好地应用于大范围的产品，如消费性电器、运动器械、科学仪器、机床和医疗设备等。

图表1—1 **工程化的、单独的、有形的产品实例**

从左上方顺时针：螺丝刀、惠普台式打印机、波音777客机、大众新甲壳虫小汽车和Rollerblade一字溜冰鞋。

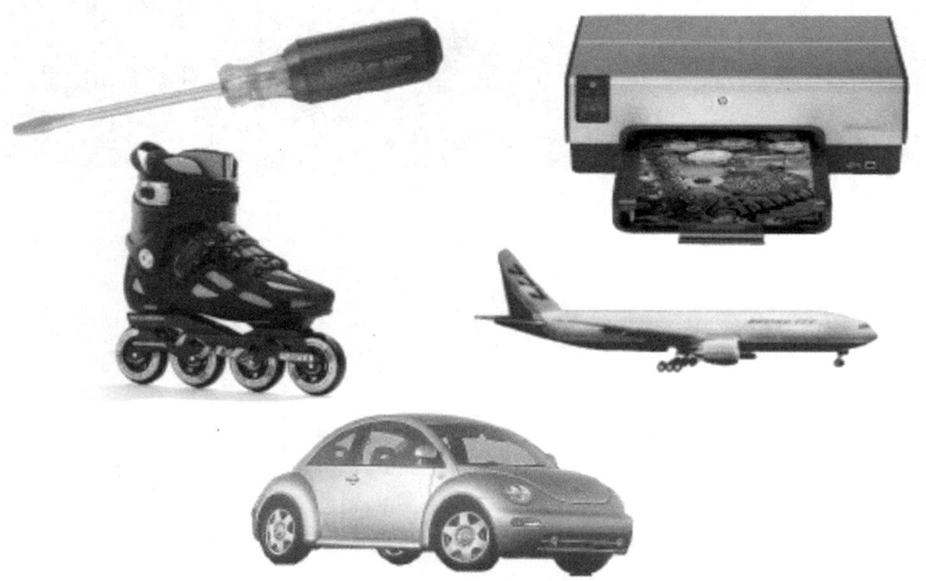

（左上图起顺时针：由Stuart Cohen摄制，惠普授权，航空周报授权，大众AG授权，Rollerblade公司授权）

本书的目标是以清晰而详细的方式提供一套产品开发的方法，这些方法可以把企业的营销、设计和制造等职能整合在一起。在这个介绍性的章节中，我们将描述产品开发实践的一些方面并提供本书的一张线路图。

1.1 成功的产品开发的特点

从投资者的角度来看，在以营利为目的的企业中，新产品开发的成功在于它使得生产和销售可获利产品成为可能。然而，我们常常难以迅速和直接地评估产品的获利性。下面五个特殊方面（它们最终都与利润相关）常用于评估一项产品开发的绩效：

- **产品质量：**开发出的产品有什么优越性？它能满足顾客的需要吗？它是否强健和可靠？当然，产品质量最终反映在市场份额和顾客愿意支付的价格上。
- **产品成本：**什么是产品的制造成本？这个成本包括在资本设备和工具上的花费，以及生产每一单位产品所增加的成本。产品成本决定了企业从特定销售量和特定销售价格中获得的利润。
- **开发时间：**团队能够以多快的速度完成产品的开发？开发时间决定了企业对竞争对手和技术进步做出反应的程度，以及企业怎样迅速地从团队工作中得到经济回报。
- **开发成本：**企业在开发产品活动中需要多少花销？产品开发成本通常在为获得利润而进行的投资中占有可观的比重。
- **开发能力：**团队和企业能够在以往产品开发经验的基础上更好地开发未来的产品吗？开发能力是企业的一项重要资产，它使企业可以在未来更有效、更经济地开发产品。

在这样五个维度上的良好表现应该最终获得经济上的成功。但是，其他方面的标准也很重要。这些标准来自于企业中其他利益相关者的兴趣，包括开发团队的成员、其他雇员和产品制造所在社区的利益。产品开发团队的成员会对创造一种本质上令人兴奋的产品感兴趣；产品制造所在社区的成员会关心产品能够创造工作机会的程度；生产工人和产品用户坚持开发团队应对高度安全的标准负责，不管这种标准从严格获利的基础上考虑是否合适；至于其他个人，尽管他们可能与企业或产品没有直接的联系，也可能会从生态的角度对产品提出合理利用资源和减少危险性废弃物的要求。

1.2 谁来设计和开发产品？

产品开发是一项综合性的活动，几乎需要企业所有的职能都参与进去，但有三项职能是产品开发项目的中心。

- **市场营销：**市场营销职能调节着企业与顾客之间的相互作用。它常常帮助企业进行产品机会的识别、细分市场的界定和顾客需求的判断。营销还可以帮助加强企业和顾客之间的交流、设定价格、关注产品的试销与促销等。
- **设计：**设计的职能在于它会产生最能迎合顾客需求的产品实物形态的定义。在这里，设计的职能包括工程设计（机械、电子、软件等）和工艺设计（美学、人机工程、用户界面）等。

• **制造**：为了制造产品，制造职能首先要对设计和运作产品系统负责。广义的制造职能还包括采购、分配和安装等。这一系列活动通常称为“供应链”。

处于这些职能中的不同的个人常在某些领域获得专门的训练，这些领域包括市场研究、机械工程、电子工程、材料科学、制造运作等。其他几种职能，如财务、销售职能，常常以辅助的形式包括在产品开发中。除了这些广阔的职能范畴外，开发团队的特定组合要依靠产品的特点而定。

在现实世界中，很少有产品是由单一个人开发出来的。我们把开发一个产品的所有个人的集合称为“项目团队（project team）”。团队有一个团队领导，他可以从企业的任何一项职能中抽调出来。团队可以包括一个“核心团队（core team）”和一个“扩展团队（extended team）”。为了有效地协调工作，核心团队通常保持较小的规模，以便在一间会议室中开会。而扩展团队则可能有几十人、上百人，甚至上千人的规模。（虽然“团队（team）”这个术语不太适合一个上千人的群体，这里我们还是用了这个词，以此来强调一个群体必须为一个共同的目标而工作。）在大多数情况下，企业内部的团队常常需要得到个人或合作公司、供应商和咨询公司的支持。例如，在一种新型飞机的开发中，组成外部团队的人员数量可能比组成公司内部团队的成员数量还要大，而出现在最终产品上的只是公司内部团队成员的名字。图表1—2表示的是一个团队的组成，该团队是为开发一个中等复杂程度的机电产品而成立的。

我们在整本书中都假定团队处于企业内部。实际上，一个以营利为目的的制造业企业是最常见的产品开发机构形式，但其他的形式也是可能的。产品开发团队有时在咨询公司、大学、政府机构和非营利组织中工作。

图表1—2　**为开发一个中等复杂程度的机电产品而成立的产品开发团队组成图**

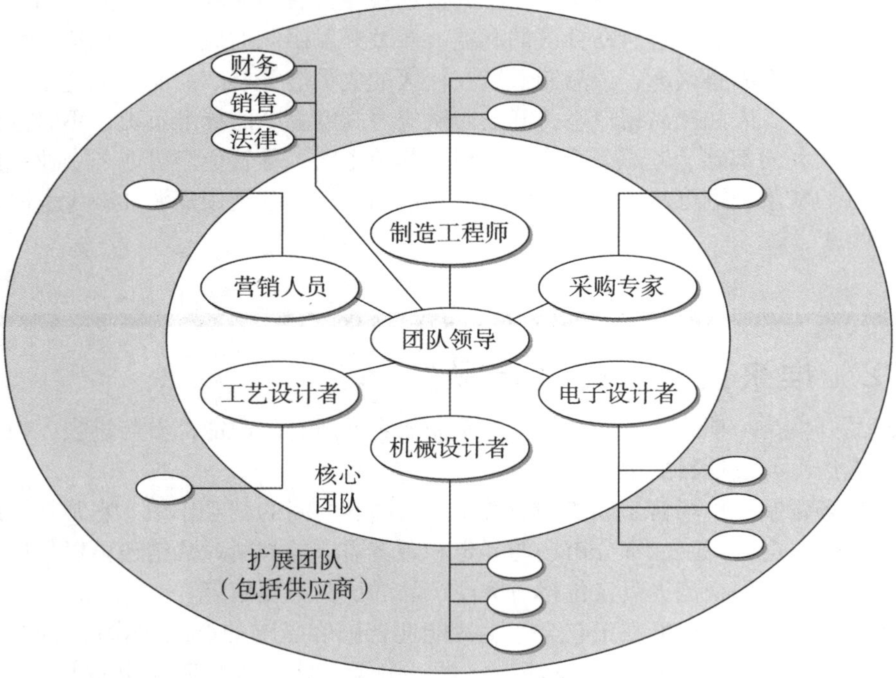

1.3 产品开发周期和成本

大多数在产品开发方面没有经验的人们对于开发一个新产品所需花费的时间和金钱都会感到吃惊。事实上，很少有产品能在一年内被开发出来，许多产品开发需要3~5年的时间，有些甚至会长达10年之久。图表1—1展示了5种工程化的、分离的产品。图表1—3显示了由于这些产品的不同特征而形成的产品开发活动的大致规模。

产品开发的成本大致与项目团队中的人员数量和项目持续时间成比例。除了开发活动的开支外，大部分企业还要对产品所需的工具和设备进行投资，这种花费通常占产品开发总预算的50%，但是，有时把这些开支视为产品固定成本的一部分。为便于参考，图表1—3所列的项目均把产品投资视为开发成本的一部分。

图表1—3　　**5种产品的特征和与它们相关的产品开发活动**

所有数据都基于公开的可用信息和企业资源。

	螺丝刀	Rollerblade 一字溜冰鞋	惠普台式打印机	大众新甲壳虫小汽车	波音777客机
年产量	100 000（把）	100 000（双）	4 000 000（台）	100 000（辆）	50（架）
销售寿命（年）	40	3	2	6	30
销售价格（美元）	6	200	130	20 000	2亿
独立零件数量（件）	3	35	200	10 000	130 000
开发时间（年）	1	2	1.5	3.5	4.5
内部开发团队最大规模（人）	3	5	100	800	6 800
外部开发团队最大规模（人）	3	10	75	800	10 000
开发成本（美元）	150 000	750 000	50 000 000	400 000 000	30亿
产品投资（美元）	150 000	1 000 000	25 000 000	500 000 000	30亿

1.4　产品开发的挑战

开发大型产品不是一件容易的事，很少有公司能达到50%以上的成功率。这对于产品开发团队是一个有意义的挑战。

使产品开发具有挑战性的一些特征是：

- **权衡：**一架飞机可以被制造得更轻便，但这样可能会增加制造成本。产品开发最困难的方面之一是识别、理解和管理权衡，使得产品开发成功的可能最大化。
- **动力：**动力是指技术进步、消费者偏好的演变、竞争者引入新产品和宏观经济环境的转变等。在一个变化的环境中进行决策是一项艰巨的任务。
- **细节：**计算机机箱上选择用螺钉还是用卡口（snap - fits）固定，这样一个选择可能会带来数百万美元的差别。一个即使是中等复杂产品的开发也需要许多此类决策。
- **时间的压力：**如果有足够多的时间，许多困难都是可以解决的。但是，产品开发的决策必须在没有充分信息的情况下迅速做出。
- **经济学：**开发、生产和营销一个新产品需要大量的投资。为了获得合理的投资回报，最终的产品必须满足消费者需求且生产成本相对低廉。

对许多人来说，产品开发可能是非常有趣的，因为它具有很强的挑战性。对另一些人来说，产品开发的几个本质特征也可以增加它的吸引力：

- **创造性：**产品开发流程开始于一个想法，结束于一个有形物品的生产。不管是从整体的角度还是从单项活动的角度来看，产品开发流程都非常具有创造性。
- **满足社会和个人的需要：**所有的产品都以满足某种需要为目的。那些对新产品开发感兴趣的个人总能找到相应的机构，使得他们能够开发出自己认为可以满足重要需求的产品。
- **团队多样性：**新产品开发需要许多不同的技能和天赋。因此，开发团队中往往包括具有各种各样技能、经历、思维方式和人格特性的个人。
- **团队精神：**产品开发团队往往是被高度激励的、具有很强合作性的群体。团队成员可能居住在一起，以便他们集中集体的智慧来创造产品。这种情况能够在团队成员间产生持久的合作关系。

1.5　本书的思路

我们将集中讨论可以从企业的核心职能参与中获益的产品开发活动。为此，我们把企业的新产品开发核心职能定义为市场营销、设计和制造。我们希望团队的成员在一个或多个领域中具有竞争力，这些领域可以是机械工程、电子工程、工业设计、市场研究、制造运作等。正因为如此，我们不讨论怎样进行压力分析或怎样开展一个联合调查，这些都是开发团队的成员应有的基本技能。本书整体研究方法，是协助观点不同的人们解决问题和进行决策。

1.5.1 结构化的方法

本书由完成开发活动的方法组成。方法是结构化的，这意味着我们通常会提供一个按部就班的途径，也经常会对团队所使用的关键信息系统提供思路。结构化的方法是非常有价值的方法，主要有三个方面的原因：首先，结构化的方法使得团队中的每一个人都能理解决策的基本原理，因此，它们会使决策过程清楚明晰；其次，结构化的方法在产品开发中扮演了主要步骤“检查表”的角色，这样，它们就可以保证重要问题不被遗忘；最后，结构化的方法大都可以自我记录，在方法的实施过程中，团队生成决策过程的记录以备未来参考和培训新加入者之用。

尽管方法结构化了，但是也不能盲目应用，方法只是持续改进的开始。团队应该根据他们的需要来不断修改和完善方法，这样才能真实反映结构环境的特征。

1.5.2 工业实例

余下的每一章都围绕一个工业实践的例子展开。主要的例子包括：保龄球设备、数字复印机、电动螺丝刀、山地车悬架、电动打钉机、计量注射器、电动滑板车、计算机打印机、移动电话、汽车发动机、笔记本电脑的轨迹球、汽车安全带系统、咖啡杯隔热套、数字照片打印机、缩微胶卷盒。在大多数案例中，我们尽可能使用最简单的产品来说明产品开发的某种方法：当螺丝刀和喷气式发动机同样能够说明问题时，我们选择螺丝刀。然而，这本书中的每种方法，已经被许许多多各种各样的人用于大大小小不同的项目工业实践中。

尽管这本书按照实例展开，但并不表明每章仅仅是案例学习。我们使用这些例子作为阐述开发方法的手段，并且这些例子并不只是历史的复述，它们都在一定程度上得到了提升。我们也屏蔽了这些例子中的大量定量的信息，特别是财务信息。

1.5.3 组织结构的实际表现

我们精心选择材料以表现这些方法，并且假设开发团队在一个能导向成功的组织环境中运作。实际上，有些组织也表现出一些导致产品开发团队职能障碍的特征。这些特征包括：

- **团队缺少授权：**总经理或职能经理可能置身于一个开发项目细节上的持续干预，而对团队的决策基础缺乏了解。
- **超越项目目标的职能控制：**市场营销、设计或制造的代表为了提高自己的政治地位或作用，可能会在不考虑产品整体成功的情况下对决策施加影响。
- **资源缺乏：**人员不足、技能等不当匹配，或缺乏资金、设备、工具等，都可能使团队无法完成开发项目。
- **在项目团队上缺乏交叉职能代表：**主要的开发决策可能在没有营销、设计、制造或其他主要职能介入的情况下做出。

大多数组织在某种程度上表现出上述一个或多个特征，这些问题的重要性在于它们可能会使正确的开发方法无效。认识到基本组织问题的重要性，为了解释的方便，我们假定开发团队是在主要的组织性障碍都已被清除的环境下运作的。

1.5.4 本书的线路图

我们把产品开发流程分为六个阶段，如图表 1—4 所示（这些阶段在第 2 章“开发流程和组织”中将详细描述）。本书完整描述了概念开发阶段，对其它阶段的描述并不完整，因为我们对于后来在流程中被采用的更集中的开发活动没有提供研究方法。本书以后的章节都可以单独阅读、理解和采用。

图表 1—4 **产品开发流程**

该图显示了以后各章所提出的研究方法在哪里最有用。

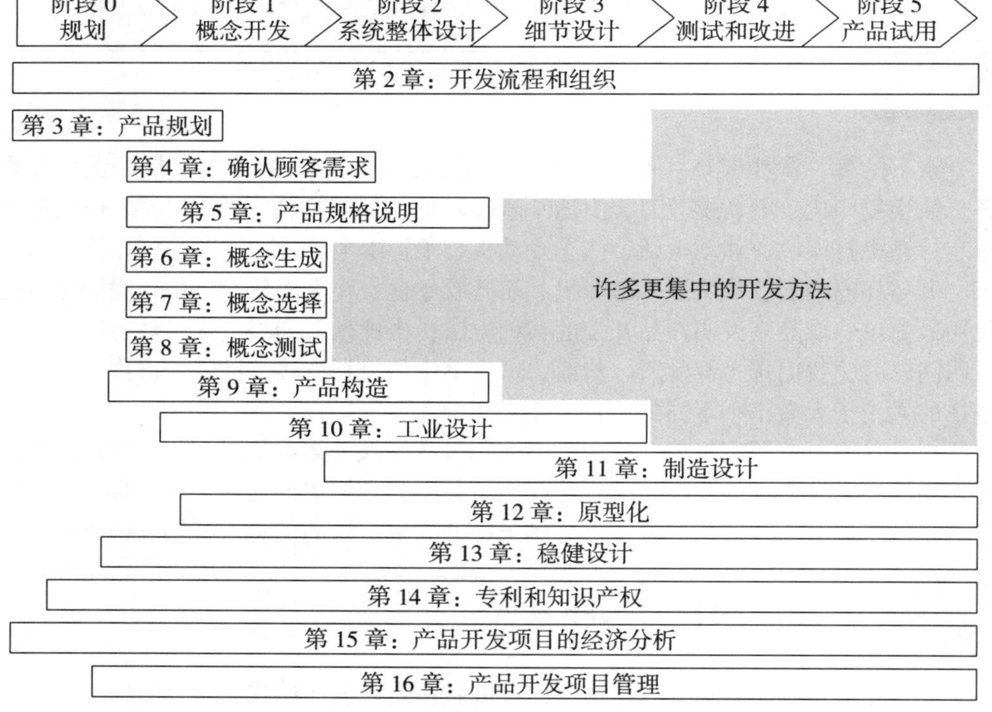

● 第 2 章“开发流程和组织”提出了一般的产品开发流程，展示了流程在不同工业中的不同使用方式。该章还讨论了个人为了从事产品开发项目而进入团队的方式。

● 第 3 章“产品规划”提出了一种决定开发哪种产品的方法，这一方法将产生对于某一特定项目的任务陈述。

● 第 4 ~ 8 章“确认顾客需求”、“产品规格说明”、“概念生成”、“概念选择”和“概念测试”是概念开发阶段的主要活动。这些研究方法指导着团队从任务描述到产品概念确定的历程。

● 第 9 章“产品构造”讨论了产品结构在产品变化、产品多元化、部件标准化、产品外观、制造成本和项目管理等方面的含义；在这之后，本章提供了一套建立产品结构的方法。

• 第 10 章“工业设计”讨论了工业设计者的角色以及在产品开发中怎样处理人的相互作用关系因素，包括美学和人性管理学。

• 第 11 章“制造设计”讨论了用于降低制造成本的设计技术。这些技术主要应用于流程的系统整体设计和细节设计阶段。

• 第 12 章“原型化”提出了一种方法，以保证那些通过流程产生的原型化努力能够被有效的运用。

• 第 13 章“稳健设计”解释了选择设计变量的量值的各种方法，以确保性能的可靠和协调。

• 第 14 章“专利和知识产权”给出了一种申请专利的途径，并讨论了知识产权在产品开发中的作用。

• 第 15 章“产品开发项目的经济分析”描述了一种方法，用于理解内外部因素对项目经济价值的影响。

• 第 16 章“产品开发项目管理”提出了一些基本的概念，用于理解和代表相互影响的项目任务。该章还提出了一套计划和执行产品开发项目的方法。

参考文献

有关本章和本书其余各章内容的大量资料均可在网上得到。这些资料包括数据、模板、与提供者的链接和相关出版物的列表。现有资源可在网上得到，参见 www. ulrich – eppinger. net。

Wheelright 和 Clark 在他们的著作中，重点研究了产品开发的早期阶段，这一点我们没有详加讨论。参见 Wheelright，Stephen C.，and Kim B. Clark，*Revolutionizing Product Development*：*Quantum Leaps in Speed*，*Efficiency*，*and Quality*，The Free Press，New York，1992。

Katzenbach 和 Smith 就一般团队进行了研究，但他们的大部分观点也可用于产品的开发团队。参见 Katzenbach，Jon R.，and Douglas K. Smith，*The Wisdom of Teams*：*Creating the High – Performance Organization*，Harvard Business School Press，Boston，1993。

以下三本书提供了对产品开发的详细叙述，包括对交织在一起的社会性和技术性过程的有趣描述，它们是 Kidder，Tracy，*The Soul of a New Machine*，Avon books，Now York，1981；Sabbagh，Karl，*Twenty – First – Century Jet*：*The Making and Marketing of the Boeing* 777，Scribner，New York，1996；Walton，Mary，*Car*：A Drama of the American Workplace，Norton，New York，1997。

练　习

（1）估算在一个袖珍计算器的价格中，产品开发成本占多大比例。建议你先利用袖珍计算器的信息建立图表 1—3，然后再进行分析。

（2）以开发成本为横轴，其他项目为纵轴，绘制一套散点图。对于每一个图，解释为什么存在或不存在一些联系（例如，你首先画出“平均年产量”对“开发成本”的散点图，然后解释为什么它们看上去没有联系。重复其他的行）。

思考题

图表1—4中列出的每一章都为产品开发流程的一部分提出了一种方法。对于每一种方法，思考可能需要什么类型的技能和专家。你能否讨论一下开发团队从开始到结束的人员配置问题，以保证结束时团队中的每一个人都掌握所有技能和专业知识？

开发流程和组织

AMF 保龄球公司的大型设备分部是保龄球设备的领先制造商，其产品包括瓶夹、回球装置和记分设备。图表 2—1 显示的是一个 AMF 的回球装置产品。该分部的总经理要求工程经理建立一个严密的产品开发流程，并建立一个产品开发组织，该组织应使得 AMF 能在以后的 10 年里进行有效的竞争。AMF 面临的一些问题是：

- 是否存在一个对每一个公司都适用的标准开发流程？
- 在产品开发流程中，来自不同领域的专家扮演什么角色？
- 使用什么样的标准可以把整个开发流程划分成若干阶段？
- 是否应该根据项目或开发功能将开发组织划分为若干小组？

本章提出了基本的开发流程以及如何采用该流程来满足特殊工业条件的要求，这些都有助于以上问题和相关问题的解答。我们强调企业不同功能在开发流程各个阶段的活动和贡献。本章还将解释构成产品开发组织的因素，并讨论为什么不同的组织类型适合于不同的环境条件。

图表 2—1　　**一种回球装置，AMF 的一种保龄球产品**

（AMF 保龄球公司授权）

2.1 产品开发的基本流程

一个流程就是一系列步骤，它们把一系列投入变成一系列产出。大多数人比较熟悉物理流程，如烤蛋糕的流程或装配小汽车的流程。“产品开发流程（product development process）”是指企业用于想像、设计和商业化一种产品的步骤或活动的序列。这些步骤或活动大都具有智慧性和组织性而非物理性。有的组织界定和遵循清晰而细致的开发流程，而有的组织甚至不能描述出它们的流程来。此外，每一个组织使用的流程至少与其他组织的流程有略微的区别。实际上，同一企业对于不同的开发项目也可能采用不同的流程。

尽管如此，对开发流程进行准确的界定仍是非常有用的，原因如下：

- **质量保证**：开发流程确定开发项目的阶段和开发过程中的检验点。假定这些阶段和检验点的选择是明智的，那么遵循开发流程就是一种保证最终产品质量的方式。
- **协调**：一个清晰的开发流程发挥着主计划的作用，它规定开发团队中每一个活动者的角色。当需要团队成员的贡献以及团队成员需要交换信息和材料时，该计划将保证团队成员之间的信息和材料的传递。

- **计划：** 开发流程包含了完成每一阶段的自然界限。这些界限的时间排列有助于整个开发项目时间表的制定。
- **管理：** 开发流程是评估即将完成的开发活动效果的标准。通过实际事件和已经建立的流程之间的对比,管理者可以识别出可能出现问题的位置所在。
- **改进：** 应将组织的开发流程进行整理归档，这有助于提高机会的识别。

图表 2—2 是一个基本的产品开发流程，该流程包括 6 个部分。流程的输入是任务陈述，输出是产品推出。任务陈述为产品识别目标市场，提供产品的基本功能描述并指定任务的商业目标（“确认顾客需求”一章中的介绍部分对任务陈述做了更详细的描述）。当产品可以在市场上购买时，产品试用即发生。

图表 2—2 **一般产品开发流程**

本图表列出了 6 个阶段，包括任务以及组织中为每一个阶段负责任的关键职能部门。

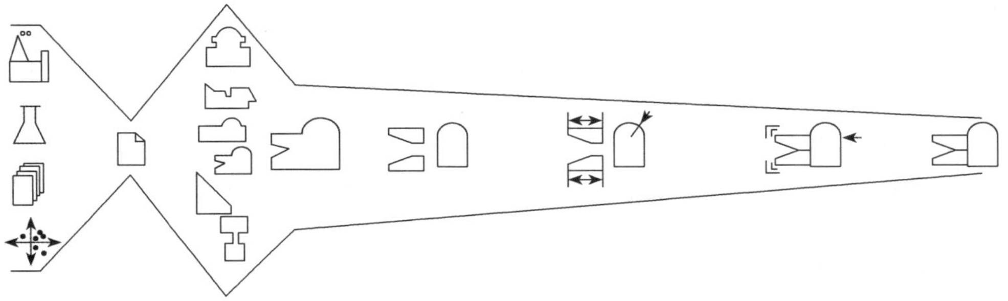

阶段 0 计划	阶段 1 概念开发	阶段 2 系统水平设计	阶段 3 细节设计	阶段 4 测试和改进	阶段 5 产品试用
市场营销 • 描述市场机会 • 定义细分市场	• 搜集客户需要 • 识别领先用户 • 识别竞争产品	• 完善产品属性和扩展产品系列的计划	• 制订营销规划	• 改进和优化物料 • 便利性测试	• 向关键客户提供早期产品
设计 • 考虑产品平台和系统结构 • 评价新技术	• 调研产品概念的可行性 • 开发工业设计概念 • 建立并测试实验原型	• 建立备选的产品体系 • 定义主要的子系统和界面 • 改进工业设计	• 定义零件设计图 • 选择物料 • 制定公差 • 完成工业设计控制文档	• 可靠性测试 • 寿命测试 • 性能测试 • 获得调整许可 • 实现设计更改	• 评估早期产品产量
制造 • 识别生产限制 • 建立供应链策略	• 评估制造成本 • 评估生产可行性	• 确定关键部件的供应商 • 执行自制与外购分析 • 定义最终装配计划 • 确定目标成本	• 定义零件生产流程 • 设计加工 • 定义质量保证流程 • 开始加工	• 启动供应商的生产活动 • 改进制造和装配工艺 • 培训工人 • 改进质量保证流程	• 开始整个生产系统的运作
其他职能 • 研究 论证现有技术 • 财务 提供计划目标 • 常规管理 分配项目资源	• 财务 盈利分析 • 法律 调查专利权	• 财务 自制与外购分析 • 售后服务 确定售后服务事项		• 销售 建立销售计划	

产品开发流程的一种思路是：首先创造一套广泛的可替代的产品概念，然后缩小产品的可替代范围以提高产品的特殊性，直到该产品可以被生产系统可靠地、重复地生产出来为止。尽管对于某些有形产品，生产流程和营销计划也包括在开发流程中，但应当注意，大多数开发阶段都是以产品状态定义的。

产品开发流程的另一种思路是将其视为一个信息处理系统。其过程开始于各种输入，如公司目标、可用技术能力、产品平台及生产系统。多种行为对信息进行处理，形成产品特征、概念和设计细节。当所有生产和销售所必需的信息都产生并被传达，这一过程即告结束。

考查产品开发过程的最后一种思路是把它看成一个风险管理系统。在产品开发的早期阶段，各种风险被确定出来并排列顺序。随着该过程的逐步开展，由于关键性不确定因素被逐步消除、产品功能被逐步验证，风险也随之降低。当该过程结束时，开发团队应该具备坚定的自信：产品将正确工作，并且会被市场热情接纳。

图表 2—2 也指明了不同开发阶段组织的不同功能的主要活动和职责。由于这些功能持续地处于开发流程中，我们选择的应是那些能清晰解释市场营销、设计和工艺等活动的功能。其他的功能，如研究、财务、场地服务、文档和销售等，也在流程的某些特殊阶段扮演重要角色。

基本开发流程的 6 个阶段是：

阶段 0，计划：规划经常被作为“零阶段”是因为它先于项目的达成和实际产品开发过程的启动。这一阶段始于公司策略，并包括对技术开发和市场目标的评估。规划阶段的成果是对项目任务的陈述，即定义产品的目标市场、商业目标、关键假设和限制条件。第 3 章“产品规划”对这一规划过程进行了详细的讨论。

阶段 1，概念开发：概念开发阶段的主要任务是识别目标市场的需要，产生并评估可替代的产品概念，为进一步开发选择一个概念。概念是指产品形状、功能和特性的描述，通常附有一套专业名词、竞争产品分析和项目的经济分析。本书包括概念开发阶段的几种方法（第 4 ~ 8 章），我们把此阶段扩展到下一部分的建构性活动中。

阶段 2，系统水平设计：系统水平设计阶段包括产品结构的定义以及产品子系统和部件的划分。生产系统的最终装配计划也通常在此阶段定义。该阶段的产出通常是产品的几何设计、每一个产品子系统的功能专门化，以及最终装配过程的基本流程图。第 9 章“产品构造”中讨论了系统设计过程中的一些重要活动。

阶段 3，细节设计：细节设计阶段包括产品的所有非标准部件与从供应商处购买的标准部件的尺寸、材料和公差的完整细目，建立流程计划并为每一个即将在生产系统中制造的部件设计工具。该阶段的产出是产品的“控制文档（control documentation）”——描述每一部件几何形状和制造工具的图纸和计算机文件、外购件的技术要求，以及产品制造和装配的流程计划。第 11 章“制造设计”和第 13 章“稳健设计”中讨论了细节设计阶段所面临的几个问题。

阶段 4，测试和改进：测试和改进阶段包括产品的多个生产前版本的构建和评估。早期（alpha，简称 α）原型通常由“生产指向（production - intent）”型部件构成，即那些和产品的生产版本有相同几何形状和材料内质，但又不必在生产的实际流程中制造的部件。要对 α 原型进行测试以决定产品是否如设计的那样工作以及产品是否能满足主要顾客的需求。后期（beta，简称β）原型通常由目标生产流程提供的部件构成，但不必用目标最终装配流程来装配。通常要对β原型进行广泛的内部评估，消费者也会在他们自己的使用环境下对它进行典型测试。β原型的目的通常是回答绩效和可靠性问题，从而识别最终产品的必要变化。第12章“原型化”中对原型的本质和应用做了全面的探讨。

阶段5，产品试用：在产品试用阶段，使用规划生产系统制造产品。试用的目的是培训工人和解决在生产流程中遗留的问题。有时把在此阶段生产出的物品提供给有偏好的顾客并仔细对其进行评估，以识别出一些遗留的缺陷。从产品试用到连续生产的转变通常是逐渐进行的。在该转变的某些节点，产品被推出并可以进行大范围的分配。

2.2　概念开发：前端过程

因为产品开发的概念开发阶段与其他阶段相比要求功能之间的更多协调，所以这里集中了本书所提到的许多整合开发方法。在这一部分，我们把概念开发阶段扩展到所谓的“前端过程（front - end process）”。前端过程通常包括下面几种不同的活动，大致以图表2—3所示的顺序排列。

图表2—3　**包含概念开发阶段的各前期活动**

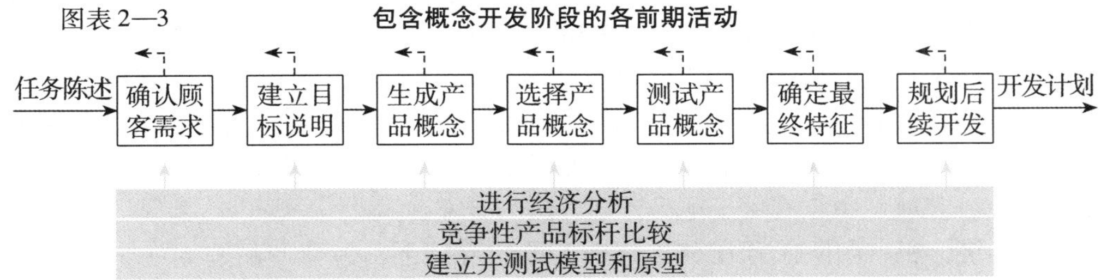

这一过程很少完全按顺序进行，即在开始下一活动之前完全完成此前的活动。实际上，这些活动经常在时间上重叠并需要重复。图表2—3中的虚线箭头反映了产品开发流程的不确定性。几乎在任何一个阶段，新获得的信息或所得到的结果都会使团队在前进之前回过头重复先前的活动。这种对名义上已经完成的活动的重复被称为“开发重复（iteration）”。

概念开发阶段包括以下活动：

- **确认顾客需求：**该活动的目标是理解顾客的需求并把它们有效传达给开发团队。这一步的产出是一套仔细构建起来的顾客需求陈述，它以一种等级表的形式组织起来，每一种需求都有相应的权重。在第4章“确认顾客需求”中，有关于该活动的方法研究。

- **建立目标说明：**说明是一个关于产品必要功能的精确陈述。它把顾客需求转变为技术术语。在流程的早期就要设定特殊的目标，该目标代表着开发团队的希望。在后期，要对这些特殊目标进行精炼，从而使它们与团队产品概念选择所带来的限制条件相一致。该阶段的产出是一个说明性的表。每一个说明都由一个矩阵和该矩阵的目标价值组成。在第5章“产品规格说明”中，有关于说明活动的方法研究。

• **生成产品概念**：生成产品概念的目标是全面地探索可用于满足顾客需求的产品概念空间。概念产生包括许多外部研究、团队内创造性的问题解决方法，以及团队产生的各种解决问题方法的系统探索。该活动的结果通常是 10 ~ 20 个概念，通常每一个概念都有一张图片和简短的描述性文字。在第 6 章“概念生成”中对该活动进行了详细的描述。

• **选择产品概念**：在选择产品概念中，要对各种概念进行分析和重要性说明，从而识别出适合偏好的概念。这个过程通常要求若干重述，还可能引起其他概念的产生和精炼。在第 7 章“概念选择”中有对该活动方法的描述。

• **测试产品概念**：一个或更多的概念随之被验证以确认顾客需求得到满足，评价产品的市场潜力，确定进一步开发中必须弥补的不足。如果顾客的反映冷淡，开发过程也许要终止，某些早期活动也许要重新进行。第 8 章“概念验证”解释了这一活动的方法。

• **确定最终特征**：早期制定的目标特点在概念选择和验证之后要经过重新修正。从这一点来说，团队必须遵循反映产品概念中固有限制的标准的特定价值和技术建模所确定的限制，以及成本与绩效之间的权衡。第 5 章“产品规格说明”中解释了这一活动的一种方法。

• **项目计划**：这是概念开发的最后一项活动，在该活动中，团队制定了详细的开发时间表，设计了开发时间最小化策略，并识别出完成项目所需的资源。可以把首末活动的主要结果编成一本“合同书（contract book）”，它包括任务陈述、顾客需求、备选概念的细节、产品特征、产品的经济性分析、开发时间表、项目人员和预算。合同书发挥着团队和企业高级管理层之间共识文件的作用。在第 16 章“产品开发项目管理”中，有关于项目计划方法的研究。

• **经济分析**：团队通常在财务分析人员的支持下，为新产品建立一个经济模型。该模型被用于判断整体开发程序的连续性和解决特殊的权衡问题，如开发成本和制造成本之间的权衡。虽然经济分析是作为概念开发阶段的后期活动之一出现的，但早期的经济分析几乎在项目开始之前就已开始了，并随着更多信息的获得而更新。在第 15 章“产品开发项目的经济分析”中，有关于该活动的方法研究。

• **竞争性产品的标杆比较**：对竞争性产品的理解在新产品的成功定位中是非常重要的，它还可以为产品和生产流程的设计提供丰富的创意。竞争性标杆比较可以用于支持前端过程的许多活动。在第 4 ~ 8 章中，讨论了竞争性产品标杆比较的各个方面。

• **建立并测试模型和原型**：概念开发过程的每个阶段中都包括模型和原型的多种形式。这些形式包括：早期的“概念验证”模型，用来帮助开发团队考察可行性；“形式化”模型，用来向顾客展示以评价工效和风格；以及技术权衡中的电子数据表模型。有关建模和原型化方法的讨论贯穿于本书中，包括第 4 章、第 5 章、第 6 章、第 8 章、第 10 章和第 12 章。

2.3 采用基本的产品开发流程

图表 2—2 和图表 2—3 所描述的开发流程是最基本的。特殊的流程须依据企业的特殊情况而定。基本的流程非常类似于“市场拉动（market - pull）”情况下使用的流程：企业从具有市场机会的产品开发开始，然后寻找可以满足市场需求的技术（也就是说，市场拉动了开发决策）。除了图表 2—2、图表 2—3 概括的市场拉动流程外，还有其他几种常见的形式，它们是：基本型、技术推动型（technology - push）产品、平台型（platform）产品、工艺密集型（process - intensive）产品和定制型（customized）产品、高风险（high - risk）产品、速建（quick - build）产品以及复杂系统（complex system）的开发流程。每一种情况都在下面进行了讨论。图表 2—4 总结了这些情况的特征以及各种衍生形式。

图表 2—4　　**一般产品开发过程的各种衍生形式的总结**

	基本型（市场拉动）	技术推动型	平台型	工艺密集型	定制型	高风险产品	速建产品	复杂系统
描述	企业开始于市场机会，然后找到满足顾客需求的合适技术	企业开始于一项新的技术，然后找到合适的市场	企业假定新产品将围绕已有产品的相同技术子系统建立	产品的特征受生产流程的高度限制	新产品是已有结构的略微变化	技术或市场不确定性将导致很高的失败风险	快速模型制作和快速原型制作可以实现多次设计—建造—测试循环	系统必须分解为多个子系统和部件
与基本流程的不同		使技术和市场相匹配的附加首创活动 概念发展假定有某项技术存在	概念发展假定一个技术平台	从一开始就要对流程和产品共同开发，或者已有的生产流程必须从一开始就被分离出来	项目的相似性使得它是一个高度结构化的开发流程 开发流程和生产流程非常相似	尽早确定风险，并在开发过程中进行全程跟踪；尽早进行分析和测试活动	细节设计和测试阶段可以重复多次，直到产品完成或时间用尽	子系统和部件由多个平行工作的团队开发，然后进行系统整合和测试
示例	运动器材、家具、工具	Gore - Tex 雨衣、Tyvek 信封	面对消费者的电子产品、计算机、复印机	快餐食品、谷类产品、化学产品、半导体	开关、摩托车、电池、容器	药品、宇航系统等	软件、手机等	飞机、喷气发动机、汽车等

2.3.1 技术推动型产品

在开发技术推动型产品的过程中，企业开始于一项新的自有技术，并为该技术的应用寻找合适的市场（也就是说，技术推动了开发）。Gore - Tex 和一种由 W. L. Gore Associates 制造的 Teflon 大床单，就是典型的技术推动型例子。该公司已开发了几十种 Gore - Tex 相关产品，包括用于血管手术的人工血管、用于高性能电缆的绝缘体、用于制作外衣的纺织品、用于清洁牙齿的洁牙丝线以及风笛包的衬层等。

许多成功的技术推动型产品都包括基本的材料或基本的流程技术。这可能是由于基本的材料和流程可以展开于成千上万个备选方案中。因此就存在材料和流程的新的或不常见的特征与某一个合适备选方案相匹配的可能性。

基本的产品开发流程可以只经过细微的调整而用于技术推动型产品。技术推动型产品开始于一个附加的阶段，即把某项技术和市场机会相匹配。一旦出现这种匹配，基本的流程就可以被执行。团队仅仅在任务陈述时作了一个假设，即公司的自有技术将体现在团队提出的产品概念中。尽管存在许多产生于技术推动型开发的非常成功的产品，但该途径还是很危险的。除非假定的技术在满足客户需求时有明显的竞争优势，否则产品一般不可能成功。可以通过同时考虑更广泛概念的优点来降低风险，尽管这些概念不一定与新技术相匹配。通过这种方式，团队证明了体现新技术的产品概念高于其他概念这一事实。

2.3.2 平台型产品

平台型产品是围绕着事先存在的技术子系统（技术平台）建立起来的。这类平台的例子有：索尼随身听的磁带传输机、苹果 Macintosh 操作系统和宝丽金相机的快速胶卷。由于大量投资已用于开发这些平台，因此可以把它们应用于几种不同的产品。在某种程度上，平台型产品与技术推动型产品非常相似，因为在这两种情况下，团队的开发活动都始于产品概念体现某种特殊技术这一假设。它们之间基本的不同在于技术平台已经在市场上迎合了客户的需要而表现出有用性。在许多情况下，公司都能假设技术在相关市场上也是有用的。与从零开始开发的技术相比，建立在技术平台上的产品开发起来是比较简单的。由于这个原因，并且通过几个产品可能带来的成本共享，企业能够在无法判断单一技术开发的市场上提供平台型产品。

2.3.3 工艺密集型产品

工艺密集型产品的例子包括半导体、食品、化学品和纸张。对于这些产品，生产流程对于产品性能产生严格的限制。因此，即使是在概念阶段，产品设计也不能与生产流程设计分离。在许多例子中，工艺密集型产品是大量生产的，这与分离的商品不同。

在某些情况下，新产品和新流程是同时被开发出来的。例如，开发一种新型谷类早餐和快餐食品既要求产品的开发活动也要求流程的开发活动。在其他情况下，可以事先选择已经存在的某个特殊流程用于制造产品。当然，产品设计要受这个流程能力的制约。例如，一种新型纸张在一个已有的特殊的造纸厂制造就会发生这种情况。

2.3.4 定制产品

定制产品的例子包括开关、摩托车、电池和容器等。定制产品是基本标准构思的略微变化，它们是在对顾客的特殊定单做出反应的基础上特别开发出来的。定制产品的开发主要包括设定设计变量的值，如物理尺寸和材料。当顾客需要一种新产品时，企业就进行结构化的设计和开发流程，从而创造出满足顾客需要的产品。这些企业一般都已开发出了高度细节化的开发流程，这些流程包括数十个与生产流程十分相似的步骤，这种相似是由结构化信息流和严格定义的步骤顺序的存在而造成的。对于定制产品，基本流程在6个阶段的每个阶段中，都被某个特殊的流程活动信息的细节描述所充实。这种开发流程可能包括数百个经过仔细界定的活动。

2.3.5 高风险产品

产品开发过程面对着多种类型的风险。这些风险包括技术风险（产品能正常工作吗?）、市场风险（消费者会喜欢开发团队开发的东西吗?）以及预算和周期风险（开发团队能在预算内按时完成项目吗?）。高风险产品是那些承担着非常巨大的与技术或市场相关的不确定性，从而存在本质性技术风险或市场风险的产品。通过在产品开发的早期阶段针对最大的风险采取措施，产品开发过程一般可以被修改，以面对高风险情况。这通常需要在过程的早期完成一些设计和测试活动。例如，当存在消费者对一个新产品接受程度的巨大不确定性时，就应该在过程的很早阶段用渲染效果或用户界面原型机进行测试，以便降低市场不确定性和风险。如果存在产品技术性能方面的很高的不确定性，那么，建造关键特征的工作模型并在过程的早期测试这些模型就十分有意义。可以并行地考察多个解决途径，以确保至少一个解决方案成功。设计审查必须在通常基础上评估风险水平，并要确保随着时间的推移风险被降低而不是被推后了。

2.3.6 速建产品

对于某些产品的开发，比如软件和许多电子产品，建立和测试原型机模型已经变得如此迅速，以至于设计—建造—测试循环可以重复许多次。实际上，开发团队可以利用快速反复，以实现一个更加柔性、反映更快的产品开发过程，有时称之为“螺旋上升的产品开发过程”。在这一过程的概念开发之后，系统级设计阶段需要把产品分解成高、中、低各等级。随后从最高等级的部件开始，进行设计、建造、集成和测试活动的多次循环。通过利用每个循环的结果，这一过程运用快速原型循环以获知如何修改下一个循环的优先特征。甚至客户都可以在一个或多个循环后参与到测试过程中来。当时间或预算用完的时候，通常高优先级和中等优先级的特征已经组合到演化中的产品里了，而低优先级的特征则可能被忽略，直到下一代产品。

2.3.7 复杂系统

大规模产品，比如汽车和飞机，是由许多相互关联的子系统和部件所组成的复杂系统。在开发复杂系统时，应对一般产品开发过程进行修改，以针对一系列的系统级问题。在概念开发阶段考虑整个系统的体系，而其他多种体系可以作为整个系统的竞争概念。此时，系统级设计阶段变得相当重要。在这一阶段，系统被分解为子系统，并进而被分解为许多部件。不同的团队被指派去开发各个部件。其他团队被指派去迎接把部件组合成子系统的挑战以及把子系统集成为整个系统的挑战。

部件的细节设计是高度并行的，即许多开发团队同时开展工作。各种系统工程专家的任务就是管理所有部件和子系统之间的相互影响和关系。测试和提炼阶段不仅包括系统集成，还包括在所有层次水平上大量的测试和确认。

2.4 产品开发过程的流程

产品开发过程遵循着一条活动和信息流的结构化流程。这将使我们可以画出如图表2—5所示的表示过程的“过程流程图”。一般过程的流程图描绘了用来开发市场拉动型、技术推动型、平台型、工艺密集型、定制以及高风险型产品的过程。每个产品开发阶段（或进程）后面都跟随着一个审查（或门槛）以确保该阶段已经完成并决定项目是否继续下去。速建产品凭借可以多次重复细节设计、原型制造和测试活动的能力，从而实现螺旋上升的产品开发过程。复杂系统开发过程的流程图展现了在许多子系统和部件上形成并行工作进程的分解活动。一旦在一个组织内部建立了产品开发过程，过程流程图将被用来向开发团队中的每个成员解释开发过程。

图表2—5　**3种产品开发过程的流程图**

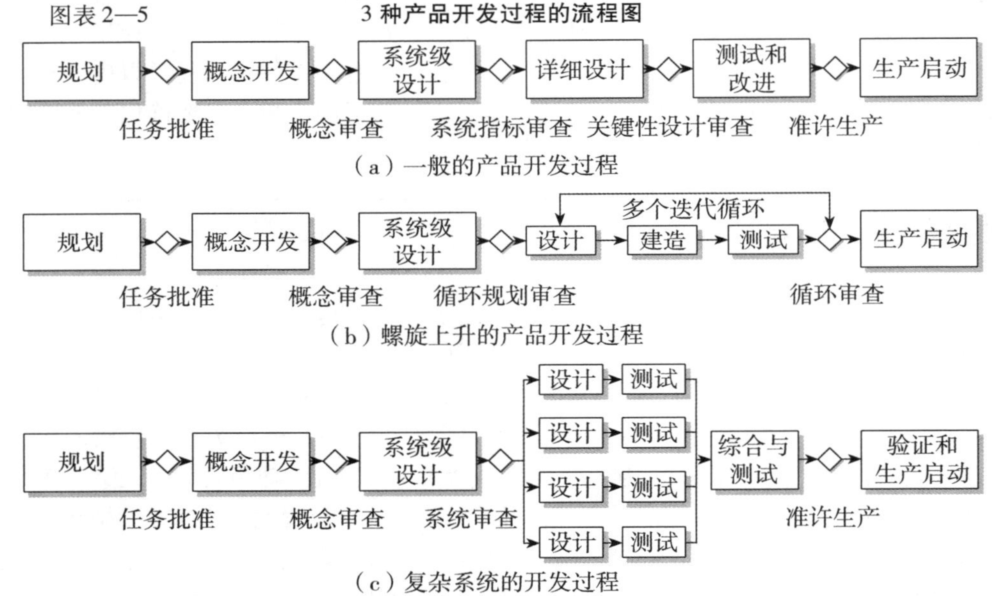

2.5 AMF公司的开发流程

AMF保龄球公司是一个市场推动型企业。AMF通常用市场需求推动开发流程并寻找那些可以满足需求的技术。它的竞争优势产生于强大的营销渠道、强大的品牌认知和雄厚的设备安装基础，而非单一的私有技术。由于这个原因，技术推动的途径是不适合的。AMF产品是由那些经过相对传统的流程，如铸造、锻压和机械加工制造出的零件装配而成的。因此，AMF产品显然不像食品或化学品那样是工艺密集型的。

保龄球设备几乎很少为特殊的客户定制；AMF 大部分产品的开发目的在于新型号的产品而非对已有产品的定制化。因此，定制化的途径也是不适合的。

AMF 选择了一个与基本流程相似的开发流程。图表 2—6 表示的是由 AMF 的工程经理提出的流程。AMF 使用的开发流程的代表是图表 2—2 和图表 2—5 的结合体，因为它显示了开发流程的单个活动以及不同的开发功能在这些活动中的角色。请注意，AMF 在新产品开发中定义的主要功能有营销、工程/设计、制造、质量保证、采购和顾客服务。还要注意，在流程中有三个主要的里程碑：项目批准、开始工具制造和产品推出。每一个里程碑都有主要的审查。

图表 2—6　　AMF 保龄球公司的标准开发流程

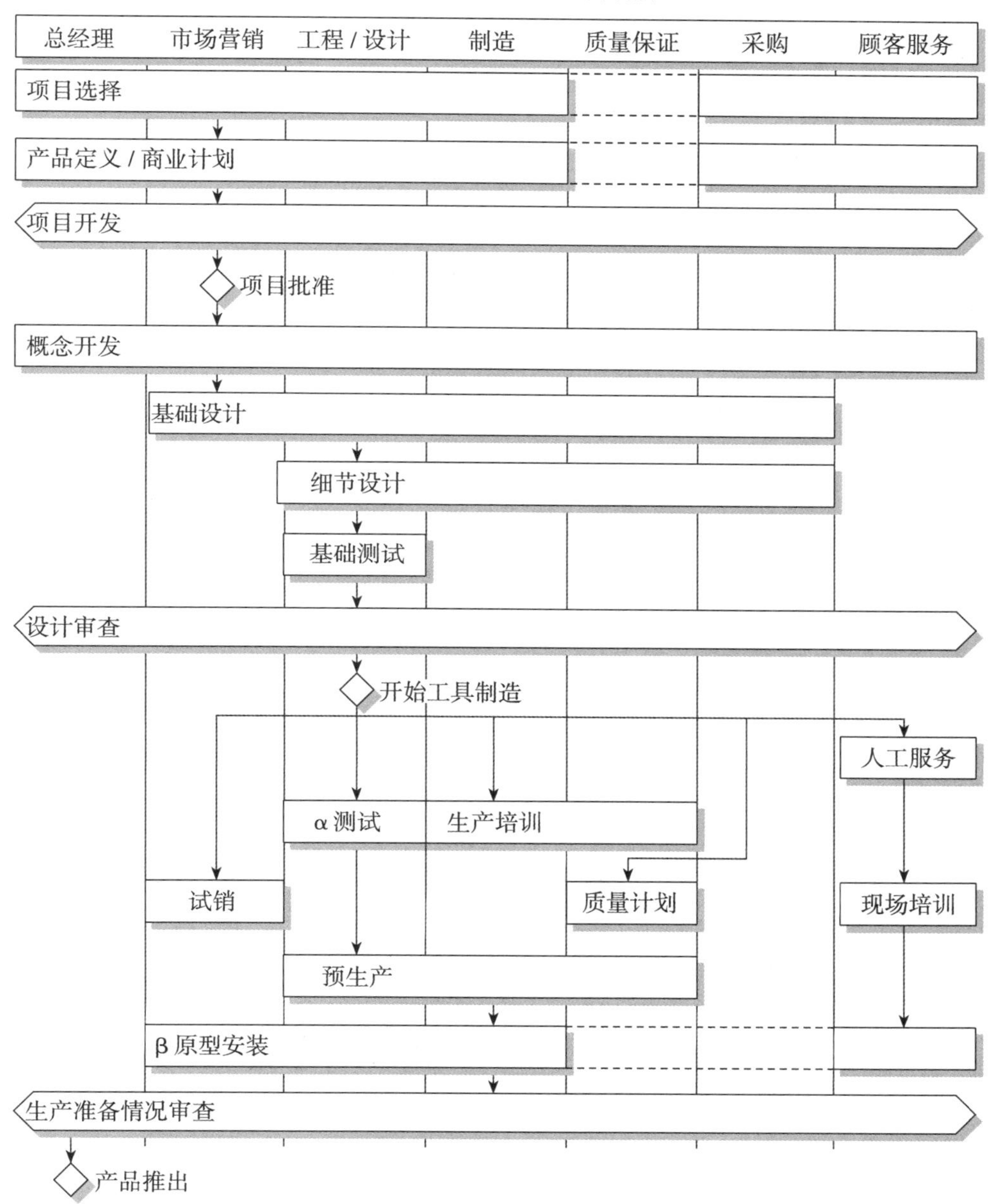

尽管 AMF 建立了一个标准的流程，它的经理们仍认为这个流程不一定适合所

有的 AMF 产品。例如，有些 AMF 新产品是基于技术平台的。当开发平台型产品时，团队假定在概念开发期间使用已有的技术平台。因此，标准的开发流程是某个特殊项目计划开始的基线。

2.6 产品开发组织

除了确定有效的开发流程外，成功的企业必须有效地组织产品开发人员。在这一部分，我们描述了几种产品开发组织，并提供了在它们当中进行选择的指导标准。

2.6.1 通过在个体之间建立联系而形成组织

产品开发组织是一个把个体设计者和开发者连成群体的计划。个体之间的这些联系可以是正式的，也可以是非正式的。主要有：

- **汇报关系：**汇报关系产生了传统的上级和下级观念。这是在组织架构中经常表现出来的正式联系。
- **财务安排：**个人通过成为同一财务实体的一部分而被联系在一起，如被一个特殊的预算范畴或利益—损失机制界定的财务实体。
- **物理布局：**当不同的个人共享办公室、楼层、建筑物或基地时，联系就会产生。这种联系产生于工作时的自然接触，因此常常是非正式的。

任何一个特殊的个体都可能通过几种形式与其他个体联系。例如，一个工程师可以通过汇报关系和另一建筑物里的工程师联系，同时又通过物理布局和隔壁办公室的营销人员联系。最强大的组织联系通常是包括绩效评估、预算和其他资源分配的联系。

2.6.2 组织联系可以依功能、项目或两者的组合划分

如果不考虑组织之间的联系，特殊的个人可以用两种不同的方式来划分：根据他们的功能和根据他们所工作的项目。

- 功能（在组织术语中）是指一个责任范围，通常包括专业化教育、培训或经验。在产品开发组织中，传统的功能是市场营销、设计和制造，也会有一些比这更好的划分，如市场研究、市场战略、压力分析、工业设计、人机工程、流程开发和运作管理。
- 如果不考虑功能，个人会把他们的专业技能应用于某个项目。在产品开发中，项目就是某个特殊产品开发流程中的一套活动，如确认顾客需要、生成产品概念等。

注意，这两种划分必定是重叠的：来自不同功能的个人将工作于同一个项目；同时，尽管大多数个人仅与一个功能有联系，他们却可能介入不止一个项目。根据功能或项目排列组织联系产生了两个传统的组织结构。在“功能组织（functional organization)”中，组织联系主要产生于那些执行相似功能的人之间；在“项目组织（project organization)”中，组织联系主要产生于那些工作于同一项目的人之间。

例如，一个严格的功能组织可能包括一群营销专家，拥有相同的培训和技能。这些人都向同一个经理汇报，该经理评估他们的工作并设定他们的工资。这个群体有自己的预算，人们在建筑物的同一部分办公。这个营销群体将介入多个不同的项目，但和每个项目团队的其他成员并无很强的组织联系。设计和制造方面会有相似组合的群体。

一个严格的项目组织由来自不同功能的人群组成，每一个群体集中于一个特殊产品（或产品线）的开发。每个群体都要向一个有经验的项目经理汇报，该项目经理可以从任何一个功能区中抽调。绩效评估将由项目经理负责，团队成员尽量同处一处，从而他们可以在同一办公室或建筑物的同一部分工作。新的合资企业，或“创业”就是项目组织的最极端例子之一：每一个人，不考虑功能，都被一个单一的项目联系在一起——新企业的成长和新企业产品的创建。在这种情况下，总裁或CEO将被视为项目经理。当需要专注于完成一个重要的开发项目时，新企业有时可以组成一个拥有该项目所需资源的“老虎团队（tiger team)”。

“矩阵组织（matrix organization)”被视为功能组织和项目组织的混合。在矩阵组织中，每一个人都根据他们所工作的项目和他们的功能与其他人联系。一般来说，每个人都有两个监管人，一个是项目经理，一个是功能经理。这种组织形式实践的结果是项目或功能倾向于有更强大的联系。出现这种情况的原因可能是功能经理和项目经理都不能有独立的预算权，他们不能独立地评估和决定下属的工资，并且功能组织和项目组织也不易在实体上聚集在一起。因此，功能组织或项目组织会有控制倾向。

矩阵组织的两个分支是“重型项目组织（heavyweight project organization)”和“轻型项目组织（lightweight project organization)”（Hayes et al.，1988)。重型项目组织具有完全的预算权，更深地介入团队成员的绩效评估中，并对主要的资源分配进行决策。尽管项目的每一个参与者也属于一个功能组织，但功能经理的权力和控制却相对较小。兼跨多个工业领域的重型项目团队可以被称为“集成产品团队（integrated product team,IPT)”、“设计—制造团队（design - build team，DBT)”或简称为“产品开发团队（product development team,PDT)”。这些用语强调了这些团队的交叉功能本质。

轻型项目组织包括微弱的项目联系和相对更强大的功能联系。在这种情况下，项目经理更是一个协调者和管理者。轻型项目的经理负责更新时间表，安排会议，并帮助协调，但他在项目组织中并无实际的权力和控制力。功能经理负责预算、招聘和解雇，以及绩效评估。图表2—7表示的是纯功能组织和纯项目组织，以及矩阵组织的重型分支和轻型分支。

在本书中，我们把项目团队视为主要的组织单位。在这里，团队是介入项目的所有人的集合，不考虑产品开发成员的组织结构。在功能组织中，团队由分配于功能群体中的个人组成，团队之间除了共同介入一个项目之外再无任何组织联系。在其他的组织中，团队相当于一个正式的组织实体、项目群体，具有正式指定的经理。因此，团队的概念在矩阵组织和项目组织中比在功能组织中有更多的意义。

图表 2—7　**不同的产品开发组织（为简化，仅显示 3 个功能和 3 个项目）**

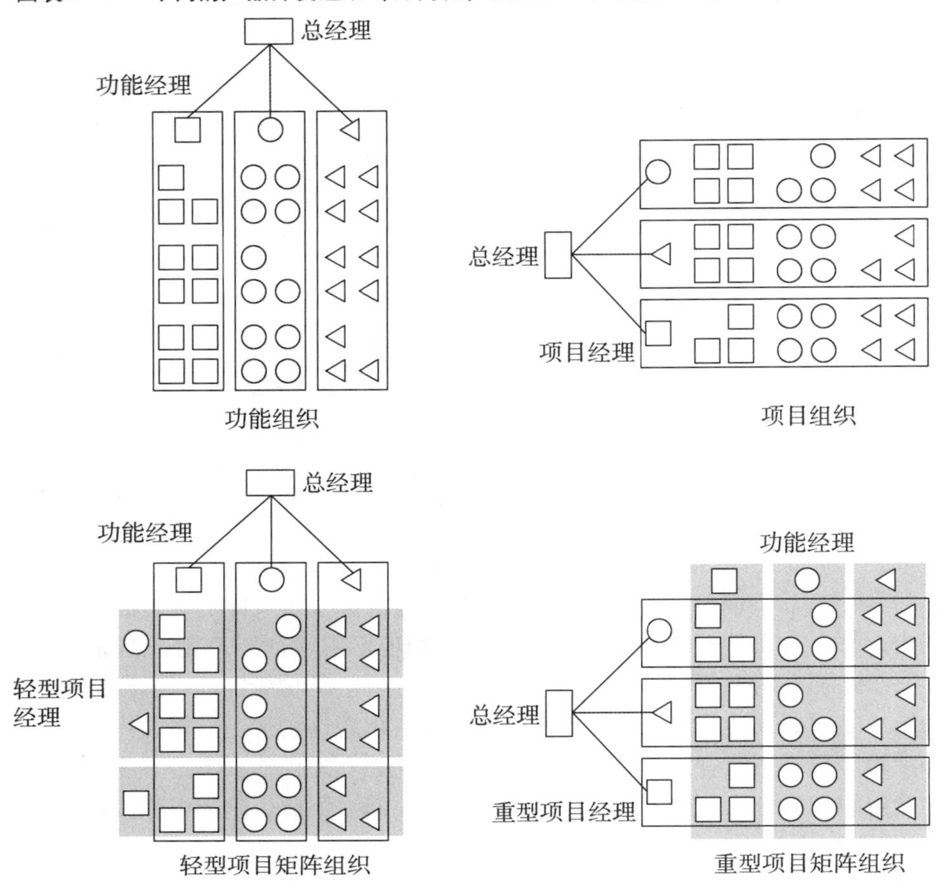

2.6.3　选择组织结构

组织结构最合适的选择依赖于那些对成功最为关键的组织绩效因素。功能组织倾向于培养功能领域中的专门化和资深专家。项目组织倾向于在不同功能之间迅速与有效地协调。矩阵组织作为一个交叉混合体，具有展示上述特征的潜力。下面的问题有助于指导组织结构的选择：

- **交叉功能集成有多重要？**功能组织在协调扩展功能领域的项目决策上有困难。由于各功能之间团队成员的组织联系，项目组织倾向于强大的交叉功能集成。
- **前沿（cutting－edge）功能的专业技能对于商业的成功有多重要？**当需要开发和保持几代产品的专业技能时，就需要建立一些功能联系。例如，在航空航天公司，计算流体力学非常重要，因此就需要把流体力学专家按功能组织起来，以保证公司在此领域有最好的能力。
- **每种功能的个人在项目进行的大部分时间里能够被充分利用吗？**例如，一个项目可能只要求一个工业设计者用部分时间介入该项目的部分持续期。为了有效地利用工业设计资源，企业应选择按功能组织工业设计者，从而使几个项目能够抽取某一特殊项目所需的恰当数量的工业设计资源。

• **产品开发速度有多重要？**项目组织倾向于使冲突迅速解决和使得不同功能的个人有效地协调他们的活动，在传递信息、分派责任和协调任务上花费相对较少的时间。因此，项目组织在开发创新产品上通常要比功能组织快捷。例如，便携式计算机制造商总是以项目的形式组织他们的产品开发，这使得团队可以在快速发展的计算机市场要求的非常短的时间内开发出新产品。

在功能组织和项目组织之间进行选择时，还会有许多其他问题。图表 2—8 总结了每种组织类型的优点和缺点以及选择每种策略的企业的例子和每种方法的主要问题等。

图表 2—8 **不同组织结构的特点**

	功能组织	矩阵组织		项目组织
		轻型项目组织	重型项目组织	
优点	促进深度专业化和技能型的开发	项目的协作和管理清晰地指派给单一的项目经理。保持专业化和技能的开发	提供项目组织的整合和速度。保留功能组织的部分专业化	可以在项目团队内优化分配资源。可以迅速地评估技术和市场的权衡
缺点	不同功能群体之间的协作可能是缓慢和官僚的	比非矩阵组织需要更多的经理和管理者	比非矩阵组织需要更多的经理和管理者	个人在保持"领先"功能的能力上可能有困难
典型例子	定制的开发企业在该企业中，开发包括对标准设计的细微变化（如定制电机、轴承、包装）	传统小汽车、电子产品和航空企业	许多最近成功的小汽车项目、电子产品和航空企业	创业公司。以获取突破为目的的"老虎团队"和"黄鼠狼团队"在极有活力的市场上竞争的企业
主要问题	怎样集成不同的功能（如营销和设计）以达到一个共同的目标	怎样平衡功能、项目和功能绩效	怎样同时评估项目	怎样长期保持功能专业化。怎样共享项目之间的技术经验

2.7 AMF 组织

AMF 选择在矩阵结构中组织产品开发。在 AMF 产品开发中介入的功能包括工程、制造、市场营销、销售、采购和质量保证。每一种功能都有一个经理，他向部门总经理汇报。但是，产品开发项目由项目经理领导，项目团队是由从各功能区抽调的人员组成的。AMF 矩阵组织可能与轻型项目组织最为接近，这是因为项目经理并不是该部门的最高级经理，并且没有对项目团队的资源和人员的直接控制权。一般来说，轻型项目组织倾向于以项目效率的代价来加强功能，AMF 组织的几个特征使得轻型组织成为它明智的选择。事实上，这一选择已导致了优良的产品开发绩效。

导致选择轻型项目组织的最重要因素是，AMF 在进行一个或两个大项目的同时，还进行许多小的产品开发项目。这种项目混合的结果就是，较小项目的许多团队成员都是在兼职的基础上为项目做贡献的。通过在个人之间建立相对强大的功能联系，对较小项目的人员分配就比较容易完成，功能内部任务分配的平衡也较易得到。

另外一个导致 AMF 使用轻型项目组织并一直在产品开发中获得高绩效的因素是，AMF 是一个特殊的瘦型公司。其大型设备部的雇工不到 100 名，他们创造和支持每年 1 亿美元以上的销售额。部门的每一个人都在同一栋楼中工作，当部门获得高利润时，大部分主要员工都会有实质性的金钱奖励回报。因此，项目团队的成员被激励起来，他们关注自己功能以外的东西并共同工作以开发出成功的产品。

对标准轻型组织的略微修改也有助于项目的完成。工程经理要对项目成功完成的方方面面负责，而非仅对工程的优秀与否负责。尽管他要对工程功能负责，但他的首要责任是开发成功的产品。因此，他的日常工作就是保障市场和工程之间良好协作。

最后，高级管理层对产品开发的重视鼓励了有效的团队工作。总经理个人对每一个产品开发项目都有兴趣，并每月花费几天的时间监督项目的进程。传递给项目团队的信息就是：成功的产品比强大的功能更重要。

2.8 小 结

企业必须就产品开发的方式做出两个重要决策，它必须定义产品开发流程和产品开发组织。

- 产品开发流程是企业用于思考、设计和商业化某一产品的一系列步骤。
- 一个很好定义的开发流程有助于保证产品质量、协助团队成员之间的协作、策划开发项目和持续地优化流程。
- 本章中提出的基本流程开始于任务陈述，结束于产品的推出。它包括五步：概念开发、系统水平设计、细节设计、测试和改进，以及产品推出。
- 概念开发阶段要求开发团队的不同功能高度集成。这个前端过程包括识别顾客需要、分析竞争产品、选择产品概念、提炼特殊点、进行经济分析和计划其余的项目活动。概念开发阶段的结果将写入合同书。
- 一个特殊企业使用的开发流程可能不同于这里描述的基本流程，基本流程最适合市场拉动型的产品。其他类型的产品包括技术推动型产品、平台型产品、工艺密集型产品和定制型产品、高风险产品、速建产品以及复杂系统。它们的开发流程要求与基本流程有所区别。
- 不管开发过程如何，任务都由组织指派的个人来完成。可以通过汇报关系、财务安排和物理布局所形成的关系来定义组织。
- 功能组织是指那些组织联系和开发功能相呼应的组织。项目组织是指那些组织联系和开发项目相呼应的组织。两种的混合组织是重型项目组织和轻型项目组织。

• 功能组织和项目组织之间的最重要的权衡是指功能的深入程度和协作效率之间的权衡。

参考文献

通过网址 www. ulrich－eppinger. net 可获得许多最新资源。

阶段－关卡（stage－gate）的产品开发过程在过去 30 年的制造企业中占主导地位。Cooper 描述了现代阶段－关卡过程以及许多应用实践。

Cooper，Robert G.，Winning at New Products：Accelerating the Process from Idea to Launch，Perseus Books，Cambridge，MA，2001.

螺旋上升的产品开发过程主要是在软件业中演化发展起来的；然而，螺旋开发的许多方面都可以应用在制造业和其他行业中。McConnell 描述了螺旋上升的软件开发以及其他几种用来开发软件的过程。

McConnell，Steve，Rapid Development：Taming Wild Software Schedules，Microsoft Press，Redmond，WA，1996.

重型项目组织和轻型项目组织的概念是由 Hayes，Wheelwright 和 Clark 阐述的。Wheelwright 和 Clark 还讨论了产品战略、规划和技术开发活动，这些活动通常在产品开发流程之前进行。参见 Hayes，Robert H.，Steven C. Wheelwright，and Kim B. Clark，*Dynamic Manufacturing*：*Creating the Learning Organization*，The Free Press，New York，1988；Wheelwright，Steven C.，and Kim B. Clark，*Revolutionizing Product Development*：*Quantum Leaps in Speed*，*Efficiency*，*and Quality*，The Free Press，New York，1992。

Andreasen 和 Hein 就怎样在产品开发中整合不同的功能提出了一些好的想法。他们还展示了产品开发组织的几个概念模型。参见 Andreasen，M. Myrup，and Lars Hein，*Integrated Product Development*，Springer－Verlag，New York，1987。

Allen 提供了很有说服力的证据说明实物的分发可用于创造尽管是非正式的，但有强大的功能联系。他还讨论了矩阵组织在弥补功能组织和项目组织弱点中的应用。参见 Allen. Thomas J.，*Managing the Flow of Technology*：*Technology Transfer and the Dissemination of Technological Information within the R&D Organization*，MIT Press. Cambridge，MA，1977。

Galbraith 关于组织设计的创意著作包含了许多有用的信息，可用于产品的开发。他在 1994 年的著作是他早期作品的更新。参见 Galbraith，Jay R.，*Designing Complex Organizations*，Addison－Wesley，Reading，MA，1973；Galbraith，Jay R.，*Competing with Flexible Lateral Organizations*，second edition，Addison－Wesley，Reading，MA，1994。

练　习

（1）计划并制作一次家庭宴会的流程图。你的流程和基本的产品开发流程相似吗？烹制宴席和市场拉动型、技术推动型、工艺密集型、定制、高风险、速建或复杂系统的流程相似吗？

（2）定义一个找工作的流程。讨论一个严格定义的流程能够提高何种类型努力者的绩效？

（3）在一个已经建立的公司中成功地开发民用空调设备时，你期望使用何种类型的开发流程？对于一个准备尽力打入竞争性轮椅市场的小企业，该如何选择？

（4）画出一个咨询企业的组织图（使用合适的图形标识），该企业在项目—项目的基础上为顾客开发新产品。假定该企业的个人代表开发新产品所要求的所有不同功能，该组织最可能以何种方式组织起来，按功能、项目，还是二者的结合？

思考题

（1）基础技术研究在产品开发流程中扮演一个什么样的角色？你怎样修改图表2—3，使得研究活动包含在流程中？

（2）大学和产品开发组织之间有相似之处吗？大学是功能组织还是项目组织？

（3）作为产品开发课程的一部分，学生参与项目的产品开发组织是怎样的？

（4）如果产品开发组织的部分成员按功能组织在一起，而其他成员按项目组织在一起，这是否可行？如果可行，团队的哪些成员最有可能成为功能组织的代表？

3

产品规划

施乐公司是一家提供多种与文件相关的产品、服务和商业解决方案的全球性公司。它的目标是成为全球文件相关市场的领导者，提供提高商业效率的文件解决方案。施乐公司的竞争策略的关键部分是在快速变化的市场中不断进行技术创新。这一策略要求公司具有选择合适的开发项目并定义这些项目的范围以使其互补的能力。图表3—1是一张施乐文件中心265的照片，这一产品是施乐公司的Lakes项目开发出来的。

图表3—1 Lakes **项目开发了一种新型复印机平台，包括施乐文件中心** 265

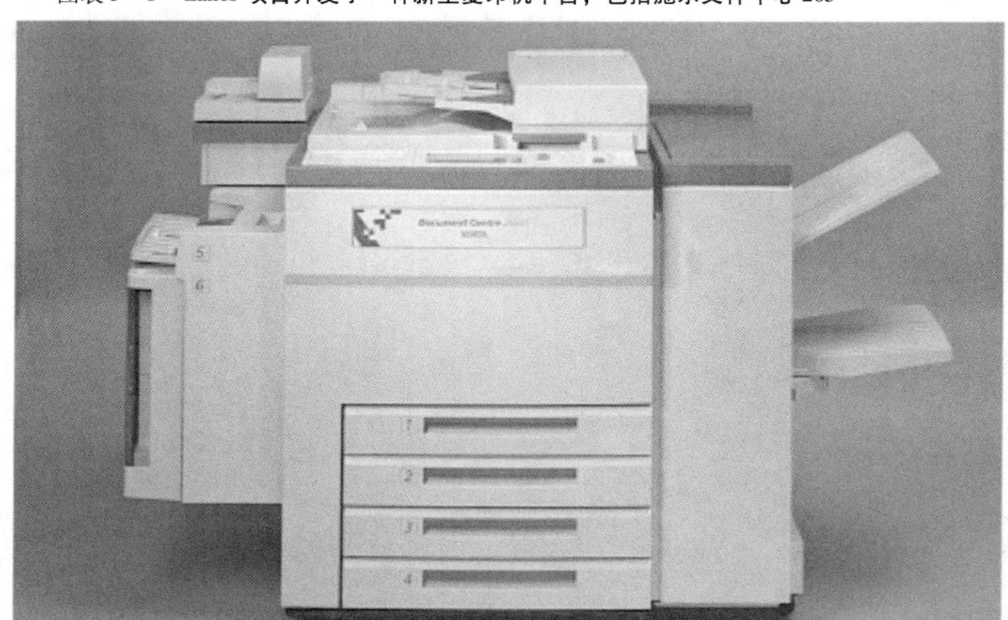

（施乐公司授权）

产品规划过程发生在一个产品开发项目正式启动，物质资源开始使用及更大的开发团队形成之前。它是考虑一个公司应该从事的项目组合内容并决定什么时候从事什么子项目的过程。产品规划过程确保产品开发项目支持公司更广泛的商业策略并阐明以下问题：

- 从事什么产品开发项目？
- 研究何种新产品、平台和派生产品？
- 不同项目之间如何联系而成为一个整体组合？
- 项目的时间安排和顺序是怎样的？

选中的项目将会由一个产品开发团队来完成。在开始开发工作之前，团队必须知道其任务。这些重要的内容包含在团队的任务描述中：

- 在设计产品及其特点时应该考虑哪些市场组成部分？
- 新产品中应包括哪些新技术（如果有的话）？
- 制造和服务的目标和限制是什么？
- 项目的财务目标是什么？
- 项目的预算和时间安排表是怎样的？

本章阐述了一个公司怎样通过首先考虑其可能从事的潜在项目，决定哪些项目是其最愿意从事的，然后启动每个项目来完成一个中心任务，使其产品开发工作的效率最大化。我们阐述了一个分为五个步骤的规划过程，从机会的识别开始，以项目团队的任务描述结束。

3.1 产品规划过程

产品规划确定了公司将要开发的项目组合和产品引进市场的时间。规划过程要考虑由各种资源所确定的产品开发机会，包括来自市场、研究部门、客户、已有产品开发团队的建议及与对手的竞争。项目组合从这些机会中被挑选出来，项目的时间计划被确定下来，资源得到分配。图表 3—2 是一个表明什么时间开发什么产品的产品规划例子。产品规划需要经常更新以反映竞争环境的变化、技术的变化和通过已有产品的成功得来的信息。产品规划是按照公司的目标、能力、限制和竞争环境来完成的。产品规划的确定通常要涉及公司的高层管理者，且一年只有一次或几次。一些公司有管理这一活动的规划主管。

图表 3—2　**产品规划所确定的开发部门将要从事的项目组合**

这一规划将项目分为四种类型：新产品平台、已有产品平台的衍生产品、改进产品和全新产品。

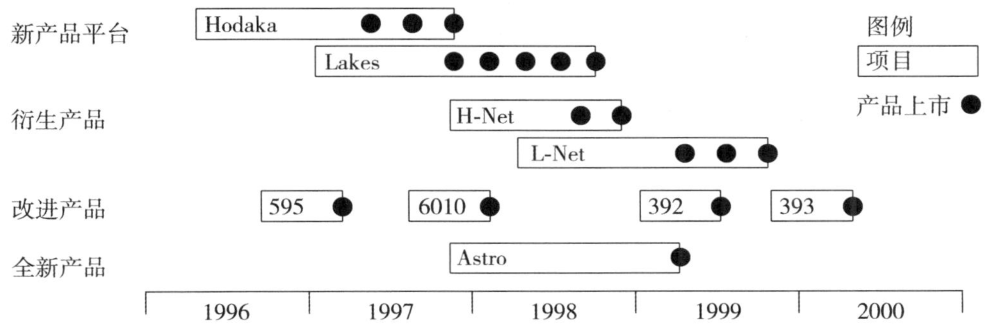

不认真进行开发项目组合规划的公司经常会被以下的低效率所困扰：

- 不能以有竞争力的产品占有足够的目标市场份额；
- 产品引入市场的时间安排不合理；
- 总开发能力与所从事的项目数量不相匹配；
- 资源分配不合理，一些项目人员过多而另外一些则人手不足；
- 构思错误的项目被启动继而被取消；
- 项目方向经常变动。

3.1.1 产品开发项目的四种类型

产品开发项目可以分为四种类型：

- **新产品平台**：这种类型的项目包括研制一个新的通用平台基础上的一个新产品家族的主要开发工作。这一新产品家族将进入相关市场和产品领域中。瞄准新的数字复印平台开发的施乐 Lakes 项目就是这种类型的一个例子。
- **已有产品平台的衍生产品**：这种项目对已有产品平台进行扩展，用一种或多种新产品更好地占有相关市场。在已有光透镜（非数字型的）产品平台基础上开发新复印机的项目是这种项目的一个例子。

- **对已有产品的改进：**这种项目只是对已有产品的特点进行增加或改进，以使生产线跟上潮流和具有竞争力。对已有复印产品的小缺陷进行改进就是这种项目的一个例子。
- **全新产品：**这种项目包括完全不同的产品或生产技术，并可能进入一个新的、人们不熟知的市场。这种项目有更大的内在风险，但是，公司的长期成功可能要依赖从这种重要项目中得来的知识。施乐的第一台数字复印机的开发就是这种项目的一个例子。

3.1.2 产品规划过程

图表3—3表明了产品规划过程的步骤。首先，按照优先级对多种机会进行排列并选择出一个项目组合，将资源分配到这些项目中并进行时间安排。这些规划活动注重多种机会和潜在项目的组合，有时被叫做组合管理、总生产规划、生产线规划或者产品管理。一旦项目被选定并分配了资源，每个项目的任务描述就被制订出来。因此，产品规划的完成和任务描述的制订先于实际的产品开发过程。

图表3—3 **产品规划过程**

这些活动确定产品开发项目组合、制订产品规划，并对每个所选项目作任务描述。

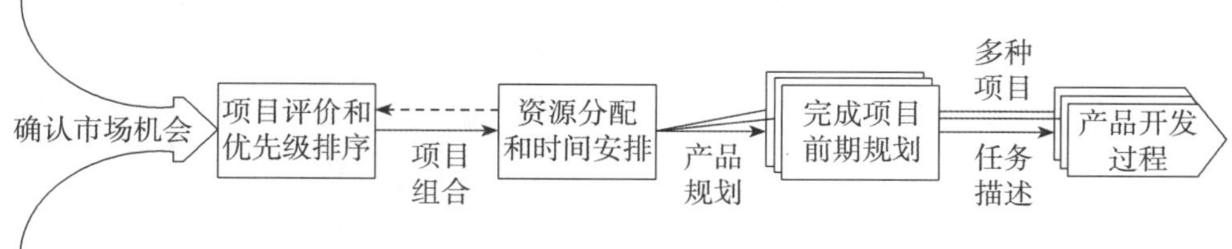

尽管我们将规划过程表示为线性的，选择项目和分配资源的过程实际上是有内部重叠的，时间安排和预算的实际情况经常需要对优先级进行重新评价并对项目进一步细化和选择。因此，产品规划经常要重新评估并要基于开发团队、研究部门、生产、营销和服务部门的最新信息进行修改。后加入这一过程的人员常常先认识到整个规划过程和某个项目的任务是不一致、不可行或者过时的。随时调整产品规划的能力对公司的长期成功来说至关重要。

我们认为制订产品规划和项目任务描述有如下五个步骤：

（1）确认市场机会；

（2）项目评价和优先级排序；

（3）资源分配和时间安排；

（4）完成项目前期规划；

（5）对结果和过程进行反思。

3.2 步骤1：确认市场机会

规划过程开始于对产品开发机会的识别。这种机会可能包括上述四种类型项目中的任何一种。这一步可以被看成是“机会漏斗（opportunity funnel）”，因为它将来自整个公司的各种投入汇聚到一起。对于新产品或其特点的想法可能来自以下几种（还有其他）资源：

- 市场营销和销售人员；
- 研究和技术开发部门；
- 已有产品开发团队；
- 制造和运作部门；
- 已有或潜在客户；
- 第三方，如供应商、发明者和商业伙伴。

机会可以是被动地得来的，但我们也建议公司努力创造机会。产品开发机会的识别与识别客户需要的活动紧密相关（见第4章）。一些积极的做法包括：

- 记录已有顾客对已有产品的失望和抱怨；
- 会见主要客户，听取他们对已有产品改进和创新的建议；
- 注意生活时尚潮流的变动、统计数字、已有产品领域内的技术和新产品领域的机会；
- 系统地收集现有客户的建议，可以通过销售部门或者客户服务系统进行；
- 在开发过程中仔细研究竞争者的产品（竞争标杆）；
- 追踪产品开发研究中出现的新技术对于促进技术转变的作用。

积极运用“机会漏斗”可以持续收集各种想法，新产品机会随时可能出现。作为一种追踪、排序和细化这些机会的方法，我们建议对于每个有希望的机会加以简短清晰的描述并收集到一个数据库中。这个数据库可以简单到一个电子数据表格。数据库中的某些机会被扩充、细化和使用。这种机会的使用一般由特定想法提出者非正式地进行。

在施乐公司，许多机会已被收集和讨论。有些是对已有产品的简单改进，另一些则是基于全新技术的产品建议。下面是一些与施乐公司提出的机会描述相似的例子：

- 建立一个文件分发系统，使一台网络打印机可以被每个办公人员使用，并能自动传送邮件和其他文件；
- 建立一套文件传送软件，使大多数公司内部文件可以通过员工的个人计算机进行数字传送和存储；

这个机会描述最终成为 Lakes 项目：

- 为办公用品市场开发一个新的黑白式（B&W）、数字化、网络式的文件中心平台，包括扫描、存储、传真、分发和打印功能。

3.3 步骤2：项目评价和优先级排序

如果能实施有效的管理，机会漏斗在一年中可以收集成百上千个机会。这些机会中有些对于公司的其他活动没什么意义，因为在多数情况下，对公司来说有太多的机会要立即去把握。因此，产品规划过程的第二步就是要选出最有希望的项目。有四个基本的方面对于已有产品领域中新产品机会的评价和优先级排序十分有效，即竞争策略、市场细分、技术曲线和产品平台。讨论了这四个方面之后，我们将讨论全新产品的机会评价，以及如何权衡项目组合。

3.3.1 竞争策略

一个公司的竞争策略决定了它在市场和产品上针对竞争者的基本运作方法。这一策略可以指导选择所要把握的机会。多数公司都在高层管理水平上讨论其策略的有效性及如何进行竞争。有几种可能的策略：

- **技术优势**：为实施这一策略，公司必须强调新技术的研究和开发，并将其应用到产品开发过程中。
- **成本优势**：这一策略要求公司在生产效率上进行竞争，可以通过规模经济，使用先进的制造方法和低成本的劳动力，或者通过生产系统的更好管理。因此，在这一策略指导下必须强调产品开发过程中的面向制造的设计（见第 11 章）。
- **以客户为中心**：为实行这一策略，公司必须与新老客户保持密切联系以评价其变化的需要和偏好。精心设计的产品平台有助于快速开发具有适合客户偏好的新特点或新功能的派生产品。这种策略将造就具有多种产品的生产线，以适合不同层次客户的需要。
- **模仿策略**：这一策略要求紧跟市场潮流，允许竞争者探索针对不同层次客户的已获成功的新产品。当确定了可行机会后，公司快速启动模仿成功竞争者的新产品。快速开发过程对于有效实施这一策略至关重要。

在施乐公司，战略讨论紧紧围绕公司怎样加入到因特网的发展所带来的办公数字化革命这一中心议题。施乐公司相信因特网将带来商业运作中从“先打印再分发”到“先分发再打印”的模式转变。Lakes 项目将支持公司的这一做法。

3.3.2 市场细分

可以认为顾客是属于不同市场部分的。把市场分成不同的部分使公司能够按照各详细定义的顾客群来考虑竞争者的行动和公司已有产品的市场力度。将竞争者和公司自己的产品划分到各个细分市场，公司就可以评价哪些产品机会最好地显示了公司自己生产线的缺点，哪些承袭了竞争者产品的缺点。图表 3—4 显示了施乐公司某些产品的市场细分图，这些产品的市场是按照共享办公室设备的人员数量来划分的。

3.3.3 技术曲线

在技术密集型企业，产品规划的关键是什么时候在生产线上采用一种新的基本技术。例如，在文件处理类企业，世纪之交的关键技术问题是向数字图像处理和打印的转变。产品规划要确定何时开发数字化产品，而不是基于光照—透镜技术的另外一种产品。技术 S 曲线是帮助考虑这种决定的概念性工具。

图表 3—4　　**产品细分图**

显示了施乐公司 B&W 数字产品和三个细分市场的竞争，并列出了每种产品的关键绩效要素（每分钟打印页数和网络工作能力）和价格点及上市的时间。

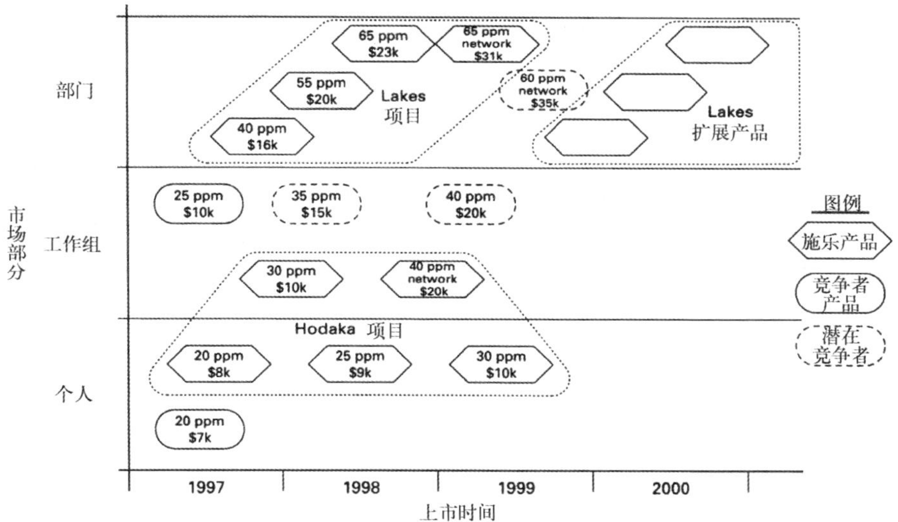

技术 S 曲线显示了一种产品领域内产品的性能随着时间而变化的情况，通常是参照单一的性能参数，如完成情况、速度或可信度。S 曲线表明了一个基本但很重要的内容：技术从刚出现时的性能相对较低，到发展到有一定经验之后的快速成长，最后受到一些自然的技术性限制达到成熟，既而过时。S 曲线捕捉到了这种动态的一般变化，如图表 3—5 所示。横轴是持续的研究和开发工作或时间；纵轴是性能/成本比率或者任何一种重要的性能参数。尽管 S 曲线清晰地表示出多种工业中的技术变化，但是很难预测性能曲线的未来走势（即最终性能限制是近还是远）。

图表 3—5　　**技术 S 曲线**

它表明施乐公司相信数字复印机技术刚刚出现并将在未来数年内提高产品的性能（施乐公司相信它可以在近期开发一种性能超过光照—透镜复印机的全数字型复印机）。

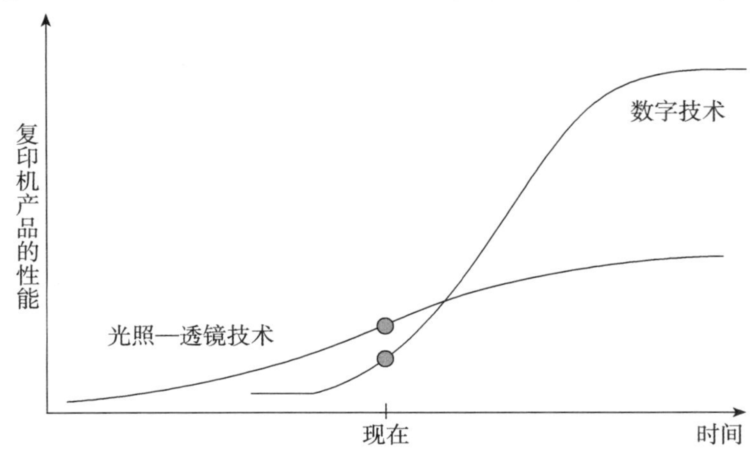

3.3.4 产品平台规划

产品平台是指由一系列产品共享的一整套资产。零件和部件经常是这些资产中最重要的部分。一个有效的平台可以更快更容易地制造许多衍生产品，每种产品提供一个特定的细分市场所需要的特点和功能。更多的关于实现产品平台和平台规划方法的底层结构的讨论请参阅第9章“产品构造”。

由于平台开发项目在时间和资金的消耗上是衍生产品开发项目的2~10倍，公司不可能使每个项目都成为平台开发项目。图表3—6表示有效的产品平台的杠杆作用。这一阶段中，关键的策略性决定是项目将从现有平台开发衍生产品还是开发一个全新的平台。产品平台的决策与公司的技术开发工作与决定在新产品中采用哪种技术紧密相关。

图表3—6 **一个平台开发项目可以建立一个产品家族结构**

衍生产品可能被包括在最初的平台开发工作（平台A）中或者在这之后（平台B）。

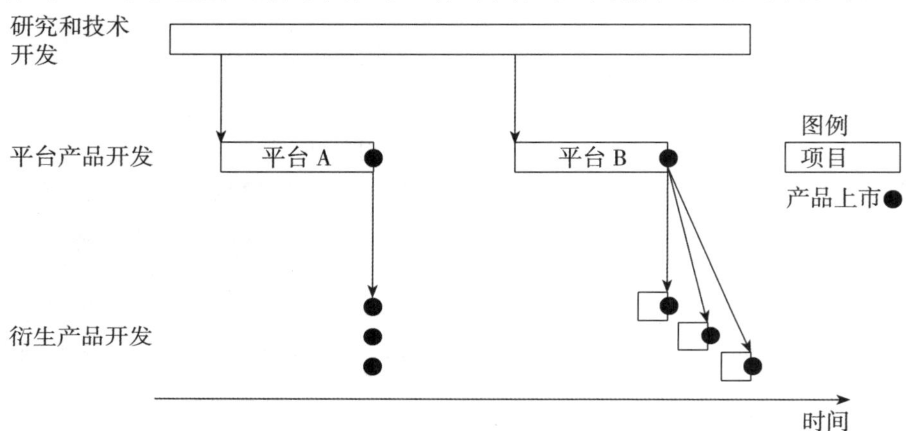

一种使技术开发和产品规划相协调的方法是“技术线路图（roadmap）”。技术线路图是一种表示与正在考虑的产品相关的各种技术的预期实用性和未来应用的方法。这一方法已经为摩托罗拉、飞利浦、施乐和其他快速发展的高技术行业中的领先者所采用。这一方法对于规划那些关键功能元件已经被详细了解的产品尤其有效。

为了建立技术线路图，历代的技术被标明并按照时间排列，如图表3—7所示。技术线路图中可以加入项目的时间计划和使用这些技术开发的项目。（这有时被叫做产品—技术线路图。）其结果是一个表示产品的关键功能元件和在既定时间内实现这些元件所采用技术的顺序的图表。技术线路图可以作为一个制定技术开发和产品开发联合策略的规划工具。

3.3.5 评价全新产品机会

除了已有产品领域的新型号产品之外，公司还面对许多机会，如新的市场或是全新的技术。尽管在使用新技术或为新市场而进行的产品开发中投入紧缺资源有很大风险，但是这种投入对于定期更新产品组合是必要的（Christensen，1997）。评价全新产品机会的标准包括：

- 市场规模（单位/年×平均价格）；
- 市场增长率（每年百分比）；
- 竞争激烈程度（竞争者数量和实力）；
- 公司对市场了解的深度；
- 公司对技术了解的深度；
- 与公司其他产品的匹配；
- 与公司能力的匹配；
- 专利、商业秘密或其他竞争障碍的潜在压力；
- 公司中“拳头产品（product champion）”的存在。

图表 3—7　　**技术线路图**

它表明了几种数字影印技术的生命周期及每种产品将采用什么技术。对于 Lakes 项目，施乐公司为其关键功能选择了相应技术，其派生产品要求这些关键技术能扩展到高速和彩色影印能力。

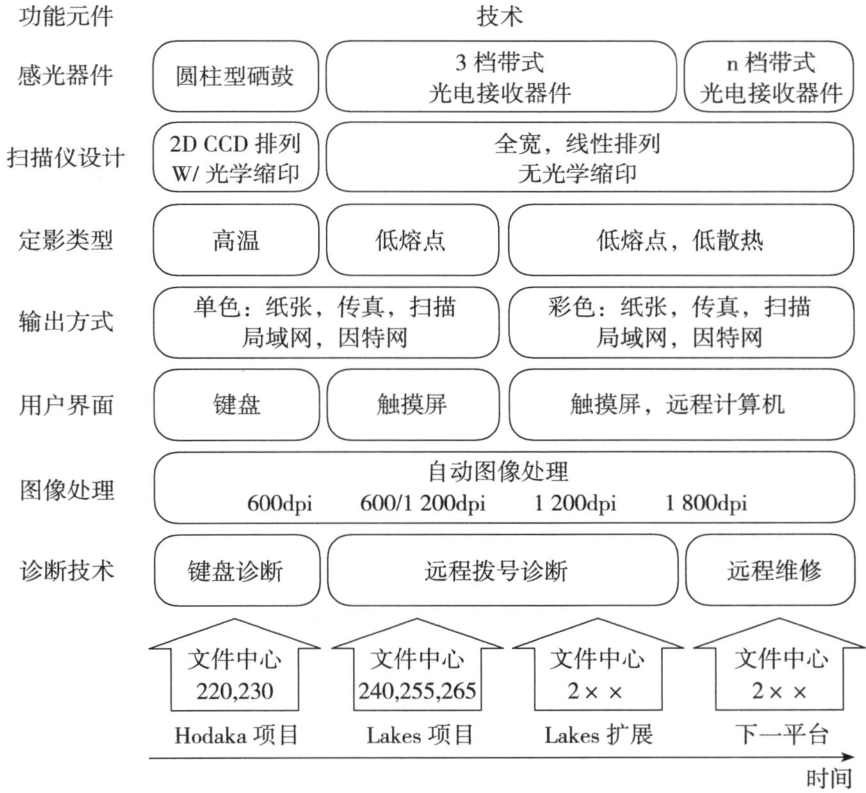

这些标准不仅对于评价全新产品机会非常有效，同时也适用于任何其他产品机会的评价。这些标准可以用在一个简单的“筛选矩阵（screening matrix）”中来评价任何机会的吸引性和风险。第 7 章“概念选择”中介绍了选择产品概念的筛选矩阵，同时这种方法也直接适用于选择产品机会。

3.3.6 权衡组合

有很多种方法帮助经理们来权衡公司的开发项目组合。其中一些方法是用有效的标准来衡量组合，以便能考虑其规划决策的战略意义。Cooper 等人（2001）描述了多种度量方法，包括如技术风险，资金回报、市场吸引力和偏好等标准。一种特别有效的度量方法是由 Wheelwright 和 Clark（1992）提出的沿着两个维度标准绘制的项目组合图：项目所包含的生产线变化的程度和项目所包含的生产工艺变化的程度。图表 3—8 这种图，称为产品—工艺变化矩阵。这种方法对于表明所考虑的项目组合中的不平衡以及评估项目组合和竞争策略之间的一致性十分有效。例如，公司可能会发现并没有确定有根本性突破的项目，或者没有对已有产品进行改进的项目。

图表 3—8　**产品—工艺变化矩阵（圆圈的大小表明开发项目的相对成本）**

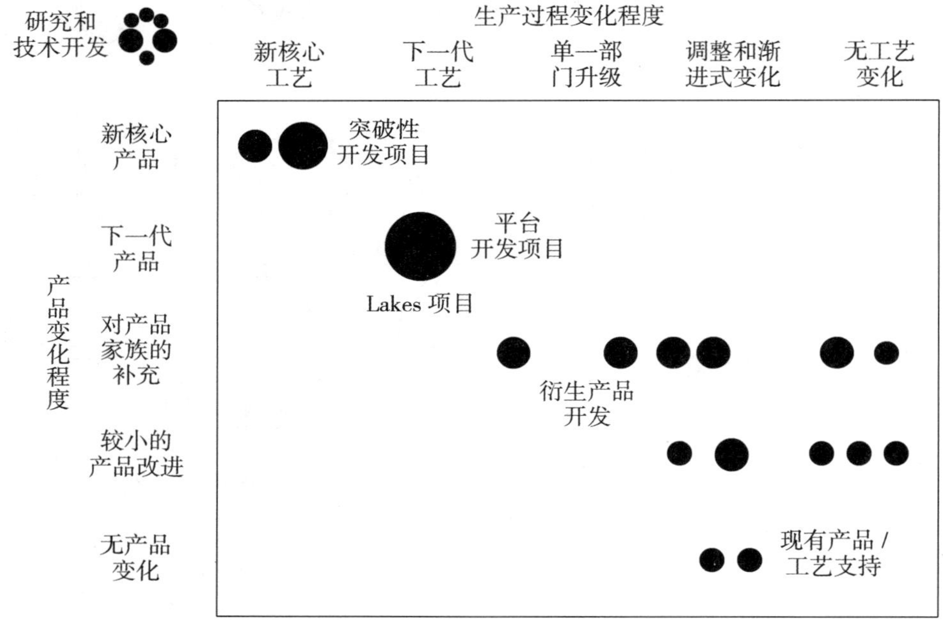

研究和技术开发
生产过程变化程度
新核心工艺　下一代工艺　单一部门升级　调整和渐进式变化　无工艺变化
产品变化程度
新核心产品
下一代产品
对产品家族的补充
较小的产品改进
无产品变化
突破性开发项目
平台开发项目
Lakes 项目
衍生产品开发
现有产品 / 工艺支持

资料来源　Wheelright and Clark，1992。

尽管没有通用的工艺来决定组合应该是什么样的，但在大多数情况下，公司会从多种项目的组合中受益，就像投资组合从多样性中受益一样。而且，公司对于竞争策略的选择将会影响产品开发组合的形式。例如，追求低成本策略的公司会希望组合中包含更多的生产工艺改进项目；遵循产品多样化策略的公司将要在已有平台上开发更多的衍生产品；实施技术领先策略的公司将需要更多的技术开发和突破性项目，并预见到并非所有这些有风险的项目都会产生市场上的新产品。注意，研究和技术开发活动的规划是与产品规划过程紧密联系的，但通常在产品规划过程的范围之外进行。

3.4 步骤3：资源分配和时间安排

公司可能负担不起投资于其期望项目组合中的每个产品开发项目。由于时间安排和资源分配是按照最有希望的项目来制定的，许多项目不可避免地要争夺很少的资源。其结果是，资源分配和时间安排不得不退回到前面的评估和优先排序这一步骤，以削减所要开发的项目。

3.4.1 资源分配

许多公司从事太多的项目而不考虑开发资源的有限性，其结果是有经验的工程师和经理被分配到越来越多的项目上，生产效率急剧下降，项目完成时间被延长，产品上市迟缓，利润水平低下。集成性计划是指公司只从事那些利用预算资源能被有效完成的项目，从而有效地使用公司的资源。

Lakes 项目只是施乐公司提出的众多计划中的一个。但是，由于 Lakes 项目是一个全新平台的开发项目，它比当时的其他项目都重大。任何可行的项目组合都要由 Lakes 平台开发项目的资源要求来决定。实际上，许多其他项目不得不取消或推后，直到工程师们完成了 Lakes 项目的工作。

估计每个计划项目每月、每季度或每年所要求的资源数量迫使公司面对资源有限的现实。在多数情况下，需要管理的主要资源是开发人员的工作量，通常以人—小时数或人—月来表示。其他重要资源也需要仔细计划，如制模车间设备、快速成型设备、主导生产线、测试设备，等等。对每个时期资源需求的估计可以和可得到的资源进行比较，以计算整体能力利用比率（需求/能力）和不同资源种类的利用率，如图表 3—9 所示。当利用率超过 100% 时，就没有足够的资源来进行日程计划中的所有项目。实际上，考虑到意外事件发生的可能性和相应措施，所计划的能力利用率要低于 100%。

在集成性计划过程中，公司可能会发现自身处于过度使用资源的危险中（经常是达到 100% 或更高，参见 Wheelwright 和 Clark，1992），因此，公司在规划阶段就必须决定哪些项目对于公司的成功最为重要，并以足够的资源来从事这些项目。其他项目可能要从计划中取消或改变时间。

3.4.2 项目时间安排

决定项目的时间和顺序有时被称为“管道管理（pipeline management）”，必须考虑以下一些因素：

- **产品上市时间：**通常情况下产品越快上市越好。但是，在产品质量未达到足够好时就上市会损害公司的声誉。
- **技术储备：**基础技术的强健性对于规划过程十分重要。一种被证实了的、成熟度高的技术可以快速可靠地集成到产品中去。

图表 3—9　　**按照时间估计资源需求来完成集成性计划的简单表格**

例子中的表格使用的单位是“人—年”，尽管更小的时间单位（季度或月）在实际中更为常用，相关的图表指出何处的能力不足以执行所有项目。

	第1年					第2年					第3年				
	机械设计	电子工程	制造工程	软件/硬件	工业设计	机械设计	电子工程	制造工程	软件/硬件	工业设计	机械设计	电子工程	制造工程	软件/硬件	工业设计
Lakes项目	155	160	105	75	7	210	160	140	80	4	125	140	160	90	2
6010项目	30	25	10	5	1	25	20	5	6				5		
595项目	60	24	25			20	15	15							
Astro项目	55	60	44	25	2	75	65	50	40	2	45	40	60	20	
资源要求	300	269	184	105	10	330	260	210	126	6	170	180	225	110	2
资源容量	250	250	200	100	8	250	250	200	100	8	250	250	200	100	8
资源利用率	120%	108%	92%	105%	125%	132%	104%	105%	126%	75%	68%	72%	113%	110%	25%

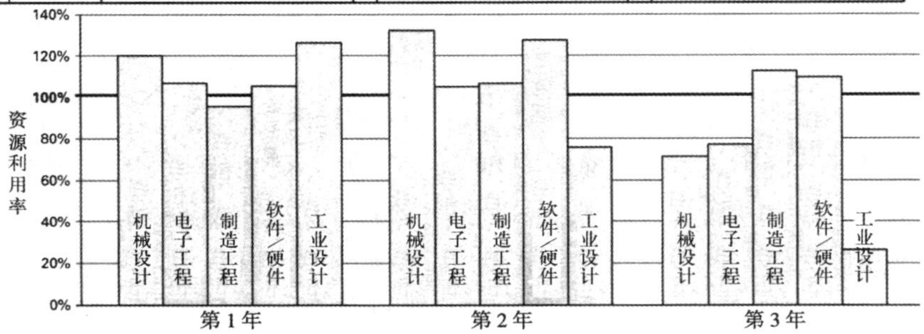

资源利用率
140%
120%
100%
80%
60%
40%
20%
0%
机械设计 电子工程 制造工程 软件/硬件 工业设计
第1年　第2年　第3年

● **市场准备：**产品上市的顺序决定了最初使用者的购买意图，是先购买低端产品，然后再买更高价的产品，还是直接购买价格高的高端产品。一方面，改进的产品上市太快会打击希望跟上产品更新步伐的顾客；另一方面，新产品上市太慢将会冒落后于竞争者的风险。

● **竞争：**竞争性产品的预期上市将会加快开发项目的进度。

3.4.3　产品规划

由规划过程确定并进行了时间安排的项目被称为“产品规划”，如前面图表 3—2 所示。这一规划可能包括不同比例的全新产品、平台项目和衍生产品项目。产品规划要定期更新，可以是一个季度或一年，作为公司战略规划活动的一部分。

3.5　步骤 4：完成项目前期规划

当项目确定下来，但是还未进行物质资源的分配时，就需要进行项目前期规划。这一过程涉及一个小的交叉功能团队，通常被称为“核心团队”。Lakes 项目核心团队由代表技术、市场、制造和服务部门等多方的大约 30 人组成。

在这一点上，早期的机会描述可以被重新写成产品前景描述。Lakes 项目团队以下面的产品前景作为开始：

开发网络式的、中等规模的，用于成像、印记和修饰的数字平台。

产品前景描述所定义的目标可能是非常普通的。它可能没有说明何种新技术将被采用，也不必说明各种职能，如生产和服务的目标和限制。为了给产品开发组织提供明确的指导，团队通常要对目标市场和开发团队的工作设想做出更加详细的定义。这些决策是在任务描述中完成的，如图表 3—10 所示。

图表 3—10　　　**Lakes 项目的任务描述**

该文件总结了产品开发团队所要遵循的指导。更多的细节附加在这一任务描述之后，包括环境目标，服务目标和 Lakes 平台项目中使用的特殊技术。

	任务描述：多功能办公文件设备
产品描述	• 具有复印、打印、传真和扫描功能的网络式数字设备
主要商业目标	• 支持施乐公司在数字办公设备保持领先的策略 • 作为所有未来的 B&W 数字产品和解决方案的平台
一级市场	• 在主要市场中占据数字产品 50% 的份额 • 良好的环境 • 1997 年第 4 季度投放 • 办公部门，中等效能（40～60 PPM，月平均复印量在 42 000 页以上）
二级市场	• 快速复印市场 • 小型“卫星（satellite）”操作
假设和限制	• 新产品平台 • 数字图像技术 • 与中心处理软件（centreware software）兼容 • 输入装置在加拿大制造 • 输出装置在巴西制造 • 图像处理装置在美国和欧洲制造
利益相关者 (stakeholders)	• 购买者和使用者 • 制造机构 • 服务机构 • 经销商和转销商

3.5.1 任务书

任务书应包括下列部分或全部信息：

• **对产品的概括描述（一句话）：** 这一描述通常包括产品对顾客的主要用途，但要避免包含特定的产品概念。实际上它可以是产品的前景说明。

• **主要商业目标：** 除了支持公司战略的项目目标之外，这些目标通常包括时间、成本和质量目标（如产品的上市时间、预期财务效益、市场份额目标）。

• **产品目标市场：** 产品可能会有几个目标市场。任务描述的这一部分确定了一级市场和开发工作中应该考虑的任何二级市场。

• **指导开发工作的设想和限制**：必须仔细地制定设想，尽管它会限制可能的产品概念的范围，但是它有助于项目管理。有关设想和限制决定的信息可以被附加到任务书中。

• **利益相关者**：一种确保开发过程中的细微问题均被考虑到的方法是，清楚地列出产品的所有利益相关者，也就是所有受产品成败影响的人群。利益相关者列表以终端使用者（最终的外部顾客）和做出产品购买决定的外部顾客开始，利益相关者还包括公司内部与产品有关的人，如销售机构、服务机构和生产部门。利益相关者列表可以提醒团队考虑会被产品影响到的每个人的需要。

3.5.2 假定条件和限制

建立任务书时，团队应考虑公司内部不同职能部门的战略。在要考虑的职能战略中，制造、服务和环境对 Lakes 项目影响最大。实际上，这些战略指导着产品的核心技术开发。

人们可能会问，为什么制造、服务和环境战略（举例来说）应该成为新产品任务书的一部分（也有一种观点认为有关这些问题的决策应该从顾客对新产品的需要中得来，而不应提前确定）？这是因为，首先，对于十分复杂的项目，如 Lakes 项目，制造系统的设计是和产品本身设计一样巨大的项目。其结果是，产品的制造设备必须很早就确定下来。其次，有些产品需求并非完全从顾客需要中得来。例如，许多顾客不会直接表达对于降低环境影响的需要。但是，施乐公司选择采取对环境负责的设计策略。在这种情况下，任务书应该反映这种公司目标和限制。

下面是施乐公司在建立 Lakes 项目的假定条件和限制时考虑的一些问题：

• **制造**：即使是在初期阶段，考虑制造系统的性能、产量和限制也是十分重要的。许多问题与此相关，包括：哪些内部生产设备将被用来制造和组装产品？开发中包括哪些重要供应商以及什么时候要用到他们？已有生产系统能够产生产品所需要的新技术吗？对于 Lakes 项目，施乐公司假设输入装置在加拿大制造，输出装置在巴西制造，数字图像处理装置在美国和欧洲制造。

• **服务**：在客户服务和服务收入对于公司的成功非常重要的行业中，确定服务质量水平的目标十分必要。在设计产品时提高服务水平包括一项战略承诺，该承诺仅包含有限的几项，从而可以提供快速服务。对于 Lakes 项目来说，服务能力目标包括减少大修机器时的可替代模块的数量和按照大小顺序安装这些模块的时间。

• **环境**：现在许多公司以环境可持续性的思想来开发新产品。Lakes 项目团队采取施乐公司首先提出的“零垃圾”战略，即使对于施乐公司这样的环境设计实践的领先者来说，这一目标也十分有挑战性。确定的目标是 Lakes 项目产品的任何组件都不会成为垃圾。所有组件都可以被再加工或回收，或两者都可行。没有任何部分需由顾客处理掉。Lakes 项目的环境设计战略还包括一个能源效率目标，就是“要成为同类产品中最高效的设备”。

3.5.3 人员配备和其他项目前期规划活动

项目前期规划通常还包括确定项目人员和领导者。这包括使开发人员中的关键人员在新项目中签约，也就是说，要求他们承诺领导产品或其中关键部分的开发。预算通常也要在项目前期规划中制定出来。

对于全新产品来说，预算和人员计划只是为开发中的概念开发阶段制定的。这是因为项目的细节是不确定的，这种状况一直持续到新产品的基本概念被确定下来。更细致的规划要等到概念进一步开发时再制定。

3.6 步骤5：对结果和过程进行反思

在规划过程的最后一步中，团队应该问几个关于评价过程和结果质量的问题。我们推荐的问题是：

- 机会漏斗收集到了各种令人激动的产品机会吗？
- 产品规划支持公司的竞争策略吗？
- 产品规划是否针对公司现在面临的最重要的机遇？
- 分配给产品开发的资源足以贯彻公司的竞争策略吗？
- 使有限资源发挥最大作用的方法被充分考虑了吗？如使用产品平台、合资和与供应商合作等。
- 核心团队接受了最终任务书的挑战吗？
- 任务书的各部分一致吗？
- 任务书中的假定条件真的有必要吗？项目的约束过多吗？开发团队能自由开发最好的产品吗？
- 怎样才能改进产品规划过程？

由于任务书是将管理移交给开发团队，在进行开发过程之前必须进行“实际检验（reality check）”。这一早期阶段是纠正已知缺陷的时候，以免当开发过程进行之后这些缺陷越来越严重并更耗费精力。

本章将产品规划方法解释为一个逐步的过程，主要是为了使表达简单易懂。但是，对于一致性和适应性的反馈和批评是一个不间断的过程。这一过程中的步骤可以也应该同时执行，以确保那么多计划和决策互相协调并与公司的目标、能力和限制相一致。

3.7 小　结

- 产品规划是一个关于所要从事的产品开发项目组合的周期性过程。
- 产品开发包括以下5个步骤：

（1）确认市场机会；

（2）项目评价和优先级排序；

（3）资源分配和时间安排；

（4）完成项目前期规划；

（5）对结果和过程进行反思。

• 机会漏斗从公司内外的各种资源中收集新产品平台、改进和全新产品的可能性。

• 对潜在产品开发项目要根据公司的竞争策略、技术曲线和产品平台规划进行评价。

• 一个产品开发项目的平衡组合可以包括对突破性产品、新平台、衍生产品和支持现有产品的投资。

• 集成性规划确保所选项目有足够的资源来成功完成。

• 每个产品开发项目的任务书指明了产品前景、商业目标、目标市场、关键假设和产品的相关利益者。

参考文献

许多现有资源可以在网上得到，参见 www. ulrich – eppinger. net。

关于竞争战略的优秀书籍很多。下列书籍包含有关产品规划的讨论：Porter, Michael E. , *Competitive Advantage: Creating and Sustaining Superior Performance*, Free Press, New York, 1985; Day, George S. , *Market Driven Strategy: Processes for Creating Value*, Free Press, New York, 1990; Moore, Geoffrey A. , *Crossing the Chasm: Marketing and Selling Technology Products to Mainstream Customers*, Harper Business, New York, 1991; Treacy, Michael, and Fred Wiersema, *The Discipline of Market Leaders*, Addison – Wesley, Reading, MA, 1995。

Wheelwright 和 Clark 讨论产品规划的几种方法，包括集成性规划和一些图表方法。参见 Wheelwright, Stephen C. , and Kim B. Clark, "Creating Plans to Focus Product Development", *Harvard Business Review*, March – April, 1992, pp. 70 – 82。

Cooper, Edgett 和 Kleinschmidt 描述了许多产品组合管理方法，包括财务分析、打分技术和图表可视化方法。参见 Cooper, Robert G. , Scott J. Edgett, and Elko J. Kleinschmidt, *Portfolio Management for New Products*, Perseus Books, Reading, MA, 1998。

Fine 将产品规划和竞争策略与供应链设计和与供应商的合伙策略决定联系到一起。参见 Fine, Charles. H. , *Clockspeed: Winning Control in the Age of Temporary Advantage*, Perseus Books, Reading, MA, 1998。

McGrath 强调了产品平台规划和技术性产品的策略。参见 McGrath, Michael E. , *Product Strategy for High – Technology Companies*, McGraw – Hill, New York, 1995。

Reinertsen 特别注意到了集成开发能力的过度使用。参见 Reinertsen, Donald G. , *Managing the Design Factory: The Product Developer's Toolkit*, Free Press, New York, 1997。

市场方面的书籍包括有关市场策略、市场分析和产品规划的更详细的对策。参见 Crawford, C. Merle, *New Products Management*, eighth edition, McGrow – Hill, New York, 2005; Urban, Glen L., and John R, Hauser, *Design and Marketing of New Products*, second edition, Prentice Hall, Englewood Cliffs, NJ, 1995。

Foster 发展了 S 曲线的概念并提供了多种工业中的许多有趣的例子。参见 Foster, Richard N., *Innovation: The Attacker's Advantage*, Summit Books, New York, 1986。

Burgelman 和 Maidique 提供了有关技术 S 曲线和生命周期曲线不能预先决定的很好的讨论；当然，它们会受到技术开发工作的影响。参见 Burgelman, Robert A., and Modesto A. Maidique, *Strategic Management of Technology and Innovation*, Third edition, Irwin Professional Publishing, Homewood, IL, 2001。

有几位作者对多种工业中的产品平台规划作了更详细的讨论。参见 Meyer, Marc H., and Alvin P. Lehnerd, *The Power of Product Platforms*, Free Press, New York, 1997; Sanderson, Susan W., and Mustafa Uzumeri, *Managing Product Families*, Irwin, Chicago, 1997。

Motorola 和 Philips 的经理们描述了他们在集成技术开发和产品开发规划时对几种技术路线方法的使用。参见 Willyard, Charles H., and Cheryl W. McClees, "Motorola's Technology Roadmap Process," *Research Management*, Vol. 30, No.5, Sep./Oct. 1987, pp. 13 ~ 19; Groenveld, Pieter, "Roadmapping Integrates Business and Technology." *Research – Technology Management*, Vol. 40, No.5, Sep./Oct. 1997, pp. 48 ~ 55。

Christensen 举例说明公司必须在全新产品、技术和市场中投资以保持其在行业中的领先地位。参见 Christensen, Clayton M., *The Innovator's Dillemma: When New Technologies Cause Great Firms to Fail*, Harvard Business School Press, Boston, 1997。

练　习

(1) 通过因特网或公布的公司年报进行研究以确定你有兴趣投资的公司的战略。了解公司的生产线和最新产品。这些产品怎样支持公司的战略？你希望在生产规划中看到哪种类型的项目？

(2) 对你所了解的一种产品，如个人计算机，建立一个产品—技术路线图以说明其技术的实用性。

思考题

(1) 在下面的技术 S 曲线中，如果公司相信某一特定产品的技术在 A 或 B 点时，其开发项目组合有什么不同？

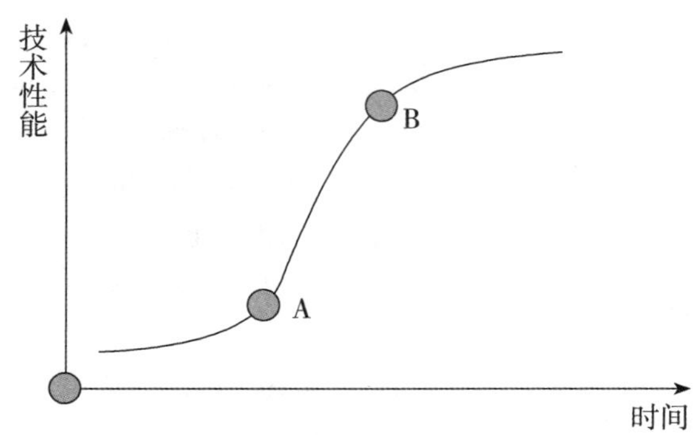

（2）在图表3—9 中，施乐公司怎样说明了集成项目规划分析所确定的机械设计工程的短缺？列举施乐公司增加生产能力的5 种方法和减少机械工程需求的5 种方法。

确认顾客需求

一个成功的手动工具制造商正在探索处于增长中的手持动力工具市场。在完成初步的研究之后，该企业决定进入无绳螺丝刀市场。图表 4—1 展示的是几个已有的用于拧螺丝的产品。在初步的概念工作之后，制造商的开发团队制造和实地测试了几种原型产品，结果令人失望。尽管有些产品比其他产品更受欢迎，但每一个产品都有顾客所不期望的这样或那样的特殊的特点。这种结果令人奇怪，因为该公司多年来在相关的顾客产品上都是成功的。经过大量讨论之后，开发团队认为主要问题是它的流程在确认顾客需求方面不充分。

图表 4—1　　**用于拧螺丝的现有产品**

手动螺丝刀、无绳螺丝刀、螺丝枪、带钻头的无绳钻机。

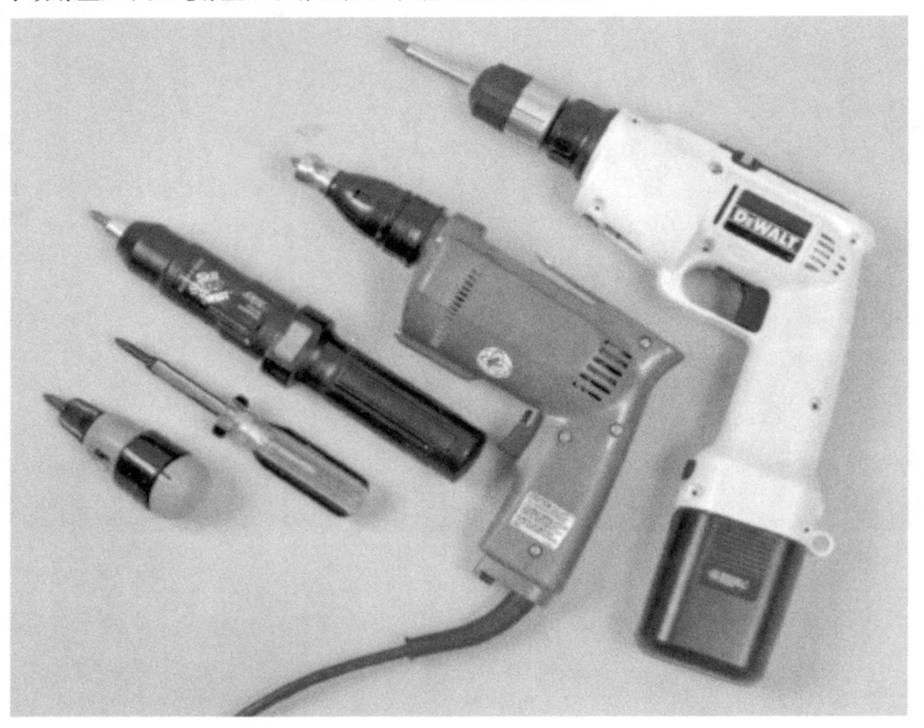

（Stuart Cohen 授权）

本章提供了一种全面确认一系列顾客需求的方法。该方法的目标是：

- 保证产品集中在顾客需求上；
- 确认明显的需求和潜在的需求；
- 提供一个判别产品规格说明的事实基础；
- 创建一个开发流程所需活动的原始记录；
- 确保没有遗漏重要的顾客需求；
- 在开发团队成员中发展对顾客需求的统一认识。

该方法背后的哲学思想是创建一个高质量的信息渠道，它直接沟通着目标市场上的顾客和产品开发者。该哲学建立在这样一个假设上：那些直接控制产品细节的人，包括工程师和工业设计者，必须和顾客相互沟通并体验产品的“使用环境(use environment)”。如果不强调直接的经历，将不可能正确地做出技术的权衡，也不可能找到解决顾客需求的创新办法，开发团队将永远开发不出能充分满足顾客需求的产品。

确认顾客需求的流程是更广泛的产品开发流程中的一个不可分割的组成部分，它与概念生成、概念选择、竞争标准和产品说明建立的联系最为密切。图表4—2表示的是与其他的早期产品开发活动相关的顾客需求活动，它们在总体上可视为“概念开发（concept development）”阶段。

图表4—2　**与其他概念开发活动相关的顾客需求活动**

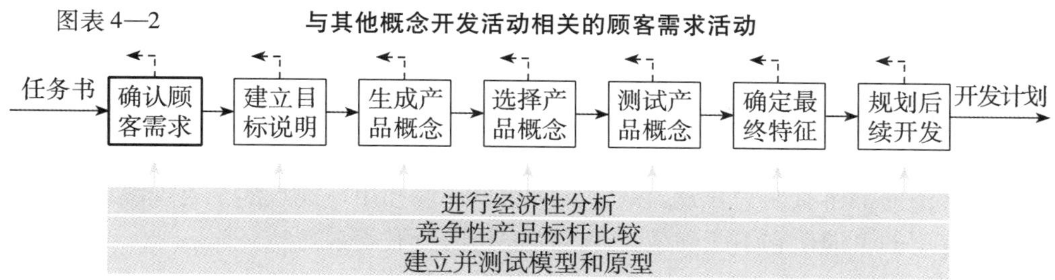

图表4—2所示的概念开发阶段暗含了顾客需求与产品说明之间的区别，这个区别很微妙但却很重要。“需求”在很大程度上独立于我们要开发的某一特殊产品；它们也并不一定是我们最终选择和追求的概念。团队应该在不知道是否能最终满足这些需求或怎样满足这些需求的情况下，识别出顾客需求。另一方面，产品说明确实依赖于所选择的概念。最终选择开发的产品说明将依赖于那些在技术上和经济上具有柔性的东西、竞争对手在市场上提供的东西以及顾客需求（关于这些区别的更详细描述，请参阅第5章“产品规格说明”）。还应注意，我们选择“需求”这个词来标明顾客期望产品的任何一个特点，在这里，我们没有区别“欲望（want）”和“需求（need）”。在工业实践中用于指代顾客需求的其他术语还包括“顾客属性（customer attributes）”和“顾客要求（customer requirement）”。

确认顾客需求本身就是一个流程，对于这个流程，我们提供了一个5步法。我们相信一个小小的结构可以对有效的产品开发实践起到长久的帮助作用，我们希望这个方法不会被那些使用它的人视为一个拘谨的流程，而是视为持续提高和细化的起点。这5步为：

（1）从顾客处收集原始数据；

（2）依照顾客需求解释原始数据；

（3）将需求组织成一个有初始层、第二层、第三层（如有可能的话）需求的等级；

（4）建立需求的相关重要度；

（5）对结果和过程进行反思。

我们依次进行这5步，并用无绳螺丝刀的例子说明要点。之所以选择螺丝刀是因为它比较简单，从而使方法不至于被例子的复杂性所隐藏。但应注意的是，该方法已被成功地应用于上百个产品，从价值不足10美元的厨房用具到价值上百万美元的机器设备，都或多或少地采纳过该方法。

在产品项目开始之前，企业识别出特殊的市场机会并列举大量的限制和项目目标。这些信息常常被总结成任务书，有时也叫做总纲或设计简述（见图表4—3）。任务书对任务的方向作了界定，但常常并不界定精确的目的或前进的特殊方向。任务书是第3章“产品规划”的结果。

无绳螺丝刀产品范畴发展相对较好。这样的产品尤其适合那些为收集顾客需求而设的结构化流程。有人可能会问，一个结构化的方法对于那些顾客没有经验的全新产品范畴是否有效。满足需求在更新型产品中与在改进型产品中一样重要。产品成功的必要条件是产品可以给顾客提供看得见的利益。当产品满足需求时，它们就提供利益。不管产品是现有产品的改进还是基于革命性发明的全新产品，这都是正确的。开发全新的产品范畴是一项有风险的工作。在某种程度上，顾客需求是否已被正确识别的惟一真实指标就是：顾客是否喜欢团队的第一个原型产品。然而，我们认为，收集顾客数据的结构化方法仍不失其有用性，并且能够降低开发全新产品中的内在风险。不管顾客是否能完全清晰地阐述他们的潜在需求，与目标市场上的顾客相互沟通都将有助于开发团队发展对用户环境和用户观点的个人理解。这些信息总是有用的，即使它不能确认新产品所表达的所有需求。

图表 4—3　　**无绳螺丝刀的任务书**

任务书：螺丝刀项目	
产品描述	• 一种手持助力工具，用于安装拧紧螺丝
关键商业目标	• 产品在 2006 年第 4 季度投放市场 • 50% 毛利 • 到 2008 年在无绳螺丝刀市场占据 10% 的市场份额
主要市场	• 自己动手的业余爱好者
次要市场	• 偶尔使用者 • 轻负载工作的专业人员
假设	• 手持 • 助力 • 可充电的镍金属电池技术
利益相关者	• 用户 • 零售商 • 销售力量 • 服务中心 • 生产制造 • 法律部门

4.1　步骤 1：从顾客那里收集原始数据

数据的收集包括与顾客接触以及使用产品环境的经历，这一点和我们的基本哲学思想是一致的，即创造一个直接来自于顾客的高质量的信息渠道。经常使用三种方法：

（1）**访谈**：一个或多个开发团队的成员与一个顾客讨论顾客需求。访谈通常在顾客处进行，一般持续一两个小时。

（2）**集中群体**：一个协调者组织由 8 ~ 12 个顾客组成的群体进行两小时讨论。集中群体被组织在一个装有双面镜的特殊房间里，该双面镜使得开发团队的几个成员可以观察到群体。讨论的过程通常被录制下来。一般来说，要付给参加者适当的费用（每人50美元~100美元）。集中群体的总成本大约为2 500美元，包括房间的租金、参加费、磁带录制费和饮料费。在大多数美国城市中，出租集中群体设施的公司通常列在电话簿的"市场调查"项下。

（3）**观察使用中的产品**：观察顾客使用现有产品或使用一件新产品试图完成任务，都可以揭示有关顾客需求的重要细节。例如，螺丝刀除了可以拧螺丝外，正在粉刷房子的顾客还可以用它打开涂料罐。观察活动缺乏与顾客的直接互动，因此可能是完全被动的；但观察也会包括与顾客并肩工作，这就使得开发团队的成员能够获得使用产品的第一手资料。对于一些产品，如自助工具，实际使用起来是简单和自然的；对于另外一些产品，如手术器械，团队必须将产品使用在替代任务上（如当开发新的手术刀时，要切苹果而非人体组织）。

有些业内人士也依据书面调查来收集数据。尽管邮寄调查在以后的流程中十分有用，但在开始的确认顾客需求活动中，我们却不推荐这种方式；书面调查不能提供有关产品环境的足够信息，它们在揭示无法预测的需求上是无效的。

Griffin 和 Hauser 的研究表明，一个两小时的集中群体讨论所揭示的需求量与两个一小时的访谈相等（Griffin 和 Hauser，1993）（见图表4—4）。因为访谈通常比集中群体的成本（每小时）要低，也因为访谈使得产品开发团队能够经历产品的使用环境，我们把访谈作为数据收集方法的首选。一至两个集中群体可以作为访谈的补充，因为它能够使高层领导观察到顾客群，或是一种在一个较大团队成员中共享（通过录像带）相同顾客经历的机制。有些业内人士认为，对于某些产品和顾客群，与访谈相比，集中群体参加者之间的相互作用能够产生更多的不同需求，尽管研究结果并未强有力地支持这一观点。

图表4—4 **数据收集的功能，集中群体和访谈所揭示的顾客需求百分比的比较**

注意，集中群体持续2小时，而访谈持续1小时。

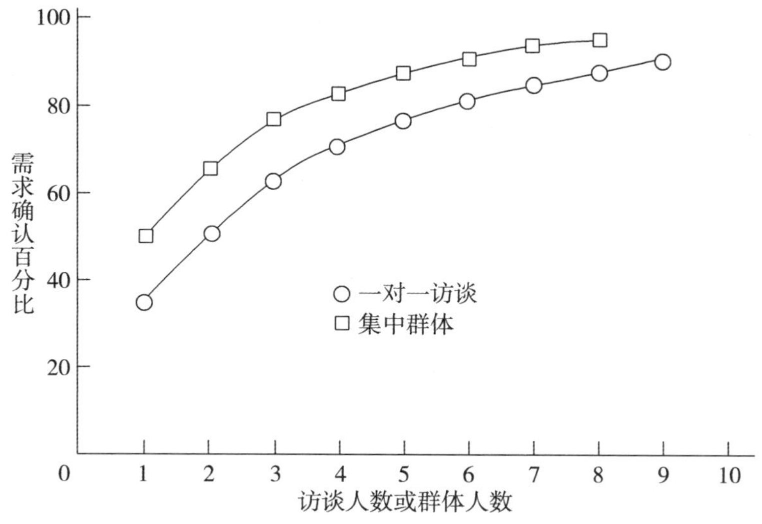

资料来源 Griffin and Hauser，1993。

4.1.1 选择顾客

Griffin 和 Hauser 也提到过这样的问题，即为了揭示大部分顾客需求，应该与多少个顾客访谈。在一项研究中，他们估计野餐制冷器顾客需求的 90% 将在访谈 30 人次访谈后可揭示出来。在另一项研究中，他们估计一套办公设备顾客需求的 98% 将在集中群体和访谈共计进行 25 小时的数据收集后揭示出来。对于大多数产品来说，少于 10 次访谈可能就不会全面，而 50 次又可能太多。但是，访谈可以按次序进行，当增加的访谈不能揭示出新的需求时，该流程就可以结束了。10 人以上的团队通常全员投入，从大量顾客中收集数据。例如，如果团队被分成 5 对，每对进行 6 次访谈，则团队共进行 30 次访谈。

如果和一群叫做“领先用户（lead users）”的顾客访谈，就可以更有效地确认需求。根据 von Hippel 的理论，领先用户是指那些在市场普及之前的数月或数年就体验需求并能从产品创新中大量受益的顾客（von Hippel，1988）。这些顾客对于数据的收集十分有用，主要有两个原因：（1）他们能够清楚地阐述所产生的需求，因为他们不得不与已有产品的不足作斗争；（2）他们可能已经发明出满足自己需求的办法。通过将数据收集的一部分集中于领先用户，团队可以确认出市场大多数人的潜在需求，尽管这些需求对于领先用户来说是清晰的。开发产品以满足潜在顾客的需求可促使企业预测趋势，跨越竞争产品。

当几个不同的人群都能被视为“顾客”时，选择哪一类顾客作为访谈的对象是一件复杂的事情。对于许多产品来说，一个人（买者）做出购买决策而另一个人（用户）才是实际的产品使用者。在所有情况下，从产品的最终用户那里收集数据是一种好途径，而在某些情况下其他类型的顾客和利益相关者也是很重要的，也要从他们那里收集数据。而且，如果产品要打入多个细分市场，为了理解各个不同的需求，从每一个细分市场中收集资料是很重要的。

顾客选择矩阵对于计划相关市场和顾客变化的探索是有用的。如图表 4—5 所示，Burchill 建议市场细分应列在矩阵的左边，而顾客的不同类型应列在矩阵的上部（Burchill et al.，1997）。每个格中是有目的接触的顾客数量，它们表示覆盖的深度。

图表 4—5　　**无绳螺丝刀项目的顾客选择矩阵**

<table>
<tr><th></th><th>领先用户</th><th>用户</th><th>零售商或专卖店</th><th>服务中心</th></tr>
<tr><td>家庭用户
（偶尔使用）</td><td>0</td><td>5</td><td rowspan="2">2</td><td rowspan="3">3</td></tr>
<tr><td>喜欢动手的人
（经常使用）</td><td>3</td><td>10</td></tr>
<tr><td>专业人士
（重载使用）</td><td>3</td><td>2</td><td>2</td></tr>
</table>

在实践中，通常通过打电话的方式来给顾客定位。一个已经存在的制造企业开发工业产品时，场地销售人员经常可以提供顾客的姓名，尽管团队必须认真考虑顾客选择时的偏好，即他们偏向于选择那些忠诚于某个特殊制造商的顾客。可以使用电话簿识别不同级别的产品所对应的顾客类型的名称（如签约人或保险代理）。对于那些由一种顾客使用的工业产品，让人同意访谈通常是很简单的。这些顾客渴望讨论他们的需求。大多数顾客常常对那些不能满足其需求的产品感到不满，有时这种不满比对各种各样调查和访谈得到的还要多。

4.1.2 清楚表述顾客需求数据的艺术

我们这里提供的技术主要是针对访谈最终用户的，但这些方法也可以用于三种数据收集模式和所有类型的利益相关者。基本的方式是，对顾客提供的信息持接受态度并避免对抗。需求数据的收集不同于销售宣传：它的目的是做出诚实的需求表达而非让顾客信服他所需求的东西。在大多数情况下，顾客交流是语言性的，由访谈者问问题，顾客回答。有准备的访谈指导对于形成对话是非常有价值的。在访谈者自我介绍和解释完访谈目的之后，可以提一些有帮助的问题或说一些引导性的话，如：

- 你在何时及为何使用这种产品？
- 给我们演示一下如何使用这种产品。
- 你喜欢现有产品的什么地方？
- 你不喜欢现有产品的什么地方？
- 购买产品时，你考虑哪些问题？
- 你将对产品做哪些改进？

下面一些要点有助于与顾客的有效交流：

- **顺其自然。**如果顾客要提供令人感兴趣的信息，不要担心它们与访谈指导不一致。我们的目标是收集有关顾客需求方面的重要数据，而非在分配的时间内完成访谈指导。
- **使用视觉刺激和道具。**收集现有产品和竞争者的产品，甚至那些与待开发产品仅有少许联系的产品，并将它们带到访谈中。在一部分访谈结束时，访谈者甚至可以表达一些初步的产品概念，以获得顾客对不同方式的早期反应。
- **抑制对有关产品技术的先入为主的假设。**顾客经常就他们所期望的能够满足他们需要的产品概念做出假设。在这种情况下，访谈者在讨论有关产品最终如何设计或制造的假设时，应避免偏激。当顾客提起特殊的技术或产品特征时，访谈者应该思索顾客认为这些特征将满足的那些基础需求。
- **让顾客阐述产品和与产品相联系的典型任务。**如果访谈在顾客使用产品时进行，阐述通常比较方便，并一定能揭示出新的信息。
- **对于出乎预料的事情和潜在需求的表达要警觉。**如果顾客提到了令人吃惊的事，要用连续的问题追问其原因。通常，一个意想不到的问题会揭示出潜在需求，即那些没有被满足或没有被清楚阐述和表达的顾客需求的重要组成部分。
- **注意非语言信息。**本章描述的流程旨在开发更好的有形产品。但是，语言通常不是和与有形世界相联系的需求进行沟通的最好途径。对于含有人文因素需求，如需满足舒适、想象或样式的产品，这一点尤其重要。开发团队必须始终注意顾客提供的非语言信息。他们的面部表情是什么？他们怎样持握竞争者的产品？

应当注意，我们的许多建议性的问题或引导都假定顾客对于那些与待开发的新产品相似的产品比较熟悉。这种假设总是正确的，例如，在第一个无绳螺丝刀被开发出来之前，人们使用其他的固定装置。理解那些和一般固定任务相联系的顾客需求将有助于开发第一个无绳工具。与之相似，理解使用其他类型无绳工具的客户的需求，比如电动剃须刀，也一直是有用的。我们认为，没有一个产品是如此之新，以至于开发团队找不到可以学习的类似产品或任务。但是，在收集顾客没有经历过的真正创新产品的信息时，访谈问题应集中在新产品将被应用的任务或环境上，而非产品本身。

4.1.3 归档整理与顾客的交流

归档整理与顾客交流的信息通常用到 4 种方法：

（1）**录音**：对访谈进行录音非常容易，但将磁带转换成文件却是一件十分耗时的事，并且雇别人做这件事也需要一笔开支，而且录音也有会使某些顾客产生恐惧感的弊端。

（2）**笔记**：手写笔记是记录访谈的最一般方式。指定某个人作为主要的记录员可以使其他人集中于有效的提问。记录者应努力抓住每一个顾客陈述的每一句话。如果在访谈后立即对这些记录进行整理，它们就可以产生一个与实际非常接近的访谈描述。这也有助于访谈者之间共享观点。

（3）**录像**：录像经常应用于记录集中群体的会谈。它也用于记录对产品使用环境中的顾客和使用现有产品的顾客的观察。录像可让团队成员“赶上进度”，也可作为原始资料提供给高层领导。录像反映出顾客行动的多个视角，这通常有助于对潜在顾客需求的识别。录像方式对捕捉最终用户环境的许多方面也是很有用的。

（4）**拍照**：制作静止胶片或相片可以提供录像所没有的许多好处。拍照的主要优点是易于展示、优秀的视觉质量和便于利用的设备。主要的不足在于相对缺乏记录动态信息的能力。

数据收集阶段的最终结果是一套原始数据，通常以顾客陈述的形式表示，但经常以录像或相片的形式为补充。装有软件包的数据模型可以用于组织这些原始数据。图表 4—6 所示的就是这种模型的部分例子。我们建议，在与顾客交流以及参加交流的其他开发团队成员对其进行修改之后，模型应被尽快充实起来。模型主体的第一栏是引出顾客数据的问题或提示。第二栏是顾客做出的语言陈述或对顾客行为的观察（从录像上或直接观察）。第三栏包含原始数据中隐含的顾客需求。应该重视调查那些可以识别潜在需求的线索。这些线索可能以幽默的语言、不太严肃的建议、非语言信息或观察以及使用环境的描述等形式表达出来。在图表 4—6 中用惊叹号（!）标识潜在的隐含需求。我们将在下一部分给出以顾客需求的形式来理解原始数据的技术。

步骤 1 的最后一项任务是向参加访谈的顾客表示感谢。一般来说，团队需要稳定的顾客信息，因此，和一些顾客建立并保持良好关系是很重要的。

图表4—6 **顾客数据模型（包含顾客的陈述和需求理解）**

SD是螺丝刀的英文缩写，注意该模型代表访谈的一部分，一个典型的访谈要引发50多个顾客陈述和需求理解。

<table>
<tr><td colspan="2">顾客:Bill Esposito</td><td>访谈者:Jonathan 和 Lisa</td></tr>
<tr><td colspan="2">地址:100 Memorial Drive Cambridge,MA 02139</td><td>日期:2003 年 12 月 19 日</td></tr>
<tr><td colspan="2">电话:617 – 864 – 1274</td><td>目前用具:手工操作模型 A3</td></tr>
<tr><td colspan="2">是否愿意跟踪调查？愿意</td><td>使用者类型:建筑维护人员</td></tr>
<tr><td>问题/提示</td><td>顾客陈述</td><td>需求理解</td></tr>
<tr><td rowspan="3">典型用途</td><td>我需要快速拧螺丝,比手工要快</td><td>用 SD 拧螺丝要比手工快</td></tr>
<tr><td>我有时做管道工作;使用钣金螺丝</td><td>SD 能把钣金螺丝拧进金属管道中</td></tr>
<tr><td>许多电器:开关、插座、电扇、厨房用具</td><td>SD 可以用于拧电器设备螺丝</td></tr>
<tr><td rowspan="2">目前工具的优点</td><td>我喜欢它手枪式的把手;它感觉最好</td><td>SD 的把手握起来很舒服</td></tr>
<tr><td>我喜欢电磁化的刀嘴</td><td>SD 的刀嘴使得螺丝在被拧出之前保持在起子上</td></tr>
<tr><td rowspan="4">目前工具的缺点</td><td>当刀嘴将螺丝滑落时,我感到比较讨厌</td><td>SD 的刀嘴和螺丝头保持在一条线上而不滑落</td></tr>
<tr><td>我希望能够把它锁定,这样我就可以在电池没电时也能用它拧螺钉</td><td>用户可以手动施加扭矩来拧螺丝(!)</td></tr>
<tr><td>不能将螺丝钉拧进硬木</td><td>SD 可以拧坚硬木头中的螺丝</td></tr>
<tr><td>有时我会把螺丝钉拧脱扣</td><td>SD 不会损伤螺丝头</td></tr>
<tr><td rowspan="3">改进建议</td><td>加一个附件,使我可以伸到小孔里</td><td>SD 可以抵达深而窄的孔中的螺丝</td></tr>
<tr><td>要有一个尖,我可以用它剥掉螺丝上的污物</td><td>SD 可使用户使用涂漆的螺丝</td></tr>
<tr><td>如果它能打样冲窝该多好啊</td><td>SD 可以打样冲窝(!)</td></tr>
</table>

4.2 步骤2：从顾客需求的角度理解原始数据

顾客需求以书面语言的形式表达出来，它也是以从顾客处收集的原始数据为基础来理解需求的结果。每一个陈述或观察（如数据模型的第二栏所列）可以被理解为零个或多个顾客需求。Griffin 和 Hauser 发现不同的分析者把相同的访谈记录理解成不同的需求，因此，让多个团队成员参与理解过程是很有用的。下面我们列出书写需求陈述时的5个原则。前两个原则是基本的，对于有效的理解至关重要；后3个原则保证了团队成员之间用语和模式的一致性。图表4—7用几个例子说明每一个原则。

- **以产品必须做什么，而非应该怎样做的方式表达需求。**顾客通常以描述一个概念或一个操作途径的方式表达他们的偏好；但是，需求陈述应以独立于特定技术解答的形式表述出来。

图表 4—7 **书写需求书的原则举例**

原 则	顾客陈述	需求陈述（正确）	需求陈述（错误）
"做什么"而非"怎样做"	"为什么你们不在电池接触处设置保护罩?"	螺丝刀的电池是为了防止偶然断电	螺丝刀的电池接触处覆盖有塑料滑动门
特点	"我总是把我的螺丝刀掉在地下。"	在被摔过几次后螺丝刀仍能正常工作	螺丝刀很不好
肯定而非否定	"即使下雨也没关系，我在星期六仍要在户外工作。"	螺丝刀在雨中仍能正常工作	螺丝刀不受雨水影响
产品属性	"我希望能用我的打火机给电池充电。"	可以用自动打火机给螺丝刀的电池充电	自动打火机使用者可以给螺丝刀电池充电
避免"必须"和"应该"	"当我不知道我的无绳螺丝刀的电池还有多少电量时，我就会很烦。"	螺丝刀提供电池能量多少的标识	螺丝刀应该提供电池能量多少的标识

- **像陈述原始数据那样详细表达需求**。需求可以在许多不同的细节水平上表达出来。为了避免信息丢失，要像原始数据那样表述需求。
- **使用肯定句而非否定句**。如果需求以肯定句的形式表达出来，需要向产品规格说明的一系列转化就比较容易。这并非一个严格的原则，因为有时肯定的表达比较困难和晦涩。例如，图表 4—6 中的一句需求陈述是"螺丝刀不损伤螺丝头。"这个需求用否定形式表达就显得更加自然。
- **把需求表达成产品的一个属性**。有关产品的需求陈述保证了连贯性，并有助于向产品规格说明的一系列翻译过程。但是，并非所有的需求都能作为产品的属性而清楚地表达出来。在大多数情况下，需求可能是以产品用户的属性表达出来的（如"用户可以手动施加力距以拧动螺丝"）。
- **避免使用"必须"和"应该"**。"必须（must）"和"应该（should）"暗含着需求的重要性。我们建议将每种需求的重要性评价推迟到步骤 4，而非在这里就随便对需求进行相关重要性的评价（"必须"和"应该"）。

顾客需求表是目标市场上所有被访谈顾客所表述需求的子集。有些需求可能是互相矛盾的，有些需求可能在技术上是不可实现的。在以后的开发步骤中，技术和经济的可行性将融入正在建立的产品规格说明流程中。（参见第 5 章"产品规格说明"。）

4.3 步骤 3：组织需求的等级

步骤 1 和 2 的结果应是一个含有 50 ~ 300 条需求陈述的列表。如此多的需求处理起来很不方便，总结出来以备后续开发活动使用也很困难。步骤 3 的目的是把这些需求组织成等级列表。该表一般由一套一级需求组成，每一种需求又进一步细化成一套二级需求。对于一些非常复杂的产品，二级需求有可能被分解成三级需求。一级需求是最一般的需求，而二级需求和三级需求则对需求表达得更详细。图表 4—8 表示的是螺丝刀需求的最终等级列表。对于螺丝刀来说，共有 15 个一级需求和49个二级需求。注意，有两个一级需求没有相关的二级需求。

图表4—8　　**无绳螺丝刀的一级和二级顾客需求的等级列表**

二级需求的重要性等级由*号表示，其中***表示关键性的重要需求。潜在需求由！表示。

SD提供大量能量以拧动螺丝
*SD可以保持能量供给若干小时的高强度工作
**SD可以拧动坚硬木头中的螺丝
SD可在金属管道作业中拧动钣金螺丝
***SD拧动螺丝要比手工快

SD使拧动螺丝变得容易
*SD在螺丝被起出之前吸住螺丝使它不掉下
*！SD可用于打样冲窝

SD可用于各种螺丝
**SD可以转动十字、内六角和六角螺丝
**SD可以转动许多尺寸的螺丝

SD可以拧动大部分的螺丝
SD可以在坚硬的地方操作
**SD可以拧动深而窄的孔的末端的螺丝

SD可以转动状态不好的螺丝
SD可以除去螺丝上的油渍和污渍
SD可以使用户对油漆过的螺丝作业

SD使用起来很舒服
***当用户对SD施以推力时感到很舒服
***当用户抵制扭转时感到很舒服
*SD在用户手中很平衡
！SD右手、左手使用同样容易
SD重量适当
在寒冷的天气里，SD摸起来很暖和
SD扔在阳光下仍让人感到很舒服

当转动时，SD容易控制
***用户易于施推力于SD上
用户易于制止SD的扭转
SD可以被“上锁”
**！用户转动螺丝时，可以控制SD的速度
*SD可以与螺丝头保持在同一直线上而不滑落
**用户容易看到螺丝的位置
*SD不损伤螺丝头
*SD易于反转

SD容易安装和使用
*SD容易开启
*SD可防止不慎关闭
*SD的最大转距可以由用户设定
*！SD可以提供到达小孔和小附件的路径
*用户可以随身携带SD以备临时之用

SD充电很方便
*SD容易充电
SD可以在充电过程中使用
***SD可以快速充电
新的电池也可使用
**！用户可对SD施加力距以拧动螺丝

SD的使用寿命长
**SD的刀嘴可以适应高强度作业
SD可以被固定
*SD可以从梯子上掉下而完好无损

SD易于保存
*SD很容易放置在工具箱中
**SD在保存的过程中可充电
SD处于室外或潮湿处时可不被腐蚀
*！SD在长期保存之后仍可保持电量
SD在潮湿时仍可保持电量

SD可防止工作中的损伤
*SD可防止对螺丝头的损伤
SD可防止对已完成表面的刮损

SD使用时发出美妙的声音

SD看上去像是具有专业质量水平的工具

SD很安全
SD可用于电器设备
***SD不会损伤用户的手

把需求组织成等级列表是需要很强的直觉能力的。有不少团队在没有详细指导下就能够成功地完成该项任务。为完整起见，我们在这里提供了一套按部就班的程序。该活动在由较少成员组成的团队中收效最好。

（1）**在分开的卡片或便笺纸上打印或写出每一条需求陈述。**可以使用打印宏直接从数据模型中打印出需求陈述。这种方法的好处在于，需求可以放大打印在卡片的中间，而原始的顾客陈述和相关信息可以缩小打印在卡片的底部以方便参考。一张标准的打印纸可以裁成4张“卡片”。

（2）**删除冗余陈述。**那些表达需求的冗余陈述卡片可以订在一起，视为一张卡片。在合并那些意思相同的陈述时要仔细认真。

（3）**根据卡片表达的需求相似性对它们进行归类**。这时，团队应尽量归并出3~7个表达相似需求的卡片群。卡片群产生的逻辑要特别注意。新开发团队经常从技术角度归类卡片，如根据材料、包装或能量来源归类。或者，根据假定的有形部件，如刀嘴、开关和电池等归类卡片。这两种方法都是很危险的。本流程的目的是创造顾客需求的描述，因此，归类应与顾客考虑的需求相一致，而不是用开发团队想当然的产品方式。归类后的群体应与顾客的需求观点相似。实际上，有些从业者认为顾客应是组织需求陈述的合适人选。

（4）**为每个群体选择一个标签**。标签本身就是该群体中所有需求的概括。它可以是群体中的某个需求，也可以是团队写出的一个新需求陈述。

（5）**创造一个包含2~5个群体的“超级群体”**。如果群体数少于20个，两层的等级图就足以将数据组织起来。在这种情况下，群体标签就是一级需求，群体成员是二级需求。但是，如果群体数超过20，团队就应当考虑建立多级群体，因此就出现了等级的第三层。创建多级团队的流程和创建群体的流程相同。根据以前的步骤，依据所表达的需求的相似性归类群体，并创建或选择多级群体标签。这种多级群体标签就成了一级需求，群体标签成了二级需求，群体成员为三级需求。

（6）**回顾和编辑组织起来的需求陈述**。以“正确”的标准来看，等级中的需求排列不是独一无二的。在这一点上，团队可能希望考虑其他形式的归类或标签，也可能加入另外的卡片组以形成不同的排列。

当团队试图反映两个或者更多不同市场分块的需求时，确定需求的过程将更加复杂。针对这一挑战至少可以采取两种途径。首先，团队可以用从中引出客户需求的市场分块（最可能的是用该市场分块的名字）标记每一个需求。如此一来，各市场分块间需求的差别就直接可见了。进行这种标记可以使用的视觉技巧是，用不同颜色的纸制作写有需求陈述的卡片，每一种颜色对应一个不同的市场分块。另一种处理多市场分块的途径是，对每一个市场分块单独进行分组过程。用这种方法，团队既可以观察需求之间的差别，还可以观察这些需求的最佳组织方式上的差别。当各个市场分块的需求差别很大，并且对团队用同样的产品满足不同市场分块的能力没有把握时，我们建议团队采用上述这种并行、独立的方法。

4.4 步骤4：建立需求的相对重要性

需求的等级列表不能提供给顾客关于不同需求的重要性信息。然而，团队必须在设计产品时权衡利弊并分配资源。理解各种需求的相对重要性是正确权衡的本质所在。需求流程的步骤4就是对步骤1到步骤3确认出的需求建立相对重要性指标。该步骤的结果就是需求子集的数字化权重。完成这一任务有两条基本途径：（1）基于团队成员与顾客接触经历所产生的共识；（2）基于进一步的顾客调查的重要性评价。两条途径的权衡是成本在速度与准确性之间的比较：团队在一次会议上就可做出需求相对重要性的文字评价，而顾客调查至少需要两周时间，更现实的调查需要一到两个月。一般地说，我们认为顾客调查是非常重要的，因此，为完成调查所花费的时间是值得的。其他的开发任务，如概念生成和竞争产品分析，可以在相对重要性调查完成之前开始。

这里，团队应当与顾客群发展和睦关系。可以对同样的顾客进行调查，以确定需求的相对重要性。调查可以通过面谈、电话或信件进行。只有很少的顾客会对让他们评估100种需求的重要性的调查做出回应，因此，团队一般仅针对需求的一个子集开展调查。在顾客调查中，实际需求数的限制一般在20~30之间。但这个限制并不是严格的，因为许多需求要么明显重要（如顾客易于看到螺丝的位置），要么易于操作（如螺丝刀可防止不慎关闭）。因此，团队可以通过询问顾客那些在产品设计中可能出现的不同技术权衡或成本特征来限制调查的范围。这些需求包括变速的需求、拧动坚硬木头中螺丝的需求、让螺丝刀发出悦耳声音的需求。另外，团队可以进行一套调查，询问每一个顾客有关需求列表的不同子集的情况。有许多调查设计可以用于建立顾客需求的相对重要性。图表4—9是以无绳螺丝刀调查的一部分为例展示的一种较好的设计方式。

图表4—9　**重要性调查举例（部分）**

无绳螺丝刀调查

对于每一个无绳螺丝刀的以下特征，请用1到5共5个等级表示出特征对你的重要程度。请使用下面的标准：

（1）不希望的特征，我将不考虑具有此种特征的产品。
（2）不重要的特征，但如果有我也不介意。
（3）如果有这种特征会很好，但不是必须有。
（4）非常希望的特征，但我会考虑不具有此种特征的产品。
（5）重要的特征，我不会考虑不具有此种特征的产品。

1—5个等级的重要程度	如果特征很独特、令人兴奋，以及/或者出乎意料，请打勾
——螺丝刀可以连续使用几个小时。	□
——螺丝刀可以拧动坚硬木头中的螺丝。	□
——当螺丝刀旋拧螺钉时，其转速可由用户控制。	□
——螺丝刀在工作时有悦耳的声音。	□
——其他。	□

每种需要的调查可依不同的方式对其特征归类：通过标准差，或通过每一范畴反映的数量。因此，可以用反映指定需要陈述的权重。1~5共5个等级可用于总结重要性数据。图表4—8中的部分需要是根据调查数据来规定权重的。其重要性评级用每个需求陈述旁边的一定数量的星号（*）表示，而隐含需求则用惊叹号（!）表示。注意，没有哪个关键需求同时又是隐含需求。这是因为，如果一个需求是关键性的，那么客户既不会对它感到惊讶，也不会感到激动。客户期待产品达到这个需求。

4.5　步骤5：对结果和过程进行反思

该方法的最后一步是对结果和过程进行反思。尽管确认顾客需求的过程可以非常实用地结构化，但它并不是实践科学。团队必须不断地挑战自己的结果，以证实这些结果与团队通过与顾客的大量沟通而得到的知识和结构相一致。要问的问题包括：

- 我们是否和目标市场上所有主要类型的顾客都交流了？
- 通过捕捉目标顾客的潜在需求，我们能够看到已有产品相关需求之外的需求吗？

- 在跟踪访谈或调查中，是否存在我们应该追求的咨询领域？
- 在和我们交谈的顾客中，哪些将是我们即将进行的开发活动的优秀参与者？
- 哪些是我们现在知道而开始不知道的？我们是否对其中的需求感到惊奇？
- 我们的组织中是否包括那些需要深化理解顾客需求的人？
- 我们该怎样完善未来活动的流程？

4.6 小　结

确认顾客需要是产品开发流程的概念发展阶段的一个整合部分。我们把所得到的顾客需求用于指导团队建立产品规格说明，生成产品概念，并选择进一步开发的产品概念等工作。

- 确认顾客需求包括5步：

（1）从顾客那里获取原始数据。

（2）从顾客需求的角度理解原始数据。

（3）将需求组织成具有一级需求、二级需求和三级需求的等级图。

（4）建立需求的相对重要性。

（5）对结果和过程进行反思。

- 建立一条从顾客到产品开发者的高质量信息渠道，从而保证那些直接控制产品细节的人，包括产品设计者，能够完全理解顾客的需求。
- 领先用户是顾客需求的良好源泉，因为他们比市场的大多数人提前数月或数年经历新的需求，也因为他们能够显著得益于新产品的革新。而且，他们经常能够比一般顾客更清晰地阐述他们的需求。
- 潜在需求在决定顾客满意上经常和实际需求一样重要。潜在需求是指那些顾客能够在最终产品中认识到其重要性但却没有或不能事先弄清楚的阐述。
- 顾客需求应该以产品“必须”怎样的形式，而非以产品“可以”怎样的形式表达。坚持这个原理使得开发团队在生成和选择产品概念时具有更大的灵活性。
- 该方法的主要优点是：保证产品集中于顾客需求，并且没有遗忘重要的顾客需求；开发团队的成员对于目标市场的顾客需求有一个清晰的理解；建立一个事实基础，用于生成概念，选择产品概念，建立产品规格说明；建立开发流程的需求阶段的原始档案。

参考文献

目前许多资源可以在网上得到，参见 www. ulrich - eppinger. net。

“概念工程（concept engineering）”是由质量管理中心开发出的一种方法。本章就受益于我们对概念工程的开发和应用。有关概念工程的完整而细致的描述，请参阅 Burchill，Gary，et al.，*Concept Engineering*，Center for Quality Management，Cambridge，MA，Document No. ML0080，1997。

在证实从访谈数据中提取需求的不同方法的有效性的相关方法中，Griffin 和

Hauser 的研究仅是其一。他们对于那些作为被访谈顾客数量功能的需求结构的研究非常有兴趣。参见 Griffin, Abbie, and John R. Hauser, "The Voice of the Customer," *Marketing Science*, Vol. 12, No. 1, Winter 1993, pp. 1 ~27。

在下文中，Kinnear 和 Taylor 全面讨论了数据收集方式和调查设计方法：Kinnear, Thomas C., and James R. Taylor, *Marketing Research: An Applied Approach*, fifth edition, McGraw-Hill, New York, NY, 1995。

Norman 的著作中已经写出了广泛的用户需求，尤其是与使用产品的识别性挑战相关的需求。参见 Norman, Donald A., *The Design of Everyday Things*, Doubleday, New York, 1990。

Payne 在其著作中，详细而有趣地讨论了怎样在调查中提出问题。参见 Payne, Stanley L., *The Art of Asking Questions*, Princeton University Press, Princeton, NJ, 1980。

全面质量管理（TQM）就如何把识别顾客需求嵌入整体活动中以保证商品和服务的质量问题，提供了一个有价值的视角。参见 Shiba, Shoji, Alan Graham, and David Walden, *A New American TQM: Four Practical Revolutions in Management*, Productivity Press, Cambridge, MA, and The Center for Quality Management, Cambridge, MA, 1993。

Urban 和 Hauser 就怎样创建需求的等级图展开了全面的讨论（和其他的主题一起）。参见 Urban, Glen L.. and John R. Hauser, *Design and Marketing of New Products*, second edition, Prentice Hall, Englewood Cliffs, NJ, 1993。

von Hippel 描述了创新中有关领先用户的多年研究成果。它为识别领先用户提供了有用的指导。参见 von Hippel, Eric, *The Sources of Innovation*, Oxford University Press, New York, NY, 1988。

练　习

（1）把下面的有关书包的顾客陈述转变成恰当的需求陈述：

A. "书包底部的皮革有刮痕，真难看。"

B. "当我在现金出纳员前排队，把书包放在膝盖上平衡以尽力寻找我的笔记本时，我感到像只傻鸟。"

C. "书包就是我的生命：如果丢了，我会非常麻烦。"

D. "没有什么比被教科书的边压坏了香蕉更糟了。"

E. "我从来不双肩背书包，我只是单肩背。"

（2）观察某人一天的任务执行情况。（在理论上，你应选择一项可以由不同用户重复执行的任务），识别他们所遇到的挫折和困难。确定隐含的顾客需求。

（3）选择一件不断令你生厌的产品，识别产品开发者所忽略的需求。你认为是什么原因导致需求没有满足？你认为开发者故意忽略了哪些需求？

思考题

（1）某种方法有效的原因之一是，它包括了整个开发团队。遗憾的是，该方法在多于10个人的时候就会变得笨拙。你怎么调整方法以适应一个大的团队?

（2）确认顾客需求的流程能够导致创新的产品概念的出现吗?用什么方法实现这一点?确认顾客需求的结构化流程，如Post－It Note的产生，能够导致全新的产品概念吗?

产品规格说明

专用自行车部件公司（Specialized Bicycle Components）致力于一种自行车前叉悬架的开发，以适应日益增长的山地车市场的需要。虽然公司已经在销售一种悬叉（见图表 5—1），公司希望加大悬叉的销售量，因此决心开发一种产品，能为娱乐型车手提供高价值的享受。

开发小组花了大量时间来确认顾客需求。除了自己花费很大精力使用带悬叉的自行车外，小组成员还与山地车赛中的佼佼者和当地拉力赛中的娱乐车手交谈，他们也花时间和经销商一起在商店中工作。一系列努力的结果使他们总结出了顾客需求。现在，他们面临着以下几个挑战：

• 如何将相对主观的顾客需求认识转化为精确的目标表述，以作为将来开发的指导？

• 开发小组及其上级管理部门如何就影响产品设计成功与否的关键问题达成一致意见？

• 开发小组如何确定其计划产品将在悬叉市场中占有重要地位？

• 开发小组如何解决产品特性之间不可避免的权衡问题，比如成本和重量之间的权衡问题？

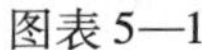

图表 5—1 **一款带有悬叉的山地车**

（Specialized Bicycle Components 授权）

本章旨在阐述建立产品规格说明的一种方法。我们假定顾客需求已在第 4 章“确认顾客需求”中作了说明。这种方法使用几个简单的信息系统，所有这些系统都可以用常规电子表格建立（见图表 5—2）。

图表 5—2 **顾客对悬叉的需求及其相对重要性**

编　号		需　　求	重要性
1	悬架	减少对手臂的振动	3
2	悬架	能够轻松穿越地势低洼、行驶困难的地形	2
3	悬架	能够在崎岖不平的路面上高速下降	5
4	悬架	能够调整灵活性	3

续表

编 号		需 求	重要性
5	悬架	保持自行车的操纵能力	4
6	悬架	在急拐弯的地方保持刚性	4
7	悬架	轻便	4
8	悬架	车闸有坚固的装配点	2
9	悬架	能和多种自行车、车轮和轮胎相配	5
10	悬架	易于安装	1
11	悬架	能和挡泥板一起使用	1
12	悬架	能培养自豪感	5
13	悬架	能为业余爱好者接受	5
14	悬架	防水	5
15	悬架	减噪	5
16	悬架	易于维修	3
17	悬架	易于更换已坏部件	1
18	悬架	能用常用工具进行维修	3
19	悬架	经久耐用	5
20	悬架	撞车时安全	5

5.1 什么是规格说明?

顾客需求通常是以“顾客语言”的形式表述的。图表5—2中列出了有关悬叉的主要顾客需求。其中某些需求，如“悬架要易于安装”、“悬架要能使自行车在崎岖不平的路面上可以高速下降”，都是典型的主观表述。虽然这些表述使开发小组能对客户感兴趣的问题有一个更清楚的认识，但是它们没有提供设计和管理这个产品的明确指导，而只是留下了太多的空间对产品进行主观解释。正因为如此，开发小组通常要建立一系列的规格说明，这些规格说明简洁明了，包括产品功能的详细信息。虽然产品规格说明不能告诉开发小组如何满足顾客需求，但是从满足顾客需求的目的出发，它们确实代表了开发小组应该努力达成的共识。例如，和“悬架要易于安装”这一顾客需要相对应的规格说明应该是“将前叉安装到车架上的平均时间少于75秒”。

我们用“产品规格说明”这个术语代表产品功能的精确描述。有些公司使用“产品必要条件”或“工程特性”等术语来表达同样的意思，其他公司使用“规格说明”或“技术规格说明”来说明产品的关键设计变量，比如悬架系统的机油粘度或弹性系数。这只不过是术语上的差别而已。为清楚起见，我们精确定义几个名词。“规格说明”由度量标准和数值构成。例如，“平均安装时间”是度量标准，而“小于75秒”是数值。注意，数值可能表现为几种形式，包括特定数字、范围或不等式。数值后总是带有适当的单位（如秒、千米和焦耳）。度量标准和数值一起形成一个规格说明。“产品规格说明”是单个规格说明的组合。

5.2 何时建立规格说明?

在理想情况下，开发小组在开发过程早期进行一次产品规格说明，然后设计和管理产品以精确满足这些规格说明的要求。对于某些产品，如肥皂或菜汤，这种方法非常合适；小组中的技术人员能编制一个尽可能满足所有规格说明的公式。但是，对于高技术产品来说，这是不可能的。对于高技术产品，至少要进行两次说明。确认顾客需求后，开发小组立即制订“目标规格”。这些规格说明代表小组的期望，但是在这些规格说明建立后，开发小组才知道对于想要达到的目标产品，技术将施加什么样的约束。开发小组的努力也许满足不了某些规格的要求，同时也可能超出另一些规格的要求，这取决于开发小组最终选择的产品概念。由于这个原因，在选择产品概念后，必须对目标规格说明进行修正。开发小组一边估计实际技术约束和期望的产品成本，一边修正规格说明。为了制订“最终规格”，开发小组必须经常在产品的各个不同特征之间进行权衡，虽然这种权衡很困难。为简单起见，我们将阐述一种两个阶段的规格建立过程。但是我们注意到，在一些公司中，产品规格在整个开发过程中要被重新修改很多次。

建立规格说明的两个阶段是概念开发过程的一部分，如图表5—3中所示。注意：最终规格是开发计划的一个关键环节，通常在项目合同书中对其进行说明。合同书（在“产品开发项目管理”一章中讲述）是指开发小组要就目标、项目计划、所需资源及商业经济应用方面达成的共识，产品规格清单也是一种主要信息系统，开发小组用这些系统来完成整个开发过程。

本章讲述两种操作方法：第一种方法用来建立目标规格说明，第二种方法在选定产品概念后确定最终的规格说明。

图表5—3 **概念开发过程**

目标规格说明是在开发过程的早期制订的，而确定最终的规格说明必须等到选定产品概念后才能进行。

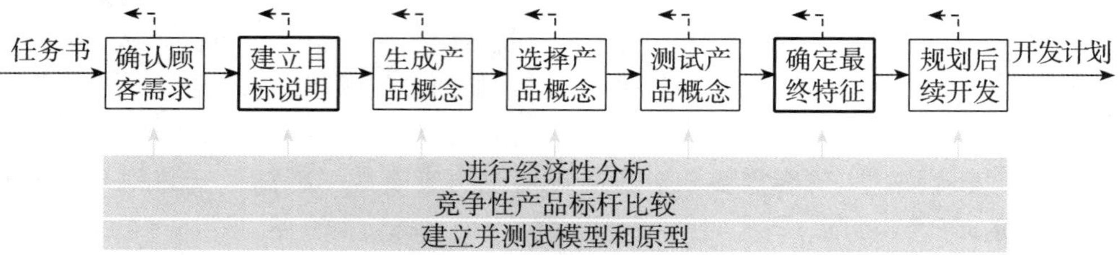

5.3 建立目标规格说明

正如图表5—3中所显示的那样，目标规格是在确认顾客需求后，在形成产品概念并选中一个最有前景的产品概念之前建立的。规格的任意设置也许在技术上并不是可行的，例如，在设计一个悬叉时，开发小组不能事先假定这个悬叉能够同时满足质量为1千克、制造成本为30美元和测试曲线上的最佳下降时间这三个条件，因为它们是三个互斥的条件。实际上，根据开发小组最终选择产品概念细节的不同，碰到需要建立这种规格的情况也是偶然的。由于这种原因，人们称这种初步规格为“目标规格”。这些初步规格是开发小组的目标，它们描述了开发小组认为有极大市场前景的产品。随着开发过程的进行，开发小组会根据实际选定产品概念的限制来精确阐述这些规格。

建立目标规格说明过程包含四个步骤：

（1）准备度量标准清单。

（2）收集竞争性标杆信息。

（3）为每个度量标准设置理想目标值和勉强可接受目标值。

（4）对结果和过程进行反思。

5.3.1 步骤1：准备度量标准清单

最有用的度量标准是这样一些度量标准，它们能够尽可能直接反映产品满足顾客需求的程度。顾客需求和度量标准之间的联系是整个规格概念的中心。采用的假设是：从顾客需求到一组精确的可测量规格的转换是可能的，满足规格的结果就是满足相应的顾客需求。

图表5—4列出了度量标准清单。形成度量标准清单的最好办法是，依次考察每种需求，并且考虑产品的哪种精确的可执行特征将反映这种产品满足相应需求的程度。在理想情况下，对于每种需求，有一种而且只有一种度量标准能满足这种需求。实际上，这常常是不可能的。

例如，我们来考察悬架“要易于安装”这种需求。开发小组会认为，通过测量将前叉安装到车架上的时间，就能在很大程度上捕获这种需求。但是，要注意在这种转换中可能存在的微妙之处。安装时间真的和安装的容易程度一致吗？安装过程也许特别快，但是它需要一组不灵便和令人痛苦的手指动作，而这些操作最终会导致工人受到伤害或者使经销商遭受挫折。由于转换过程的不精确性，建立规格的那些转换应该直接包括在确认顾客需求内。按照这种方式，开发小组可以相信他们对每个需求陈述的理解，这些陈述是在和顾客进行直接交流的过程中获得的。

“使前叉减少对用户手部的振动”这种需求可能很难转换为一种单独的度量标准，因为各种振动的传输条件有许多不相同的地方，比如平坦路面上的小颠簸和陡峭山路上的大颠簸。开发小组也许会得出这样一个结论，即需要几种度量标准来捕获这种需求，例如，包括“在10Hz时从车身到车把的衰减”度量标准和“来自

Monster 的最大值”（“Monster”是山地车杂志使用的一种振动测试）。

图表 5—4　**悬架度量标准清单**

表中也显示了每种度量标准的相对重要程度和单位，“Subj.”表示主观度量。

度量标准编号	需求编号	度量标准	重要性	单　位
1	1，3	在 10Hz 时从车身到车把的衰减	3	dB
2	2，6	弹簧预加载量	3	N
3	1，3	来自 Monster 的最大值	5	g
4	1，3	在测试曲线上的最小下降时间	5	s
5	4	衰减系数调整范围	3	N－s/m
6	5	最大行程（26 英寸的车轮）	3	mm
7	5	倾斜量	3	mm
8	6	顶端的横向刚度	3	kN/m
9	7	总质量	4	kg
10	8	在制动枢轴处的横向刚度	2	kN/m
11	9	“耳机”大小	5	in.
12	9	转向管长度	5	mm
13	9	车轮大小	5	List
14	9	最大车胎宽度	5	in.
15	10	安装到车架上的时间	1	s
16	11	挡泥板兼容性	1	List
17	12	培养自豪感	5	Subj.
18	13	单位制造成本	5	US $
19	14	喷水腔中无水进入的时间	5	s
20	15	泥腔中无泥进入的转数	5	k－cycles
21	16，17	维修时拆卸/安装时间	3	s
22	17，18	维修所需的特殊工具	3	List
23	19	使橡胶老化的 UV 测试持续时间	5	Hours
24	19	失效前的 Monster 循环数	5	Cycles
25	20	日本工业标准测试	5	Binary
26	20	弯曲强度（前部受载）	5	kN

一个简单的需求—度量标准矩阵代表了需求和度量标准之间的关系，而且考虑了所有的顾客需求，图表 5—5 中显示了一个需求—度量标准矩阵实例。矩阵的行代表顾客需求，矩阵的列代表度量标准。矩阵单元格中的标记代表与这个单元格相关联的顾客需求和度量标准是彼此相关的；相对于度量标准执行的操作将会影响这种产品满足顾客需求的程度。这个矩阵是近来受人欢迎的《质量屋》图形技术中的关键部分，在“质量功能展开”（Quality Function Deployment，QFD）（Hauser 和 Clausing，1988）中使用了这种图形技术。在许多情况下，我们发现，依据度量标准清单（图表 5—4 中的第 2 列）并通过列出和每个度量标准相关的顾客需求，就可以轻松地了解到需求—度量标准矩阵中的信息。然而，在某些情况下，从客户需求到度量标准的映射非常复杂，这样，该矩阵就非常有用，因为它能代表这个映射。

图表 5—5

需求—度量标准矩阵

	需求 \ 度量标准	1 在10 Hz时从车身到车把的衰减	2 弹簧预加载量	3 来自 Monster 的最大值	4 在测试曲线上的最小下降时间	5 衰减系数调整范围	6 最大行程（26英寸的车轮）	7 倾斜量	8 顶端的横向刚度	9 总质量	10 在制动枢轴处的横向刚度	11 耳机大小	12 转向管长度	13 车轮大小	14 最大车胎宽度	15 安装到车架上的时间	16 挡泥板兼容性	17 培养自豪感	18 单位制造成本	19 喷水腔中无水进入的时间	20 泥腔中无泥进入的转数	21 维修时拆卸／安装时间	22 维修所需的特殊工具	23 使橡胶老化的 UV 测试持续时间	24 失效前的 Monster 循环数	25 日本工业标准测试	26 弯曲强度（前部受载）
1	减少对手臂的振动	●		●	●																						
2	能够轻松穿越地势低洼、行驶困难的地形		●																								
3	能够在崎岖不平的路面上高速下降	●		●	●																						
4	能够调整灵活性					●																					
5	保持自行车的操纵能力						●	●																			
6	在急拐弯的地方保持刚性		●						●																		
7	轻便									●																	
8	车闸有坚固的装配点										●																
9	能和多种自行车、车轮和轮胎相配											●	●	●	●												
10	易于安装															●											
11	能和挡泥板一起使用																●										
12	能培养自豪感																	●									
13	能为业余爱好者接受																		●								
14	防水																			●							
15	减噪																				●						
16	易于维修																					●					
17	易于更换已坏部件																					●	●				
18	能用常用工具进行维修																						●				
19	经久耐用																							●	●		
20	撞车时安全																									●	●

创建度量标准清单时，需要考虑以下几个重要方面：

- **度量标准应该是完整的。**在理想情况下，每种顾客需求应该对应一个度量标准，并且那种度量标准的价值应该与那种需求的满足很好地相关联。
- **度量标准应该是关联变量，不能是独立变量。**这个指导原则不同于第4章介绍的“什么—否则—怎样”原则。产品说明书也说明了产品的功能，但没有说明产品的机理。在开发产品过程中，设计者会用到许多类型的变量；有些变量是非独立变量，比如叉的质量；而另外一些变量是独立的，比如叉的材料。换句话说，设计者不能直接控制叉的质量，因为它和设计者的其他决策有关，比如所选尺寸大小和材料都会影响叉的质量。度量标准指的是一种产品的综合性能，因此，在设计一种产品时，应将它们考虑为非独立变量（如性能测量或输出变量）。通过对产品规格使用非独立变量，设计者就可以使用最好的可能方法自由地实现产品规格。
- **度量标准应该具有实用性。**如果开发小组为自行车悬架设计了这样一种度量标准：它只能用某种实验室测量，而且得花费100 000美元，那么这样做就没有任何实际意义。在理论上，度量标准应该是产品的可直接观测或可分析的特性，开发小组可以轻松地对这种产品进行估价。
- **有些顾客需求不能轻松地转化为可以计量的度量标准。**在具有“赶时髦”意识的山地车人群中，“悬架培养自豪感”这种顾客需求可能很重要。但是，怎样将自豪感量化呢？在这种情况下，开发小组只需要重复给出这个需求语句的规格并且注意度量标准的价值是主观的（在“单位”列中，我们用“Subj.”代表主观）。
- **在市场比较中，度量标准应该具有一个人们共同认可的标准。**许多顾客依据独立发行的评估资料在市场上购买产品。我们在很多地方可以找到这些评估材料，比如《热门科技》、《消费者报告》及我们的《自行车》和《山地车》杂志等。如果开发小组知道贸易媒介将评估自己的产品以及评估的标准，那么他们应将度量标准包含在相应的标准中。《山地车》杂志使用了一种名叫Monster的测试机器，装备有前叉的自行车，可以用这种机器测试车把的垂直加速性能。出于这个原因，开发小组将“Monster的最大值”包含在度量标准内。如果开发小组没有找到媒介所用的标准和自己确认的顾客需求之间的联系，那么他们应该确保没有忽略了顾客需求或者是和媒介一起修订标准。在某些情况下，开发小组会得出这样一个结论：媒介估价高本身就是一种顾客需求，因此，他们会选择媒介所用的度量标准，即使这种度量标准没有任何内在技术价值。

除了列出相对应的顾客需求外，图表5—4还包括测量单位以及每种度量标准的重要等级。测量单位大多是常见的工程单位，比如千克（kg）和秒（s）。但是，有些度量标准自身无确定数值。“悬架和挡泥板相配”这种需求最好转换成一种规格，在这种规格中列出和前叉相配的挡泥板模型。在这种情况下，度量标准的值实际上是一个挡泥板清单而不是一个数字。对于涉及标准安全测试的度量标准而言，这个值是“通过/失败”（在“单位”列中，我们以“清单（list）”和“二态（binary）”来表示这两种情况）。

度量标准的重要等级源于它所反映的顾客需求的重要等级。对于一种度量标准直接和单一的顾客需求相对应的情况，需求的重要等级就变成了度量标准的重要等级。而对于一种度量标准与多种顾客需求有关的情况，度量标准的重要等级由和它相关的需求重要性以及这些联系的属性决定。我们认为在这个过程中有许多微妙之处：即重要性可以通过开发小组成员间的讨论来决定，而不是由一个运算法则来确定。当产品规格较少而建立这些规格之间的相对重要性十分重要时，关联分析十分有用。本章稍后将对关联分析简要地加以介绍，介绍这种技术的书籍将在本章最后的参考书目中列出。

5.3.2 步骤2：收集竞争性标杆信息

除非开发小组想成为垄断集团，新产品和竞争性产品间的联系在决定商业成功中起着重要作用。在开发小组怀着如何在市场中展开竞争的思想进行产品开发时，目标规格是一种语言，开发小组使用它讨论和决定其产品相对于现有产品的具体定位，包括它自己的定位和竞争者的定位。为了支持这些定位决定，必须将有关竞争性产品的信息收集在一起。

图表5—6显示了一个竞争性标杆图表实例。图表中的列表示竞争性产品，行代表第一步中建立的度量标准。注意，竞争基准图表可以作为简单的附属物添加到包含有度量标准清单的电子表格中（这种信息相当于 Hauser 和 Clausing 所著的《质量屋》中的一个“屋子”）。

图表5—6　**基于度量标准的竞争性标杆图表**

度量标准编号	需求编号	度量标准	重要性	单位	ST Tritrack	Maniray 2	Rox Tahx Quadra	Rox Tahx Ti 21	Tonka Pro	Gunhill Head Shox
1	1，3	在10Hz时从车身到车把的衰减	3	dB	8	15	10	15	9	13
2	2，6	弹簧预加载量	3	N	550	760	500	710	480	680
3	1，3	来自 Monster 的最大值	5	g	3.6	3.2	3.7	3.3	3.7	3.4
4	1，3	在测试曲线上的最小下降时间	5	s	13	11.3	12.6	11.2	13.2	11
5	4	衰减系数调整范围	3	N－s/m	0	0	0	200	0	0
6	5	最大行程（26英寸的车轮）	3	mm	28	48	43	46	33	38
7	5	倾斜量	3	mm	41.5	39	38	38	43.2	39
8	6	顶端的横向刚度	3	kN/m	59	110	85	85	65	130
9	7	总质量	4	kg	1.409	1.385	1.409	1.364	1.222	1.100
10	8	在制动枢轴处的横向刚度	2	kN/m	295	550	425	425	325	650
11	9	耳机大小	5	in.	1.000 1.125	1.000 1.125 1.250	1.000 1.125	1.000 1.125 1.250	1.000 1.125	不详
12	9	转向管长度	5	mm	150 180 210 230 255	140 165 190 215	150 170 190 210	150 170 190 210 230	150 190 210 220	不详
13	9	车轮大小	5	List	26 in	26 in	26 in	26 in 700 C	26 in	26 in
14	9	最大车胎宽度	5	in.	1.5	1.75	1.5	1.75	1.5	15
15	10	安装到车架上的时间	1	s	35	35	45	45	35	85
16	11	挡泥板兼容性	1	List	Zefal	无	无	无	无	全部
17	12	培养自豪感	5	Subj.	1	4	3	5	3	5
18	13	单位制造成本	5	US $	65	105	85	115	80	100
19	14	喷水腔中无水进入的时间	5	s	1 300	2 900	>3 600	>3 600	2 300	>3 600
20	15	泥腔中无泥进入的转数	5	k－cycles	15	19	15	25	18	35
21	16，17	维修时拆卸/安装时间	3	s	160	245	215	245	200	425
22	17，18	维修所需的特殊工具	3	List	Hex	Hex	Hex	Hex	Long hex	Hex，pin wrench
23	19	使橡胶老化的 UV 测试持续时间	5	Hours	400＋	250	400＋	400＋	400＋	250
24	19	失效前的 Monster 循环数	5	Cycles	500k＋	500k＋	500k＋	480k	500k＋	330k
25	20	日本工业标准测试	5	Binary	通过	通过	通过	通过	通过	通过
26	20	弯曲强度（前部受载）	5	kN	5.5	8.9	7.5	7.5	6.2	10.2

该图表概念非常简单。对于每一种竞争性产品，其度量标准值都键入同一列

中。收集这些数据是一项费时的工作，它（至少）涉及大多数竞争性产品的购买、测试、拆卸和估计产品成本过程。然而，这些时间是必须要花费的，因为如果不具备这些信息，那么没有哪一个产品开发小组能取得成功。值得注意的是，有时，竞争者目录和支持文献中包含的数据是不正确的。由于这种情况是可能的，应该用独立测试或观察对关键的度量标准值进行核实。

用行代表相应的顾客需求，列代表相应的竞争性产品，就可以创建一个选择性竞争标杆图表（见图表5—7）。这个图表可以用来比较顾客对产品满足其需求程度的理解。创建这个图表需要收集客户洞察力数据，这个过程也是非常花费物力和精力的。Urban 和 Hauser（1993）写的一本书中讲述了有关测试顾客的需求满足洞察力方面的一些知识。上面的两张图表都是非常有用的；至少应该创建度量标准竞争值图表（图表5—6）。

图表5—7　　**以察觉到的满足需求程度为基础的竞争标杆图表**

观察到满足需求的程度越大，所得到的“点”就越多。

编号	需　　求	重要性	ST Tritrack	Maniray 2	Rox Tahx Quadra	Rox Tahx Ti 21	Tonka Pro	Gunhill Head Shox
1	减少手臂的振动	3	•	••••	••	•••••	••	•••
2	能够轻松穿越地势低洼、行驶困难的地形	2	••	••••	•••	•••••	•••	•••••
3	能够在崎岖不平的路面上高速下降	5	•	•••••	••	•••••	••	•••
4	能够调整灵活性	3	•	••••	••	•••••	••	•••
5	保持自行车的操纵能力	4	••••	••	•	••	••••••••	
6	在急拐弯的地方保持刚性	4	•	•••	•	•••••	•	•••••
7	轻便	4	•	•••	•	•••	••••	•••••
8	车闸有坚固的装配点	2	•	••••	•••	•••	•••••••	
9	能和多种自行车、车轮和轮胎相配	5	••••	•••••	•••	•••••	•••	•
10	易于安装	1	••••	•••••	••••	••••	•••••	•
11	能和挡泥板一起使用	1	•••	•	•	•	•	•••••
12	能培养自豪感	5	•	••••	•••	•••••	•••	•••••
13	能为业余爱好者接受	5	•••••	•	•••	•	•••	••
14	防水	5	•	•••	••••	••••	••	•••••
15	减噪	5	•	•••	•	••••	••	•••••
16	易于维修	3	••••	•••••	••••	••••	•••••	•
17	易于更换已坏部件	1	••••	•••••	••••	••••	•••••	•
18	能用常用工具进行维修	3	•••••	•••••	•••••	•••••	••	•
19	经久耐用	5	•••••	•••••	•••••	•••	•••••	•
20	撞车时安全	5	•••••	•••••	•••••	•••••	•••••	•••••

5.3.3　步骤3：为每个度量标准设置理想的和最小目标值

在这一步中，为了给度量标准设置目标值，开发小组要对可利用信息进行综合。其中有两种目标最有用：一种是理想目标，另一种是勉强可接受目标。理想目标是开发小组期望的最好结果。勉强可接受目标是这样一种度量标准值，它刚好能使产品具有商业可行性。这两种目标的用处在于，指导概念生成和概念选择的后续阶段，并在选定产品概念后精确确定规格。

表达度量标准值的方法有 5 种：

- **不小于 X**：这些规格建立度量标准的下限目标，该值越高，结果当然越好。例如，车闸装配刚度值定为不小于 325 kN/m。
- **不大于 X**：这些规格建立度量标准的上限目标，该值越小越好。例如，悬叉质量的最大值不超过 1.4 kg。
- **在 X 和 Y 之间**：这些规格建立度量标准的上限值和下限值。例如，弹簧预载量设定在 480 牛顿到 800 牛顿之间。该值大于 800 牛顿，弹簧就会过载；而小于 480 牛顿，弹簧就太松。
- **恰好为 X**：这些规格建立某个度量标准的特定值，如果实际值和该值有偏离，系统性能就会降低。例如，“倾斜量”这个度量标准的理想值设为 38 毫米。除非绝对必要，应避免使用这种类型的规格。在重新考虑之后，开发小组会意识到当初认定的那种“恰好为 X”的规格可以替换为“在 X 和 Y 之间”的那种规格。
- **一组离散值**：有些度量标准可以取几个离散值。例如，“耳机”直径可以是 1.000 英寸、1.125 英寸、1.250 英寸（在工业生产中，这些尺寸和其他的自行车关键尺寸使用英制单位）。

一个度量标准的期望值也许取决于另一个度量值。换句话说，我们也许会希望将某个目标表达为“前叉顶端横向刚度不超过车闸枢轴处横向刚度的 20%”。在开发小组认为能保证这种程度的复杂性的应用中，这种目标可以轻松地包含进去。但是我们建议，在规格过程的精确阶段之前，不要引入这种复杂表述。

开发小组使用这 5 种不同类型的度量标准表达类型设置目标规格。开发小组列出度量标准清单，并为每一个度量标准制定近似可接受值和理想目标值。图表5—6中显示的度量标准基础竞争基准图表有利于做出这些决策。为了设置目标值，开发小组需要进行许多方面的考虑，包括：现在可用竞争性产品的性能、竞争者未来产品的性能（如果可能的话）以及产品任务陈述和目标市场部分。图表 5—8 显示了为悬叉制定的目标。

由于大多数数值是根据范围（超过或低于或两者都有）来描述的，开发小组正在创建可行的竞争性产品空间边界。开发小组希望产品能符合一些理想值，但是又相信如果一种产品具有一种或多种近似可接受特征，它也具有商业可行性。注意，这些规格是粗略的，因为除非已选择了一种产品概念并确定了一些设计细节，许多抽象的均衡都是相当不确定的。

5.3.4 步骤 4：对结果和过程进行反思

开发小组也许需要进行一些反复过程以确定目标。在每一个反复过程后进行反馈有助于确保结果和项目的目标保持一致。需要考虑的问题有：

- 小组所有成员都同意吗？例如，小组希望设置一个高目标，主要的市场营销代表强调，一个特殊度量标准需要一个加强值，实际上，开发小组要得到的比代表强调的更具现实性，且意义更大。代表会同意这样的表达吗？

• 为了与多个市场区域的特殊顾客需求最佳匹配，开发小组是否考虑开发多种产品或至少提供多样的产品型号以满足顾客对平均产品的需要呢？

图表 5—8　**目标规格**

和其他的信息一样，使用一个电子表格可以轻松地为这个系统编码，这个电子表格是作为规格清单的简单扩展。

度量标准编号	需求编号	度量标准	重要性	单位	边际值	理想值
1	1，3	在 10Hz 时从车身到车把的衰减	3	dB	>10	>15
2	2，6	弹簧预加载量	3	N	480 ~ 800	650 ~ 700
3	1，3	来自 Monster 的最大值	5	g	<3.5	<3.2
4	1，3	在测试曲线上的最小下降时间	5	s	<13.0	<11.0
5	4	衰减系数调整范围	3	N – s/m	0	>200
6	5	最大行程（26 英寸的车轮）	3	mm	33 ~ 50	45
7	5	倾斜量	3	mm	37 ~ 45	38
8	6	顶端的横向刚度	3	kN/m	>65	>130
9	7	总质量	4	kg	<1.4	<1.1
10	8	在制动枢轴处的横向刚度	2	kN/m	>325	>650
11	9	“耳机”大小	5	in.	1.000 1.125	1.000 1.125 1.250
12	9	转向管长度	5	mm	150 170 190 210	150 170 190 210 230
13	9	车轮大小	5	List	26in.	26in. 700C
14	9	最大车胎宽度	5	in.	>1.5	>1.75
15	10	安装到车架上的时间	1	s	<60	<35
16	11	挡泥板兼容性	1	List	无	全部
17	12	培养自豪感	5	Subj.	>3	>5
18	13	单位制造成本	5	US $	<85	<65
19	14	喷水腔中无水进入的时间	5	s	>2 300	>3 600
20	15	泥腔中无泥进入的转数	5	k – cycles	>15	>35
21	16，17	维修时拆卸/安装时间	3	s	<300	<160
22	17，18	维修所需的特殊工具	3	List	Hex	Hex
23	19	使橡胶老化的 UV 测试持续时间	5	Hours	>250	>450
24	19	失效前的 Monster 循环数	5	Cycles	>300k	>500k
25	20	日本工业标准测试	5	Binary	通过	通过
26	20	弯曲强度（前部受载）	5	kN	>7.0	>10.0

• 规格有丢失吗？反馈有助于商业成功吗？

一旦目标设定，开发小组就会继续生成概念，目标规格又能帮助开发小组选择一个概念（见第6章“概念生成”和第7章“概念选择”）。

5.4 确定最终规格

当开发小组在最后确定概念选择和准备随后的设计以及开发过程时，要对规格进行修正。规格刚开始只是对目标进行大范围值的描述，现在可以修正这些概念，使它们更简洁。

确定最终规格是困难的，因为两种规格间存在着均衡—逆转关系，已选定的产品概念本身就具有这两种关系。均衡时常发生在不同的技术特性度量标准之间，在技术特性度量标准成本之间通常会发生均衡问题。例如，车闸装配刚度和前叉之间存在一种均衡。根据前叉结构的基本原理，这些规格是互相关联的，并且假定其他条件保持不变。另外，在成本和质量之间也存在着均衡问题。对于一个给定的概念，开发小组可以通过使用钛而不是钢来制造部件的方式减少前叉的质量。不幸的是，通过这种方式减少质量很可能会增加这种产品的制造成本。修正规格的困难在于选择什么样的方式来解决这种均衡问题。

这里我们又要进行一个5步过程：

（1）开发产品的各种技术模型；

（2）设计产品的成本模型；

（3）修正规格，必要时进行权衡；

（4）确立合理的规格；

（5）对结果和过程进行反思。

5.4.1 步骤1：开发产品的各种技术模型

对于一组特殊的设计决策，产品技术模型是一种工具，它可以用来表示决策中度量标准的值。我们用术语“模型”表示产品的解析近似值和物理近似值（有关模型的进一步讨论，参见第12章“原型化”）。

在这个问题上，开发小组已为悬架选择了润滑油—控制卷曲弹簧的概念。开发小组面临的设计决策包括许多细节，如结构组件的材料、衰减器的孔径大小和机油粘度以及弹性系数。图表5—9的概念表显示了三种模型，这些模型将设计决策和特性度量标准联系起来。依据尺寸大小，可以用这三种模型描述产品的性能。模型的输入量是和产品概念相关的设计变量，如机油粘度、孔径大小、弹性系数和几何形状。模型的输出量是度量标准值，如衰减、刚性和疲劳时间。

在理论上，开发小组可以通过完善电子或计算机仿真中的模型方程式来准确分析产品模型。使用这些模型中的任何一种，不需花费高额实验成本，开发小组就可以快速描述一个特殊设计变量具有什么样的特性。在大多数情况下，可以对度量标准的一小部分使用解析模型。例如，基于工程师的动态系统知识，开发小组可以分析衰减模型。

图表 5—9 **用于估计技术可行性的模型**

技术模型可以是产品的解析近似值或物理近似值。

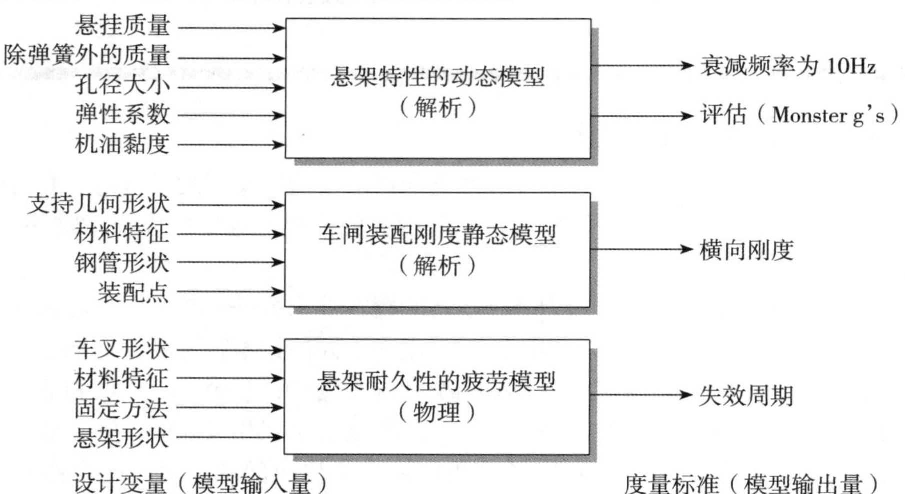

几个独立模型可能比一个大的综合模型更具有可操作性，这里的每一个独立模型都和一个度量标准子集相对应。例如，开发小组为车闸装配刚度设计独立的解析模型，其中的装配刚度和用于描述振动衰减的动态模型相互独立。在某些情况下，根本不能采用解析模型。例如，开发小组不能对悬架疲劳特性采用解析模型，因此他们创建了物理模型，并对它进行了测试。通常需要实际创建各种不同类型的物理实验模型或样品，这样就可以应用设计变量的几种组合。当需要创建物理模型时，利用“实验设计（design-of-experiments，DOE）”的技术通常很重要，这种技术可以使开发设计空间所必不可少的大型实验数目减到最小（Box et al.，1978；Phadke，1989）。

使用这些技术模型作为辅助工具，开发小组可以通过采用不同的设计变量组合预测任何一组特殊规格（如理想目标值）在技术上是否可行。这种模型和分析方法使得开发小组不能设置规格组合，规格不能在产品概念的可用范围内取得。

注意，与一种特殊产品概念相对应的技术模型通常是独一无二的。图表 5—9 列出了一种机油—衰减悬架系统模型；如果开发小组选择的是一个包含橡胶悬架组件的概念，那么这个模型会发生很大的变化。因此，创建模型这一步只有在概念选择后才能执行。

5.4.2 步骤 2：设计产品的成本模型

这一步的目标是确保产品能以目标成本生产出来。目标成本是公司及其销售商在将产品以具有竞争力的价格提供给顾客时依然有足够利润时的制造成本。本章附录提供了对于目标成本的解释。例如，在这个过程中，开发小组试图发现：如果节省 50 克质量，那么需要多花费多少制造成本？

对于大多数产品，制造成本的初步估计过程可以通过列出材料清单（一张包括所有组件的清单）以及估计每一个组件的购买价格来完成。在开发过程的这个阶段，开发小组通常并不知道产品中的所有组件，但是，他们仍然试图列出所需要的组件。虽然早期的估计一般集中在组件的成本上，但是在这时，开发小组通常仍要对组装和其他制造成本（如一般管理费用）进行估计。这些早期成本估计包括估计来自卖主的成本以及公司自己制造零部件的成本。这个过程是由购买专家和产品工程师协助完成的。图表 5—10 列出了悬叉的材料成本模式清单（要想获得制造成本的更详细信息，请参看第 11 章“制造设计”）。

图表 5—10　　**成本估计的材料清单**

使用这种简单成本模式可以进行早期成本估计，有助于对产品规格进行实际均衡。

组件	一个叉所需的各组件数量	最高单价（美元）	最低单价（美元）	同种组件最高总额（美元/叉）	同种组件最低总额（美元/叉）
转向管	1	2.50	2.00	2.50	2.00
齿冠	1	4.00	3.00	4.00	3.00
导入装置	2	1.00	0.75	2.00	1.50
下部管	2	3.00	2.00	6.00	4.00
下部管上表面	2	2.00	1.50	4.00	3.00
主前缘密封装置	2	1.50	1.40	3.00	2.80
滑行刷	4	0.20	0.18	0.80	0.72
滑行刷逆电流器	2	0.50	0.40	1.00	0.80
下部管塞	2	0.50	0.35	1.00	0.70
上部管	2	5.50	4.00	11.00	8.00
上部管端盖	2	3.00	2.50	6.00	5.00
上部管调节手柄	2	2.00	1.75	4.00	3.50
调节移动杆	2	4.00	3.00	8.00	6.00
弹簧	2	3.00	2.50	6.00	5.00
上部管孔帽	1	3.00	2.25	3.00	2.25
孔弹簧	4	0.50	0.40	2.00	1.60
车闸螺栓	2	0.40	0.35	0.80	0.70
车闸曲柄带	2	0.25	0.20	0.50	0.40
车闸曲柄	1	5.00	3.50	5.00	3.50
润滑油（升）	0.1	2.50	2.00	0.25	0.20
各种突然的环、正环	10	0.15	0.10	1.50	1.00
贴画纸	4	0.25	0.15	1.00	0.60
安装费 20 美元/小时		30 分钟	20 分钟	10.00	6.67
附加直接成本 25%				20.84	15.74
总计				104.19	78.68

记录成本信息的一种有用方法是，为每一个条目列出最高估计值和最低估计值。这有助于开发小组在估计过程中理解不确定范围。通常要重复使用材料清单：开发小组为每一组设计决策进行“如果……该怎么办”的成本分析，接着根据已获得的信息修正这一决策。材料清单本身就是一种性能模式，但是，它不表示技术特性度量标准值，而表示成本特性。在整个开发过程中，材料清单都是有用的，并且不断地更新（每周更新一次），这样就可以反映估计制造成本的当前状况。

在开发过程中，开发小组设计包含有几百甚至几千个部件的复杂产品，因而他们通常不能将每一个组件都包含在材料清单中；相反，开发小组将列出主要的组件和子系统，并根据以往的经验或者供应商的判断来分配其成本。

5.4.3 步骤3：修正规格，必要时进行权衡

一旦开发小组创建了技术特性模型和初步成本模型，就可以使用这些工具修正规格说明。修正规格的过程可以通过小组会议来完成。在会议上，使用技术模型确定可行的组合值，接着设计成本应用程序。在活跃的气氛中，开发小组将精力集中在这样一些规格上，即它们将在竞争产品中取得最受人们欢迎的地位，能最大程度满足顾客需求，并确保足够的利润。

支持这种决策过程的一个重要工具是竞争分布图。图表5—11显示了一个竞争分布图的例子。根据从度量标准中选择的两种尺寸，分布图只是分散绘制竞争性产品。图表5—11中的分布图显示了估计制造成本和Monster测试质量之间的关系。这个分布图显示了临界值和理想值的定义范围。在显示估计制造成本高的高性能悬架（低Monster值）时，这个分布图尤其有用。有技术性能模型和成本模型作为辅助工具，开发小组可以估计自己是否能处理竞争分布图中显示的权衡问题。

图表5—11　**估计制造成本与Monster测试质量关系竞争分布图**

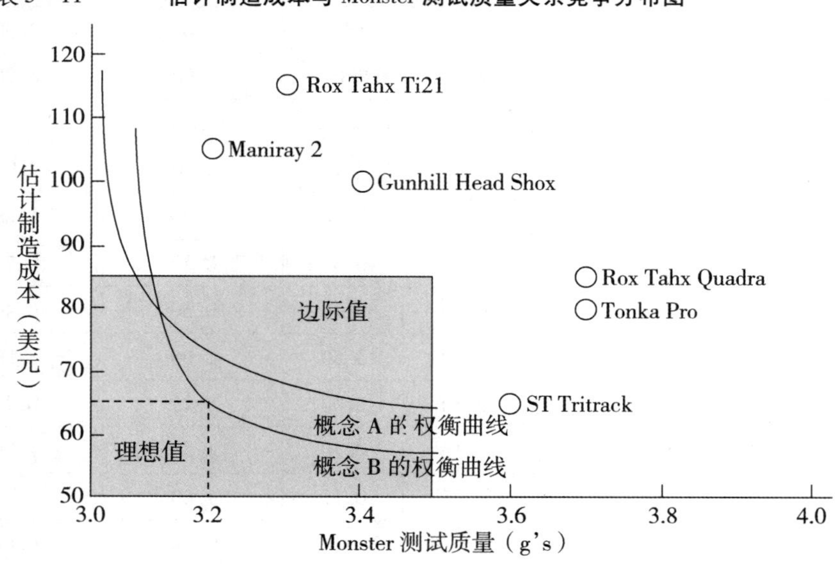

使用电子表格的绘图功能，可以直接用竞争基准图所含数据创建这种分布图。一般来说，开发小组会为少数临界度量标准准备三个或四个这种分布图。要想支持

随后的决策，可能还需要创建另外的分布图。

竞争分布图用于为新竞争产品定位。使用产品的技术模型和成本模型以及竞争分布图，开发小组能够修正规格，这样既可以满足产品概念自身的约束，又可以以下面这种方式解决均衡问题，即为竞争产品提供一种与它相关的较好性能。图表5—12 显示了悬叉的修正规格。

图表 5—12 **修正规格**

编号	度　量　标　准	单　位	值
1	在 10Hz 时从车身到车把的衰减	dB	>12
2	弹簧预加载量	N	600 – 650
3	来自 Monster 的最大值	g	<3.4
4	在测试曲线上的最小下降时间	s	<11.5
5	衰减系数调整范围	N – s/m	>100
6	最大行程（26 英寸的车轮）	mm	43
7	倾斜量	mm	38
8	顶端的横向刚度	kN/m	>75
9	总质量	kg	<1.4
10	在制动枢轴处的横向刚度	kN/m	>425
11	“耳机”大小	in	1.000 1.125
12	转向管长度	mm	150 170 190 210 230
13	车轮大小	List	26 in
14	最大车胎宽度	in.	>1.75
15	安装到车架上的时间	s	<45
16	挡泥板兼容性	List	Zefal
17	培养自豪感	Subj.	>4
18	单位制造成本	US $	<80
19	喷水腔中无水进入的时间	s	>3 600
20	泥腔中无泥进入的转数	k – cycles	>25
21	维修时拆卸/安装时间	s	<200
22	维修所需的特殊工具	List	Hex
23	使橡胶老化的 UV 测试持续时间	Hours	>450
24	失效前的 Monster 循环数	cycles	>500k
25	日本工业标准测试	binary	通过
26	弯曲强度（前部受载）	kN	>10.0

对于相对成熟的产品种类，竞争基于与少数几个已经被很好了解的性能度量标准有关的性能，“关联分析”对于修正这些产品的规格十分有用。关联分析就是用顾客调查数据构建一个顾客偏好模型。潜在顾客抽样中的每个被调查者都被要求评价一个由一套属性所描述的假想产品。这些属性通常必须是顾客可以很容易理解的

度量标准（如汽车的燃油经济性和价格）。主观性属性（如样式）可以用图像表示。假想产品可以用实验设计的统计技术来构建，通过顾客的反应，关联分析可以表示出每种属性对顾客的相对重要性。这些数据可以用来预测，在提供一系列备选假想产品时，顾客会选择哪一个。使用这种对抽样中的所有顾客进行的预测，可以预测一系列备选产品中每个产品的市场份额。使用这一方法，可以使市场最大化的产品规格的价值被估计出来。关联分析的细节十分简单，但已超出了本章的范围。相关的参考文献见本章的末尾。

5.4.4 步骤4：确立合理的规格

本章着重讨论了由一个相对较小的开发团队设计的相对简单的组件规格。当开发一个由不同团队设计的多个子系统组成的高度复杂的产品时，建立规格显得格外重要并更具挑战性。在这种情况下，产品规格被用来定义每个子系统以及整体产品的开发目标。对这种情况的挑战是按照每个子系统的规格来确定整体系统的规格。例如，一辆汽车的整体规格包括的度量标准是燃油经济性、0～100 公里/小时加速时间、转弯半径。但是组成汽车的几十个子系统，包括车体、发动机、传动装置、刹车系统和悬挂装置，其规格也必须制定。发动机的规格包括的度量标准，如最大功率、最大扭矩、最大功率下的耗油量。确立规格过程的挑战之一是要确保子系统的规格实际反映整体的规格——确保如果子系统的规格被实现，那么整体规格就实现了。第二个挑战是确保不同子系统的特定规格实现的难度相当。也就是说，发动机的质量规格与车体的质量规格相比不应过大。否则，产品成本可能会高于必要的成本。

一些整体性的规格可以通过预算分配来建立。例如，当确信产品的整体成本、重量和能耗仅仅是各子系统的这些量之和时，制造成本、重量和能耗规格可以分配给子系统。在某种程度上，几何量也可以这样分配。其他规格必须通过对子系统的性能与整体产品性能的关系的详细了解来确定。例如，燃料效率是一个包含整体重量、旋转阻力、空气动力拖动系数、正面面积和发动机效率的相当复杂的函数。建立车体、轮胎和发动机的规格需要一个关于这些变量与整体燃料效率的关系模型。

确定复杂产品规格的综合性策略超出了本章的范围，实际上，它是系统工程的一个主要研究领域。在参考书目中，我们向读者推荐了几本这方面的好书。

5.4.5 步骤5：对结果和过程进行反思

通常来说，这种方法的最后一步是对结果和过程进行反思。在这一步中，开发小组需要考虑的一些问题有：

- 产品能获胜吗？产品概念应该允许开发小组以下面这种方式实际设置规格，即产品将满足顾客需求并且具有较强的竞争力。如果不满足这个条件，那么开发小组应该返回到概念生成和选择阶段，或者放弃这个项目。

- 技术模型和成本模型具有多大的不确定性？如果描述竞争成功的度量标准仍具有许多不确定性，那么开发小组也许希望修正技术模型或成本模型，这样就可以增加开发小组满足规格时的自信心。

• 开发小组选择的概念能很好地适合目标市场吗？它能较好地应用于另一个市场吗（即除中等以外的低目标或高目标）？也许已选择的概念实际上就非常好。如果开发小组已生成一种远远优越于竞争性产品的概念，那么他们或许希望将这个概念应用在具有更多需求和更大利润潜力的市场中。

• 公司应该开始着手开发有关产品性能方面的更好的技术模型以供将来之用吗？有时，开发小组会发现自己不能真正理解基础产品技术，以至于不足以创建有用的性能模型。在这种情况下，努力增强理解能力并开发更好的模型将有助于后面的开发项目。

5.5 小 结

顾客需求通常以“顾客语言”来表述。为了给设计和管理产品提供特定的指导，开发小组创建了一组规格，这些规格简洁明了，它们描述了产品如何能取得成功的细节。这些规格必须反映顾客需求、区分一般性产品和竞争性产品以及在技术和经济上具有可行性。

• 典型规格至少创建两次。识别顾客需求后，开发小组立即设置目标规格。选定概念后，他们确定最终规格。

• 目标规格代表开发小组的希望和动力，但是这些规格是在开发小组知道产品性能对所能取得成功的约束之前建立的。开发小组的努力也许满足不了一些规格，或超出另外一些规格，这取决于开发小组最终选择的产品概念细节。

• 创建目标规格过程包括下面 4 步：

（1）准备度量标准清单。

（2）收集竞争基准信息。

（3）为每个度量标准设置理想目标值和勉强可接受的目标值。

（4）对结果和过程进行反思。

• 可以使用解析模型和物理模型估计实际技术约束和期望产品成本，通过这种方法可以确定最终规格。在修正过程中，开发小组必须在各种期望的产品特性间进行艰难的权衡。

• 修正规格的 5 步过程是：

（1）开发产品的各种技术模型。

（2）设计产品的成本模型。

（3）修正规格，必要时进行权衡。

（4）确立合理的规格。

（5）对结果和过程进行反思。

• 确立规格过程可以由几个简单的信息系统辅助完成，使用常规的电子表格软件就可以轻松地创建这些信息系统。各种工具，比如度量标准清单、客户需求—度量标准矩阵、竞争基准图表以及竞争分布图，都支持开发小组的决策，开发小组可以使用这些工具描述和讨论规格。

• 由于需要利用尽可能多的市场知识、顾客知识、核心产品技术以及设计替换物的成本应用技术，确立规格过程要求企业的市场营销人员、设计人员、产品制造人员积极参与。

参考文献

许多现有资源可以从网上得到，参见 www. ulrich-eppinger. net。

将顾客需求转换成一组规格的过程也可以由质量功能展开方法完成。Hauser 和 Clausing 所著的一本深受欢迎的书中清楚地阐述了质量功能展开和质量屋的核心思想。参见 Hauser，John，and Don Clausing，“The House of Quality”，*Harvard Business Review*，Vol. 66，No. 3，May – June 1988，pp. 63 ~ 73。

为了最大程度地满足顾客需求，Urban 和 Hauser 阐述了几种有关选择产品分配组合的方法。这些方法中有一部分可以为本章的常用方法提供功能强大的解析支持。参见 Urban，Glen，and John Hauser，*Design and Marketing of New Product*，second edition，Prentice Hall，Englewood Cliffs，NJ，1993。

Ramaswamy 和 Ulrich 详细地阐述了如何在设置规格的过程中使用工程模型。与这种方法相对比，常规质量屋方法就显现了一些不足。参见：Ramaswamy，Rajan，and Karl Ulrich，“Augmenting the House of Quality with Engineering Models”，*Research in Engineering Design*，Vol. 5，1994，pp. 70 ~ 79。

许多市场研究教材讨论了关联分析。这里推荐两本：*Conjoint Analysis：A Guide for Designing and Interpreting Conjoint Studies*，American Marketing Association，June 1992；Aaker，David A.，V. Kumar，and George S. Day，*Marketing Research*，sixth edition，John Wiley & Sons，New York，1997。

下列著作完整讨论了系统工程和指标：

Hatley，Derek J.，and Imtiaz A. Pribhai，Strategies for Real – Time System Specification，Dorset House，New York，1998；Rechtin，Eberhardt，and Mark W. Maier，The Art of System Architecting，second edition，CRC Press，Boca Raton，FL，2000。

目标成本的更多介绍可以在 Cooper 和 Slagmulder 的文章中得到，Cooper，Robin，and Regine Slagmulder，“Develop Profitable New Products with Target Costing，” *Sloan Management Review*，Vol. 40，No. 4. Summer 1999，pp. 23 ~ 33。

练　习

（1）根据“钢笔书写流畅”需求，列出一个度量清单。

（2）为过去许多年的屋顶材料设计一种度量标准和相应的测试。

（3）对许多不同产品进行权衡时，似乎会涉及一些相同的度量标准。这些度量标准是什么样的度量标准？

思考题

（1）你怎样对诸如“前悬挂装置看起来很好”这样的不明确的需求建立精确并可测量的规格说明？

（2）为什么一些顾客需求很难用单一的度量标准来衡量？

（3）你怎样解释这样的情形，即顾客对于一些竞争性产品的感觉（如图表5—7）与这些产品的度量标准的价值不相符？

（4）一种规格的低性能总能被其他规格的高性能所补偿吗？如果是这样，是否真的存在度量标准的“边际吸收”价值？

（5）为什么独立设计变量不能被作为度量标准？

附录：目标成本

目标成本核算是一种很简单的想法：基于公司希望顾客最终支付产品的价格和分销渠道各环节所需净边际利润率来确定制造成本规格的价值。例如，假定Specialized公司希望通过自行车商店来向顾客销售其悬叉。如果它希望顾客最终支付的价格是250美元，并且如果自行车商店通常希望的净边际利润率为45%，那么Specialized公司将不得不以137.50（（1－0.45）×250）美元的价格将其产品出售给自行车商店。如果Specialized公司希望其产品的净边际利润率至少为40%，那么其单位制造成本必须低于82.50（（1－0.40）×137.50）美元。

目标成本核算与成本累加的定价方法正好相反。成本累加方法以公司希望其制造成本为多少开始，然后将其预期利润加到成本上制定价格。这种方法忽视了竞争市场的现实，竞争市场中的价格是由市场和顾客因素来驱动的。目标成本是一种确保规格能以使产品在市场中的定价具有竞争力的方式来制定的方法。

一些产品是由制造者直接出售给产品使用者的。通常，产品要通过一个或多个中间环节来销售，如分销商和零售商。图表5—13对于一些不同的产品种类提供了大致的目标毛利率。

令M代表分销渠道中一个环节的毛利率。

$$M=\frac{(P-C)}{P}$$

P是这一环节对其顾客的要价，C是这一环节为其产品支付的成本（注意加价）与毛利率相似，但定义不同，是P/C－1，毛利率为50%相当于加价100%。

目标成本C由下式给出：

$$C=P\prod_{i=1}^{n}(1-M_i)$$

P是最终顾客支付的价格，n是分销渠道中环节的个数，M_i是第i个环节的毛利率。

例子

假定最终顾客价格P为250美元。

图表 5—13　**制造商、批发商、分销商、销售代理商和零售商的大致毛利率**

注意这些值只是很粗略的估计，实际的毛利润率取决于许多特殊因素，包括竞争强度、销售数量和所需顾客支持水平。

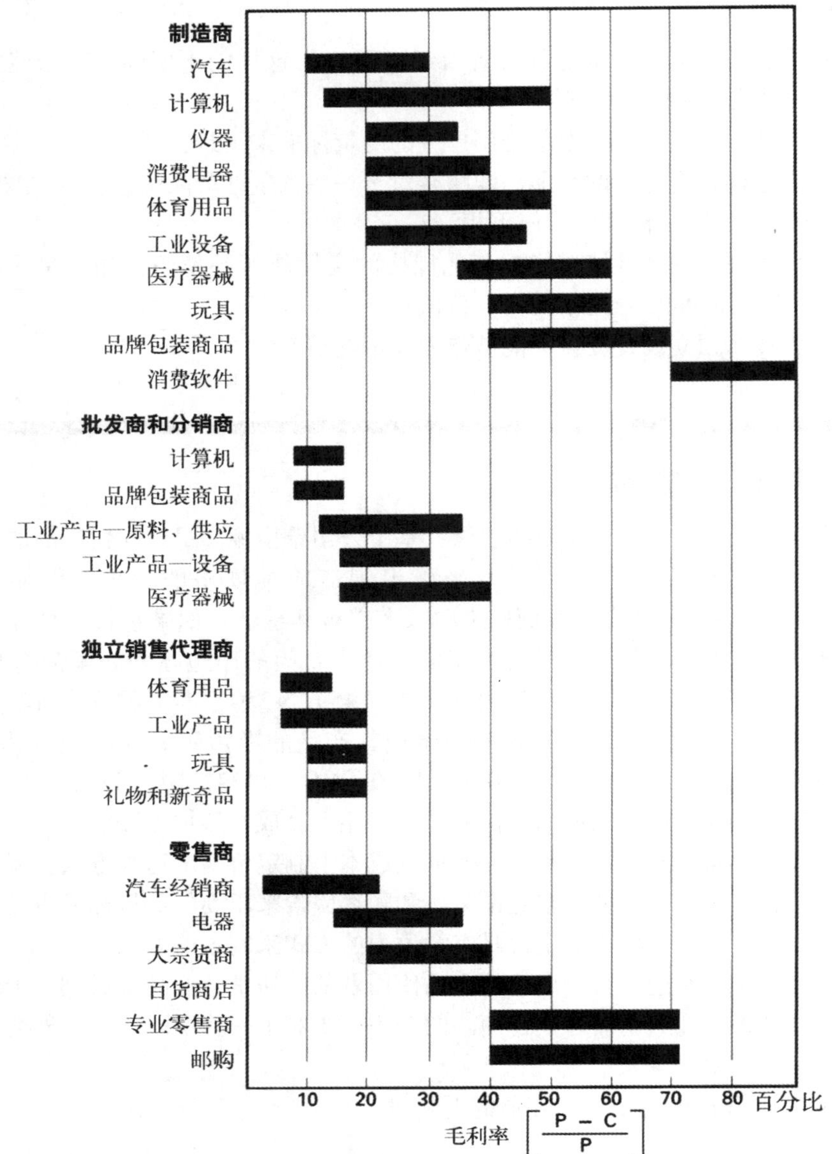

如果产品由制造商直接销售给最终顾客，制造商的预期净边际利润率 M_m 为 0.40，那么目标成本为：

$$C = P(1 - M_m) = 250 \times (1 - 0.40) = 150(\text{美元})$$

如果产品通过一个零售商来销售，零售商的预期净边际利润率 M_r 为 0.45，那么：

$$C = P(1 - M_m)(1 - M_r)$$
$$= 250 \times (1 - 0.40) \times (1 - 0.45) = 82.50(\text{美元})$$

如果产品通过一个分销商和一个零售商来销售，分销商的预期净边际利润率 M_d 为 0.20，那么：

$$C = P(1 - M_m)(1 - M_d)(1 - M_r) = 250 \times (1 - 0.40) \times (1 - 0.20) \times (1 - 0.45) = 66.00(\text{美元})$$

概念生成

一支钉枪开发团队受 Stanley – Bostitch 公司总裁的指令去开发一种用于屋顶的新型手提式钉枪。图表 6—1 表示的是该团队开发的最终产品。在钉入常规钉子的基本功能之上，该钉枪开发团队需要广泛寻找其他的产品概念。在确认顾客需求并建立目标产品的规格之后，该钉枪开发团队面临着如下问题：

- 现有的哪些产品概念（如果有的话）可以满足要求？
- 有什么新的产品概念可以满足要求？
- 什么方法有助于生成产品概念？

图表 6—1　　**无线电动钉枪**

（斯坦利公司授权）

6.1　概念生成

产品概念是对产品的技术、工作机理和形式的近似描述，能简要地说明该产品如何满足顾客需求。通常用草图、三维模型，并加以简要的文字描述来表示。产品概念的质量在很大程度上决定了该产品满足顾客需求并实现商业化的程度。好的产品概念在后续环节中可能没有被很好地执行，但是差的产品概念无论在后续环节中如何努力都难以获得商业成功。幸运的是，与其他研发环节相比，概念生成环节耗资小、耗时少。例如，在以往的钉枪研发中，概念生成一般占不到 5% 的研发投入和不到 15% 的研发时间。既然概念生成活动并不昂贵，我们在研发过程中就应该有效彻底地执行概念生产环节。

概念生成从确定顾客需求、建立目标规格开始，最后形成一系列的产品概念以供开发团队做出最后的选择。概念生成与其他的概念发展之间的关系如图表 6—2 所示。很多时候，有效的开发团队会生成数以百计的产品概念，其中有 5 ~ 20 个概念需要在概念选择环节中进行仔细斟酌。

图表 6—2　　**概念生成是概念发展阶段不可分割的部分**

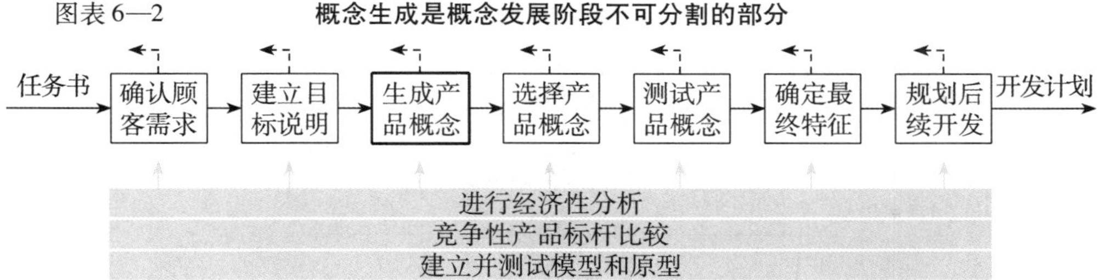

好的概念生成环节可以使开发团队有信心认为新产品的所有开发空间已经被拓展。如果团队在研发初期就全面深入地探讨了新产品概念，就不会在后期又发现更好的产品概念，也不会让竞争对手开发出性能更加优越的产品。

6.1.1　采用结构化的方法来避免出现代价高的问题

开发团队在概念生成过程中经常存在的问题包括：

- 只考虑团队中最有主见的成员提出的一两种选择。
- 没有认真考虑其他公司相关或无关产品的概念中有用的东西。
- 在概念生成的过程中只有一两个人参与，以致小组其他成员缺乏信心与责任。
- 对一些好的解决方案整合不力。
- 没有考虑解决方案的整体范畴。

概念生成的结构化方法鼓励团队成员从大量不同的信息源收集资料，指导团队深入拓展新产品概念，提供整合解决方案的机制，从而可以避免上述5个问题。结构化方法也为那些经验不足的团队成员提供一个步骤严明的程序，有助于他们积极参与到概念开发的过程中。

6.1.2　5 步法

本章介绍概念生成的5步法，如图表6—3所示，把一个复杂的问题分解成若干个较简单的子问题；然后通过外部搜索和内部搜索来寻找子问题的解决方案；接着运用概念分类树和概念组合表来对解决方案进行系统搜索，并把子问题的解决方案整合成一个整体的解决方案；最后，团队要对整个过程与结果的可行性与适用性进行反思。

本章将遵循上述过程来详细讲述5步法的每一步。虽然对5步法，我们是依次描述，但是方法并不是一成不变的。与概念开发的其他方法一样，5步法只是一个基本方法。在此基础上，产品开发团队可以按照各自解决问题的特点来制定和完善本团队的概念开发方法。

本章所介绍的5步法主要针对一个新产品的整体概念。不过，该方法可以而且也应该用于概念开发过程中的其他阶段。5步法不仅可以用于开发产品的整体概念，也可以用于子系统及其具体组成部分的概念开发。同时也敬请注意，虽然本章以技术产品为例，但是5步法几乎可以用于所有产品的概念生成。

图表6—3 **概念生成的5步法**

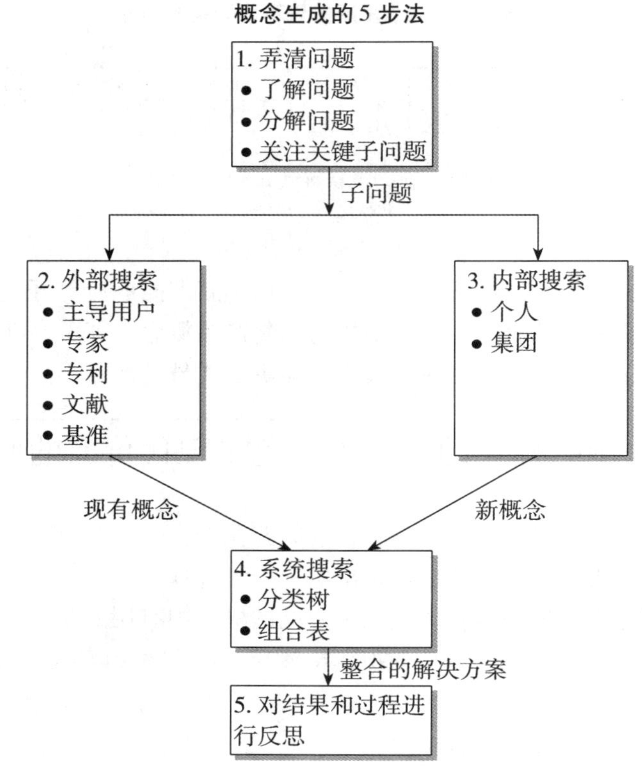

6.2 步骤1：弄清问题

弄清问题是指深入理解问题，必要的时候要把问题分解成若干个子问题。项目的任务描述、顾客需求清单和产品的主要规格等三个方面是概念生成阶段开始时理想的输入信息，不过它们在概念生成阶段开始后还有待继续完善。理论上，团队既要确定客户需求，又要制定产品要达到的目标规格。没有参与以上三方面准备的团队成员应该在概念生成阶段开始前熟悉这三方面的过程及结果（见第4章“确认顾客需求”和第5章“产品规格说明”）。

前文提到，Stanley－Bostitch团队的任务是“设计更好的手提式屋面钉枪”。我们应该对该项设计的范围进行更广泛的定义（例如“固定屋面材料”）或更具体的定义（“提高现有的气动工具的速度”）。对团队任务进行如下假定：

- 该钉枪将使用钉子（而不是粘合剂、螺丝等）；
- 该钉枪将与目前主流钉子兼容；
- 该钉枪将把屋顶瓦钉到木楞上；
- 该钉枪将是手提式的。

基于上述假设，该团队就确定了顾客对手提式钉枪的需求，包括：

- 该钉枪能快速地连续钉入钉子；
- 该钉枪轻便；

- 该钉枪的触发延迟不影响工作速度。

该钉枪开发团队还收集了一些补充资料来弄清和量化顾客需求——例如钉枪的近似功率和速度，并把这些基本需求转换成目标产品的规格。目标规格包括以下内容：

- 钉子的长度从 25 毫米至 38 毫米；
- 钉枪的最大功率是每个钉子 40 焦耳；
- 钉子的反作用力最大为 2 000 牛顿；
- 最快的速度是每秒钟钉 1 个钉子；
- 平均速度是每分钟钉 12 个钉子；
- 钉枪重量小于 4 千克；
- 触发延迟时间最长为 0. 25 秒。

6. 2. 1 把一个复杂的问题分解成若干个更简单的子问题

许多设计任务往往太过复杂从而不能将其简单地当成一个问题来解决，但是我们往往可以把它有效地分解成若干个较简单的子问题。例如，设计像复印机这样的复杂产品时，可以把任务分解成若干个更关键的设计问题——文件处理器的设计、进纸器的设计、印刷设备以及图像采集设备的设计。但是有时候，我们很难把一个设计问题分解成一系列的子问题，例如，文件夹的设计就很难划分出子问题。一般来说，开发团队应该设法对复杂的设计问题进行分解，同时也要清楚对于功能非常简单的产品来说，分解问题就不是十分有用。

把一个问题分解成更简单的若干个子问题的过程就叫“问题分解”。很多任务都要涉及到问题分解。下文将介绍一种有效的分解方法，并列出其他一些常用办法。

如图表 6—4（a）所示，有效问题分解的第一步是把问题看成一个运行材料、能量和信息的“黑匣子”，细实线表示能量在系统中的传递和转化，粗实线表示材料在系统中的的运动，虚线表示系统中的控制信息流和反馈信息流，这个黑匣子代表产品的整体功能。

功能分解的第二步是把这个黑匣子分解成若干个子功能，详细描述产品中的哪些元素对实现整体功能起作用。子功能一般还可以再分解为更简单的子功能，这样不断地将功能分解直到团队可以轻易实现最终的子功能。经验表明，一般设计任务要层层分解为 3 至 10 个子功能才可行。图表 6—4（b）表示最终结果——包括能量流、材料流和信号流的子功能图。

功能分解的目的是描述产品的功能要素，并不能描述新产品的具体工作原理。例如图表 6—4（b）包括了“分离钉子”这一子功能，但并不表示任一实际解决办法——如在槽子里记录钉子位置，或把钉子钉到木楞侧面。小组应该逐一考虑每个子功能，看是不是所有的描述都没有暗示解决方案。

功能图的创建方法并不唯一，产品功能的分解方法也不唯一。创建功能图的简便方法是快速创建几个草图，最后精炼成一个与团队能力匹配的分解图。这可以从以下方面入手：

- 为现有产品创建功能图。

图表 6—4　　通过功能分解得到手提式钉枪的功能图

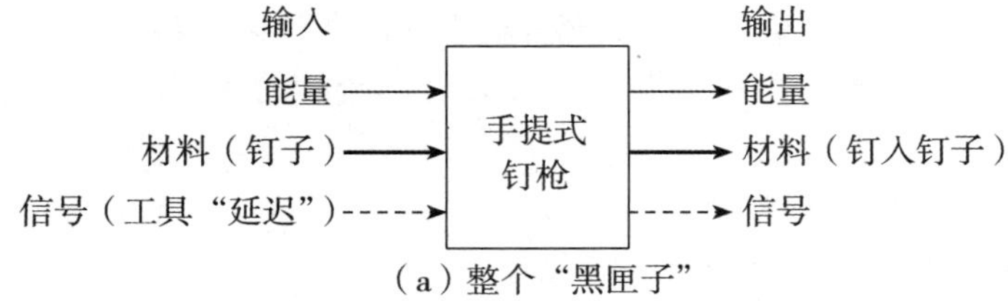

（a）整个“黑匣子”

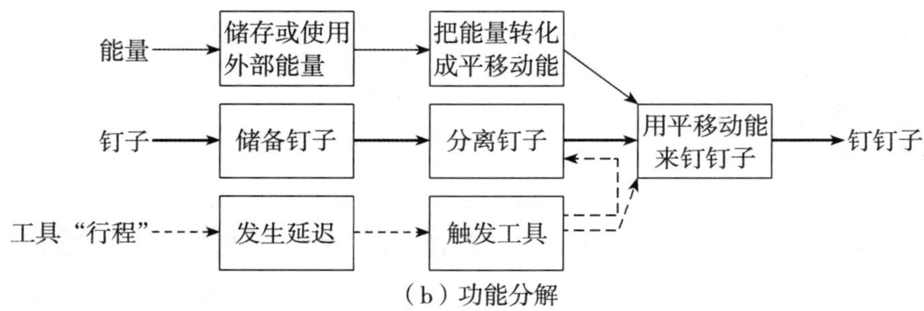

（b）功能分解

- 根据小组已经生成的任一产品概念来创建功能图，或者根据一个已知的子功能技术来创建功能图。一定要保证创建的功能图要能够对概念有个比较适当的概括。
- 按照其中的一个流程（如材料流），确定需要进行什么操作。通过考虑该流程与其他流程的关系来描述其他流程的具体情况。

功能图并非独一无二，可以通过不同方法来分解子功能，产生不同的功能图。有时材料流、能量流和信息流的流向很难确定，只要列出产品的子功能的简要清单就行了（不用考虑各子功能之间的关系）。

功能分解最适于技术性产品，也可用于简单的非技术产品。例如，冰淇淋勺子在分离、形成、运输和存放冰淇淋的材料流。可以根据这些子功能来分解问题。

除了功能分解这一方法外，把问题分解成更简单的子问题的方法还有两种：

- **根据用户的使用顺序来分解问题：**例如，钉枪问题可以分解为三个使用动作——把工具移到钉钉子的大概位置、精确定位、启动钉枪。当产品的技术功能非常简单同时需要更多的用户参与时，这种做法往往很有用。
- **根据关键顾客的需求来分解问题：**例如，钉枪问题可以分解为以下子问题——快速地连续钉钉子、轻便、可承受较大的反作用力。当产品最主要的问题是外形，而不是技术工作或者机理时，这种方法往往很有用。例如牙刷（假定保留刷子的基本概念）和储存容器。

6.2.2 首先关注关键子问题

任一分解方法的目的都是把一个复杂问题分解成若干个更简单的子问题，以便能更集中精力解决问题。完成问题分解后，小组要挑选出关键子问题——对于产品获得商业成功至关重要的子问题、通过创造性的解决方案能获得更大利益的子问题。这同时意味着要推迟解决另一些子问题。例如，该钉枪开发团队选择去关注“储存与使用能量”、“把能量转化成平动动能”和“用移动动能来钉钉子”这三个子问题。他们认为可以在“储存与转化能量”问题解决后再解决“钉枪操作与触发”问题，还延迟处理大部分的用户交互问题。该小组认为关于钉枪的基本工作原理的选择会影响到钉枪的最终形式，所以应该从核心技术开始，然后再考虑如何用一种能够吸引顾客的形式将这种技术体现出来。通过讨论哪些子问题要首先解决，哪些子问题可以推迟解决，小组成员可以对子问题的解决次序达成一致意见。

6.3 步骤2：外部搜索

外部搜索的目的是找到针对整个问题以及分解出的子问题的现有解决方案。虽然外部搜索被列作概念生成5步法的第2步，但实际上，外部搜索贯穿于整个概念开发过程。采用现有的解决方案通常比开发一个新的解决方案更快更便宜。通过灵活利用现有的解决方案，开发团队可以把精力集中于创造性地解决尚未有满意解决方案的关键子问题。此外，常常可以把某一子问题的传统解决方案与另一子问题的新解决方案结合起来，产生更好的整体解决方案。所以，外部搜索不仅包括对直接竞争产品进行详细分析，还包括对产品相关子功能所采用的技术进行详细分析。

解决方案的外部搜索在本质上是一个资料搜集的过程。通过使用扩大与集中的战略可以使时间和资源得到优化利用：首先扩大搜索范围，即广泛搜集可能涉及的问题的相关资料；然后进行重点搜索，即对有希望改进的方向进行深入探索。过度使用任一方法都将降低外部搜索的效率。

搜集外部信息的好方法至少有5种：领先用户调查、专家咨询、专利检索、文献检索和设定以相关产品为基准。

6.3.1 领先用户调查

在确定顾客需求时，该开发团队或许已经找到了领先用户。领先用户是那些比主流用户提前数月或数年就使用新产品的用户，他们往往通过对新产品进行创新来满足实际需求（Hippel，1988）。这往往导致领先用户找到解决方案来更好地满足自己的需求。这种情况在高科技产品的用户群中更为常见，例如医药和科学领域。开发团队可以在新产品的市场中找到领先用户，也可以在具有新产品某些子功能的其他产品的市场中找到领先用户。

在手提式钉枪这个案例里，该钉枪开发团队通过向PBS电视连续剧《老宅》中的建筑商咨询来获得新的产品概念。使用很多厂商产品的领先用户能够发现现有工具的缺点。在钉枪案例里，这些建筑商并没有为手提式钉枪开发提供很多新的产品概念。

6.3.2 专家咨询

具有子问题所需知识的专家不仅可以直接提供解决方案，也可以帮助开发团队转向更有效的思路，重新寻找解决方案。专家包括生产相关产品的企业专业人员、专业顾问、大学教授和供应商的技术代表。我们可以打电话到大学和公司里找到这些人，也可以通过查阅文章来找到作者。虽然找专家的过程很辛苦，但这也总比重新创造知识省时间。

大多数专家都愿意在电话上或者见面谈 1 个小时并且不收费。一般来说，顾问不会对最初的会面或电话收费；但如果继续进行咨询，他们才会要求收费。对供应商来说，如果他们预计你开发的新产品会采用他们的产品，就会愿意提供几天的无偿咨询。显然，直接竞争对手的专家往往不愿意提供其产品设计的专利信息。咨询专家的方法里有条捷径就是你所咨询的专家推荐其他专家。最好的信息往往来自于“第二代”咨询专家。

该钉枪开发团队咨询了几十名专家，其中包括一名火箭燃料专家，麻省理工学院电动汽车的研究人员以及来自生产气体弹簧企业的工程师。这家企业曾自费让它的工程师两次前往参观钉枪开发团队。大多数时候，钉枪开发团队是通过电话来咨询企业工程师的。

6.3.3 专利检索

专利是一种获得技术资料的详细图纸及产品说明的现成丰富来源。专利检索的主要缺点是今年来的专利对概念也进行了保护（一般自专利申请之日起 20 年），所以使用专利的概念需要付费。但是，看看哪些概念已经被保护也是有好处的，可以避免侵权。没有在本国申请专利的国外专利以及到期的专利可以利用而无需支付专利费用。

初学者很难浏览专利的正式索引主题。不过，一些数据库里有所有专利的实际文本。通过电子检索关键词，可以搜索到全文数据，关键词搜索很方便，而且可以找到生产某种特定的产品的相关专利。通过支付少量费用，可以从美国专利局、商标局和一些数据库里获得插图等详细的专利资料（www. ulrich - eppinger. net 网站有目前专利数据库的清单和专利文件的供应商清单）。

在钉枪领域中搜索美国专利，可以发现一些有趣的概念。其中一项专利描述了由马达驱动双飞轮的钉枪。图表 6—5 就是这个专利的插图。该专利在一个飞轮上积累转动动能，通过摩擦离合器在瞬间一次性转化为移动动能，再通过一个传动梢把移动动能传送到钉子上。

图表 6—5　**由马达驱动双飞轮的钉枪专利（美国专利 4，042，036）**
相关的文字描述多达 9 页。

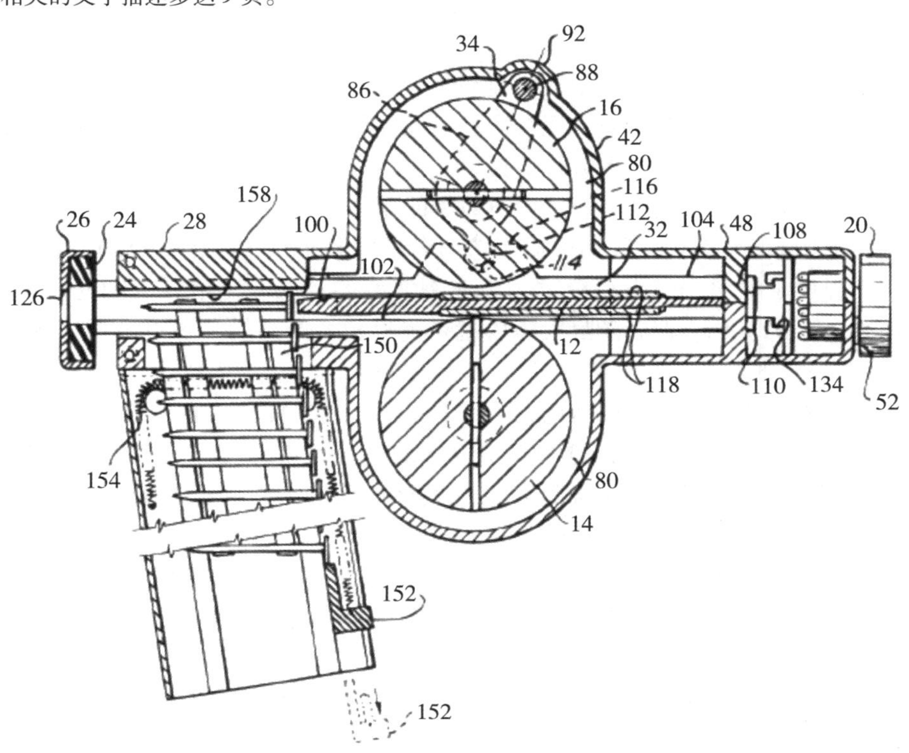

6.3.4　文献检索

公开文献包括期刊、会议资料、杂志、政府报告，市场、消费者与产品的信息，以及新产品的公告。因此，文献检索是现有解决方案的最好途径之一。

电子搜索往往是从公开文献中搜集资料的最有效的方式。虽然互联网搜索结果的质量难以评估，但是互联网搜索往往是电子搜索的第一步。网上还有类别清晰的数据库。但是许多数据库只有文章摘要而没有全文与图表。接下来的搜索步骤就是寻找信息完整的文章。进行数据库搜索的两个主要困难是确定关键词和限制搜索范围。在关键词数目与搜索范围之间要进行权衡。

技术资料手册也是外部搜索中非常有参考价值的公开资料。例如《机械工程标准手册》(*Marks' Standard Handbook of mechanical Engineering*)，《化学工程师手册》(*Perry's Chemical Engineers' Handbook*) 和《机构与机械装置资料集》(*Mechanisms and Mechanical Devices Sourcebook*) 等工程参考书。

该钉枪开发团队发现了一些与子问题相关的文章，包括描述飞轮与电池的储能技术的文章。他们还在一本手册中找到了一种影响工具的机制，这种机制提供了非常有用的能量转化概念。

6.3.5 设定以相关产品为基准

在概念生成中，基准设定是指研究与所开发产品的功能相似的现有产品，或者与产品开发的关键子问题相似的现有产品。基准可以揭示能用于解决特定问题的现有概念，以及竞争的优势与劣势等情报。

这时，开发团队可能已经熟悉竞争对手的相关产品。一般很难在其他市场找到功能相关的产品。《美国托马斯注册制造商名录》是提供这方面信息的最有用来源之一。它提供了按照产品类型分类的工业制造商的目录。使用《美国托马斯注册制造商名录》时，你会遇到的最大障碍就是找出相关产品的名称以及所属的分类。《美国托马斯注册制造商名录》还实现了互联网搜索。

与钉枪密切相关的产品包括把钉子钉入水泥板的单杆火药驱动钉枪、电磁驱动钉枪、工业生产使用的气动钉枪和巴掌大小的多头气动钉枪。与“能量存储和转化功能”相关的产品包括安全气囊和以叠氮化钠推进剂作为能量的产品，滑雪运动中的护手保温器，由二氧化碳弹药驱动的空气步枪，便携式电脑及其电池。钉枪开发团队获得了大部分上述产品并对其进行分解，以便发现可以用于开发新钉枪的一般概念和更为详尽的其他资料（包括具体部件的供应商名称）。

外部搜索是收集解决方案的重要的方法。外部搜查的技能是个人与组织的宝贵资产，可以通过仔细观察并建立技术数据库，以及通过拓展专家网络来培养外部搜查的技能。即使通过个人知识和个人接触，外部搜索仍然是种“侦察性工作”。在搜索中百折不挠并有相关资源的人可以有效地完成外部搜索。

6.4 步骤 3：内部搜索

内部搜索是指利用个人、团队的知识和创造力来产生解决方案。内部搜索是内在的，因为所有的想法来自团队已有的知识。内部搜索是新产品开发过程中最具开放性和创造性的过程。内部搜索相当于从个人知识中收集潜在的有用信息，进而用于解决现有的问题。内部搜索可以由个人单独进行，也可以由团队一起进行。

以下 4 条准则有助于提高个人和团队进行内部搜索的效率：

（1）推迟决策。在日常生活中，成功往往取决于快速选择并立即采取行动的能力。例如，如果用外部搜索来决定今天穿什么衣服或吃什么早餐等日常生活，人们的生活会一团糟。这是因为我们日常生活中的大多数决策时间只有几分钟或几小时，我们习惯于快速决策并立即采取行动。但是产品研发中的概念生成过程与我们的日常生活过程截然不同，所做的产品概念决策会影响好几年。所以，产品概念能否成功的关键是在评价大量的产品概念时推迟几天或几周再决策。推迟决策的规则就是在概念生成过程中不要批评任何概念。比较好的做法是，个人在寻找概念中的不足之处时，提出建设性建议或对概念进行修正，不要主观臆断。

（2）产生很多想法。大多数专家都认为，团队产生的想法越多，找到的解决方案就会越多。一味提高想法数量不利于个别想法的提出与深入挖掘，所以要鼓励人们相互交流自己没有提出的想法。另外，一个想法往往会激发出其他想法，因此想法越多，能激发出的其他想法也就越多。

（3）欢迎似乎不可能的想法。有些想法最初并不可行，但是通过团队成员的“调整”与“修正”就可以变得可行了。不可行的想法冲击并拓展了思考的边界，有助于团队成员尽可能地在界限内想出可行的想法。所以，不可行的想法也是相当宝贵的，应该鼓励团队成员提出不可行的想法。

（4）使用图形和物理工具。推理论证物理信息和几何信息是很困难的。文字和口头语言难以描述物体。无论是单独工作还是团队工作，充分运用图形有利于描述物体。泡沫、黏土、纸板及其他三维工具有助于人们深刻理解形式与空间关系。

6.4.1 举行个人会议和团队会议非常有用

关于个人与团队解决问题的研究表明，相对于在同一时间一起工作的情况来说，团队成员单独工作一段时间后会产生更多和更好的概念（McGrath，1984）。很多公司的实际做法与该调查结果相反，他们通过召开团队会议来生成概念。我们的观察证实了 McGrath 的研究，我们认为团队成员在概念生成过程中应该独自工作一定时间。当然，我们认可团队会议对建立共识、沟通信息和提炼概念等方面起到了关键作用。在理想的情况下，团队中的每个人应该独立工作一段时间，然后团队成员一起对个人提出的概念进行讨论与完善。

当然，很多公司采用团队开会来生成概念的做法是因为团队开会可以保证团队中的每个人都投入到这项工作中。尤其是在工作强度大、压力大的情况下，如果没有采取团队会议，人们一般不会主动花数小时的时间来专门用于生成新的概念，期间的电话、拜访、紧急情况都会影响注意力。在某些情况下，进行团队会议可能是保证人们专门进行概念生成的唯一方式。

该钉枪开发团队在进行内部搜索时，既有个人努力又有团队会议。例如，安排每个团队成员在一个星期里要解决一两个子问题，并开发出至少 10 个概念。这种做法可以把概念生成的工作分配到所有团队成员中。接下来，团队开会讨论，并对个人提出的概念进行延伸与拓展，对可行的概念作进一步的调查研究。

6.4.2 概念生成的提示

有经验的个人和团队通常很快就会产生一些好的概念。这些人往往已经发展出一套技巧来刺激思想，而且这些技术已经内化到他们解决问题的过程中了。没有经验的产品开发人员可以借助一些方法来启发新思维及想法之间的关系。VanGundy（1988），von Oech（1998），and McKim（1980）提出了几十条有用的建议。一些有用的方法如下：

- **进行类比**。经验丰富的设计师总是会问问自己有什么其他工具可以解决相关问题、该问题在自然界和生物界是否有类比、问题是否比自己考虑的范围更大或更小、在其他不相关领域中是否有些工具具有所需的功能。该钉枪开发团队提出了上述问题，发现建筑工程中的打桩机在某些方面与钉枪相似。根据这一思路，他们开发出了多重敲击的概念。

• **设想**。一开始就提出“我想我们可以……”或者“如果……会发生什么呢?”等设想都有助于刺激自己或团队考虑新的可能性，也可以反应问题的边界。例如，该钉枪开发团队中的一位成员对驱动钉枪的导轨枪（一种加快弹丸的电磁装置）的长度提出一个设想：“我希望该工具有 1 米长。”这激发了一种想法，就是长的钉枪使得人们可以站着钉钉子。

• **使用相关刺激**。当提出新的刺激时，人们往往会有新的想法。相关刺激是指在待解决问题的范围里产生的刺激。例如，使用相关刺激的一种方法是：团队会议中每个成员列出自己单独工作时想到的问题的清单，并传给旁边的成员。通过思考别人的想法，人们往往会产生新的想法。其他的相关刺激包括顾客需求、产品使用环境的照片等。

• **使用无关刺激**。随机或无关刺激偶尔也会有助于产生新的想法。例如，在图片中随机选择物体，然后考虑该物体与待解决问题可能具有的联系。人们可以到大街上用数码照相机随机拍摄图片，用于以后刺激新的想法（这可以作为团队辛苦工作后的一种调节）。

• **量化目标**。产生新的想法很辛苦。在会议即将结束时，量化目标有利于推动个人或团体展开工作。该钉枪开发团队经常把概念生成的个人任务量化为生成10～20个概念。

• **使用画廊法**。画廊法是指展示大量的想法并进行讨论。在会议室的墙上贴上纸，每张纸上写一个概念。团队成员绕着会议室来看每个概念。该概念的提出者可以提供解释，然后团队提出改进概念的建议，或生成相关概念的建议。这种方法有助于把个人努力与团队努力结合起来。

在 20 世纪 90 年代，欧洲和美国开始采用一种俄罗斯人解决问题的方法——“TRIZ”（“创造性的问题解决理论”的俄语缩写）。该方法主要用于确定解决技术问题的工作原理。TRIZ 的关键思路是找出隐含在问题中的矛盾。例如，钉枪问题中存在的矛盾可能是功率提高（优点）往往会导致重量增加（缺点）。TRIZ 中有种方法是采用 39×39 阶矩阵，每个元素对应于两个特征之间的矛盾。矩阵的每个元素提出解决相应冲突的 4 个工作原理。总共有 40 个基本原理，例如，定期行动原则（即用定期行动——比如脉冲式的行动——代替连续行动）。通过运用 TRIZ 理论，该钉枪开发团队找到反复敲打钉子以避免重量增加的概念。即使不采用整个 TRIZ 方法，在设计问题中找出矛盾并继而思考如何解决矛盾的思路有助于解决概念生成中的问题。

图表 6—6 表示了该钉枪开发团队在“存储或使用能量”和“用移动动能来钉钉子”这两个子问题中找到的解决方案。

图表 6—6　　**该钉枪开发团队在“存储或使用能量”和“用移动动能来钉钉子”这两个子问题中找到的解决方案**

“存储或使用能量”子问题的解决办法	“用移动动能来钉钉子”子问题的解决办法
• 自动调节化学反应放出的高压气体 • （提灯的）碳化物 • 施工现场的燃烧屑末 • 火药 • 叠氮化钠（空囊炸药） • 燃气燃烧（丁烷、丙烷、乙炔等） • 压缩空气（弹筒、压缩机） • 弹筒中的二氧化碳 • 电源插座和电线 • 高压输油管线（水力） • 装料的飞轮（自旋） • 安装在工具、腰带或屋顶上的电池组 • 燃料电池 • 人力：手臂或腿 • 有机物分解出的甲烷 • 类似化学暖手器的“燃烧” • 核反应 • 冷聚变 • 太阳能电池 • 太阳能转化成蒸汽能 • 蒸汽传输线 • 风能 • 地热能	单次敲击 多次敲击（数十或数百次） 多次敲击（数百或数千次） 推 扭推

6.5　步骤 4：系统搜索

通过外部搜索和内部搜索，团队将收集到解决子问题的数十或数百个概念。系统探索旨在通过组织与综合这些解决方案来寻找最终解决方案。该钉枪开发团队着眼于“能量的存储、转化与传递”等子问题，每个子问题都产生了几十个概念。组织与综合这些解决方案的一种方法是考虑每个子问题中各种概念的所有可能组合。但是算术运算表明这一做法并不具有可行性。假设团队关注 3 个子问题，每个子问题平均有 15 个概念，那么团队将要考虑 3 375 个组合（15 ×15 ×15）。即使有团队乐意做，这项任务也相当艰巨。此外，团队将很快发现很多组合不合常理。有两种有效的工具可以管理这种复杂性并组织团队的思路：概念分类树和概念组合表。分类树有助于团队把可能的解决办法分解成独立的类别。组合表指导团队如何选择概念组合。

6.5.1 概念分类树

概念分类树是把可能的解决办法组成的整个空间划分成若干类别，以便于比较与修正。例如图表6—7所示的钉枪能量的概念分类树。该概念分类树的不同分支对应不同能源。

图表6—7 **钉枪能量的概念分类树**

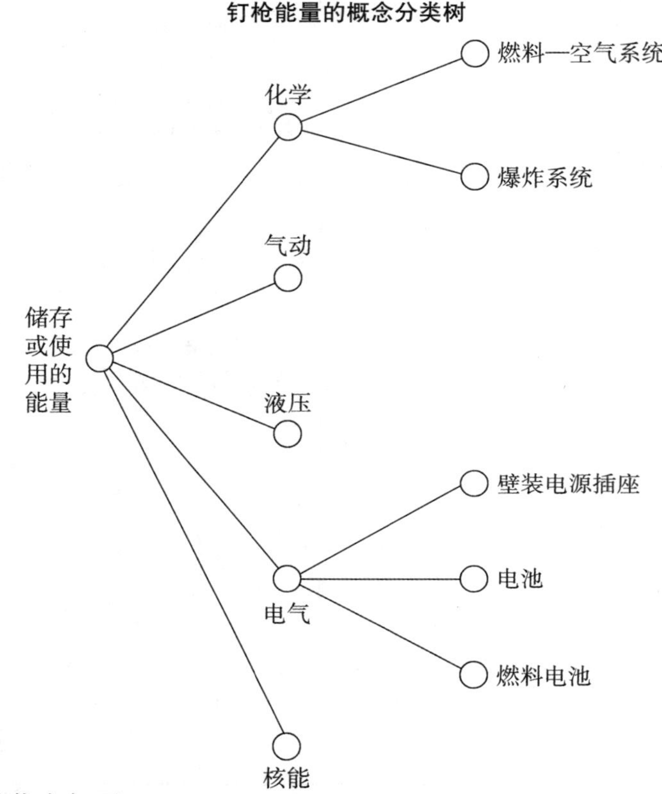

分类树的优点如下：

（1）**删除不可行的分支**。如果团队通过概念分类树找出了不可行的解决办法，那么就要删掉该解决办法的分支，以使团队集中于可行的解决办法的分支。要进行一些评价和判断来仔细筛选分支。在实际中，产品开发的资源有限，只有把有限的资源集中于最可行的方向，才能获得成功。该钉枪开发团队删除了核能源。虽然团队找出了一些有意思的核装置（如用于驱动人工心脏的核装置），团队认为这些装置至少在十年内是不会具有经济实用性的，而且装置改进会随时阻碍产品研发。

（2）**确定解决问题的独立办法**。概念分类树的每个分支都表示解决整个问题的不同办法。有些办法几乎完全独立，互不干预。这时，团队可以清楚地分配各成员的任务。尤其是当两种办法都可行时，这种分配可以减少概念生成活动的复杂性，也有助于这两种待选办法之间进行良性竞争。该钉枪开发团队发现，化学爆炸分支和电动分支这两种待选办法都可行。他们把这两种方法分配给两个不同的子团队独立工作数周之久。

（3）**曝露不应关注的分支**。创建好概念分类树后，团队可以迅速判断出分配到各分支的精力是否妥善。该钉枪开发团队发现，他们在水电的来源与转化技术方面所分配的精力太少。意识到这一点后，他们用了几天时间来重点解决水电的来源与转化技术方面的问题。

（4）**细化某一分支的问题分解**。有时需要针对某一特定的分支进一步分解问题。下面我们以概念分类树中的电能分支为例来进行阐述。该钉枪开发团队调查发现，钉枪工作过程中几毫秒内传递的瞬时功率高达 10 000 瓦，远远超过了壁装电源插座、电池和燃料电池在常规情况（常规的数量、成本和质量）下所能提供的能量。所以必须在一个足够长的工作周期里（比如 100 毫秒）积累能量，然后在瞬间释放钉入钉子所需的瞬时功率。根据这一分析，该钉枪开发团队在功能图中增加了一个子功能（“积累平移动能”），如图表 6—8 所示。考虑到电容器积累能量的能力，他们把这一子功能加在“电能转化成机械能”这一子功能之后。当团队对解决办法提出更多假设并收集了更多信息时，就往往需要对功能图进行细化。

图 6—7 所示的概念分类树表示了能源这一子问题的不同解决办法，还有其他分类树。团队可以对能力传递这一子问题的不同解决办法进行分类，得出一个分类树，每个分支表示一次敲击、多次敲击。任一子问题的解决办法都可以构造出不同的分类树，不过按照某些分类方法可以更有效地构造分类树。一般来说，如果某个子问题的解决办法强烈制约了其他子问题的解决办法，就应该对这个子问题构建分类树。例如能源的选择（电动、核能、气压等）制约了能否采用电动机或活塞缸来把能量转化成平移动能。相反，能量传递机制（一次敲击、多次敲击等）对其他子问题的解决办法的制约并不大。通过考虑哪个子问题强烈制约了其他子问题的解决办法，可以找到清晰的思路来构建分类树。

图表 6—8　　**根据电能转化和能量积累来分解新的问题**

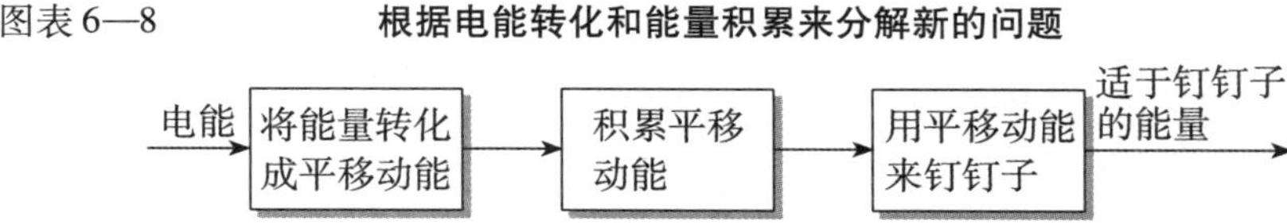

6.5.2 概念组合表

概念组合表有助于系统考虑解决办法的组合。图表 6—9 表示该钉枪开发团队分析分类树电动分支的解决办法的组合。组合表中的纵栏对应图表 6—8 中的子问题。纵栏中的每个条目对应通过内外部搜索找出的子问题的解决办法。例如，第一纵栏表示“把电能转化成平移动能”这个子问题，该纵栏中的条目有旋转电机传动、直线电机，电磁螺线管和导轨枪。

图表 6—9　　　　　　　　　**手提式钉枪的概念组合表**

各纵栏的条目逐一组合后可以形成整个问题的解决方案。例如，钉枪案例有 24 种可能的组合（4×2×3）。但是这些组合需要进一步发展和完善后才能解决整个问题。有些组合难以进行发展，有些组合通过发展后可以产生多个解决方案。即便如此，发展组合的过程会刺激团队的创造性思维。概念组合表不仅仅是为了组合出一个完整的解决方案，有时只是强迫团队进行组合，从而刺激创造性思维。

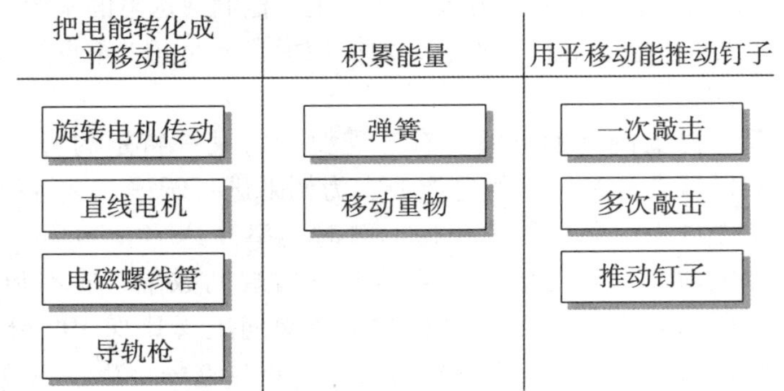

图表 6—10 表示的是组合“电磁螺线管”、“弹簧”、“多次敲击”这三个条目后形成的概念示意图。图表 6—11 表示的是组合“旋转电机传动”、“弹簧”、“一次敲击”这三个条目后形成的概念示意图。图表 6—12 表示的是组合“旋转电机传动”、“弹簧”、“多次敲击”这三个条目后形成的概念示意图。图表 6—13 表示的是组合“直线电机”、“移动重物”、“一次敲击”这三个条目后形成的概念示意图。

图表 6—10　　　　　　　　　**本钉枪研发的解决办法**

螺线管压缩弹簧后反复释放能量，对钉子产生多次敲击。

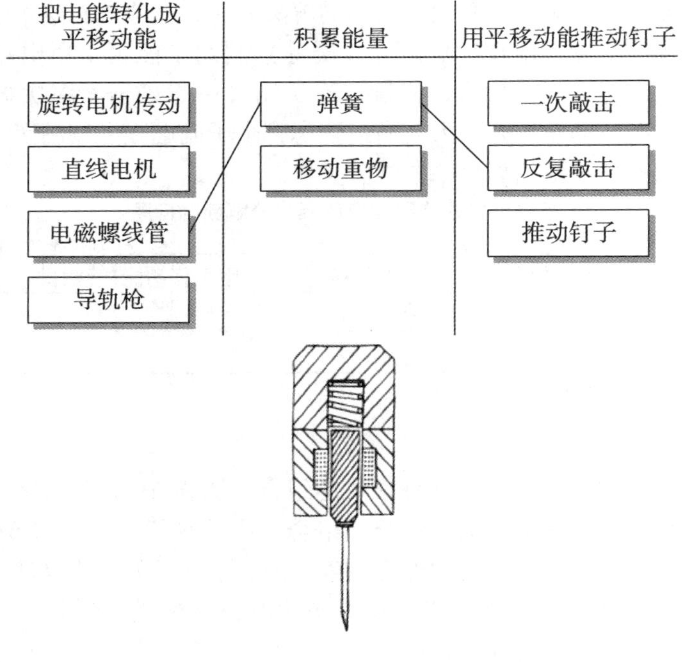

图表 6—11　　**组合“旋转电机传动”、“弹簧”、“一次敲击”这三个条目后形成的多种解决方案**

旋转电机传动压缩弹簧，积累能量，最后一次性释放能量，敲击钉子一下。

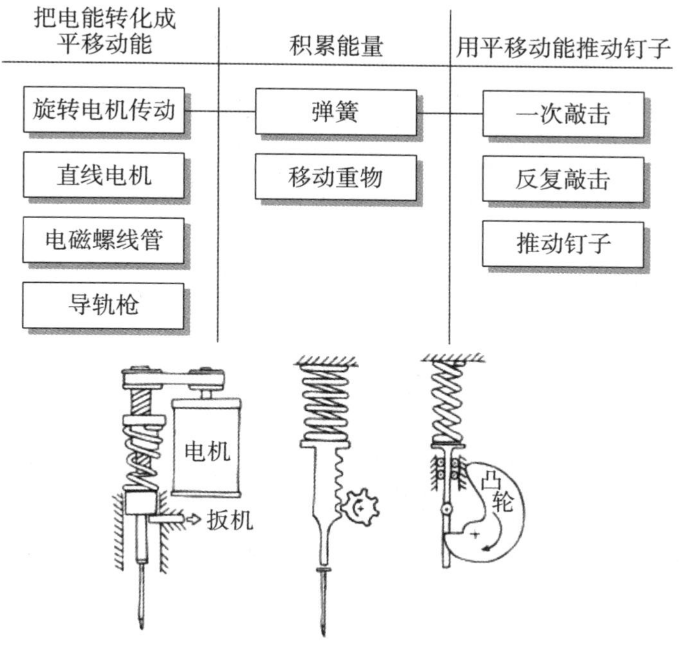

图表 6—12　　**组合“旋转电机传动”、“弹簧”、“多次敲击”这三个条目后形成的解决方案**

旋转电机不断压缩和释放弹簧，不断储存和传递能量，多次敲击钉子。

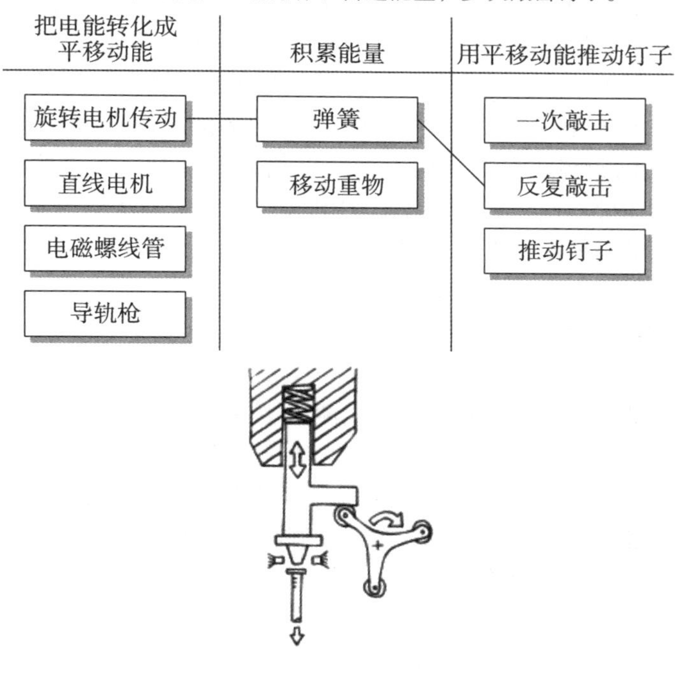

图表 6—13　**表示的是组合“直线电机”、“重物”、“ 一次敲击”这三个条目后形成的多种解决方案**

直线电机不断加快重锤的速度，积累平移动能，最后一次性释放能量，敲击钉子一次。

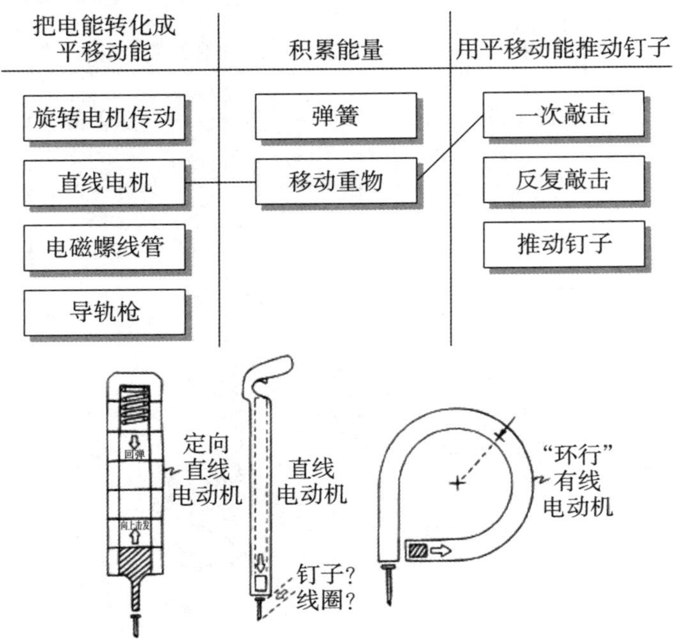

有两个方法可以简化组合概念的过程。第一，如果一个条目不可行，那么包含该条目的组合就可以被淘汰，这可以减少团队所要考虑的组合数量。例如，该钉枪开发团队如果确定导轨枪的方法在任何情况下都不可行，那么团队所要考虑的组合数量就从 24 个减少到 18 个。第二，关注概念组合表中的耦合子问题。耦合子问题是指一个子问题的解决办法必须与另一个子问题的解决办法相互匹配、同时采用。例如，具体电源的选择（比如在电池和壁装电源插座之间选择）和能量转化方式的选择（比如电机和螺线管之间的选择）严格来说就是相互关联的耦合子问题，概念组合表就不需要专门注明不同类型的电源，减少了团队所要考虑的组合数量。如果组合表所列的竖栏超过 4 个，组合表就比较复杂，实际中就很少采用。

6.5.3　管理探索过程

团队应该灵活使用分类树和组合表这两个工具，从而对团队思维进行组织，激发团队的创造力。团队产生的分类树和组合表往往不止一个，通常会创建多个不同的分类树和概念组合表以供选择。在这个探索过程中，团队会对原问题进行精炼，也会继续进行内部搜索或外部搜索。这一探索过程通常用于进一步刺激创造性思维，而不是概念生成的最后阶段。

现在回到团队在概念生成一开始就关注的关键子问题。当团队明确关键子问题的解决办法后，整个问题的解决方案也缩小到一定的范围，团队最后要把所有的子问题都一一解决。该钉枪开发团队把解决方案缩小到一些化学的概念和电的概念，根据确定用户界面、工业设计和配置问题来选择上述概念。图表 6—14 表示其中的一种概念结果。

图表 6—14　　　　**一种概念结果**

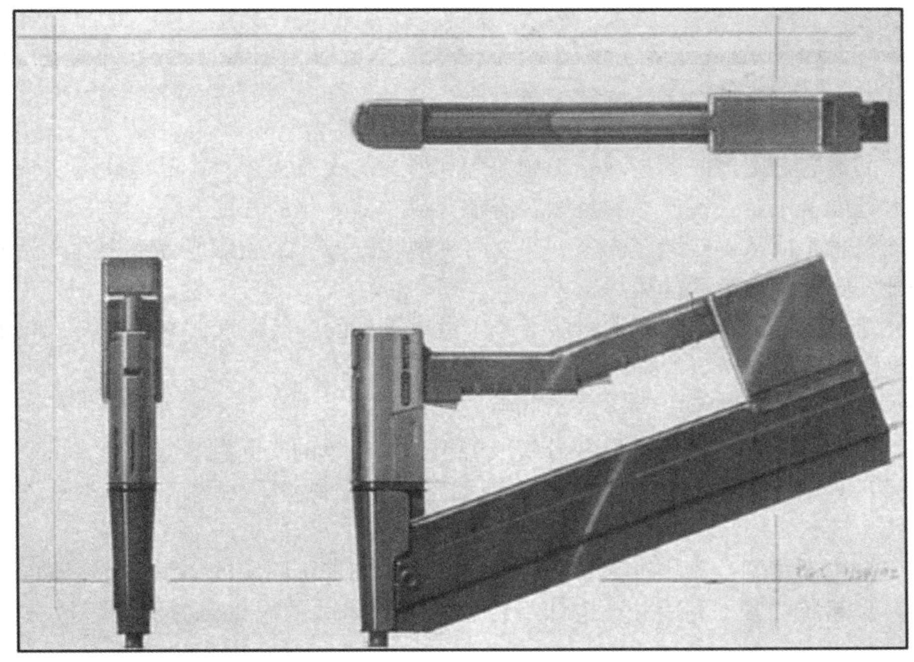

（Product Genesis 公司授权）

6.6　步骤 5：对结果和过程进行反思

为了描述方便，把对过程和结果进行反思这一步放在五步法的最后一步，但事实上对过程与结果的审视应该贯穿整个概念生成的过程中。要审视的方面如下：

- 团队是否确信已经充分探讨了所有的解决方案？
- 是否有其他功能表？
- 是否有其他方法可以解决问题？
- 外部搜索是否进行彻底？
- 在概念开发过程中是否采纳并整合了每个人的想法？

该钉枪开发团队讨论了他们是否过于关注钉枪的能量储存与转化问题，是否忽视了用户界面和整体配置。通过讨论，他们决定依旧把能源问题作为核心问题，以前的做法是合适的。他们还讨论是否考虑太多的分类树的分支了。最初考虑了电动、化学和气动概念，最后确定要采用电动概念。回想起来，采用炸药等化学方法存在一些显著的安全问题，而且顾客对化学方法的感知度低。虽然化学方法有一些优点，但团队还是决定在初始阶段就淘汰这一方法，以便把更多的时间用于细入分析其他更可行的方法。

该钉枪开发团队对一些可行的概念进行了深入细致的分析，建立了两种不同的钉枪工作原理：（1）用直线电机压缩弹簧，积累能量并一次性释放，敲击钉子一次。（2）用旋转速度为 10 赫兹的电机反复敲击钉子，直到钉子完全钉入。最后，该钉枪开发团队发现按照工作原理（2）来设计的钉枪在技术上最可行，并设计了最终产品如图表 6—1 所示。

6.7 小　结

产品概念是对产品的技术、工作原理和形式的大概描述。产品概念的实现程度在很大程度上决定了该产品满足顾客需求并成功商业化的程度。

• 概念生成从确定顾客需求、建立目标规格开始，最后形成一系列的产品概念以供开发团队做出最后的选择。

• 很多时候，有效的开发团队会产生数以百计的产品概念，其中有 5 ~ 20 个产品概念需要在概念选择时仔细斟酌。

本章介绍的概念生成方法是 5 步法：

（1）**弄清问题**。理解问题并分解成若干个更简单的子问题。

（2）**外部搜索**。领先用户访谈、专家咨询、专利检索、文献检索和设定以相关产品为基准。

（3）**内部搜索**。利用个人、团队方法来检索和修正团队的知识。

（4）**系统搜索**。利用分类树和组合表，组织团队的思维，并综合解决方案的碎片。

（5）**对方案和过程进行反思**。确定后面的迭代或将来的项目中可以改进地方。

概念生成是个内生的创造性过程，结构化方法有助于探索设计的所有可能性，避免遗漏某类解决办法，为经验不足的团队成员提供解决设计问题的指导，所以，结构化方法是非常有用的方法。

虽然本章用线性的顺序描述概念生成过程，但实际上每一步都贯穿于概念生成的整个过程，所以，开发团队应该不时地回到每一步（迭代）来完善概念生成。在研制一种全新的产品时，开发团队就要经常进行迭代。

开发团队对概念生成的专业人士往往需求非常大。与主流观点相反，我们认为概念生成是种可以学习并提高的技能。

参考文献

www. ulrich－eppinger. net 网站提供了很多资料。

Pahl 和 Beitz 在德国推行结构设计方法。我们采用了他们关于功能分解的许多想法。参见 Pahl，Gerhard，Wolfgang Beitz，Jörg Feldhusen，and Karl－Heinrich Grote，*Engineering Design*，third edition，K. Wallace and L. Blessing，translators，Springer－Verlag，New York，2007。

Hubka 和 Eder 详细描述了技术产品的系统概念的生成。参见 Hubka，Vladimir，and W. Ernst Eder，*Theory of Technical Systems*：*A Total Concept Theory for Engineering Design*，Springer－Verlag，NewYork，1988。

Von Hippel 在他的实证研究中汇总了新产品概念的来源，主要论点是领先用户在很多市场里是创新者。参见 Von Hippel，Eric，*The Sources of Innovation*，Oxford University Press，NewYork，1988。

VanGundy 介绍了解决问题的几十种方法，其中不少方法可以直接应用于产品概念的生成。参见 VanGundy，Arthur B.，Jr.，*Techniques of Structured Problem Solving*，second edition，Van Nostrand Reinhold，NewYork，1988。

Von Oech 提供了提高个人与团队创造性表现的一些好主意。参见 Von Oech，Roger，*A Whack on the Side of the Head：How）Bar Can Be More Creative*，revised edition，Warner Books，New York，1998。

McKim 对培养个人与团队的创新思维能力进行了整体分析方式。参见 McKim Robert H.，*Experiences in Visual Thinking*，second edition，Brooks/Cole Publishing，Monterey，CA，1980。

Goldenberg and Mazursky 对识别新产品概念的一套标准"范本"进行了有趣的研究。参见 Goldenberg，Jacob，and David Mazursky，*Creativity in Product Innovation*，Cambridge University Press，Cambridge，2002。

下面是介绍 TRIZ 的不错的两本英文书籍。参见 Altshuller，Genrich，*40 Principles：TRIZ Keys to Technical Innovation*，Technical Innovation Center，Worcester，MA，1998；Terninko，John，Alla Zusman，and Boris Zlotin，*Systematic Innovation：An Introduction to TRJZ*，St. Lucie Press. Boca Raton FL，1998。

McGrath 对团体和个人在产生新想法的表现进行了比较研究。参见 McGrath Joseph E.，*Groups：Interaction and Performance*，Prentice Hall，Englewood Cliffs，NJ，1984。

通过工程手册可以方便地查到标准技术的解决方案。

三本不错的工程手册是：

Avallone，Eugene A.，Theodore Eaumeister Open Innovation III，and Ali Sadegh（eds.），*Marks' Standard Handbook of Mechanical Engineering*，11th edition，McGraw－Hill，New York，2006；Perty，Robert H.，Don W. Green，and James O. Maloney（eds.），*Perry's Chemical Engineers' Handbook*，seventh edition，McGraw－Hill，New York，1997；Sclater，Neil，and Nicholas P. Chironis，*Mechanisms and Mechanical Devices Sourcebook*，fourth edition，McGraw－Hill，New York，2006。

练　习

（1）对一个新芭比娃娃的设计进行功能分解；根据用户互动来分解问题。

（2）为切割阀芯尼龙绳时"防止绳头磨损"这一子问题生成 20 个概念。

（3）对"申请塑料制品的永久序号"这一问题提出外部搜索方案。

思考题

（1）计算机对概念生成过程会有哪些帮助？你能想到什么计算机软件对概念生成过程非常有用？

（2）让实际用户也参与概念生成过程，有什么比较优势和劣势？

（3）在概念生成的初期，哪些类型的产品应该关注用户界面与产品形式，而不用关注核心技术？请举出具体的例子。

（4）请运用5步法来解决一个日常问题，如选择野餐的食物。

（5）处理草坪上的落叶问题会生成的新概念。塑料袋制造商、草坪设备制造商和维护世界范围的高尔夫球场的公司它们三者在假设与问题分解上有什么不同？不同的公司情况是否应该采用不同的概念生成方式？

概念选择

一个药品供应商拥有一个设计注射器的子公司，该子公司生产的注射器不仅要能为门诊病人控制好准确的试剂量，而且要能够再度使用。图表 7—1 表示的是由它的竞争对手生产的一种同类产品。该供应商指出了目前产品开发面临的两个需要特别关注的问题：成本（现有的产品是由不锈钢制成的）以及注射剂量的精准性。供应商还要求产品要与占有市场重大份额的现有产品的性能相一致。

图表 7—1　　**市面上现有的一种注射器**

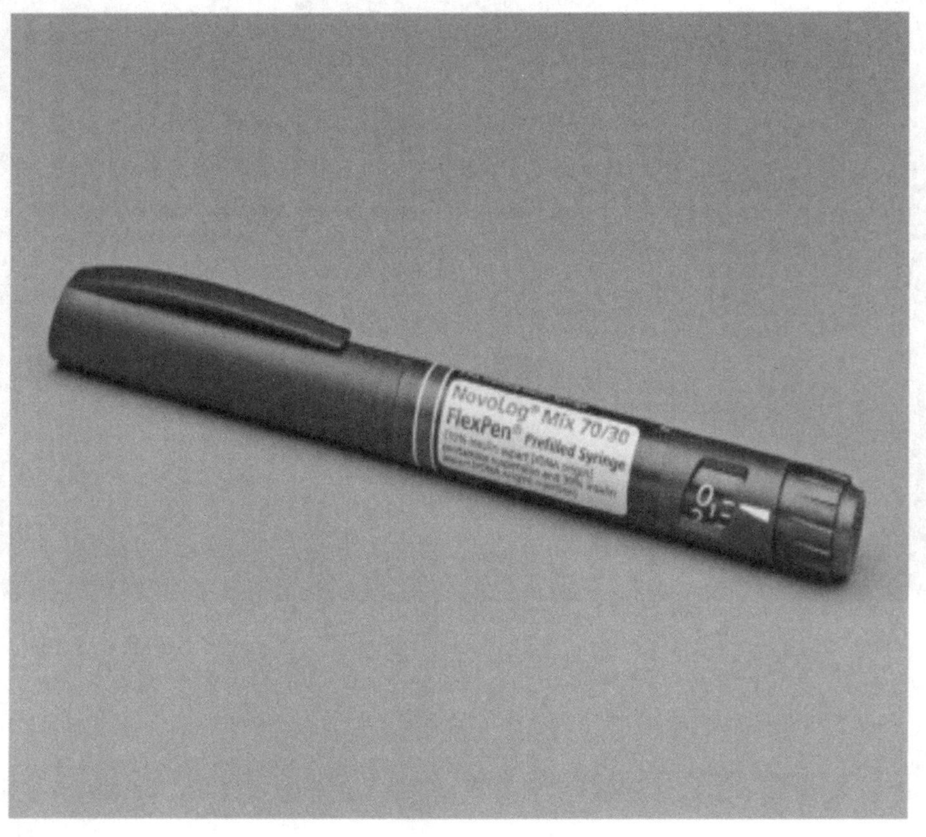

（Novo Nordisk Pharmaceuticals 公司授权）

开发团队建立了选择产品概念的 7 个基本指标来概述现有客户和潜在用户的需求：

- 处理的简便性；
- 使用的简便性；
- 剂量设定的可读性；
- 剂量注射的准确性；
- 耐磨性；
- 制造的简易性；
- 便携性。

图表 7—2 表示的是该小组描绘的一些正在考虑的概念略图。

虽然这些概念看起来都满足了关键顾客的需求，但是小组仍然面临着一个问题——哪种才是进一步设计、加工以及生产的最优概念。

从这么多个概念中去选择便产生了如下的一些问题：

- 由于这些设计概念都是很抽象的，如何去选择最好的概念；
- 如何使最终的决定能够让小组所有的成员都接受；
- 如果设计很好但是可行性不强的概念被选中和被执行的时候该怎么办；
- 概念制作过程怎样记录。

这一章我们将利用注射器的例子来介绍概念选择理论。

图表 7—2　　**概念选择是概念开发过程的一个部分**

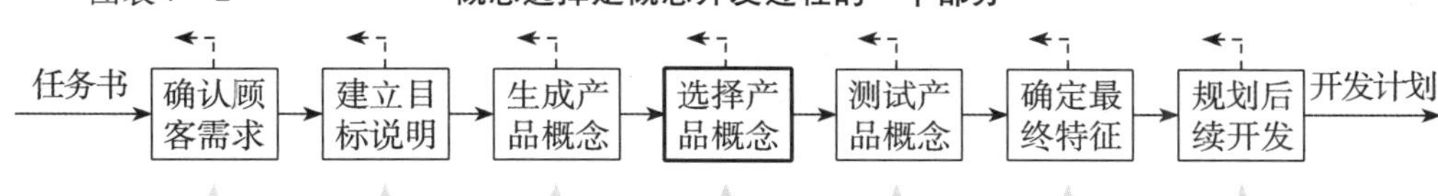

7.1　概念选择是产品研发过程的重要部分

在产品研发的早期阶段，开发团队需要识别顾客的需求。对于这些需求，开发团队使用大量的方法来产生应对一些可供选择的解决概念。（更多的探讨，请参考第 4 章“确认顾客需求”和第 6 章“概念生成”。）

概念选择即是通过比较各概念间的相对优劣，来选择一个或几个概念以便执行接下来的调查、测试以及研究，从而使概念更好地满足顾客需求和其他指标的过程。

图表 7—3 表示的是概念选择与产品开发过程中概念研发的其他阶段的关系。

虽然这一章我们主要是来研究在研发过程开始时的总体的产品概念的选择，但是我们所阐述的观念对后面将要论述的开发团队如何选择下一级的概念、元素和生产方式也会有用。

整个研发过程的许多阶段都需要依靠极大的创造力和思维的多样性，但是概念选择只需要通过考虑对可供选择的概念进行筛选。

概念选择是一个收敛的过程，但是这个过程不一定能够很快就选择出一个最优概念，而必须反复进行。

刚开始我们将从一大堆的初始概念中去筛选出一小部分概念，然后我们对选出来的这一部分概念进行整合演化并且进行临时的扩展；通过这样的数次循环操作，一个最优概念就诞生了。图表 7—4 表示的是在概念选择过程中的连续筛选和临时扩展过程。

图表 7—3　　　　　　　　　　**七个注射器概念**

研发小组构造了七个略图来描绘待考虑的基本概念。

概念 A：主汽缸

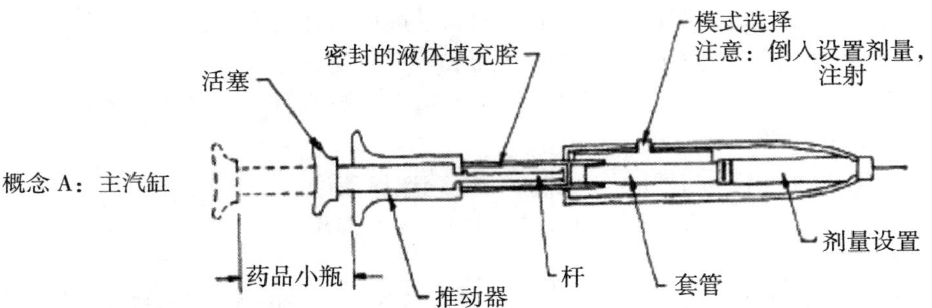

注意：穿过腔中 1/11 杆的组合域，
推动器位移等于活塞位移

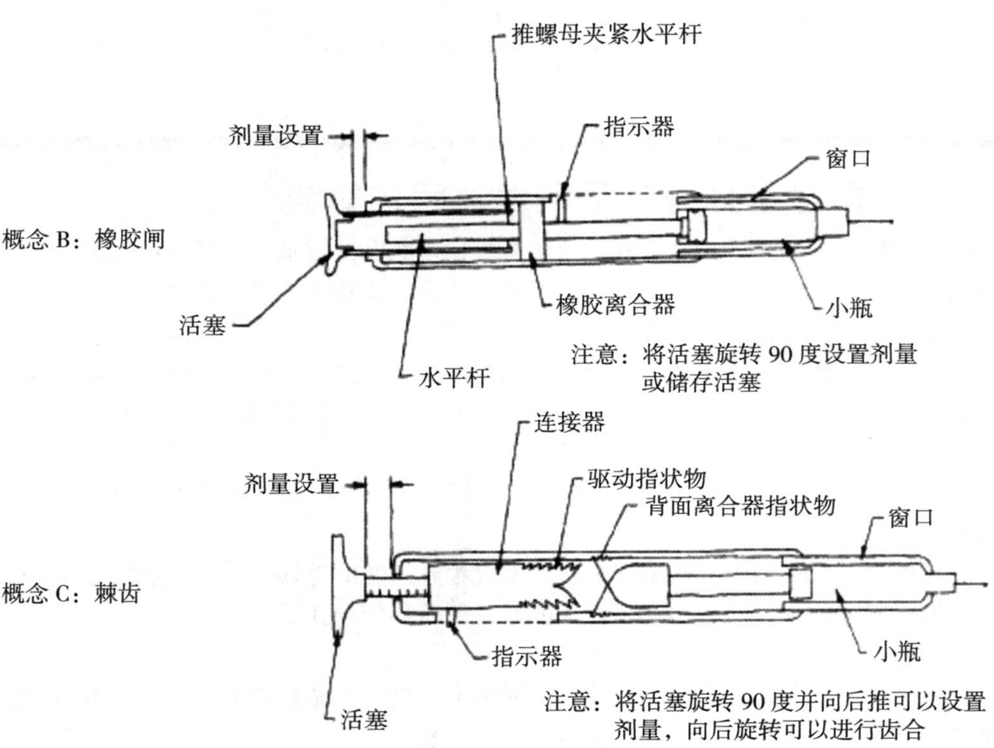

概念 B：橡胶闸

注意：将活塞旋转 90 度设置剂量
或储存活塞

概念 C：棘齿

注意：将活塞旋转 90 度并向后推可以设置
剂量，向后旋转可以进行齿合

概念 D：插入制动器

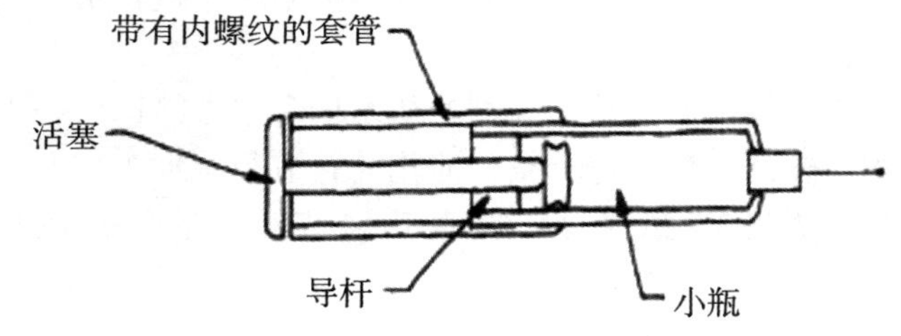

注意：螺纹套管向前可以设置剂量，
它和活塞连接

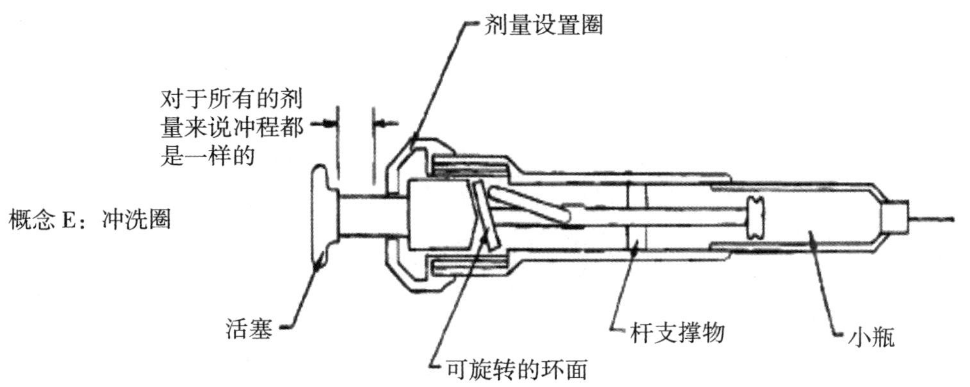
剂量设置圈
对于所有的剂量来说冲程都是一样的
概念 E：冲洗圈
活塞
杆支撑物
小瓶
可旋转的环面
注意：旋转剂量圈可以设置剂量，拉推活塞进行注射

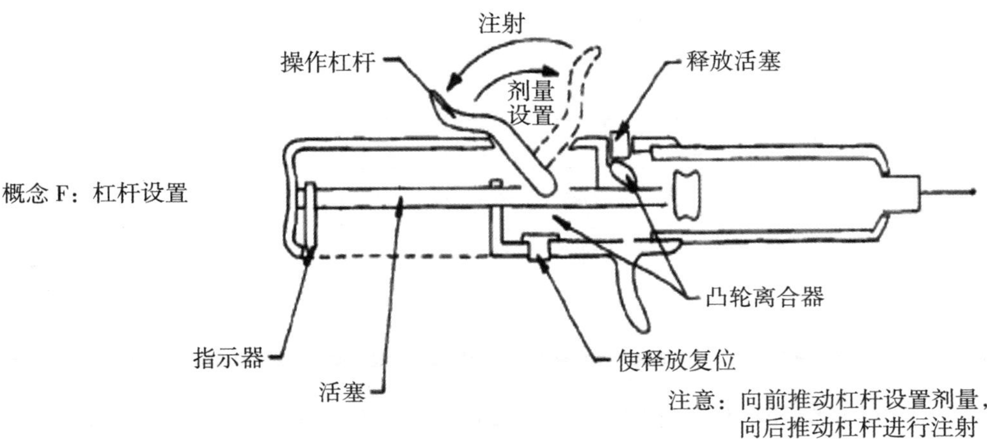
注射
操作杠杆
剂量设置
释放活塞
概念 F：杠杆设置
凸轮离合器
指示器
使释放复位
活塞
注意：向前推动杠杆设置剂量，向后推动杠杆进行注射

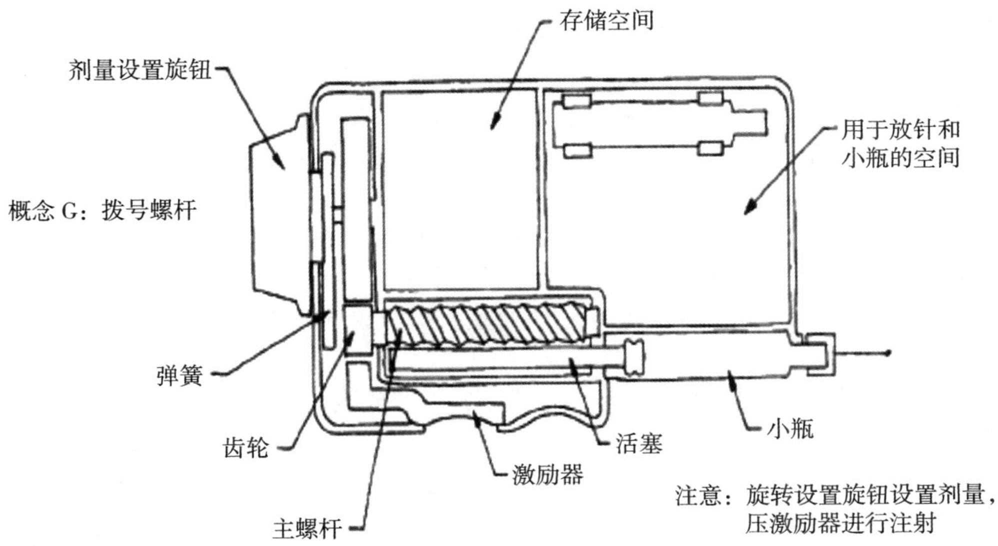
存储空间
剂量设置旋钮
用于放针和小瓶的空间
概念 G：拨号螺杆
弹簧
齿轮
活塞
小瓶
激励器
主螺杆
注意：旋转设置旋钮设置剂量，压激励器进行注射

图表 7—4　**概念选择是一个与概念生成以及概念测试有着紧密联系、需要反复进行的过程**

概念筛选和概念评分有助于小组加工及改进概念，从而选择出一个或多个更好的概念来进行接下来的概念测试以及更进一步的研发行为。

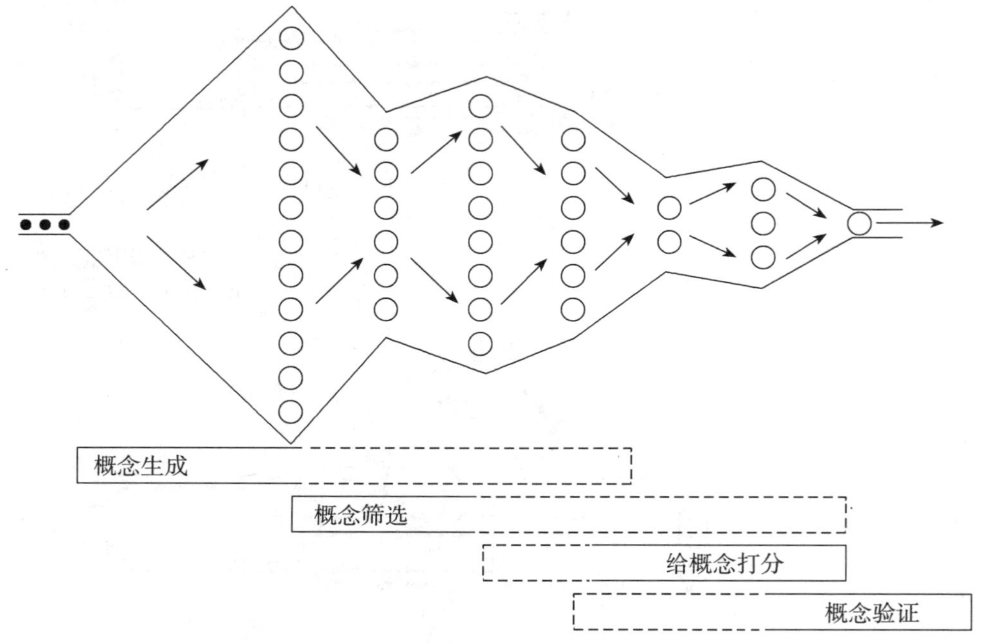

7.2　所有的开发团队在选择概念时都会用到的一些方法

无论概念选择过程是否清晰，所有的团队都会使用一些方法来选择概念。（即使有些小组开始时只有一个概念，也会用到一种方法——选择他们最初设想的概念。）我们通过这些方法的作用来对它们分类，方法包括下面这些：

- **外部决策**：把概念交给顾客或者其他的外界实体来选择。
- **生产冠军**：开发团队里面的最有影响力的成员通过个人的偏好来选择概念。
- **直觉**：外部的标准和比较评价这时已经不起作用了，而是通过对概念的主观感受将方案选择出来的。所选择的概念只是主观感觉更好一些。
- **多数表决**：对于一些概念，让小组里的每个成员对其投票，拥有最多支持的概念将被选择。
- **优劣性**：小组应该将每个概念的优劣性列成表，然后通过成员的意见来选择。
- **模型和测试**：小组应该建立并测试每个概念的模型，通过测试得到的数据进行选择。
- **决策矩阵**：小组应该用事先制定的衡量指标来鉴定每个概念的等级。

这一章所用到的概念选择方法是在使用决策矩阵的基础上建立的，以便根据一组选择标准对每种方案进行评价。

7.3 结构性方法的优点

产品研发过程中的所有的行为对最终产品都有巨大的影响。产品概念会对市场产生关键性的作用，但是很多生产者和开发者更关注的是概念的选择将会对产品的制造成本产生重大的作用。概念选择过程很关键，也很难，很多时候甚至会带有些冲动性的因素。一个结构性的概念选择过程将会对保持整个开发过程中概念的客观性，指导产品开发团队顺利完成选择过程产生巨大的帮助。更明确的说，一个结构性的概念选择方法将提供以下几个潜在的优点：

- **以顾客为中心的产品**：因为方案是通过依赖于顾客的指标来衡量的，选择的方案应该尽可能的以顾客为中心。
- **具有竞争力的设计**：在设计的概念符合现有设计要求的前提下，设计者应使设计在关键的尺度上赶上甚至超过它的竞争对手。
- **更好的协调性**：产品符合生产指标的外部评价将提高产品的制造能力，帮助产品与企业的生产能力相匹配。
- **缩短产品投放时间**：一个结构性的方法成为了设计工程师、制造工程师、工程设计者、市场营销人员和项目经理的共同语言，从而减少了模棱两可，加快了交流，减少了错误。
- **有效的集体决策**：在开发团队内部，冷静的组织、指导方针、成员参与的积极性，以及小组成员的经验都将会限制方案选择过程。一个结构性的方法能够使得决策过程是基于客观的标准，从而降低武断或者个人的因素对产品概念的影响。
- **决策过程的记录**：一个结构性的方法使得小组能够就概念选择过程形成一个易于理解的说明文件。这个记录对于吸收新的成员、迅速估计顾客需求或者可行概念的改变都极其有用。

7.4 方法概述

我们将介绍一种两步的概念选择方法。其实对于一些简单的决策，只要第一步就足够了。第一步叫做“概念筛选”，第二步叫做“概念评分”。每一步都是建立在用来分级、分类以及选择最优概念的决策矩阵的基础上。虽然这种方法具有结构性，但我们仍然强调团队洞察力在改进和整合概念中的作用。

概念选择在这两步里面经常被用来作为一种处理评价产品概念复杂性的方式。图表 7—4 表示的是两种方法的应用。筛选是通过迅速、近似的评价来选择出一小部分可行的选项。评分是对这些相互联系的方案进行更细致的分析以便于选择出最合适的概念。

在概念筛选阶段，通过使用筛选矩阵，与一个参考概念进行比较来评价最初的较为粗略的概念。在这个初始阶段，详细的定量比较数据很难获得且可能会产生误导，因此，使用一个粗略的比较评价系统。当一些可供选择的概念被排除掉后，开发团队可以继续进行概念评分，通过评分矩阵，对剩余的概念进行更详尽的分析和更好的定量分析。在整个筛选和评分过程中，可能会进行一些循环，并且通过整合一些概念的特征提出另外一些新的概念。图表 7—5 和图表 7—7 分别表示的是注射器案例中得到的筛选矩阵和评分矩阵。

概念筛选和概念评分这两个阶段都包含有 6 个步骤来指导小组顺利完成概念选择行为。步骤如下：

- 编制选择矩阵；
- 对概念进行评价；
- 排列概念；
- 对概念进行整合和改进；
- 选择一个或多个概念；
- 对结果和过程进行反思。

我们介绍了一个定义明确的过程，但是建立概念和做出决策的不是这种方法，而是团队。理论上来说，团队是由公司不同部门的成员组成。每个成员对问题都会有独特的见解，从而增加了对问题的认识，进而促成了产品研发的成功。概念选择理论在团队成员中，使用了矩阵这个大家都认可的概念来形象地指导工作。矩阵把注意力放在了顾客的需求和其他的决定性指标以及可供评价、改进和选择的产品概念上。

7.5 概念筛选

概念筛选是建立在 1980 年 Stuart Pugh 提出的方法的基础上的，这种方法经常被称为“Pugh 概念筛选（Pugh concept selection）”（Pugh，1990）。这一步的目的是为了迅速减少概念的数量和改进概念的质量。图表 7—5 表示的是这一步中所用到的筛选矩阵。

7.5.1 步骤 1：编制选择矩阵

为了编制选择矩阵，项目组将会针对手头上的一些问题去选择最适合的解决途径。个人或者拥有指标列表单的小组可能会使用跟图表 7—5 或者附表 A 相似的表格来完成选择过程。对于一个大组来说，他们则需要一块黑板或者是活动挂图来促进小组的讨论。

然后，把需要输入的东西（方案和指标）输入到矩阵里面。即使矩阵可能是由不同的人编制，但是应该使概念在细节上处于同样的等级，以保证有意义的比较和无偏见的选择。概念最好能够同时通过手写和图表来描绘。一份简单的单页纸概念略图将会促进对概念主要特征的理解。概念用图形或者某类文字符号输入到表格最上一行里面。

图表 7—5 **概念筛选矩阵**

以注射器这个案例为例，小组将待选的概念与参考的概念相比较，使用一些简单的符号（“+”表示“好于”，“0”表示“相同”，“-”表示“差于”）来挑选出将来可能会用到的概念。注意 3 个等级为“3”的概念都获得了同样的净分值。

选择标准	概念						
	A 主汽缸	B 橡胶闸	C 棘齿	D （参考） 插入制动器	E 冲洗圈	F 杠杆设置	G 拨号螺杆
易于处理	0	0	-	0	0	-	-
使用方便	0	-	-	0	0	+	0
剂量设置的可读性	0	0	+	0	+	0	+
剂量仪器精确	0	0	0	0	-	0	0
耐用性	0	0	0	0	0	+	0
易于制造	+	-	-	0	0	-	0
轻便	+	+	0	0	+	0	0
+号的个数	2	1	1	0	2	2	1
0 的个数	5	4	3	7	4	3	5
-号的个数	0	2	3	0	1	2	1
净分数	2	-1	-2	0	1	0	0
等级	1	6	7	3	2	3	3
还要继续进行吗	要	不要	不要	组合	要	组合	修正

如果小组考虑的概念超过 12 个，则多数投票技术将会用来从这么多的待评价的概念中进行选择。多数投票是小组成员同时对 3~5 种方案使用在纸上打“点”的方式来选择出他们中意的概念的技术。得到最多点数的概念将被选择用来进行概念筛选。如果待选概念的数目很多，也可能会用到筛选矩阵。通过使用电子表格将会更加方便，因为到时转换矩阵的行列就会非常容易（这个时候，概念就在最左边的列里边，而指标则在最上边）。

如图表 7—5 所示，选择指标被列示在筛选矩阵的最左边。这些指标是基于小组识别的顾客的需求以及企业本身的要求（如较低的制造成本和较低的产品风险责任）选择使用的。这一步所使用的指标通常都具有很高程度的抽象性，而且包含了 5~10 个方面的代表性特征。选择指标要能够区分开概念。但是，由于每种指标在概念筛选方法中所占的分量均一致，小组在制作筛选矩阵的时候应该谨慎，以免列出了许多相似的又不重要的指标。否则，对于概念来说比较重要的指标不能在结果中清晰的反映出来。

经过认真的考虑，小组将会选择出一种概念作为基准或者说参考概念，通过这个概念，其他的概念就能够划分等级了。参考概念应该是一个工业标准或者是小组成员都熟悉的简单易懂的概念。参考概念可能是商业可行性产品、小组研究的上代产品中最高等级的产品、现在考虑的概念中的任意一种或者是能够代表不同产品最好特征的次级系统的组合。

7.5.2 步骤 2：对概念进行评价

在矩阵的单元格中用“好于”（+），“相似”（0）或者“差于”（-）这些比较分数来表示各个概念与参考概念对比符合特定标准的情况。通常建议最好是对所有概念的同一指标都打完分之后再转换到下一指标。但是对于数目众多的概念来说，使用相反的方式（给一个概念的所有指标都打好分后切换到下一个概念）更加迅捷。

有些人觉得很难对性质比较粗糙的概念打出相对分数。但是，在设计阶段的这一步，每一个概念只是最终产品的一个粗略的构思，太过细致的分析大部分都是无用的。事实上，如果考虑到概念描绘的误差，除非始终如一地使用参考概念作为比较的基础，否则很难始终如一的对各概念进行比较。

只要可能，就应该用具有客观性的矩阵作为鉴定概念等级的基准。举例来说，组织成本的大体估计值取决于设计的部件的数目。同样的，使用的便捷性大致取决于使用该器械必需的操作步骤的数目。这样的矩阵就能够减少鉴定过程中的主观评价。有些适用于概念选择过程的客观矩阵可能是在建立产品的目标规范说明的过程中产生的（为了讨论矩阵，请参看第 5 章“产品规格说明”）。如果没有客观矩阵，可以使用无记名投票或者其他的方法，这时鉴定是建立在小组的一致同意上。在这点上，小组可能会希望发现哪种选择指标需要更深的调查和分析。

7.5.3 步骤 3：排列概念

对所有的概念鉴定了等级之后，小组将汇总“好于”、“相似”和“差于”的数目，并把每种类别的总数记录到矩阵的靠下部的行里面。以图表 7—5 的数据为例，A 概念被鉴定有 2 个指标好于参考方案，有 5 个指标与参考方案类似，没有指标差于参考概念。然后，将“差于”的数目从“好于”的数目中减去，就计算出了所得的净分数。

总分算出来以后，小组就可以给概念划分等级了。总体来说，级别高的概念显然拥有更多的正分和更少的负分。经常，在这个时点上，小组就可以识别出能够将概念区别开来的一至两个指标了。

7.5.4 步骤 4：对概念进行整合和改进

完成了对概念细节上和总体上的鉴定后，小组就应该检验结果是否有意义，然后应该考虑是否有方法能够整合改进这些概念。需要考虑两个问题：

- 有没有一个总体好的概念却因为一个不好的特征而导致降级？一个较小的修正是否能够改进概念整体而又不与其他的概念雷同？

• 是否有这样两种概念，它们合并后能够保留“好于”的数量，却减少“差于”的数量？项目组应该将整合了的和改进了的概念加入到矩阵里面并且对它们进行细节鉴定，并对其整体与其他原始概念一起分级。在我们的这个例子里面，小组注意到 D 概念与 F 概念能够整合成一个“差于”数目较少的新概念 DF，来进行下一轮的考虑。G 概念小组也考虑将其进行修改。小组觉得这个概念的产品体积过大，于是在保留注射技术的同时将多余的储存空间压缩掉。图表 7—6 表示的是修正过的概念。

图表 7—6　　**修改过的注射器概念和新生成的注射器概念**

在选择过程中，小组修改了概念 G，并通过整合概念 D 和概念 F，形成了一个新的概念 DF。

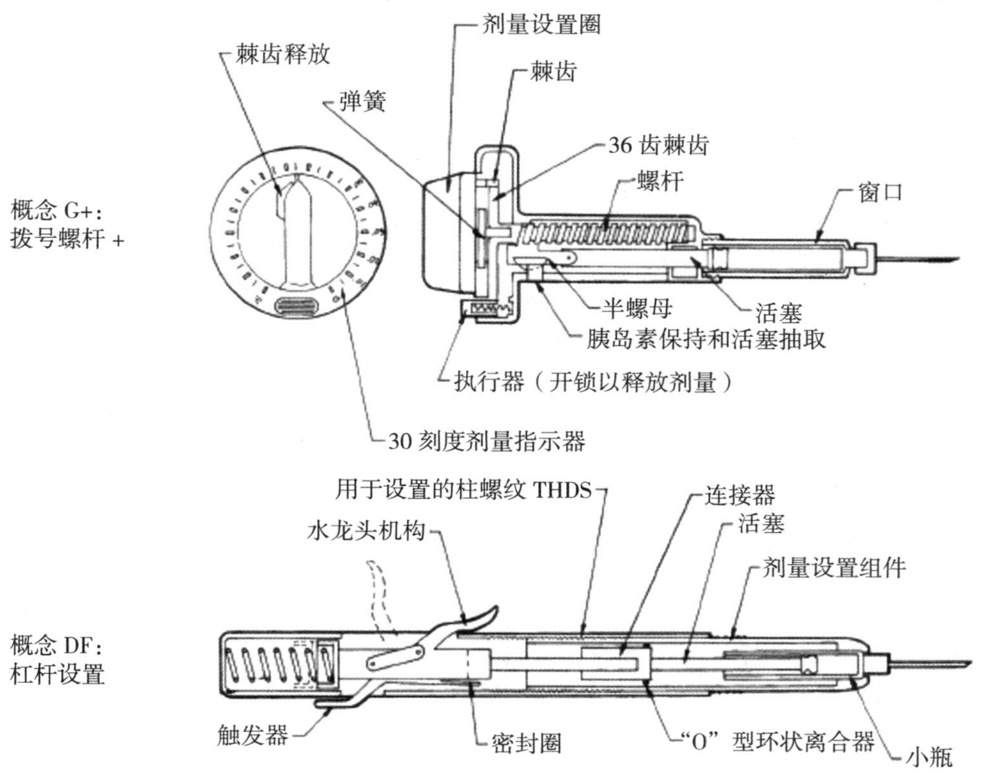

7.5.5　步骤 5：选择一个或多个概念

一旦小组成员对每个概念以及它的相对性质理解充分的时候，就将去决定选择哪些概念进行更深层次的加工和分析。基于前些步骤，小组可能对最合适的概念有个清晰的认识。为更深层次研究选择的概念数目将会受到小组资源（人员，金钱和时间）的限制。在这个例子里面，小组选择了概念 A、E，以及修改过的概念 G + 和新概念 DF。决定了做深入分析的方案以后，小组还必须弄清最终概念选出来之前，哪些问题是必须研究调查的。

同时，小组必须决定是否进行新一轮的概念筛选或者概念评分。如果筛选矩阵不能提供下一步评价以及选择所需的充足的理由，那么就要使用包含有确定比重的选择指标以及更多细节鉴定计划的概念评分步骤。

7.5.6 步骤6：对结果和过程进行反思

小组的所有成员都得对结果满意。如果有一个成员不同意小组的决定，就说明在筛选矩阵中可能遗漏了一个或几个重要的指标，或者某个特定的鉴定过程是错误的，至少是不清晰的。对结果是否满足每个成员的意愿的考虑，将会减少错误发生的可能性，增加整个小组开展后续工作的凝聚力。

7.6 概念评分

当增加程序能够更好的区分开不同的概念时，就会使用到概念评分。在这一步中，小组将会权衡每一个选择指标的相对重要性，集中精力对各个指标进行更细致的比较。概念的分数将会取决于鉴定等级的加权和。图表7—7表示的是这一步中运用到的评分矩阵。我们描绘概念评分过程时将会重点讲解概念评分过程与概念筛选的不同处。

图表7—7 **概念评分矩阵**

该方法使用各等级的加权和来确定概念的级别。此矩阵使用概念A作为总体的参考概念，其他的一些参考点在表中用黑体标出。

		概念							
		A（参考）主气缸		DF 杠杆设置		E 冲洗圈		G+拨号螺杆	
选择标准	重量百分比	评估等级	加权分数	评估等级	加权分数	评估等级	加权分数	评估等级	加权分数
易于处理	5%	3	0.15	3	0.15	4	0.2	4	0.2
使用方便	15%	3	0.45	4	0.6	4	0.6	3	0.45
剂量设置的可读性	10%	2	0.2	3	0.3	5	0.5	5	0.5
剂量仪器精确	25%	3	0.75	3	0.75	2	0.5	3	0.75
耐用性	15%	2	0.3	5	0.75	4	0.6	3	0.45
易于制造	20%	3	0.6	3	0.6	2	0.4	2	0.4
轻便	10%	3	0.3	3	0.3	3	0.3	3	0.3
	总分数 排名	2.75 4		3.45 1		3.10 2		3.05 3	
	还要继续进行吗	不		开发		不		不	

7.6.1 步骤1：编制选择矩阵

在筛选阶段，小组需要编制矩阵和识别参考概念。在大多数情况下，最好使用电子表格来辅助分级和进行灵敏性分析。在矩阵的最上方输入概念。通过概念筛选，这个阶段的概念已经在某种程度上比较精确了，所以可以在矩阵中列示更多的细节性问题。小组可能会增加选择指标的细节性问题使之与更详细的概念匹配。将指标阐述明白的一种有效的方式是使用等级关系。在注射器这个案例里，假设小组觉得“使用方便”这个指标的细节不足以区分开剩下的概念，则可以将“使用方便”像图表7—8一样分解为“易于注射”、“易于清洁”和“易于装填”等。指标的精细程度将会取决于小组的需要，可能有些指标根本就没有必要扩展。如果小组编制了顾客需求的分级表，更详细的选择指标就需要参考二级或三级顾客需求（有关初级、二级、三级需求请参考第4章“确认顾客需求”，有关分级指标选择请参考附录A和B）。

图表7—8 **按等级制度对选择标准进行分解**

与更详细的概念一样，团队可以将选择标准分得更细，以便进行有意义的比较。

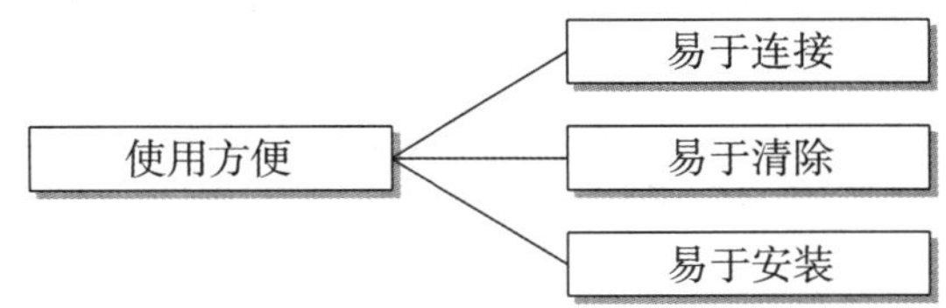

在所有的指标都输入之后，小组应该将指标的比重也输入到矩阵。如图表7—7所示，小组可以使用好几种不同的方法来分配各个指标的权重，如按1~5来分配各个指标的重要程度，或者按百分数进行分配。可以使用一些市场技术从顾客的数据中获得经验型的权重，而一个识别顾客需求的完整过程可能产生这些权重。但是，为了选择方案，权重经常用小组一致认可的方式主观确定。

7.6.2 步骤2：对概念进行评价

和筛选过程一样，总体来说，小组在某一时间只专注讨论所有概念的其中一个指标是最为容易的。为了更好的区分可选概念，现在需要使用一种更为精密的标度。我们将介绍一种从1至5的标度。

相对性能	级别
比参考概念差很多	1
比参考概念稍差	2
与参考概念差不多	3
比参考概念稍好	4
比参考概念好很多	5

当然也可以使用其他的标度，如从1至9，但是越精密的标度，需要越多的时间和精力。

和筛选阶段一样，在比较鉴定过程中通常使用一个参考概念；但是一个参考概念并不是经常合适的。除非参考概念对于每个指标来说都刚刚好都处在平均水平，否则对每个指标使用同样的参考概念来衡量将会导致某些指标“标度压缩”。举个例子来说，如果参考概念正好是制造过程最简便的方案，那么其他的所有概念都只能得到1，2或3（“远差于”，“劣于”，或“相似”）来评价“易于制造”这个指标，这样就使得鉴定标度从5级降为3级了。

为了避免标度压缩，我们建议对不同的选择指标使用不同的参考点。参考点可能来自于待选概念，也可能来自基准分析比较，还可能来自产品技术规格的目标值，或者其他。每个指标的参考点都必须易于了解才能促进一对一的比较。使用多个参考点的同时还是需要指派一个概念作为综合的参考概念，以保证选择的概念能够与之进行比较。在这样的情况下，综合参考概念就不需要简单的赋予中间分数了。

图表7—7表示的是注射器案例里的评分矩阵。小组认为标准的圆柱体概念不适合做其中两项指标的参考点，于是便选择了其他的概念作为这两个指标的参考点。

附录B表示的是小组不使用清晰的参考点时对每个指标鉴定概念等级时绘制的更详细的评分矩阵。这些鉴定是讨论各个概念对于指标的灵敏值，使用9分值标度来评分而完成的。

7.6.3 步骤3：排列概念

当鉴定的分数输入到每个概念对应的空格中之后，将原始分数与指标的权重相乘后计算出权重分数。权重分数的总和即为每个概念的总分。

$$S_j = \sum_{i=1}^{n} r_{ij} w_i$$

式中：r_{ij}——概念j在第i个标准上的原始评分；

w_i——第i个标准的权重；

n——标准的个数；

S_j——概念j的总分。

最后依照每个概念的总分进行排列，结果如图表7—7所示。

7.6.4 步骤4：对概念进行整合和改进

和筛选阶段一样，小组也要改变和整合概念来改进概念。虽然正式的概念产生过程在概念选择过程开始前就完成了，但是最重要的富有创造性的加工改进却发生在概念选择阶段，因为这个时候小组才真正认识到产品概念特定性质的固有优劣性。

7.6.5 步骤5：选择一个或多个概念

最终的选择并不是简单地选择初次检验处在最高级别的概念。更合适的做法是，小组应该通过进行灵敏度分析来考察初始的评价结果。通过使用电子表格，小组能够变换权重和鉴定级别，从而决定影响鉴定等级的因素。

通过调查特定鉴定的变化对等级灵敏度的影响，小组能够估计是否存在对结果有重大影响的不确定性因素。在某些情况下，小组可能会选择一个分数较低但是不确定性较低的概念，而不是选择一个分数较高，但是可能难以运行或者实际情况比起了解情况要差的概念。

基于选择矩阵，小组可能会决定选择最高级别的两个或多个概念。这些概念通过进一步发展，制成原型，然后测试，从而得出顾客的反馈。关于估计顾客对产品概念的反应的方法请参考第 8 章“概念测试”。

小组也可能会为拥有不同消费者偏好的市场分区使用不同的权重制作两个或多个评分矩阵，从而得出概念队列。某个概念在几个分区中都占有优势是有可能的。小组也应该仔细思考概念分数中的显著差异性。在评分系统的分辨率给定的情况下，小的差异一般没有太大影响。

在注射器案例中，小组认为方案 DF 是最合适的，最有可能生产出最成功的产品。

7.6.6 步骤 6：对结果和过程进行反思

最后一步，小组对选择的概念和整个概念选择过程进行反思。在某些方面来说，这被称为方案研发过程的“极限点”，故小组里的每个成员都应该确信所有相关的问题都已经讨论过了，选择的概念能够最大限度的满足消费者，并拥有经济上的可行性。

在完成了概念选择的所有步骤之后，非常有用的一件事是小组再去重新核对一下每一个在考虑过程中被排除掉的概念。如果小组一致认为淘汰的概念中有比被保留的更好的时，就应该去找出矛盾产生的原因。可能是遗漏了某个重要的指标，或者是权重不适当或使用不当。

对过程本身进行反思对公司来说也是非常有好处的。两个对改进后续概念选择行为很有用的问题是：

- （如果存在的话）概念选择以何种方式帮助小组作出决定？
- 怎样才能改进方法来促进小组的执行能力？

这两个问题使小组将精力集中到依照公司需要以及能力等相关方面来评判方法的优劣性上来。

7.7 警　示

一些有经验的概念选择方法的使用者可能会发现一些微妙的地方。这里我们将讨论一些微妙的地方以及指出一些特别需要注意的领域。

- **概念质量的分解**：概念选择方法的理论基础是选择指标（本质上是顾客的需求）要能够独立的评价，而概念的质量正是与每个指标相关的概念的质量之和。有些产品概念的性质可能无法简单分解成一系列独立的指标，或者概念与不同指标关联的程度难以与概念的综合质量挂钩。举例来说，网球拍设计的整体要求取决于一些非常复杂的方面，如质量、旋转的灵活性、震动的传递性以及能量的吸收。如果只简单地基于与每个指标相关联的程度来选择概念很可能无法获得这些指标之间的复杂联系。Keeney 和 Raiffa（1993）讨论了包括选择指标的非线性关系在内的多属性概念决定的问题。

- **主观指标**：有些选择指标，尤其是那些与美学有关的指标，具有高度的主观性。对于仅与主观指标关联的选择关系，必须慎重选择。总体来说，开发团队的集体判断并不是评价概念主观方面的最好方法。更适合的方式是小组应该缩小选择的范围，选择出那么三到四个概念（可能的话使用模型来模拟概念），然后去征求产品目标市场有代表性顾客的意见（参考第 8 章“概念测试”）。

- **促进概念的改进**：在讨论了每个概念并做出等级确定之后，小组应该对概念的一些显著（积极的或消极的）的性质记录下来。如果能够识别出那些能够应用于其他概念的特征以及改进概念过程中有待于解决的问题，这样是非常有用的。记录可以直接记在选择矩阵的空格中间。这样的记录对在做出选择决定前小组整合、加工和改进方案的第 4 步特别有用。

- **如何考虑成本**：大部分选择指标是顾客需求的表达。但是，“易于制造”和“生产成本”不是顾客的需求。顾客关心生产成本的唯一原因是生产成本会确定销售价格的下限。但是，成本却是选择概念的一个极其重要的因素，因为它是决定产品经济可行性的一个因素。由于这个原因，即使制造成本以及易于制造并不是真正的顾客需求，我们建议在评价概念时也要增加这些因素。同样，还有一些和顾客不同的其他股东的需求对产品的经济可行性也很重要。

- **整合概念的选择原理**：有些产品方案是一些简单概念的整合。如果所有拟考虑的概念都包含有一系列较为简单的元素，则在评价相对较复杂的概念层面以前，可以先单独考虑这些简单的元素。这样的分解可以部分地依据生成概念时所采用的结构。举例来说，如果我们的案例里面的注射器都能够使用不同类型的针，那么在考虑整个注射器概念选择之外可以单独对针进行选择。

- **将概念选择应用于整个研发过程**：虽然在整个章节里面，我们集中讨论了对基本的产品概念进行选择的方法的应用，但是在设计和研发的很多细节层面需要一遍遍的进行概念选择。举例来说，在注射器这个案例里面，在研发过程的最初阶段需要应用概念选择来决定是生产专用注射器还是生产多用注射器。一旦这个最基本的步骤决定了以后，就像本章所描述的那样，就需要应用概念选择来选出一个最基本的产品概念。最后，在设计中更细致的层面上，如颜色和材料的选择，更是需要应用概念选择来做出决定。

7.8 小 结

概念选择是用顾客需求以及其他指标来评价概念，比较各个概念相互之间的优劣，从而为更进一步的研究开发选择出一个或几个概念的过程。

- 所有的小组都将会使用一些或明显的或不明显的方法来选择概念。选择概念时用到的决策技术包括了直觉的方法和系统结构的方法。

• 结构性的概念选择能够促进设计的成功。我们介绍了一个两步的过程：概念筛选和概念评分。

• 概念筛选通过一个参考概念来比较各概念与选择指标的符合情况，而概念评分对于不同的指标可以使用不同的参考点。

• 概念筛选中用来缩减待选概念数目的比较系统是比较粗糙的。

• 概念评分中用到了分配好权重的选择指标以及更为精确的划分刻度。如果概念筛选时已经选择出了一个合适的概念，那么概念评分这一步就可以跳过。

• 概念筛选和概念评分都将矩阵作为6步选择过程的基础。6个步骤包括：

①编制选择矩阵；

②对概念进行评价；

③概念排序；

④对概念进行整合和改进；

⑤选择一个或多个概念；

⑥对结果和过程进行反思。

• 不仅仅是概念研发过程中会用到概念选择，在接下来的设计和开发过程中也会用到。

• 整个概念选择过程促进了最优概念的选择，同时有助于使小组达成共识，而且在这个过程中对决策的制定过程还做好了记录。

参考文献

很多资料可以上 www. ulrich - eppinger. net 网站搜索。

概念选择是一个决策过程。Souder 概述了其他的一些决策技术。参见 Souder, William E. , *Management Decision Methods for Managers of Engineering and Research*, Van Nostrand Reinhold, New York, 1980。

对于多属性决策的更正式的阐述，请参考 Keeney 和 Raiffa 所讲述的恰当而有趣的案例研究。参见 Keeney, Ralph L. , and Howard Raiffa, *Decisions with Multiple Objectives Preferences and Value Trade - Offs*, Cambridge University Press, New York, 1993。

Pahl 和 Beitz 有本关于工程设计的著作中讲述了一系列系统的方法。其中阐述的两种概念选择方法与概念评分非常类似。参见 Pahl, Gerhard, Wolfgang Beitz, Jorg Feldhusen, and Karl - Heinrich Grote, *Engineering Design: A Systematic Approach*, third edition, K. Wallace and L. Blessing, translators, Springer - Verlag, New York, 2007。

对选择指标给以权重并不是个新主意。早期就有很多关于使用加权矩阵的文献，下面是其中之一：Alger, J. R. , and C. V. Hays, *Creative Synthesis in Design*, Prentice Hall, Englewood Cliffs, NJ, 1964。

概念评分的方法是以 Stuart Pugh 提出的概念选择过程为基础的。Pugh 不赞同过于定量的方法，如本章所讲述的概念评分方法。他认为数字往往会使研究者产生误导而且会减少开发更好概念时所需的创造力。参见 Pugh，Stuart，*Total Design*，Addison－Wesley，Reading，MA，1990。

概念评分与一种通常叫做 Kepner－Tregoe 的方法很相似。在他们的著作中，对于这种方法以及其他一些应用于识别问题、解决问题的技术，都有介绍。参见 Kepner，Charles H.，and Benjamin B. Tregoe，*The Rational Manager*，McGraw－Hill，New York，1965。

对于如何确定产品的不同属性间的相对重要性，Urban 和 Hauser 描述了相关的技术。参见 Urban，Glen L.，and John R. Hauser，*Design and Marketing of New Products*，second edition，Prentice Hall，Englewood Cliffs，NJ，1993。

Otto 和 Wood 介绍了一种方法来概括概念评分过程中给概念划分等级的界限。将这些界限组合起来，可以得到选择最高分数概念时的误差估计，也可以用来计算结果的置信区间。参见 Otto，Kevin N.，and Kristin L. Wood，"Estimating Errors in Concept Selection，" *ASME Design Engineering Technical Conferences*，Vol. DE－83，1995，pp. 397～412。

练　习

（1）概念选择方法是怎样评价现有产品的？应用这种评价方法来评价你能想到的 5 种摩托车。

（2）对于手提电脑中使用的电池技术的选择，请提出一系列的选择指标。

（3）请用概念筛选来对下图中的 4 个铅笔盒概念进行选择。假设铅笔盒是产品开发小组中的一个成员需要使用的，这个成员需要经常出差。

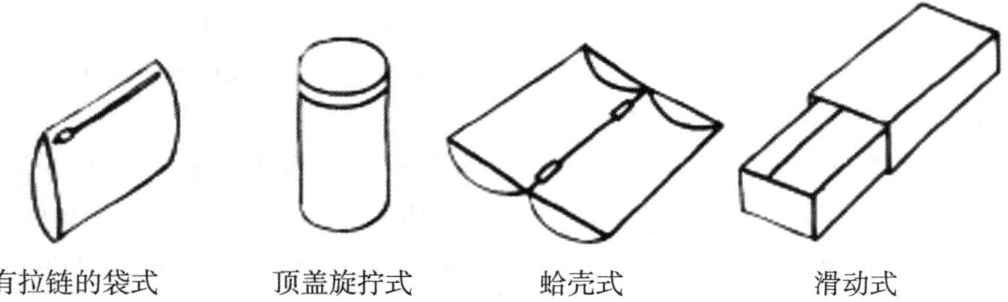

（4）使用概念评分来重复练习（3）。

思考题

（1）你将如何使用概念选择方法来决定是提供一种产品给商场还是提供几个不同的产品选项？

（2）你如何使用概念选择方法来决定哪些产品属性需要标准化，而哪些属性需要选择或者是还要添加哪些属性？

（3）你是否能够设想出一个电脑交流工具，能够允许一个很大的团队（20 个成员或者更多）参与到概念选择过程中来？如何使用这个工具？

（4）如果一个开发团队使用概念选择方法选择出了一个概念，但结果这个概念未能取得商业上的成功，那么想想会是什么原因导致这种情形的发生？

附录 A：概念筛选矩阵实例

这个矩阵是开发小组在设计一种轴环将重量加到杠铃上的过程中创建并使用的。

	概念														
选择标准	车锁	Master锁	Velcro带	橡胶带	鳄鱼夹	4组件弹簧锁(REF)	扭转的弹簧	螺杆类型	翼部螺母	衣服别针	软管夹子	c-夹子	弹簧装配杆	磁片	螺纹杆
性能															
重量轻	+	0	+	+	+	0	+	-	-	+	0	0	+	+	0
适合不同的横杆	+	0	+	+	+	0	0	0	0	+	0	+	0	-	0
侧面保护重量	0	0	-	-	0	0	0	-	+	-	0	0	-	0	+
方便															
从底部/侧面固定	0	0	0	0	0	0	-	-	-	0	-	0	+	+	-
不滚动	0	0	0	0	0	0	0	0	0	0	0	0	0	0	0
不去掉轴环的条件下改变重量	0	0	0	0	0	0	0	0	0	0	0	0	+	+	0
改变重量时放置方便	0	0	+	+	0	0	-	-	-	0	-	0	+	+	-
生物工程学															
安全/释放(1种运动)	+	0	-	-	+	0	-	-	-	0	-	-	+	-	-
安全/释放力小	0	0	0	0	-	0	-	0	0	0	0	0	+	-	0
RH/LH使用	0	0	0	0	0	0	0	-	-	0	-	-	0	0	-
湿时不滑	0	0	+	+	0	0	0	0	0	0	0	0	+	+	0
可以一只手使用	+	0	0	0	+	0	0	0	0	0	0	0	+	+	0
耐久性															
寿命	-	-	-	-	0	0	0	+	0	0	+	+	-	-	+
其他															
原材料成本	0	0	+	+	0	0	0	0	-	+	0	0	-	-	-
可制造性	0	-	+	+	0	0	0	+	-	+	+	0	-	-	-
使用现有的重量杆	0	0	0	0	0	0	0	0	0	0	0	0	-	0	-
+号的个数	4	0	6	6	4	0	1	2	1	4	2	2	8	6	2
0的个数	11	14	7	7	11	16	11	8	8	11	10	12	3	4	7
-号的个数	1	2	3	3	1	0	4	6	7	1	4	2	5	6	7
净分数	3	-2	3	3	3	0	-3	-4	-6	3	-2	0	3	0	-5
等级	1	10	1	1	1	7	12	13	15	1	10	7	1	7	15

附录 B：概念评分矩阵实例

这个矩阵是开发小组在为船上使用的密封饮料盒选择一个新概念时生成的。注意，在这种情况下，开发小组不会选择将一个单个的概念定义为所有决策标准的参考概念。

		概念 A		概念 C		概念 F		概念 I		概念 J		概念 K		概念 O	
选择标准	重要性	等级	权衡分	等级	权衡分	等级	权衡分	等级	权衡分	等级	权衡分	等级	权衡分	等级	权衡分
易于使用	20														
使用于不同的地方	15	7	105	7	105	8	120	6	90	6	90	5	75	7	105
装有不同的饮料	5	5	25	5	25	3	15	4	20	5	25	3	15	3	15
维持饮料条件	15														
保持饮料温度	13	5	65	5	65	5	65	1	13	5	65	5	65	5	65
防止水进入	2	5	10	7	14	5	10	5	10	5	10	5	10	5	10
航行过程中不受损害	5														
掉下来不被摔破	1	6	6	6	6	9	9	7	7	5	5	9	9	6	6
不会被海水腐蚀	2	7	14	7	14	8	16	8	16	5	10	9	18	7	14
掉到水里能浮起来	2	5	10	6	12	8	16	4	8	5	10	8	16	7	14
保持饮料集装箱	20														
防止溢出	7	3	21	4	28	3	21	5	35	5	35	3	21	3	21
防止有海浪时跳动	6	7	42	8	48	7	42	5	30	5	30	7	42	7	42
在倾斜/滚动时不滑动	7	5	35	5	35	5	35	5	35	5	35	5	35	5	35
不需要什么维护	5														
不用时易于储存	1	7	7	6	6	8	8	9	9	4	4	8	8	7	7
易于保持表面清洁	2	6	12	6	12	3	6	4	8	5	10	5	10	6	12
允许液体从底部流出	2	5	10	5	10	5	10	5	10	5	10	5	10	5	10
易于使用	15														
可以一只手使用	5	7	35	7	35	6	30	5	25	7	35	7	35	7	35
握起来容易/舒服	5	8	40	8	40	6	30	5	25	5	25	6	30	8	40
易于交换饮料集装箱	2	5	10	5	10	5	10	8	16	5	10	5	10	5	10
工作稳定	3	3	9	3	9	3	9	3	9	4	12	4	12	3	9
不影响环境	10														
不破坏船的表面	5	8	40	8	40	8	40	8	40	8	40	6	30	8	40
看超来舒服	5	7	35	8	40	3	15	4	20	5	25	5	25	8	40
制造方便	10														
原材料成本低	4	5	20	4	16	7	28	8	32	4	16	8	32	6	24
组件简单	3	4	12	3	19	7	21	4	12	3	9	8	24	5	15
安装步骤简单	3	5	15	5	15	8	24	3	9	3	9	8	24	6	18
总分数			578		594		585		484		510		556		587
等级			4		1		3		7		6		5		2

概念测试

创业公司（emPower）为进军私人通讯市场开发出了一种新的产品概念。图表8—1表示的是产品的一种模型。它们的设想是生产一种能够折叠且携带方便的电力驱动三轮滑板车。emPower希望通过调查顾客对该概念的反应来决定是否继续该概念的研发以及判断是否符合公司的财务状况。

图表8—1 **emPower公司电动滑板车产品概念的模型**

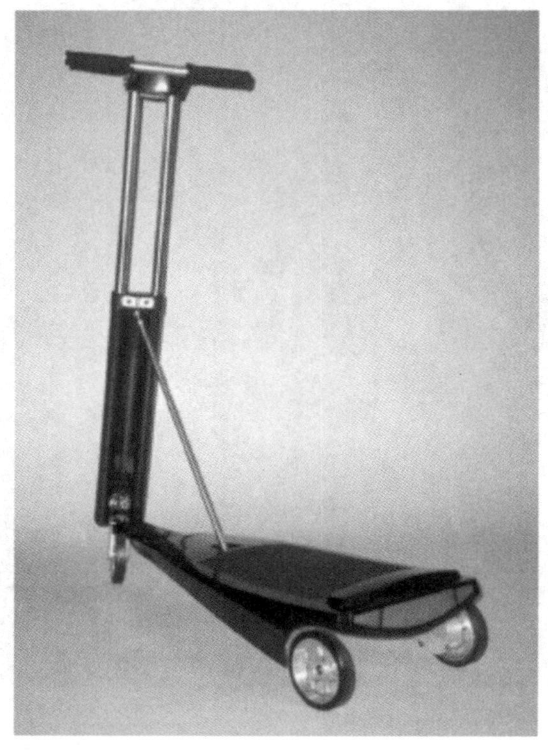

（emPower公司授权）

在这一章里面，我们首先把注意力放在概念研发阶段所做的测试上。开发团队在实行一个概念测试时，需要从目标市场的潜在客户那里获得对产品概念描述的反应。这种类型的测试可以用来从两个或多个概念中选择出最适宜开展下步工作的概念，同时也可以从客户那里获取改进概念以及估计产品销售潜力的信息。注意，测试应该不时的执行，而不是仅仅在概念研发阶段执行。举例来说，有些测试通常只要求口头描述，可以用来确定初始的产品销售机遇，而销售机遇正是项目任务陈述的基础。在产品研发基本结束后、公司开始执行全能力生产前，还可以有使用一些测试来预测产品的需求。

图表8—2表示的是概念测试与概念开发过程中其他行为的关系。由于概念测试与概念选择（第7章）都是为了缩小可考虑概念系列的数目，因此，这两个行为联系非常紧密。但是概念测试与概念选择不同的地方在于它是建立在直接从潜在客户那里获得的数据上的，依赖于开发团队自身判断的程度较小。但是由于小组不能直接从潜在客户那里对过多的概念进行测试，所以，概念测试一般都在概念选择之后进行。因此，小组首先必须得先将待考虑的概念进行缩减。由于概念测试经常需要用到一些产品概念的描绘，通常是一个原型，所以，概念测试和建模（第12

章）也有很紧密的关系。概念测试得到的结果之一是对公司能卖出多少单位产品的一个估计值，而这个预测是产品的财务分析（第 15 章）的关键信息之一。

图表 8—2　　概念测试与概念研发过程其他行为的关系

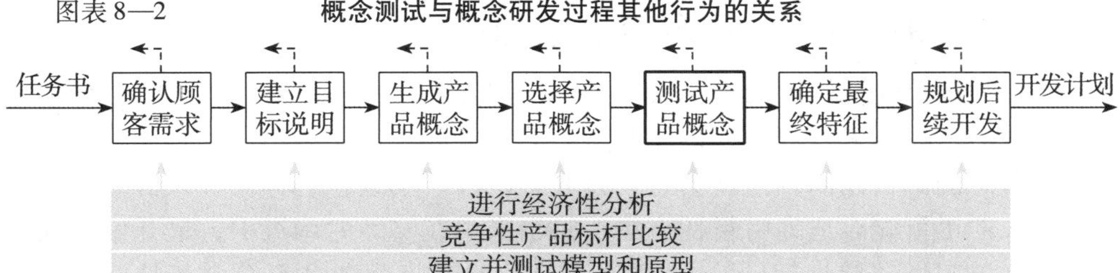

如果某些类别产品的概念测试所需要时间相对于产品寿命周期来说太长，或者测试的成本相对于实际制造产品的成本来说太高，那么小组可能会选择不做任何测试。举例来说，在网络软件产业，有些观察家和业内人士提出，仅开发产品以及反复对产品更新换代比起在实行之前对概念进行认真的测试是个更好的战略。但是这只对某些产品适合，对于某些产品的开发（如新型的商业飞机），这个战略将会变得非常的愚蠢，因为这些产品的研发成本和所需的时间非常的庞大，如果研发失败，结果将会是灾难性的。大部分类别的产品是在这两个极端之间的，在多数情况下，某些类型的概念测试还是非常有用的。

这一章将会介绍一种 7 步法来测试产品的概念：

- 确定测试的目的；
- 选择调查的人群；
- 选择调查的模式；
- 概念传达；
- 测度顾客反应；
- 结果解释；
- 对结果和过程进行反思。

我们通过滑板车案例来介绍这种方法。

8.1　步骤 1：确定测试的目的

作为概念测试的第一步，我们建议小组清晰明白地将希望通过测试回答的问题写下来。概念测试本质上来说是一个实验，而对于所有的实验，弄明白实验的目的对于设计有效的实验方法来说都是极为必要的。这一步与“建模”中的“确定目标”（参考第 12 章“原型化”）是极为相似的。概念测试过程初始时提出的典型问题大概有：

- 这些可供选择的概念中哪些是可以继续进行的？
- 怎样改进概念以更好地满足顾客的需求？
- 大概能卖掉多少套产品？
- 研发是否需要继续下去？

8.2 步骤2：选择调查的人群

概念测试首先要做出的一个假设是，被调查客户的人群要能够反映目标市场对产品的需求。如果调查的人群比起产品的终端客户来要更热情或者更冷淡，那么基于概念测试得出的结论就会有失公允。所以，小组在选择调查人群时应该使得调查人群尽可能合适地将目标市场反映出来。在实际的调查中，最开始的几个问题通常被叫做"筛选问题"，一般是用来检验被询问者是否符合产品目标市场的定义。

通常一个产品会拥有许多个细分市场。在这种情况下，一个准确的概念测试要求每个细分市场的潜在客户都被调查到。调查每个可能的细分市场可能会非常昂贵，所需的时间也很多，那么在这样的情况下，小组可能会选择性的只去调查最大的细分市场的潜在客户。但是，如果只有一个市场被调查，那么得出的关于整个市场反应的结论很可能会有失公允。

在滑板车这个案例里面有两个基本的细分市场：大学学生和城市通勤者。小组决定从每个细分市场上都选出一个调查人群。同时小组还确定了几个更小的二级细分市场，包括工人和机场雇员。

调查的样本需要足够大，这样小组才能够对结果拥有足够高的信心，从而能够指导决策的制定。概念测试的样本规模有时会小到只有10个（如对一个新的、使用高度特殊程序的外科设备所收集的定性反馈），有时会大到1 000个（如对一个拥有1 000万家庭的细分市场所作的关于一种新型手提电话潜在需求的定量估计）。虽然没有决定样本规模的简单公式，但是存在着一些影响样本规模的因素，如图表8—3所示。

图表8—3　**样本规模较大或较小时的决定因素**

样本规模较小时适宜的因素	样本规模较大时适宜的因素
• 在概念研发较早阶段进行测试	• 在概念研发较晚阶段进行测试
• 测试主要是为了收集定性信息	• 测试主要是为了定量估计需求
• 对潜在客户的调查相对来说时间和金钱花费较少	• 对潜在客户的调查相对来说时间和金钱花费较多
• 研究开发产品需要的投资相对来说较少	• 研究开发产品需要的投资相对来说较多
• 预期产品会占据目标市场的份额比起调查结果来说不确定性大（也就是说，许多有消费倾向的顾客只有在大的样本中才能够找到）	• 预期产品占据目标市场的份额比起调查结果来说不确定性要小（也就是说，样本调查的较多人群能够有效估计产品所占的部分）

根据从概念测试过程想要得到什么数据，小组事实上可能会对不同目标进行多次调查。每次调查都可能会有不同的抽样人群以及不同的样本规模。emPower小组就做了两次不同的概念测试：前一个测试中，小组仅选择大概12个潜在客户作为

样本以获得基本概念吸引力的反馈；后一个测试中，小组对1 000个客户进行了消费倾向的调查，以获得需求预测从而决定财务决策。由于第二个目标的重要性，小组认为如此庞大的样本量及相应的时间和成本的消耗是合理的。

8.3 步骤3：选择调查的模式

下面是在概念测试中普遍使用一些模式：

- **面对面交流**：在这种模式中，调查者与回答者直接面对面进行交流。这种模式可以采取打扰（如在商业街、公园或者市区街道上拦住行人），电话预约，在贸易展台上调查潜在客户或者集体约见（如预先安排一个 6 ~ 12 人的小组讨论）。
- **电话**：电话调查对于较为特殊的人群（如儿科牙医）一般得先预约，但也可以采用给目标客户打推销电话的方式。
- **发信件**：在信件调查的方式中，概念测试材料是通过邮寄的方式到达被调查者手中的，同时期待被调查者能够请求给予一个完整的答复。信件调查比起其他方法来说相对有点慢，而且一般只能得到较低的回复率。通常可以使用现金或者礼物之类的物品来激励顾客以求获得较高的回复率。
- **电子邮件**：相对于信件来说，被调查者似乎更愿意回复电子邮件。除此之外，电子邮件调查和信件调查很相似。但是由于垃圾邮件的扩散，对电子邮件的回复率也可能会降低。许多电子邮件使用者对言辞不恳切的商业邮件的反应极其冷淡。所以，我们建议只有在被调查者可能会觉得他们的参与能够获益或者小组已经建立了与目标人群某种积极的联系时才使用电子邮件调查。
- **因特网**：通过因特网，小组可以创建一个虚拟的概念测试网站，在该网站上参与调查的人群可以了解概念同时还可以提供回应。通常可以使用电子邮件消息吸引人们来访问该测试网站。

任何一种模式都会有样本偏差的风险。举例来说，使用电子邮件模式会使样本更偏向于那些网络技术纯熟的人群。对某些产品来说，这种技术复杂性是目标市场特征的一部分（如网络软件产品的目标市场可能更适合于电子邮件模式）。但是相反的，台式电脑概念是定位在没有私人电脑的人群，对这种产品概念来说，进行网络调查会是一种极其不好的模式。

自由回答式的交流模式对于概念研发早期阶段的探测性测试是极其有用的。我们建议小组提出多个概念选项或者请求改进概念想法时采用面对面模式。在这些情况下，产品开发者最好能够担当调查者的角色，因为这样他们就能够直接获得顾客对细节问题的反应。随着概念测试的目的变得益发明确，像邮件以及电话这样的更结构性的形式就越合适了。如果问题变得极其明确，则小组可以雇用一个市场研究公司来执行概念测试。当收集的数据主要是用来对需求进行预测，则一般会通过第三方采用面对面模式来收集数据。这样有助于避免“同情心偏好”——被调查者为了取悦焦急的产品开发者会表示他们喜欢这个概念。

8.4 步骤4：概念传达

概念的交流方式与调查模式的选择有紧密的联系。概念可以通过下列的方式来进行传达（以描绘程度的详略排序）：

文字描述：口头描述一般是一小段话或者是要点的集合来简略描述产品概念。这样的描述可以通过被调查者自己阅读或者是执行调查的员工大声朗读的方式来交流。举例来说，滑板车概念可以表述如下：

这是一款新型的电动滑板车，很轻捷，折叠起来也很方便，你可以将它携带到建筑物里面或者公共交通工具上面。滑板车大概 25 磅重。速度可以达到每小时 15 里。充满电后可以维持行驶 12 里。在标准电源上充满电只需要 2 个小时。这款滑板车驾驶起来极其容易，控制工具非常简单——只需一个加速按钮和一个刹车。

绘制略图：略图一般是简单的线条图，从某些方面可以将产品展示出来，可以在图中对关键的地方做出标注。图表 8—4 表示的是滑板车概念的一个略图。

图表 8—4　　**滑板车概念略图**

（David wallace 绘）

照片和实物图：当产品概念存在外观模型时，可以使用照片来交流。实物图接近用来描述概念的实景照片。实物图可以用笔和标记笔制作出来，也可以借助于计算机设计工具。图表 8—5 表示的就是借助于计算机设计软件制作出来的滑板车的实物图。

图表 8—5　通过计算机辅助设计软件描绘的滑板车

（emPower 公司授权）

情节图板：情节图板是按顺序将使用产品时涉及的一系列动作临时排列起来的图画。举例来说，滑板车存在的一个好处就是能够很方便的储藏和携带，图表8—6描绘的情节图板展示的是一系列情节。

图表 8—6　情节图板描绘了储存、携带以及使用的场景

（emPower 公司授权）

视频：视频图像比起情节图板来更加生动。通过视频图像，能够清楚地表达出产品的形式以及产品的使用方式。滑板车开发团队在消费倾向调查中就使用了一个视频。这个视频表现了学生和通勤者驾驶产品原型行驶的情况以及如何折叠产品的画面。

模拟：模拟一般是通过计算机软件来模拟产品的功能或特征。模拟对于交流滑板车的主要特征可能不是个最理想的方式，但是在某些情况下也是非常有用的。举例来说，当测试电子装备的控制时，可以在计算机屏幕上制造该装备的形象图像，使用者可以通过触摸屏幕或鼠标来控制模拟设备，同时还能够观察到模拟的展示和声音。

交互式多媒体：交互式多媒体结合了视频的视觉优势以及模拟的交互性。通过使用多媒体，你可以展示产品的视频以及静态图像。在此过程中，被调查者可以得到口头的或者图表类的信息，还可以听声音。交互式让被调查者可以从产品众多的有用信息中进行选择，在某些情况下还可以体验模拟产品的控制和展示。但是遗憾的是，发展至今，多媒体系统仍然非常昂贵，所以它只使用于在大型的产品研发中使用。

实物模型：实物模型，也叫做外形仿真模型，生动的展示了产品的形状和外观。它们经常是用木头或者泡沫塑料制作的，并且通过喷绘使之极像实际产品。在某些情况下，模型还具有有限的功能。滑板车开发团队制作了好些外形仿真模型，其中有一个模型是连接起来的，这样就可以展示折叠方面的性质了。图表 8—7 是这个模型的一张照片。

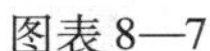
图表 8—7　　**滑板车概念的外观模型**

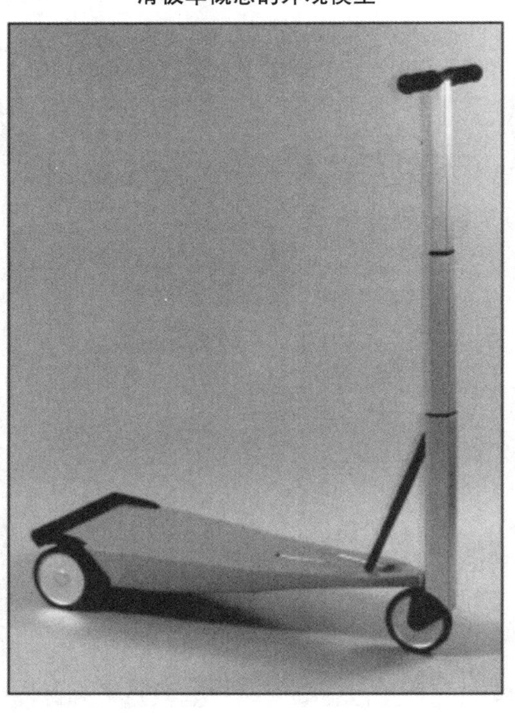

（emPower 公司授权）

工作模型：如果可能的话，在概念测试过程中可以使用工作模型或者叫功能仿真模型。但是，使用工作模型仍然是具有风险的。最主要的风险是被调查者可能将模型与最终产品混同起来。在有些情况下，模型的功能可能会比最终产品的功能更好（模型功能更好的原因可能是模型使用了更为昂贵的发动机、电池之类）。在大多数情况下，模型比最终产品的功能要差，而且在视觉效果上也逊色不少。有时可以将功能仿真模型与外形仿真模型分开使用，一个用来描绘产品的外形，另一个则用来描绘产品是如何工作的。图表 8—8 是在某些早期的概念测试过程中使用的滑板车的工作模型。

图表 8—8　**滑板车概念的工作模型**

（emPower 公司授权）

8.4.1 调查模式与概念表达的方式要匹配

调查模式的选择与产品概念表达的方式密切联系。举例来说，显然小组不能在电话调查时使用工作模型来向顾客介绍滑板车。图表 8—9 列出了每种调查模式所适用的交流概念的方式。

图表 8—9　**不同调查模式与不同概念交流方式的匹配性**

	电话	电子邮件	发信件	因特网	面对面
文字描述	•	•	•	•	•
模型		•	•	•	•
照片实物图		•	•	•	•
情节图板		•	•	•	•
视频				•	•
模拟				•	•
交互式多媒体				•	•
实物模型					•
工作模型					•

8.4.2 概念表达中的问题

在表达产品概念时，小组必须决定怎样去宣传产品和它的好处。滑板车可以描绘成“私人电动设备”，也可以描绘成“避开交通阻塞的一款新型炫代滑板车”。我们的观点是，概念的描述应该要能够最确切的反映出顾客在做出消费决定时最可能考虑的信息。当描绘的信息过多时，则可能会被认为具有典型的广告性质，甚至可能会被认为是增加了额外的粉饰，就跟许多杂志文章或者评论做法相似。

研究者与业内人士无休止地争论着产品价格是否应该成为概念描述的一部分。顾客对价格的反应是一个极为有力的杠杆，价格信息将会极大地影响着概念测试的结果。我们建议除非产品的价格预期会出奇的高或者出奇的低，否则在概念描述时不要描述价格。举例来说，如果一个概念的主要优点是能够在一个很低的价格下拥有基本的功能，那么在这种情况下，在概念描述中就得将价格因素加进去了。相反的，如果一个产品具有极其高效的功能或者独有的特性，只是相应的价格也很高，那么在这种情况下，概念描述时也得加进价格因素。如果产品的价格和现有产品的价格很相似或者是顾客能够预期到的，那么在这种情况下，就可以把价格因素从概念描述中剔除出去。我们建议可以用直接询问被调查者的预期价格的方式来取代描述价格因素的方式。如果测试的结果显示的是顾客的预期与小组的预算价格相去甚远，那么小组就需要考虑对概念进行修改或者是将价格作为产品的属性重新进行概念测试。由于滑板车是一种新型的产品，顾客对这种类别的产品还没有形成明确的价格预期，emPower 公司选择将价格作为概念描述的一部分。

小组可能会要求顾客从许多可选概念中进行选择，而不是单独展示一个概念。在小组需要从多个可选概念中做出决定时，这种方式是极为有效的。这种方法的另一种形式就是将新的产品概念与现有的市面上最成功产品的描述以及照片都向顾客展示。这种方法的好处就是能够直接让顾客通过与竞争者的产品的对比来评价产品概念的性质。如果产品描绘的非常准确，那么这种方法也可能帮助小组评价潜在的市场份额。在与产品概念类似的现有产品非常少时，使用被迫选择这种调查技术是极为有效的。

8.5 步骤 5：测试顾客反应

大部分概念测试都是先交流产品概念然后测试顾客的反应。在早期的概念研发阶段所做的概念测试中，通常是通过要求被调查者从两个或多个可选概念中进行选择来测试顾客的反应的。附加的问题常常集中在被调查者所做反应的原因以及如何改进产品概念。同时概念测试还需要经常尝试着去测试消费倾向。

测试消费倾向性最常使用的是 5 个反应类型：

- 肯定要买；
- 应该会买；
- 买或不买都有可能；
- 应该不会买；

- 肯定不会买。

也可以使用其他的选项来测试，如可以使用 7 个或更多的反应类型或者要被调查者指出消费倾向的百分比。

图表 8—10 是滑板车案例中使用的一个调查问卷样本。在选择了在面对面模式中使用小册子以及工作模型来交流产品概念的前提下，这个问卷是作为访谈指导的。

图表 8—10　　**电动滑板车概念测试的样本调查问卷（有删减）**

概念测试调查——电力驱动个人交通设备
我正在为一款新型的产品收集信息，希望你能够和我分享你的看法。
你是在校大学生吗？＿＿＿＿＿＿
（如果不是的话，感谢被调查者并结束测试。）
你住在学校周围的 1 到 3 里以内吗？＿＿＿＿＿＿
你每天在教室和其他地方间是否需要行驶 1 到 3 里的距离？＿＿＿＿＿＿
（如果对这两个问题的回答是“不是”的话，感谢被调查者并结束测试。）
你现在是如何从家到学校的？＿＿＿＿＿＿
你现在是怎样到达学校周围的？＿＿＿＿＿＿
这是这款产品的小册子。（给以小册子）

这是一款新型的电动滑板车，很轻捷，折叠起来也很方便，你可以将它携带到屋内或者公共交通工具上面。滑板车大概 25 磅重。速度可以达到每小时 15 里。充满电后可以维持行驶 12 里。在标准电源上充满电只需要 2 个小时。这款滑板车驾驶起来极其容易，控制工具非常简单——只有一个加速按钮和一个刹车。

如果这样一款能在学校里面及周围使用的产品的价格是 689 美元，你在接下来的一年里购买该款产品的可能性有多大？

肯定不会购买　□
可能不会购买　□
都有可能　□
可能会购买　□
肯定会购买　□

你是否想亲身感受一下驾驶这款产品的感觉？
（提供产品和头盔）
体验过后，你在接下来的一年里购买该款产品的可能性有多大？

肯定不会购买　□
可能不会购买　□
都有可能　□
可能会购买　□
肯定会购买　□

如何改进产品？
（询问些开放性的问题来获得对概念的反馈）

8.6　步骤 6：结果解释

如果开发团队只是想要比较两个或几个概念，那么最直接的方法就是对结果进行反思。在小组确定被调查者理解待选概念间区别的前提下，如果测试结果显示某个概念比起其他概念好许多，那么小组就可以直接选择这个顾客更中意的概念。如果测试结果不是那么明确，那么小组就应该增加对成本与其他因素的考虑来选择概念，或者干脆直接向市场推出产品的多个版本。但是注意，只有满足下列情况时这种方法才适用：对于各概念之间制造成本差别极大，也没有与被调查者交流价格信息的情况，则被调查者往往倾向于较贵的方案。

在许多情况下，小组还需要估计产品投入市场后一段时间（通常是 1 年）内的需求。我们将会介绍一种模型来评估产品的持久购买力。

我们所说的持久性是指产品能够维持销售几年，其中不考虑回头购买率。这个与剃须刀片、牙膏、冷冻食品等包装物不同，这些包装物必须得考虑试验阶段以及之后重复购买的几率。

在介绍这种模型之前，我们想提请各位注意，新产品的预测规模有着巨大的不确定性，而且经常会得出错误的结论。但是尽管如此，预测的数据与实际的需求能力仍然有很大的关联性，而且经常能为小组提供极为有用的信息。

我们假设 Q 是在某一时期内预期能够销售的产品数量，那么

$$Q = N \times A \times P$$

其中，N 是在这一时期内预期会发生购买行为的潜在客户数目。对于现有的拥有较稳定市场的产品（如自行车），N 表示的是基于市场现有相似产品预期在这一段时期内消费的数目。

A 表示的是了解产品并且产品对其作用较大的潜在客户所占的百分数（有时假定了解程度与有用程度是两个不同的要素，将它们乘起来才得到 A）。

P 表示的是当产品对顾客有用，而且顾客也了解这个产品时，顾客购买该产品的几率。P 则是这样估计出来的：

$$P = C_{definitely} \times F_{definitely} + C_{probably} \times F_{probably}$$

$F_{definitely}$表示的是在概念测试调查中表示“肯定会购买”（通常叫最高分）的被调查者所占的分数。

$F_{probably}$表示的是在概念测试调查中表示“应该会购买”（通常叫第二高分）的被调查者所占的分数。

$C_{definitely}$和 $C_{probably}$表示的是公司基于以前类似产品的销售经验而得出的校准常数。通常，$C_{definitely}$和 $C_{probably}$数值的范围通常是：$0.10 < C_{definitely} < 0.50$，$0 < C_{probably} < 0.25$。以前有些小组使用 $C_{definitely} = 0.4$ 以及 $C_{probably} = 0.2$。这个值反映的是被调查者在调查时习惯性高估他们实际购买产品几率的倾向。

还可以采用另一个概率函数 P，在这个函数里不仅包含最高两个反应级别的被调查者，而且包含其他所有反应级别的被调查者所占的比例。

对于那些全新类别的产品（如便携式滑板车），对这些变量的表达有点不同。在这种情况下，N 表示的是新产品目标市场的消费者数目，P 表示的是在一段给定的时间内（通常是 1 年）目标市场内顾客购买该产品的几率。在图表 8—10 调查的问题中已经反映了对时间的描述，如表中注释着要求被调查者指出他们在“下一年”中购买该产品的可能性。

为了说明这个模型，我们以滑板车概念中的两个不同的细分市场以及可能的产品定位为例来进行计算。

销售给大工厂里的作为个人交通工具的滑板车：

这个类别的产品已经存在。假设在该市场上滑板车每年能够销售到 150 000 辆（N = 150 000）。假设公司是通过一个零售商来销售产品，该零售商对于该种产品的市场份额为 25%。又假设经理们通过对购买该交通工具进行合理的概念测试，得到的结果显示的是持“肯定购买”意愿的被调查者所占的比例是 0.30，持“应该会购买”意愿的被调查者所占的比例是 0.20。如果我们使用的 $C_{definitely}$值是 0.4，$C_{probably}$的值是 0.2，那么

$$P = 0.4 \times 0.30 + 0.2 \times 0.20 = 0.16$$

因此

$$Q = 150\ 000 \times 0.25 \times 0.16 = 6\ 000 \text{（单位/年）}$$

销售给大学生的滑板车：

这是一个新的范畴，所以估计起来相对要困难很多。首先，N 的值应该是多少？严格的说（截止到目前为止），在大学生中间很少有使用电动滑板车的。但是我们可以通过其他一些方式来定义 N。例如，有多少学生因为 2 公里以内的基本交通问题而需要购买自行车或电动滑板车的。这个数目大概是每年 100 万。或者是，有多少学生必须往返在学校与家之间或者是在教室与学校之间，同时行驶的距离大概是 1 到 3 里。这个数目大概是 200 万。假设我们从第二个群体里挑选样本测试，得到的结果是表示“肯定会买”的人所占的分数是 0.10，“应该会买”的人所占的分数是 0.05（注意这些数目代表的是被调查者表示在一年内会购买的人数百分比）。进一步假设公司决定在美国 100 所最大的大学里通过各学院的自行车销售部以及在校园报纸上做广告来销售滑板车。通过这样的方式，公司预期目标市场内 30% 的学生能够了解产品，并且有便捷的渠道购买。如果我们使用 $C_{definitely} = 0.4$ 以及 $C_{probably} = 0.2$，那么

$$P = 0.4 \times 0.10 + 0.2 \times 0.05 = 0.05$$

因此在第 1 年里

$$Q = 2\ 000\ 000 \times 0.30 \times 0.05 = 30\ 000 \text{（单位）}$$

基于概念测试的预期需要进行慎重的思考。有些公司，大部分都在相似产品的经验上得出了预期过程的准确性水平。当预期与实际销售确实有关联时，大部分个人预期往往会表现出实质性的错误。

在调查中导致预期销售与实际销售情况不相符的因素包括：

口述的重要性：如果产品的好处并不能立马显示出来，那么现有顾客的积极性将会成为引发需求的一个重要因素。这个因素在概念测试中一般不能觉察出来。

概念描述时的逼真度：如果实际的产品与概念测试中对产品的描述有着很大的差别，那么实际的销售量与预期也会有很大的不同。

定价：如果产品的实际价格与调查中显示的价格或者与被调查者预期的价格有着很大的偏离，那么对销售量的预期就很可能不准确。

促销水平：对于大部分产品来说，广告和其他途径的促销能够增加需求。但是通过“了解程度/有用性”条件或者通过执行概念所需材料制作的预期模型中，促销的作用几乎都被忽略掉了。

8.7 步骤 7：对结果和过程进行反思

概念测试最大的好处就是能够从实际的潜在顾客那里获得反馈。通过与被调查者关于概念所做的自由回答式的讨论得出的定性认识是概念测试尤其是在早期的研发阶段最重要的成果。小组应当对调查过程以及预期的数据结果进行思考。

小组最好是从预测模型中三个主要变量的影响上来进行思考：（1）市场的总体规模；（2）产品的有用性以及知名度；（3）不同购买产品的客户所占的百分比。产品的替代市场有时候能增加第（1）个要素，宣传以及促销计划能够增加第（2）

个因素，对产品的设计进行修改（或者广告）来提高产品的吸引力能够增加第（3）个因素。对这些因素的敏感性分析（如果小组能够保证与一个零售商的合作关系而使得 A 增加了 20%，这会对销售量产生什么样的影响?）不仅可以获得更有用的认识，而且能够促进决策的制定。

在反思概念测试的结果时，小组需要询问两个诊断性的问题。首先是，概念的交流方式是否能够确保顾客的回答反映出真实的趋势？举例来说，如果某个概念最大的优点就是它的外观优美，那么概念交流的方式是否确保了被调查者很清楚地了解到了这一点？其次，结果的预期是否与相近产品的现有销售量相符合？举例来说，如果汽油驱动 GoPed 滑板车（一种竞争产品）现在每年能向学生销售 1 000 辆，那么为什么 emPower 公司认为它的产品的销售量能达到这个产品的 30 倍？

最后，一种新产品的经验对于将来或者是相近产品可能是很有用的。所以，如果小组对概念测试的结果做出记录同时将这些结果与随后产品开发过程中的观察进行对比校正，那么将会是非常有益处的。

8.8 小 结

概念测试要求目标市场的潜在客户对产品概念的描述直接给出回应。概念测试与概念选择的不同点在于，概念测试是基于直接从潜在客户那里获得的数据，并且依赖于开发团队的主观判断的程度较小。

- 概念测试能够确认产品概念是否满足了顾客多方面的需要，能够估计产品的销售潜力，还能够为进一步加工概念获得必要的客户信息。
- 概念测试对于开发过程中的几个要点十分重要——在识别初始的产品机遇时；在选择继续开发两个或多个概念中最合适的概念时；在评估产品概念的销售潜力时；以及在决定是否继续研发或者决定产品的商业价值时——都是非常适用的。
- 我们介绍了一种 7 步法来测试产品概念：
- 确定测试的目的；
- 选择调查的人群；
- 选择调查的模式；
- 概念传达；
- 测度顾客反应；
- 结果解释；
- 对结果和过程进行反思。

参考文献

很多资料可以上 www. ulrich - eppinger. net 网站搜索。

Crawford 和 Di Benedetto 测试了目前市面上销售的一些产品的预测模型。参见 Crawford, C. Merle, and C. Anthony Di Benedetto, *New Products Management*, eighth edition, McGraw－Hill, New York, 2005。

Jamieson 和 Bass 描述了解释销售趋势数据的一些方法，同时还讨论了一些因素来解释倾向与行为间的固定联系。参见 Jamieson, Linda F., and Frank M. Bass, “Adjusting Stated Intention Measures to Predict Trial Purchase of New Products: A Comparison of Models and Methods”, *Journal of Marketing Research*, Vol., 26, August 1989, pp. 336～345。

在预测新类别产品的发展趋势时，Mahajan et al. 讨论了一些非常有用的模型——扩散模型。参见 Mahajan, Vijay, Eitan Muller, and Frank M. Bass, “Diffusion of New Products: Empirical Generalizations and Managerial Uses”, *Marketing Science*, Vol. 14, No. 3, Part2 of 2, 1995, pp. G79～G88。

Vriens 和他的同伴的一项研究报道了口头描述和图片描述导致的概念测试结果的不同。参见 Vriens, Marco, Gerard H. Loosschilder, Edward Rosbergen, and Dick R. Wittink, “Verbal versus Realistic Pictorial Representations in Conjoint Analysis with Design Attributes”, *Journal of Product Innovation Management*, Vol. 15, No. 5, 1998, pp. 455～467。

Dahan 和 Srinivasan 认为使用网络测试与使用物理模型进行测试得到的结果很相似。参见 Dahan, Ely, and V. Srinivasan, “The Predictive Power of Internet－Based Product Concept Testing Using Visual Depiction and Animation”, *Journal of Product Innovation Management*, Vol. 17, No. 2, March 2000, pp. 99～109。

Urban et al. 做了个报道，主要是关于描述概念时多媒体系统的使用以及顾客信息的模拟。参见 Urban, Glen L., John R. Hauser, William J. Qualls, Bruce D. Weinberg, Jonathan D. Bohlmann, and Roberta A. Chicos, “Information Acceleration: Validation and Lessons from the Field”, *Journal of Marketing Research*, Vol. 34, February 1997, pp. 143～153。

练习

（1）你能使用哪些不同的方式来与一些新用户就一款自动音响系统进行交流？每种方式的利弊是什么？

（2）粗略估计下面产品的 N，列出你的假设条件。

- 空中旅客的睡眠枕头。
- 家用电子气候监控站（用来监测温度、气压、湿度等）。

思考题

（1）为什么你会认为被调查者一般会高估购买商品的可能性？

（2）什么时候使用工作模型来与潜在客户交流概念是不好的？在什么情况用某种其他形式会更好一些？

附录：估计市场规模

对市场规模的粗略估计通常可以与相似产品进行比较，或者与已知的统计人口规模进行比较。图表 8—11 和图表 8—12 包含了一些有用的数据。

图表 8—11　　2007 年人口统计数据

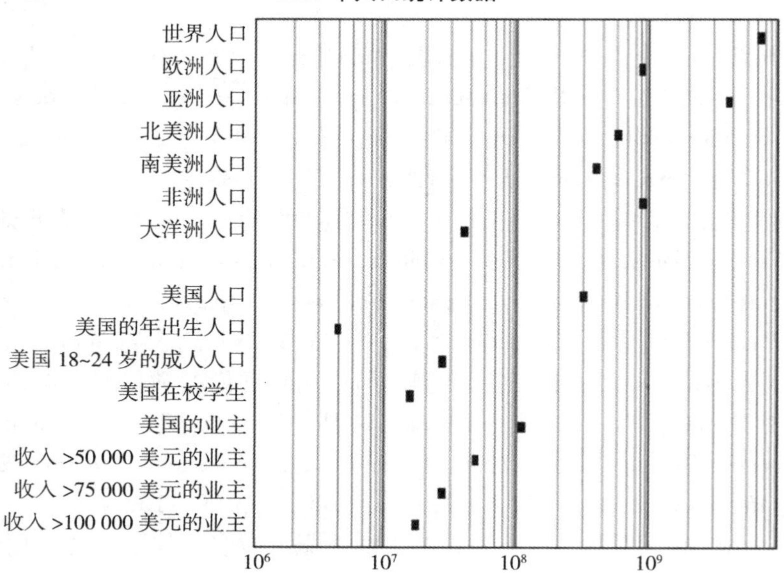

图表 8—12　　多种产品的近似年销售量

图中的数据表示的是一个制造商制作的代表性产品的销量。

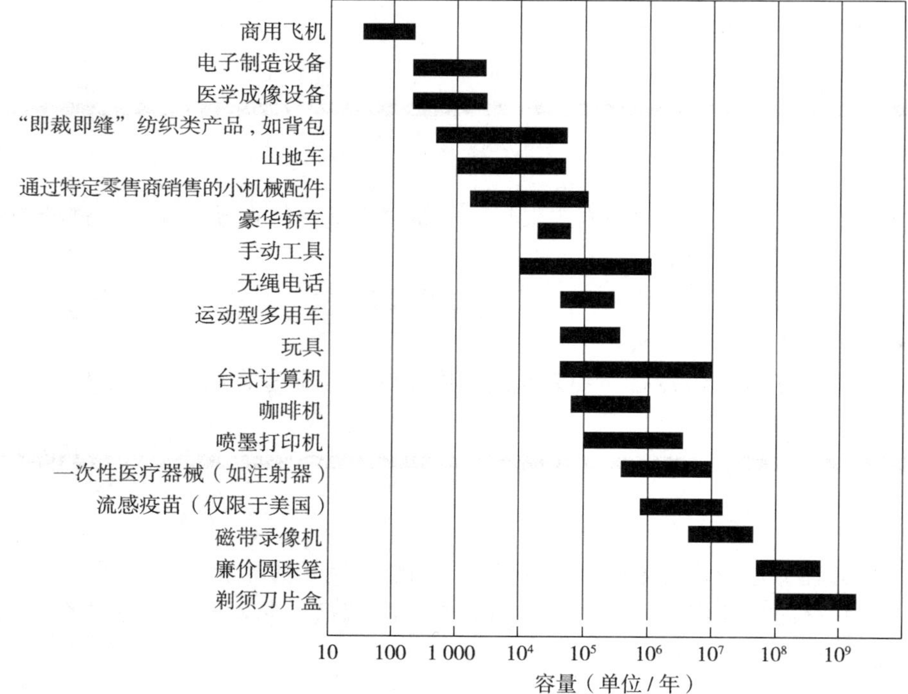

产品构造

惠普公司家用打印机部的一个产品开发团队正在考虑如何应对同时增加产品多样性和减少制造成本的压力。图表 9—1 显示了这个部门的打印机产品。喷墨打印机已经成为个人和小型办公彩色打印的主流技术。优秀的黑白打印质量和近乎照片的彩色打印质量用低于 200 美元的打印机就可以达到技术要求。被彩色喷墨打印机增长的价值所驱动，三个主要竞争商的销量加在一起是每年几百万台。但是，随着市场的成熟，商家要想取得成功，就需要使打印机适合各种细分市场的细微要求，并且持续降低这些产品的制造成本。

开发人员在思考他们下一步工作时，提出了这样一些问题：

- 产品结构对他们提供多样化产品的能力有怎样的影响？
- 不同的产品结构对成本意味着什么？
- 产品结构对他们在 12 个月内完成设计的能力有怎样的影响？
- 产品构造对他们管理开发过程的能力有怎样的影响？

产品结构是把产品的各功能单元组合为实体装置的结构配置。本章主要讨论如何建立产品的结构。构造产品结构的目的是根据各部分的功能，以及与装置其他部分的相互关系来确定产品基本的实体单元。构造方面的决策应该便于把各零部件的设计和测试分配给班组、个人以及（或者）供应商来完成，这样就可以使产品不同部分的开发工作能同时进行。

图表 9—1　　**惠普公司的台式打印机**

（Hewlett – Packard 公司授权）

在本章的下面两个部分里，我们将通过惠普打印机和其他几个产品的实例来定义产品构造，并阐明产品构造设计的重要意义。然后我们将提出一套建立产品构造的方法，并以打印机的实例来说明。（注意，打印机实例中隐瞒了某些细节以保护惠普公司专有的产品信息。）介绍了这种方法之后，我们将讨论产品构造、产品多样性和供应链绩效之间的关系，我们也提供了对平台规划（一种与产品结构密切相关的活动）的指导。

9.1 什么是产品构造？

一个产品可以从功能上和实体上来认识。产品的功能单元是指那些对产品的整体性能有贡献的独立的运动能力和装置。对于打印机来说，“存储纸张”和“与主计算机交流”就是其中的两个功能单元。各功能单元在确定以某种技术和实体元件来实现之前，往往以示意图的形式加以描述。

产品的“实体单元”是最终完成产品功能的零件、部件和子装配体。实体单元随着产品开发的进展而逐渐明确。有的实体单元在产品概念阶段就可以确定下来，而另一些在细节设计阶段才能确定。以台式打印机为例，它的产品概念涉及热油墨传递装置，由一个打印墨盒实现。这一实体单元与产品概念紧密联系在一起，并且是开发项目的一个基本设想。

一个产品的实体单元常被组合成几大部分，我们称之为“组件（chunks）”（这个概念已经得到了美国一些大的制造企业的认同）。每一个组件由若干完成产品相应功能的零件组成。产品构造就是以实体组件来实现产品各功能单元，并使各组件相互关联的配置方案。

也许产品构造的最重要的特征是它的模块化程度。让我们先来看看图表9—2所示的自行车刹车与变速手柄的两个不同的设计方案。在传统的设计中（左图），变速手柄和刹车柄是两个独立的部分，并安装在自行车的不同部位。这个设计体现了一种模块化的构造。在右图所示的新型设计中，变速手柄与刹车柄被放在了同一组件中，从而体现了一种集成化的构造——这是受到气动原理和人机工程学原理的启发而做出的改进。

图表9—2　　**自行车刹车和变速手柄的两个设计方案**

左图体现了一种模块化的构造；右图体现了集成化的构造。

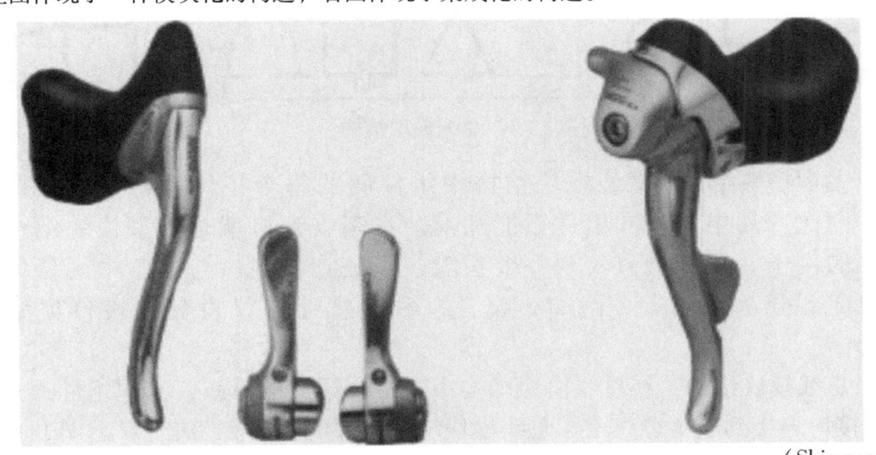

（Shimano 授权）

一个标准的模块化构造有以下两个特点：

- 各个组件分别执行一个或若干个功能；
- 组件之间的相互关系是明确的，并且这种相互关系往往是实现一个产品功能的基础。

模块化最强的构造中每个功能单元可以完全被一个组件完成，并且组件之间配合十分完美。这种构造允许在不改变其他组件的情况下，只改变单一组件而不影响产品的功能。各组件还可以设计成相互独立的。

与模块化构造相对的是“集成化构造（integral architecture）”。集成化构造一般具有下列一个或若干个特征：

- 产品的每个功能单元都由多个组件来实现；
- 每个组件参与多个功能单元的实现；
- 组件之间的相互关系并不明确，这种相互关系对产品的基本功能来说并不一定重要。

具有集成化构造的产品在设计思想上往往力求具备最完善的性能。产品各功能单元的实现是由多个组件共同完成的。组件之间的界限很难划分，甚至不存在。为了优化产品某方面的性能，许多功能单元被合并成若干个实体元件。但是正因为如此，任何一个零部件的修改都要求对产品进行重新设计。

模块化只是产品构造的相对特征。很少有产品是完全模块化或集成化的。但正如图表9—2所示的两个方案那样，通过相互比较，就可以看出不同产品构造之间模块化程度的高低。

9.1.1 模块化的类型

模块化结构有三种类型：槽型、总线型和组合型。每种类型体现一种功能单元和组件及定义好的接口之间的一对一映射。这些类型的不同之处在于组件间接口的组织形式。图表9—3表示了这些结构类型之间的概念差别。

图表9—3　　**三种类型的模型化结构**

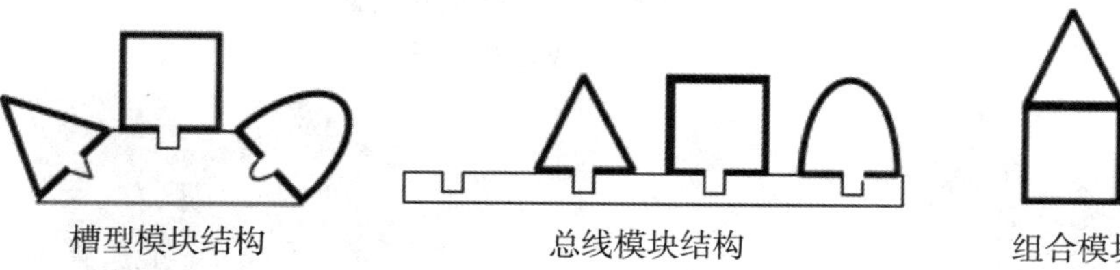

- **槽型模块结构**：槽型模块结构中组件间的每个接口都与其他接口类型不同，因此产品中的不同组件不能互换。汽车收音机就是槽型模块结构中一个组件的例子。收音机只实现一个功能，但是它的接口与汽车中的任何一个其他组成部分都不同。（例如，收音机和速度计与仪表盘的接口类型是不同的。）
- **总线模块结构**：在总线模块结构中有一个通用的总线，其他组件通过同样类型的接口连接到这个总线上。总线模块结构组件的普通实例是个人计算机的扩展

卡。非电子类产品也可以按照总线模块结构来制造。轨道照明、铁轨架设系统和汽车的可调式顶架都体现了总线模块结构。

- **组合模块结构**：在组合模块结构中，所有的接口都是同种类型的，但是没有一个所有组件都连接到其上的元件。组装是通过将组件以同样的接口互相连接而完成的。许多管道系统都是组合模块结构，还有分体沙发、办公室分隔板和一些计算机系统也属于这种类型。

槽型模块结构是最常用的模块结构，因为对大多数产品来说，每个组件都需要一个不同的接口，以适应该组件与产品其余部分间的连接。总线模块结构和组合模块结构适用于整个产品的配置变化较多，但其组件可以以标准的方式与产品其余部分互动的情形。当所有的组件都使用同种类型的动力、流体连接、结构附着或信号交换时就会出现这种情况。

9.1.2 何时定义产品结构？

在概念开发阶段，产品结构就开始出现了。这种出现是非正式的——在草图、功能图和概念开发阶段的早期原型中。通常，基本产品技术的成熟决定了产品结构是在概念开发阶段还是在系统水平设计时被完全定义。当新产品是对已有产品概念的改进时，产品结构是在产品概念中定义的。这里有两个原因。第一，产品的基本技术和工作原则已经预先制定了，因此，概念设计工作通常集中于以更好的方式来体现既定产品概念。第二，当一个产品种类成熟后，供应链（即生产和销售）的考虑和产品多样性的问题开始变得愈来愈显著。产品结构是对公司有效提供多样化产品能力影响最显著的开发决定之一。产品结构因此成为产品概念的中心环节。但是，当新产品是其种类中的第一个时，概念开发通常集中于产品所依据的基本工作原则和技术。在这种情况下，产品结构经常是开发中系统水平设计阶段的最初任务。

9.2 产品构造的内涵

有关怎样把产品拆分成若干组件以及产品构造模块化程度的决策是和许多重大问题联系在一起的，如产品的多样性、产品的性能、产品的修改、零件的标准化、工艺和项目管理等等。因此，产品构造关系到企业的市场营销战略、生产能力以及产品开发管理。

9.2.1 产品改进

组件是构成产品的模块，而产品构造又决定了这些模块与产品功能的关系。因此，产品的构造也决定着怎样对产品进行改进。模块化构造允许在不影响其他组件的情况下，只对产品的若干独立的功能单元进行修改。而要对集成化构造中的组件进行修改，就会影响许多功能单元，要对有关的组件同时修改。

促使企业进行产品改进的原因有：

- 升级：随着技术和用户需求的发展，产品必须不断升级以适应这种发展。例如，更新打印机的主板，或以更强劲的制冷泵来替换冷却装置中原来的泵。
- 可扩展性：许多产品是制造商作为基本功能体出售的，在此基础上顾客再根据自己的需要添加一些可能由别的制造商生产的元件。这种类型的产品修改在个人计算机产业中是很常见的（例如，顾客可以在一台普通的计算机上添加更大容量的存储装置）。
- 适应性：一些寿命周期较长的产品可能应用在多种不同的环境中，这就需要产品具有一定的适应性。例如，有些机床需要在 110～220 伏特的电压下才能正常工作，有些发动机要能够同时适用于以汽油和丙烷作为燃料。
- 可替代性：实体单元在使用过程中会磨损。为延长整个机器的寿命，像剃刀的刀片、汽车的轮胎、大多数转动轴承以及许多机器的马达等都是需要经常更换的。
- 易耗品：一些产品在运行的过程中需要经常更换易耗材料。例如，复印机和打印机的墨盒、照相机的胶卷、胶棒里的胶水、喷灯里的燃气罐、手表里的电池等等，这些易耗品都是需要经常更换的。
- 使用的灵活性：一些产品为了满足顾客的不同要求，必须能够改造。例如，许多 35 毫米的照相机能与不同的镜头和闪光灯配合使用，有的帆船能够挂几种不同的帆，有的鱼竿也要与几种绕线卷筒配合使用。
- 再利用：在开发后续产品的时候，企业往往希望能保留那些仍可利用的某些功能单元或部分。例如，电子仪器的制造商往往希望通过仪器内部零部件的变更而改变用户界面，通过改变外形来更新产品线。

在以上这些例子中，一个模块化的结构能够使制造商在获得功能改进的时候，只对产品做最小的实体改动。

9.2.2 产品的多样化

“多样化（variety）”是指企业在特定的时期为适应市场的需求而生产的产品范围。模块化构造的产品可以在不增加制造系统复杂性的条件下，实现产品的多样化。例如，斯沃奇公司可以生产数百种不同的手表，但这种多样性却是以相当低的成本通过各种标准组件的不同组配而实现的（如图表 9—4 所示）。很多种不同的表针、表盘、表带与选择范围相对较小的内部传动机构和表壳的不同搭配，几乎形成了无穷无尽的产品系列。

9.2.3 零部件标准化

零部件标准化是指在多种产品中应用同样的零件或组件。如果一个组件可以实现一个或几个有广泛用途的功能单元，那么这个组件就可以被标准化，从而应用在几种不同的产品上。这种标准化使得企业能够大批量地进行该组件的生产，从而降低了成本，提高了质量。例如，图表9—4所示的斯沃奇公司的各种手表的传动机构都是相同的，可以实现标准化。当几个制造商的产品都需要用到同一供应商生产的零件或组件时，也有必要对该零件或组件实施标准化。例如，图表9—4所示手表的电池就是由一个供应商提供的，它们被许多厂家的产品线所采用。

图表9—4　　**斯沃奇公司产品的模块化构造形成了产品的多样化**

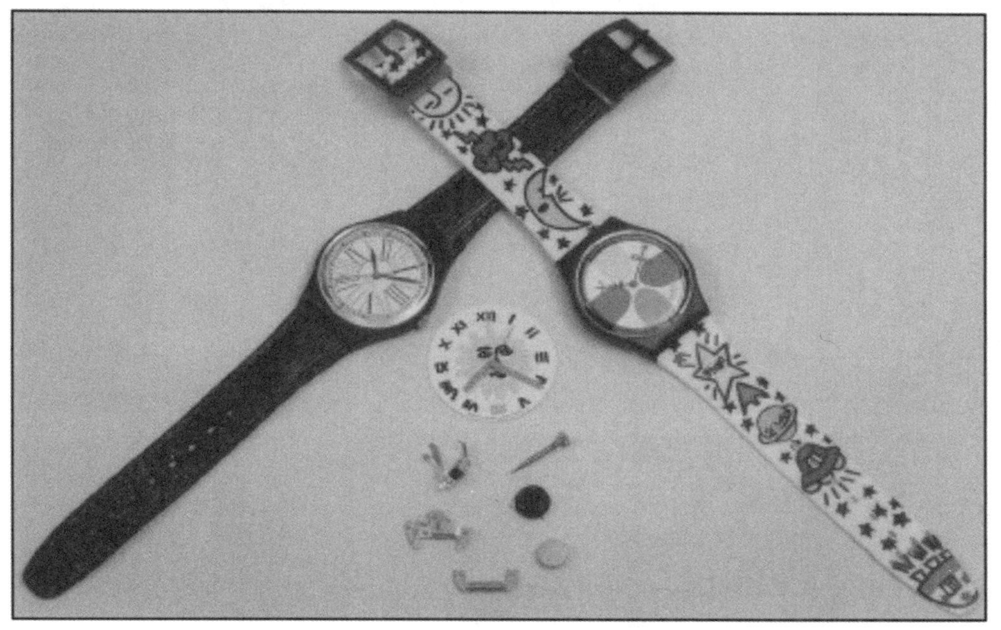

（Stuart Cohen 授权）

9.2.4 产品性能

我们把产品性能定义为产品完成期望功能的程度。产品性能参数有速度、效率、寿命、精度及噪音等。集成化的产品构造有助于整体性能参数和那些取决于产品的尺寸、形状或质量的参数的优化。这些参数包括加速、能耗、气动刹车、噪音及美观性。让我们看一个摩托车的例子。在传统的摩托车构造中，结构支撑功能由一个框架组件完成，而动力转换功能则由传动装置来完成。图表9—5是宝马（BMW）公司R1100RS型摩托车的照片。在这种摩托车的构造中，结构支撑功能和动力转换功能均由传动组件来完成。这种集成化的构造使得设计人员可以通过开发传动装置的附属结构特征来避免采用单独车架时所带来的额外的尺寸和体积的增加。这种由同一实体单元同时执行多种功能的方式被称为“功能分散（function sharing）”。集成化的构造还可以通过功能分散（如上面摩托车的例子）来减少冗余部分，并通过零部件之间的几何嵌套使产品占用空间最小化。这种功能分担和嵌套还可以节省材料，降低产品的制造成本。

图表9—5　　　　　　　　　　**宝马（BMW）R1100RS型摩托车**

这种摩托车传动装置的设计体现了功能分散或集成化构造的思想。

（宝马公司授权）

9.2.5 工艺

除了上面所提到的产品多样化和零件标准化对成本的影响外，产品构造也会直接影响到开发人员是否能以低生产成本设计每个组件。一个很重要的工艺设计（DFM）原则就是通过零件的集成使产品中零部件的数量减少到最小。然而，为了保持一个既定的构造，实体单元的集成只能局限在每个组件之中。组件之间的零件集成即使是可能的，也是非常困难的，并会使产品的构造发生较大的改变。既然产品构造在这方面限制了后续的产品细节设计，开发人员就必须考虑这种构造对工艺的影响。正因为这个原因，在进行组件规划的系统设计阶段，DFM 就开始了。关于 DFM 的实施细节，详见第 11 章“制造设计”。

9.2.6 产品开发管理

每个组件的细节设计一般都分配给企业内部较小的单位或其他供应商来完成。之所以把这种设计任务交给个人或小组来完成，是因为这种设计要求对组件内部的零件之间的相互作用、几何关系和其他方面提出具体的解决方案。对于模块化的构造，组件的设计人员只需关注该组件与其他组件之间已知的、相对有限的、功能方面的联系。假如产品的一个功能单元由两个组件来完成（这是在集成化构造中经常出现的），那么在进行组件的细节设计时，就需要两个组件的设计人员密切合作。这种合作比起模块化构造中由两组人员分别设计两个不同的组件时所进行的合作来说更加复杂，更加富有挑战性。基于这个原因，当一个开发小组需要依靠外部供应商或其成员比较分散的小组时，一般选择模块化的产品构造，这样开发任务就可以根据组件的边界来分配。另一种选择是把几个功能单元都集中到一个组件当中。这样，设计该组件的小组的工作就会涉及更大范围的内部协作。

模块化构造和集成化构造还要求不同的项目管理方式。模块化构造设计管理的方法要求在系统设计阶段进行仔细的规划，而细节设计阶段主要是保证各组件的设计符合相应的性能、成本和时间进度方面的要求。而集成化构造设计的管理方法在系统设计时不要求过于细致的规划，但在细节设计时，则需要更多的综合、论证和协作。

9.3 建立产品构造

因为产品构造对于产品开发的后续工作以及产品的制造和销售都有着深远的影响，所以它要在产品开发人员综合各种因素后加以确定。其结果是要拿出产品的几何结构规划、主要组件的描述及其组件之间重要的相互关系的说明。我们推荐在进行产品构造时采用“四步法”，下面以台式打印机为例来说明。这四个步骤是：

（1）画出产品示意图；

（2）对示意图元素分组；

（3）设计简略的几何结构；

（4）确定基本的和附属的交互关系。

9.3.1 步骤 1：画出产品示意图

一张示意图代表了开发人员对产品组成元素的认识。台式打印机的示意图如图表 9—6 所示。在产品概念设计的后期，示意图中的某些部分是实体概念，如先进/先出送纸通道。有一些部分是和关键元件相对应的，如开发人员准备采用的墨盒。而另外一些部分仅仅是功能上的描述，即那些还没有形成实体概念和具体元件的功能单元。例如，“显示状态”是打印机所需要的功能单元，但特定的显示方法还没有确定。那些已经形成了实体概念或具体元件的部分通常是开发人员所构想的产品概念中的关键，而没有形成实体概念的部分一般是产品较次要的功能单元。

示意图是开发人员对产品概念的最好的诠释，但它并非包含所有能想得到的细节，例如“感知出纸状况”或“屏蔽收音机发射频率”等细节。这些以及其他更具体的功能单元将在下一步予以考虑。根据经验，为了便于确立产品的构造，步骤1的示意图最好由少于30个单元来表示。如果产品很复杂，涉及数百个功能单元，那么最好省略一些较小的部分，并把一些功能加以归并，等到以后再予以区分（参考本章“确定子系统”部分）。

图表9—6　**台式打印机示意图**

图中标明了功能单元（如“存储输出”）和实体单元（如“打印墨盒”）。为清晰起见，并未把所有元素间的连接都表示出来。

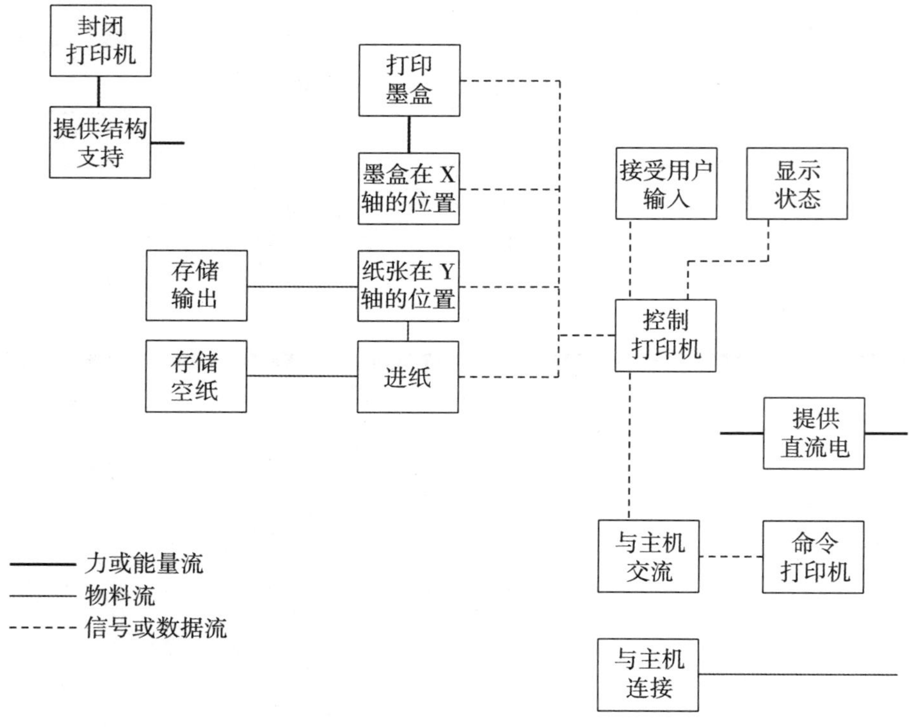

这种示意图并不是惟一的。绘制示意图时所做的选择，如功能单元的选择和配置，部分地确定了产品的构造。例如，功能单元“控制打印机”在图表9—6中以一个独立的集中的单元来表示，另一种方案是把系统中每个单元的控制部分分开放置。因为在示意图中留有许多调整的余地，所以开发人员应该设计若干种方案，并选取其一，以便确立最好的产品构造。

9.3.2 步骤 2：对示意图元素分组

步骤 2 的任务是把示意图中的每个元素都划分到相应组件中去。图表 9—7 所示的是一种划分方案，其中采用了 9 个组件。这是台式打印机开发人员采取的方案，还有一些其他的分组方案。在最极端的情况下，示意图中每个元素构成一个组件，形成 15 个组件。另一个极端是把产品的所有单元施以实体上的集成，从而使产品只具有一个大的组件。事实上，考虑所有可能的分组方案，可以形成成百上千种选择。对示意图元素分组的一种方法是假定每个元素都形成一个独立的组件，然后在有利的情况下不断加以合并。为了确定在哪里合并是有利的，需要考虑以下因素，这些因素反映了前文所讨论的产品构造的内涵：

图表 9—7　**将元素分为各个组件（9 个组件组成了台式打印机的建议结构）**

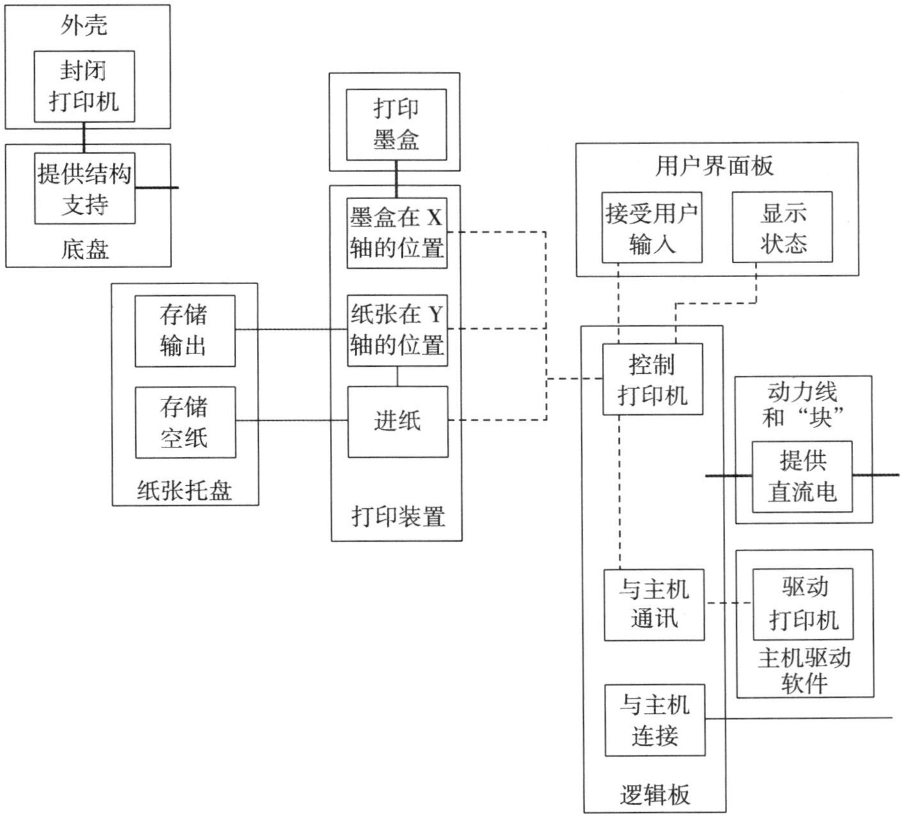

- **几何集成与精确性**：把示意图中的几个单元放到一个组件中，会使设计人员更好地控制这几个单元的实体关系。这样，就能使处于同一组件中的需要精确定位或紧密几何集成的单元得到最好的设计。对台式打印机来说，这意味着将与墨盒在 X 轴的定位和纸张在 Y 轴的定位有关的元素划分到一个组件中去。
- **功能分担**：当一个单独的实体单元同时充当产品的几个功能单元的传动组件时（见图表 9—5）就会出现这种情形。在台式打印机中，开发人员认为状态显

示和用户控制可以集成在同一个组件中，所以决定把这两个功能单元放到同一个组件中。

- **供应商的能力**：一个可靠的供应商可能具有与产品开发密切相关的某种能力。为了很好地利用这种能力，开发人员会把那些供应商有制造经验的单元集成到同一个组件中，并交给该供应商生产。在台式打印机的设计中，一个内部团队完成了大多数工程设计工作，因此这不是主要考虑的问题。
- **设计或生产技术的相似性**：当两个或更多的功能单元可能用同样的设计或生产技术完成时，将这些元素集成到同一组件中将会使设计或生产更经济。例如，一个普遍的策略是将所有包括电子装置的功能集成到同一个组件中，这样将有可能用一个电路板实现所有这些功能。
- **集中修改**：当开发人员预计某些单元可能要做大量的修改时，就有必要把该单元独立为一个模块化的组件，这样对该组件的修改就不会影响到其他的组件。惠普公司的设计人员预期在产品生命周期中对其外观进行修改，所以选择将外壳单元划入其单独的组件。
- **适合多样化**：示意图中各元素的分组应该有利于企业按照顾客的具体要求来对产品做出改动。打印机将在世界上不同电力标准的各个地区销售。所以，开发团队为与提供直流电有关的元素建立了单独的组件。
- **标准化**：如果一套元件在其他的产品中也可以使用，那么应该把它们集成到一个组件中。这样可以提高组件中各实体单元的生产质量。惠普公司内部标准化的主要目的是使用已有的打印墨盒，因此将这一部分保留为其单独的组件。
- **关联的便利性**：有些相互作用可以在长距离内方便地传递。例如，电子信号比机械运动易于传输。所以，相互之间具有电子联系的单元很容易彼此分离。对于流体联系的单元也是如此，只是程度小些。这种流体和电子联系的性质使惠普公司的开发人员可以把控制和通讯功能集成到一个组件中。相反，与纸张处理有关的元素则在几何上受到其必要的机械作用的很多限制。

9.3.3 步骤3：设计简略的几何结构

几何结构可以利用草图、计算机模型或物理模型（例如用卡板纸或泡沫制成的）在两维平面或三维空间中进行设计。图表9—8显示了台式打印机简略的几何结构，其中标明了各主要组件的位置。设计几何结构时，设计人员要考虑组件之间的几何关系是否可以实现并确定组件间的基本空间关系。通过考虑打印机的一个交叉部分，设计人员认识到在纸张托盘可以存储的纸张数和机器的高度之间存在一个基本的相互制约关系。和前两个步骤一样，在这个步骤中，开发人员也会设计几个替代方案，比较后从中选取一个最好的方案。选择的标准与步骤2的元素分组密切相关。有时候，开发人员会发现步骤2的分组在几何上是不可行的，这就需要把一些单元重新安排到其他组件当中。当产品的美学性和人机界面问题非常重要，并与各组件的几何布局密切相关时，简略的几何结构的设计就应该在工业设计师的参与协作下进行。

图表 9—8　台式打印机简略的几何结构

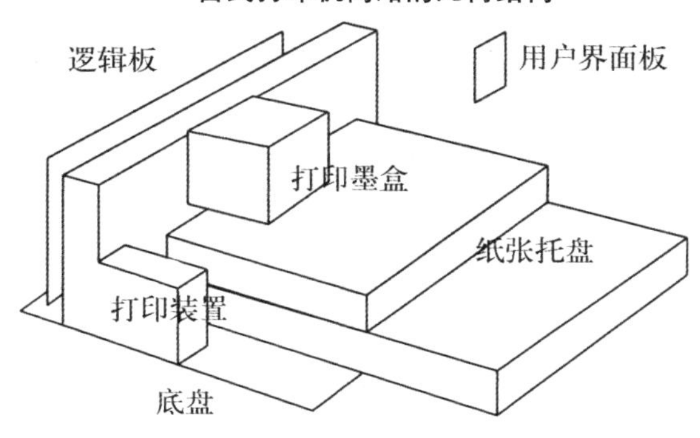

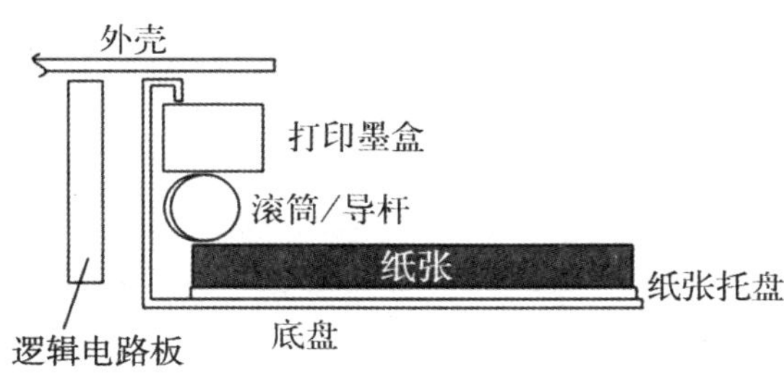

9.3.4 步骤 4：确定基本的和附属的交互关系

各个组件可能是由不同的个人或小组设计的。组件之间存在着确定或不确定的交互关系，所以各个小组要协调它们的设计，交流各自的信息。为了更好地管理这种协作过程，开发人员应该在系统设计阶段明确组件之间那些已知的交互关系。

组件之间的联系有两种类型。首先是"基本交互关系（fundamental interactions）"，它与示意图中连接各组件的那些线条相对应。例如，一张纸从纸张托盘流动到打印装置中。因为基本交互关系是系统运行的基础，所以，在最早设计示意图时就应该计划好，并要很好地加以理解。其次是"附属交互关系（incidental interactions）"，它是功能单元特定的实体设置或组件之间具体的几何排列所造成的。例如，纸张托盘中的传动器所引起的振动会干扰打印墨盒在 X 轴的精确定位。

当示意图的各元素被划分成各个组件之后，基本交互关系就已经清晰地表达出来了，而附属交互关系必须以其他方式加以描述。如果只含有较少数量的关联组件（少于 10 个），那么"关联图（interaction graph）"可以方便地表达它们之间的附属交互关系。图表 9—9 是台式打印机的关联图，它反映了组件之间已知的附属交互关系。对于较大的系统，这种关联图就会变得混乱，这时可以采用"关联矩阵（interaction matrix）"（对于这种关联矩阵的实例，请参考埃平格 1997 年发表的文章）。它也可以根据功能单元之间相互关系的数量把各功能单元划分为组件。

图表 9—9 **附属关联图**

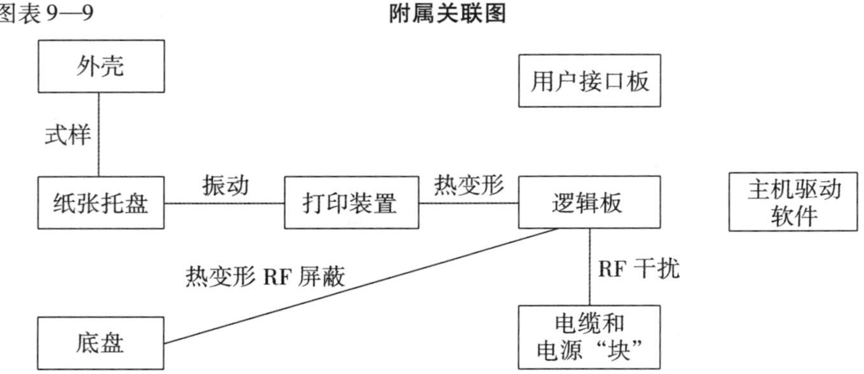

图表 9—9 表明了振动和热变形是产生热量和进行定位操作的组件之间的附属交互关系。这些关系会给系统的开发带来不便，要求开发人员必须加强内部的协作。

我们可以根据组件之间相互关系的图示来指导和管理后续的开发设计工作。有重要关联的组件应交给那些彼此交流和协作紧密的开发小组来设计。相反，与其它组件很少关联的组件可交给相对独立的小组来设计。埃平格（1997）提出了一种大项目系统开发协作要求的以矩阵为基础的方法。

通过仔细的前期协作，也有可能使两个关联的组件的后续开发完全独立开来。当两个组件可以通过某种特定的接口发生联系时，这种可能就会出现。基本交互关系的接口比较容易设计，而附属交互关系的接口设计起来比较困难。

随着产品系统设计和细节设计的进行，开发人员对组件之间附属交互关系（有时也包括基本交互关系）的认识会不断深化。示意图、关联图或关联矩阵可以反映出这种认识的深化。

9.4 多样化和供应链方面的考虑

当一个公司提供几种不同的产品时，产品结构是供应链效能的一个关键性决定因素，供应链是连接原材料和各个部件以制成用户手中成品的一系列生产和销售活动。

假设有三种不同的打印机，分别要适应三个不同地理区域中的不同的电力标准，考虑在供应链中的哪一步将产品惟一地定义为三种不同产品中的一种。假设供应链由三种基本活动组成：装配、运输和包装。图表 9—10 显示了产品在供应链中移动时不同种类产品的数量的变化情况。在图 A 中，三种不同的打印机是在组装阶段被定义的，然后运输，最后包装。在图 B 中，组装活动被分为两个阶段：产品的大部分是在第一个阶段被组装的，然后运输，完成组装，最后包装。在图 B 中，与电源有关的部件是在运输后被组装的，因此产品直到接近供应链的末端时才被分化。

将产品的分化推迟到供应链的末端称为延迟分化或简单地称为“延迟”，这样做可以大量减少运作供应链的成本——主要是通过减少库存需要。对大多数产品尤其是创新产品来说，对每种产品的需求是不确定的。也就是说，有一部分需求随着时间随机变化。要在这种需求不确定的情况下提高产品的可得性，最好在供应链末端的某处保持库存。（要理解为什么是这样，想象一下麦当劳公司如果只是在订单下达之后才开始将马铃薯剥皮、切片和煎炸的话，它如何对炸薯条每时每刻的需求波动做出反应。实际上，它保持一定量做好的炸薯条的库存，可以迅速地装入包装盒并送出。）对打印机来说，在生产和销售地之间用船进行运输需要几周的时间。为了积极响应需求的波动，必须在运输之后保持一定的库存。既定产品可得性的目标水平所要求的库存数量是需求变化程度的函数。

图表 9—10　　**延迟是将产品的区分推迟到供应链的末期**

在图 A 中，三种不同的产品是在组装阶段中和运输阶段之前被定义的；在图 B 中，三种不同产品是直到运输阶段之后才被定义的。

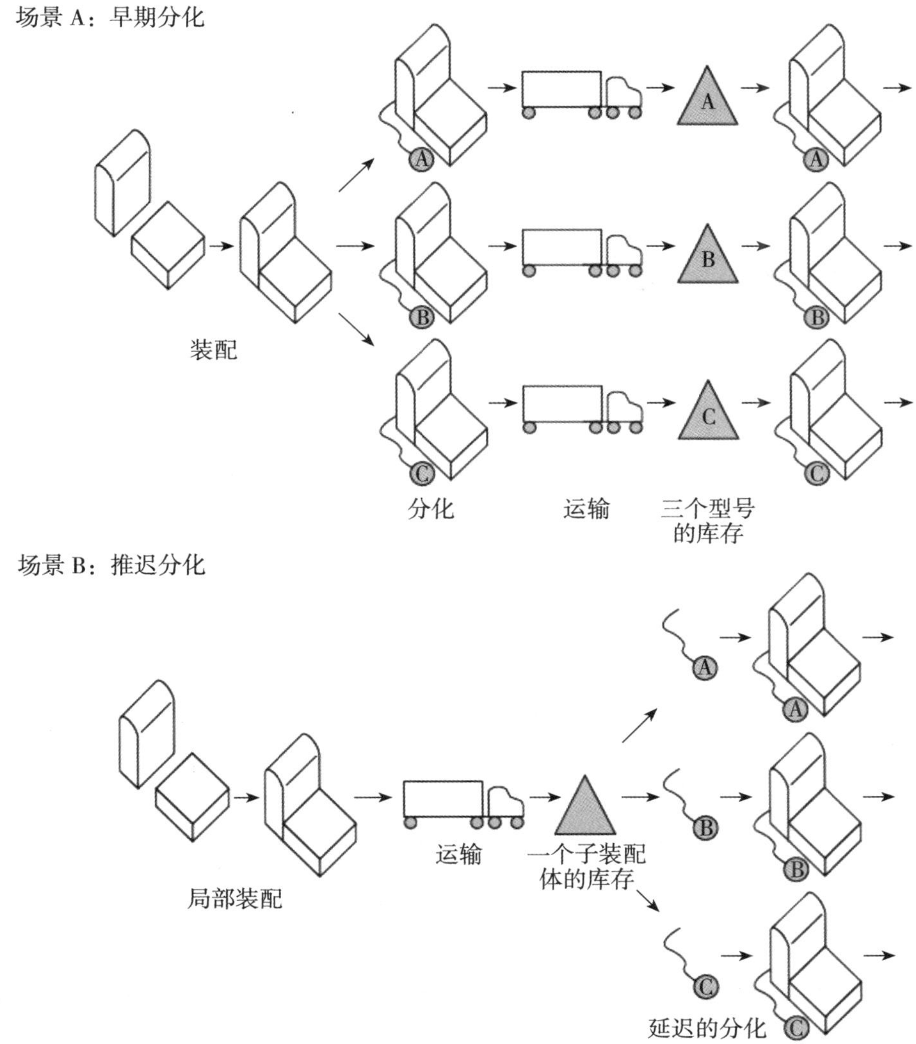

延迟可以大量减少库存的成本，因为对于产品基本元素（例如主体）的需求的随机性比对不同产品的区分部件的需求要小。这是由于在大多数情况下对于不同

种类产品的需求是不相关的，因此，当某种类型产品的需求很大时，可能该产品的其他类型的需求会很小。

延迟有两个必要的设计原则：

（1）产品中的区分元素必须被集成到一个或少数几个组件中。为了通过一个或少数几个简单的步骤将产品区分，产品的区分属性必须被产品的一个或少数几个部件所定义。考虑不同地区对打印机的电源要求不同的情况。如果适合美国120VAC标准的产品与适合欧洲220VAC标准的产品之间的差别与产品的几个组件都有关系（如电线、电源开关、变压器、整流器等，都在不同的组件中），那么将无法在不延迟这些组件的组装的情况下延迟产品的分化（见图表9—11上半部分）。如果这两种型号的惟一不同之处在于一个包含电线和电源供应“块”的组件不同，那么这两种产品之间的不同只需要一个不同的组件和一个组装步骤（见图表9—11下半部分）。

图表9—11 **供电属性分布**

供电属性分布为了能够延迟，产品的分化属性必须集中于一个或少数几个块中。在上部图中，电源通过电线、密封盖、底盘和逻辑板描述。在下部图中，电源集中在电线和一个电源“盒”。

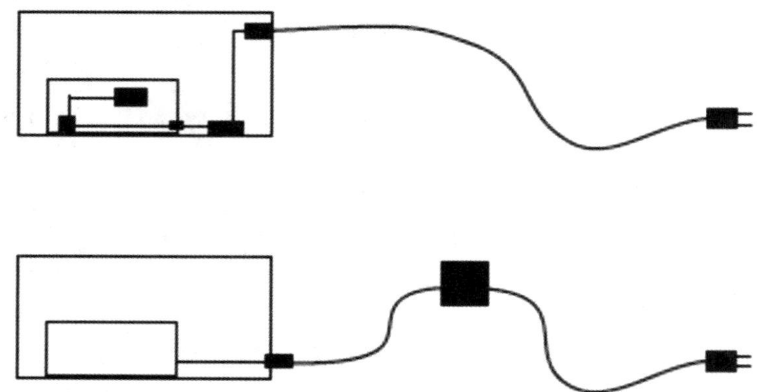

（2）产品和生产流程必须设计成其区分组件能够在供应链的末端加到产品中去。即使产品的分化属性只与一个组件有关，延迟可能也无法实现。这是因为组装过程或产品设计的限制要求这一组件必须在供应链的早期阶段被组装。例如，人们可以设想打印机的顾客化包装（例如，打印好的纸箱）是一个主要的分化组件，因为不同的市场有不同的语言要求。如果将产品从工厂运输到销售中心要求将打印机装到纸箱中，那么将无法延迟产品在包装类型上的分化。为了避免这一问题，惠普公司设计了一种明智的包装方案，即在一个大的集运架的每一层中用模型托盘定位几十个打印机，这样就可以用塑料薄膜将集运架包装起来并直接装入集装箱中。这种方法使得纸箱的分化可以在打印机运输到销售中心并安装合适的电源供应装置后进行。

9.5 平台规划

惠普公司为有不同需求的顾客提供多种台式产品。为描述这些需求，将顾客分为三种类型：家庭、学生和小型办公/家庭办公（SOHO）。为服务于这三种顾客，惠普公司可以开发三种完全不同的产品，也可以对这三种顾客只提供一种产品，还可以通过打印机中一部分组件的不同对产品进行分化。（见第 3 章“产品规划”中有关决定的讨论。）

产品结构的一个期望特性是使公司可以提供两种或多种高度分化但又共享大部分组件的产品。这些产品共享包括组件设计方案的所有资产，被称为“产品平台”。产品平台规划包括在差异性和共同性之间进行基本的权衡。一方面，提供一个产品的几个不同类型可以带来市场效益。另一方面，扩大这些不同产品共享共同组件的程度可以带来设计和制造效益。两种信息系统使团队可以进行这一权衡：差异性设计和共同性设计。

9.5.1 差异性设计

差异性设计清楚地表明了从顾客和市场期望出发，不同类型产品之间的不同之处。图表 9—12 是一个差异性设计的例子。这一设计方案由一个矩阵组成，行代表打印机的分化属性，列代表产品的不同类型。分化属性是指那些对于顾客和产品之间的差异都很重要的产品属性。分化属性通常在产品特点中加以说明，在第 5 章“产品规格说明”中已经介绍过。团队使用差异性设计来确定不同的产品的差异。在没有限制的情况下，差异性设计将与每种不同产品的目标市场中顾客的偏好相一致。遗憾的是，这种设计通常意味着产品十分昂贵。

图表 9—12　　**三种打印机的差异性设计实例**

分化属性	家　庭	学　生	SOHO（小型办公/在家办公）
黑白打印质量	“准激光”质量 300dpi	“激光”质量 600dpi	“激光”质量 600dpi
彩色打印质量	“DJ 准图像”质量	与 DJ600 相同	与 DJ600 相同
打印速度	6 页/分钟	8 页/分钟	10 页/分钟
占地面积	360mm 深 ×400mm 宽	340mm 深 ×360mm 宽	400mm 深 ×450mm 宽
纸张存储量	100 页	100 页	150 页
类型	普通用户	年轻用户	商用
与计算机的连接	USB 和并行接口	USB	USB
操作系统兼容性	Macintosh 和 Windows	Macintosh 和 Windows	Windows

9.5.2 共同性设计

共同性设计清楚地表明了不同产品在实体上的相同之处。图表 9—13 是一个打印机的共同性设计的例子。这一设计方案由一个矩阵组成，行代表产品的组件，第三、四、五列代表三种不同类型的产品。第二列表示这一设计中的每个类型组件的数量。团队在剩余列中的每个位置中填入用来组成产品的每种不同组件的标志。在没有限制的情况下，大多数制造工程师都会选择在不同类型的产品中使用同种组件。遗憾的是，这种策略将导致产品之间没有差别。

图表 9—13　　**三种打印机的共同性设计实例**

组　件	类型数量	家　庭	学　生	SOHO
打印墨盒	2	"Magnet" 墨盒	"Picasso" 墨盒	"Picasso" 墨盒
打印装置	2	"Aurora" 系列	窄 "Aurora" 系列	"Aurora" 系列
纸张托盘	2	先进先出	先进先出	高度先进先出
逻辑板	2	"Next gen" 板 有并行接口	"Next gen" 板	"Next gen" 板
外壳	3	家用型	年轻型	柔和办公型
驱动软件	5	A－PC 版本 A－Mac 版本	B－PC 版本 B－Mac 版本	C 版本

9.5.3 差异性和共同性之间的权衡

平台规划面临的挑战是解决分化产品的期望和产品能够共享组件中更多部分的期望之间的矛盾。差异性设计和共同性设计的检查揭示了几种协调关系。例如，学生型打印机有占地面积小的优点，这对有空间意识的大学生来说可能很重要。但是，这一分化属性意味着学生型打印机需要一种不同的打印装置组件，这有可能增加打印机设计和生产的投资。这种使产品适合目标市场的期望和使投资最小的期望之间的矛盾，在团队力图使差异性设计和共同性设计一致时将十分突出。我们为解决这一矛盾提供以下几条原则：

- **平台规划决定应该基于对成本和收入的量化估计**：估计市场份额 1% 的增长将带来的利润收益是一个有用的标准，相对于此，可以衡量增加不同组件将带来的制造成本和供应链成本的潜在增长。在估计供应链成本时，团队必须考虑差异性设计中的区分可以被延迟的程度或这种区分是否必须在供应链的早期阶段进行。
- **重复是有益的**：以我们的经验，团队在基于大致的信息做几次重复后做出的决定比它们在细节上耗费精力而较少重复时要好。
- **产品结构决定了差异性和共同性之间权衡的本质**：差异性和共同性之间权衡的本质是不固定的。通常，模块化结构比集成化结构有更高的共享组件比例。这意味着当面临差异性和共同性之间很难解决的冲突时，团队应该考虑备选的结构方案，这些方案可能会同时增强差异性和共同性。

在打印机的例子中，差异性和共同性之间的矛盾可以通过妥协来解决。稍微窄一些的学生型打印机的收益不可能超过制造完全不同的、更窄一些的打印装置的成本。打印装置包括大量的工艺投资，制造不同的打印装置的成本可能很高；而且由于打印装置是在供应链的早期阶段制造的，如果需要不同的打印装置，分化延迟将无法实现。由于这些原因，团队可能选择使用一个通用的打印装置而放弃学生型打印机较小的占地面积可能带来的收益。

9.6 系统设计的有关事项

建立产品构造的四步法可以指导前期的系统设计工作，但许多细节的工作还有待解决。下面我们讨论一些后续系统设计的有关事项及其对产品构造的影响。

9.6.1 确立子系统

图表 9—6 的示意图只反映了产品的关键部分，还有许多功能单元没有表示出来，并且其中的某些功能单元只有随着系统设计的进行才能逐渐清晰。这些额外的功能单元组成了产品的“子系统（secondary systems）”，其中包括安全系统、动力系统、状态监控、结构支撑和外壳等。所幸的是，子系统通常采用诸如电缆和管道等弹性连接，所以可以在产品主要构造设计定下来后再考虑。有些子系统，如安全系统，将不得不贯穿各组件。这样的子系统会带来一些特殊的问题：假如该子系统由位于几个组件中的零件组成，那么是否应该把该子系统的设计交给一个单独的开发小组或个人来完成呢？或者是否该由承担设计各组件的开发小组或个人再通过内部协作来完成子系统的设计呢？实践中，较多采用的是前者，即由专门人员来设计子系统。

9.6.2 确立组件结构

某些复杂的产品组件本身就是一个非常复杂的系统。例如，台式打印机的每个组件都涉及数十个零部件。每个组件都可以有它自己的构造——划分为更小组件的方案。这一点其实与整个产品构造的确定是一样的。组件的构造设计几乎和产品整体构造的设计具有同等重要的地位。例如，打印墨盒包括对四种颜色的油墨中的每一种进行油墨储存和油墨传送的子功能。对于这一组件有几种可能的结构方案，如对每种颜色的油墨使用单独的、可替换的墨盒。

9.6.3 相互关系的详细描述

随着系统设计的深入，由图表 9—6 中的线条所表示的组件间的基本关系会更加具体地体现为各种各样的信号传输、物料流动和能量交换。由此，组件之间的相互关系就可以更加详细地描述出来了。图表 9—14 是一张显示打印机的黑色墨盒和电路逻辑板之间相互关系的示意图。这些相互关系表示了组件之间的相互作用，并经常在正式的技术文件中被详细描述。

图表 9—14　**黑色打印墨盒和逻辑板之间的相互关系**

线条	名称	属性
1	PWR - A	+12VDC，5mA
2	PWR - B	+5VDC，10mA
3	STAT	TTL
4	LVL	100KΩ - 1MΩ
5	PRNT1	TTL
6	PRNT2	TTL
7	PRNT3	TTL
8	PRNT4	TTL
9	PRNT5	TTL
10	PRNT6	TTL
11	GND	

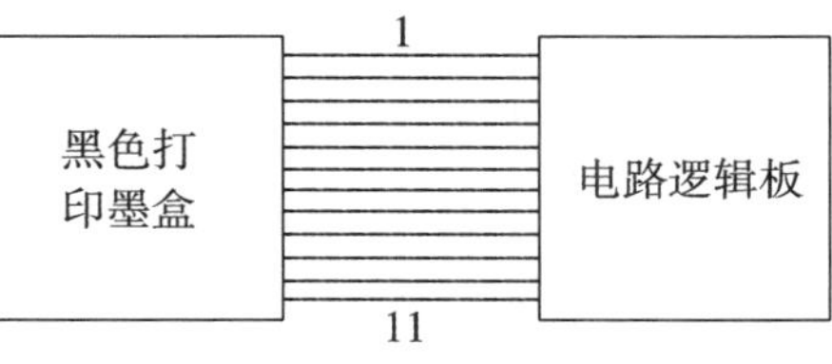

9.7 小结

产品构造是把产品的各功能单元组合为实体组件的结构配置。产品构造在新产品概念开发和系统设计阶段就要确定下来。

- 产品构造的决策对产品开发具有深远的影响，会影响到产品的性能、产品的修改、产品的多样性、零件的标准化、工艺性以及产品开发管理。
- 产品构造的关键特征是它的模块化和集成化的程度。
- 在模块化的构造中，每个实体组件执行一套特定的功能单元，并和其他组件有明确的相互关系。
- 有三种模块化结构：槽型模块结构、总线模块结构和组合模块结构。
- 在集成化的构造中，一个功能单元由多个组件来完成，所以组件之间的相互关系并不十分明确。
- 我们推荐采用所谓的“四步法”来确立产品的构造：

（1）画出产品的示意图；

（2）对示意图中的元素分组；

（3）设计简略的几何结构；

（4）确定基本的和附属交互关系。

- 四步法在初步的构造设计中指导开发人员的工作。后续的系统设计和细节设计会进一步完善产品构造的各个细节。
- 产品结构允许延迟，即产品区分的延迟，这将大量节约成本。
- 结构选择与平台规划紧密相连，平台规划即以不同的产品适合不同市场时的差异性和共同性之间的权衡。
- 由于产品构造的深远影响，所以这方面的设计工作必须考虑市场因素、制造因素和后续的设计开发工作。

参考文献

许多现有资源可以从网上得到，参见 www. ulrich - eppinger. net。

产品构造的概念及其意义在下面这篇文章中给予了更加透彻的阐述讨论：Ulrich, Karl, “The Role of Product Architecture in the Manufacturing Firm,” *Research Policy*, Vol. 24, 1995, pp. 419 ~440。

有关确立产品构造的许多事项与系统工程文献中的有关论述略有不同。近期出版的讲述以前这方面研究情况的书有：Hall, Arthur D., III, *Metasystems Methodology: A New Synthesis and Unification*, Pergamon Press, Elmsford, NY, 1989; Maer, Mark W. and Eberhardt Rechtin, *The Art of Systems Architecting*, second edition, CRC Press, Boca Raton, FL, 2000。

Pine 在其有关多样性生产的文章中，论述了产品构造和产品多样性之间的关系，参见 Pine, B. Joseph, II, *Mass Customization: The New Frontier in Business*

Competition, Harvard Business School Press, Boston, MA, 1992。

Clark 和 Fujimoto 在其有关汽车工业产品开发的著作中讨论了所谓的"黑箱式"供应商关系。在这种情况下，制造商提出组件或零、部件功能和相互关系上的要求，而由供应商完成具体的设计工作。参见 Clark, Kim B., and Takahiro Fujimoto, *Product Development Performance: Strategy, Organization and Management in the World Auto Industry*, Harvard Business School Press, Boston, MA, 1991。

Alexander 和 Simon 都是最早讨论将系统分为关联最少的组件的作者之一。参见 Alexander, Christopher, *Notes on the Synthesis of Form*, Harvard University Press, Cambridge, MA, 1964; Simon, Herbert, "The Architecture of Complexity" in *The Sciences of the Artificial*, third edition, MIT Press, Cambridge, MA, 1996。基于最早见于 1965 年的一篇文章。

埃平格提出了一种基于矩阵的方法以帮助分析由组件之间的相互关系和完成这些组件的开发团队情况所确定的产品结构。参见 Eppinger, Steven D., "A Planning Method for Integration of Large - Scale Engineering Systems," International Conference on Engineering Design, ICED 97, Tampere, Finland, August 1997, pp. 199 ~ 204。

有关区分延迟和供应链效能的更多讨论请见下面几本书：Lee, Hau L., "Effective Inventory and Service Management through Product and Process Re - Design," *Operations Research*, Vol. 44, No. 1, 1996, pp. 151 ~ 159; Lee, Hau L., and C. Tang, "Modelling the Costs and Benefits of Delayed Product Differentiation," *Management Science*, Vol. 43, No. 1, January 1997, pp. 40 ~ 53; Lee, Hau L., Cory Billington, and Brent Carter, "Hewlett - Packard Gains Control of Inventory and Service though Design for Localization," *Interfaces*, August 1993, pp. 1 ~ 11。

本章介绍的平台规划方法在下面的书中有更为全面的讨论：Robertson, David, and Karl Ulrich, "Planning for Product Platforms," *Sloan Management Review*, Vol. 39, No. 4, Summer 1998, pp. 19 ~ 31。

练　习

(1) 画出手表的结构示意图，图中仅用功能单元表示（不需要采用特定的实体元件来表示）。

(2) 描述瑞士军刀的构造。这种构造有哪些利弊？

(3) 拆一件电子产品（如果你愿意在必要的时候牺牲掉它）。画出包含关键功能单元的示意图。找出 2 个或 3 个划分组件的方案。有什么依据促使开发人员选取不同的方案？

思考题

(1) 像银行账户和保险方案这样的服务产品存在构造问题吗?

(2) 在不采用模块化产品构造的情况下,企业可以实现产品的多样性吗?怎样实现?如果不能,为什么?

(3) 有人认为图表 9—5 所示的摩托车的构造相对于模块化程度较高的构造来说,可以减轻摩托车的重量。其他方面的利弊是什么?哪种方案可能降低制造成本?

(4) 在一辆汽车的开发中,可能要做出成千上万个构造决策。找出任一个功能单元(比方说安全防护)与其他单元之间的基本交互关系和附属交互关系。你怎样根据这些关系来决定把该单元放到什么组件中?

(5) 图表 9—6 的示意图中包含了 15 个功能单元和实体单元。找出每种划分组件的可能,并说明每种构造的优缺点。

10

工业设计

2003 年，摩托罗拉公司在它已经非常成功的翻盖手机系列中又开发了一种很有吸引力的新产品。自 20 世纪 90 年代早期起，StarTAC 和 V 系列平台已经有好几代产品相继上市，这其中的一些已经风靡世界并成为手机造型的典范。

新款 RAZR 设计源于“薄就是胜利”的理念，这种理念认为如果设计的新式手机比其他市场上的手机轻薄，那么外观上就会很吸引人。这种设计要求一种新的结构，完全放弃现有的产品平台。2004 年，当这款 RAZR 首次上市的时候，顾客认为它是对已有摩托罗拉公司翻盖手机的彻底变革（如图表 10—1 所示）。

图表 10—1　　　　**摩托罗拉公司翻盖手机的发展**

按顺时针方向，从左边开始分别是 1989 年生产的 Micro TAC，1993 年生产的 Star TAC，2001 年生产的 V60，以及 2004 年生产的 RAZR。

（摩托罗拉公司授权）

RAZR 的宣传因为好莱坞名人的加入而格外引人注目，上市仅 1 年销量就达到了上百万台。这一成功归结为以下几个因素：

- **小巧轻便**：RAZR 很薄，比其他移动电话更适合随身携带。RAZR 的厚度只有 14 毫米，重量为 95 克，使其成为当时市场上最薄最轻的移动电话。
- **性能特征**：RAZR 有一个一体化 VGA 摄像机，一个宽大的键盘，以及一个明亮、色彩鲜艳的大屏幕，而且有很多新的图片可供利用。RAZR 取代了头戴式受话器插座，而采用蓝牙无限网络接口。信号的接收和传递通过一个新鲜的隐藏在键盘底座的“触觉”来完成，这样也避免了因为手指的阻碍而影响了信号的效果。

- **优越的人机工程设计**：RAZR 的设计非常顺滑，符合人机的设计，完善了人机界面。手机的形状，特别是耳机和话筒之间的夹角，让用户感到非常舒适。键盘上按键的位置和间距根据业已接受的标准，使得拨号既迅速又准确。折叠设计让用户打开或关闭键盘盖就可以接听或结束通话。此外，RAZR 还采用了新型导航软件，而且有很多现成的短语，在输入信息的时候更加快捷。
- **耐久性**：跟所有的摩托罗拉产品一样，RAZR 的设计符合严格的指标。它从 1 米高的地方落到水泥地上或在没有保护的情况下受到挤压，对外观和功能也不会造成损伤。RAZR 还能承受一定的温度、湿度、冲击、灰尘和振动。
- **材质**：为保证性能同时又兼顾美观，RAZR 使用了很多优质材质。包括激光蚀刻切口的键盘，镁合叶，超薄的铝制外壳，聚碳酸酯制造的信号接收器，防火玻璃制造的超薄屏幕。
- **外观**：整洁的外观加上尾部的金属装饰使得 RAZR 看上去很有创新感。因为 RAZR 的美观和独特的设计使得 RAZR 成为拥有者地位的象征，并使早期拥有者引以为荣。

RAZR 的开发人员中有电子方面的、机械方面的和制造方面的工程师，他们在技术开发和工艺设计中的贡献对于改进产品的构造、性能和重量都是不可或缺的。然而，如果没有工业设计师来帮助确定尺寸、形状和人机界面，RAZR 是无法实现它现在的创新的。事实上，如果不是工业设计上的创新构想给产品开发带来了巨大的成功，那么，摩托罗拉公司的开发人员可能只是简单着眼于比原来的翻盖型移动电话更轻、更小的开发方向。实际上，设计人员革命性的概念为项目创造了巨大的成功。

工业设计师主要负责与用户有关的各方面的设计——产品的外观（产品看上去、听起来、摸起来、闻起来的感受）和功能界面（产品怎样使用）。对于许多美国制造企业来说，工业设计一直是它们事后的想法。经理人员让工业设计师在产品技术特征确定后对产品造型或包装。一个公司可以单单凭借其优越的技术来为产品打开市场——尽管顾客在评价产品时肯定会有更多的挑剔，包括人机交互性和产品的造型等。

今天，产品的核心技术通常不足以确保商业成功，市场的全球化导致设计和制造必须面对广泛的顾客。激烈的竞争使得任何一家公司都不可能仅仅通过技术保持它的竞争优势。因此，像摩托罗拉这样的企业更加注重工业设计，并把它作为满足客户需求以及提供差别性产品的有力手段。

本章向工程设计人员和管理人员介绍什么是工业设计（industry design，ID），阐述工业设计怎样和产品开发的其他活动配合进行。我们在下文中将主要以 RAZR 型移动电话为例来说明问题。具体地说，本章包括以下内容：

- 工业设计的发展和工业设计的准确定义；
- 典型的工业设计投资的统计数据；
- 对某一具体产品工业设计重要性的评价方法；
- 投资于工业设计的费用和收益；
- 工业设计怎样帮助确立企业形象；
- 开发产品时工业设计应遵循的步骤；
- 说明怎样根据产品类型来改变工业设计的流程；
- 评价一个有形产品的工业设计质量的方法。

10.1 什么是工业设计？

工业设计产生于西欧，它的诞生可以追溯到 20 世纪初（详细情况请参考 Lorenz 于 1986 年发表的关于工业设计历史的文章，这里仅作一个总结）。一些德国公司，其中包括 AEG（一个大型电子产品制造商），雇用了大量的工匠和设计师来设计各种产品。最初，这些早期的欧洲设计师对工业生产并没有产生直接的影响。然而，他们的工作却影响和奠定了今天的工业设计理论。早期的工业设计理论，像 Bauhaus 运动所倡导的那样，不只注重实用，还强调几何形态、精确度、简便和产品设计的经济性。总的来说，早期的欧洲设计师们坚信，产品设计应该从内到外，形式应该为功能服务。

美国早期的工业设计的思想明显和欧洲的不同。早期的欧洲工业设计人员是建筑设计师和工程师，而美国早期的工业设计师大多是场景设计人员和艺术家。这并不奇怪，美国的工业设计一般是为销售和广告服务的，所以产品的外观要比内部重要得多。美国工业设计的先驱，包括 Walter Dorwin Teague、Norman Bel Geddes 和 Raymond Loewy，他们都很注重产品外形的流线型。这一点可以在美国 20 世纪 30 年代的产品设计中得到证实。从自来水笔到婴儿推车，产品的外形设计都应用了空气动力学方面的理论，而这并不是产品功能所必需的。汽车工业也是一个很好的例子，30 年代的欧洲汽车外形很简单流畅，而同时代的美国汽车却装饰着一些非功能性的特征，像尾翼和镀铬的齿轮等等。

然而，到了 20 世纪 70 年代，欧洲工业设计理论对美国工业设计的思想产生了深远的影响，这主要归功于 Henry Dreyfuss 和 Eliot Noyes 所做的工作。日益激烈的市场竞争迫使公司不断改进产品或提供差别化的产品。逐渐地，企业接受了工业设计不光是为造型和外观服务的观念。像贝尔、Deere、福特和 IBM 等公司把工业设计与产品开发有效地结合到一起的成功事例，也使这种观念得到了深化。今天，美国许多不同的组织，从小型设计咨询公司到大型制造公司的内部设计部门，其专家们都在进行工业设计。

到 2000 年，工业设计被专业人士在更广泛的领域实践着，包括从小的设计咨询公司到大型生产企业的设计室。摩托罗拉的产业设计师组成了一个叫做“顾客经验设计”的部门，完全致力于新产品的开发。

美国工业设计师协会（Industrial Designers Society of America，IDSA）把工业设计定义为：“以优化产品性能、价值和外观，提高厂商和顾客之间的相互利益为目的而进行的产品概念特性创立和开发方面的专业服务。”这个定义范围很宽，几乎包括了产品开发的全部活动。实际上，工业设计师的注意力更多地放在产品的形式和用户界面上。Dreyfuss 于 1967 年提出了工业设计师在协助产品开发人员完成新产品的开发时应追求的 5 个重要目标：

- **实用**：产品的用户界面应该安全、便于操作、直观。产品的每个特性都应该形象化，以便于用户对功能的掌握。
- **外观**：形状、线条、比例、颜色要给人一种赏心悦目的感觉。

- **便于维护**：产品的设计必须便于维护和修理。
- **低成本**：产品的形式和特征对加工设备及产品的生产成本有很大的影响，所以它们必须要由开发人员通盘考虑。
- **交流**：产品的设计应该通过可视的特性充分表达公司的设计理念。

工业设计师一般都要经过大学四年的教育，在此期间要学习雕塑和造型、绘图、表现、制作模型，并且要掌握材料、制造工艺和加工的基础知识。在工业设计的实践中，设计人员还会接触到基本的工程方面的、先进制造/加工过程方面和市场营销方面的实践。通过工业设计师的可视化表现，产品的概念设计得以简化。在整个产品开发的过程中，工业设计师常常要把开发人员大多数的想法变为草图、模型或透视图。

10.2 对工业设计必要性的评价

为了评价工业设计对特定产品的重要性，我们首先来看一些投资的统计数据，然后定义什么是依托于良好工业设计的产品。

10.2.1 工业设计费用

图表 10—2 显示了一些产品工业设计投资的大概金额。工业设计的投资额及其在产品开发投资预算中所占的百分比因不同的工业产品和不同的顾客需求而变化。这些统计数据会告诉开发人员一个新产品开发需要多少工业设计投资。

图表 10—2　　**某些消费品和工业品的工业设计投入**

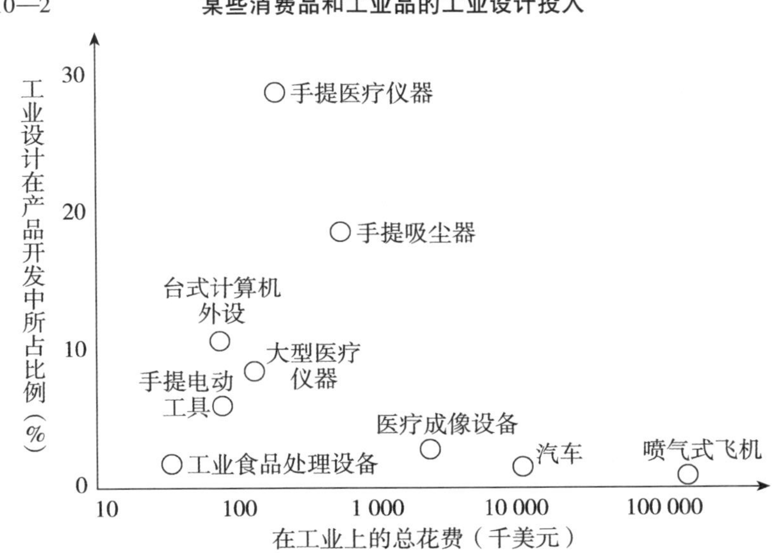

这张图表表明，不同产品的工业设计的支出变化范围是很大的。对于那些几乎与用户没有交互关系的工业设备来说，工业设计的支出仅在数万美元之内。而那些像汽车这样与顾客有密切交互关系的产品开发常需要数百万美元的工业设计投入。对于尖端技术的产品，如新型航天器，其工业设计投入与整个工程以及其他方面的开发投入相比而言，并不占有很大比例。但这并不表明这类产品的工业设计是不重要的，而只能说明其他功能方面的开发投入更加昂贵。一种新型汽车开发的成功在很大程度上取决于美观的外形和高品质的用户界面，其工业设计支出大概要一千万美元，但相对于整个开发项目的预算来说这个数额还是适中的。

10.2.2 工业设计对产品的重要性

大多数市场上销售的产品都可以通过较好的工业设计在某些方面得到改进，人们所使用、操纵或所见到的所有产品在商业上的成功都在很大程度上依赖于工业设计。

正是带着这样的观点，传统的评价工业设计重要性的方法着眼于以下两个角度：人机工程和美学（请注意，我们这里所说的人机工程包括产品与顾客交互的所有方面）。这两个方面对产品的成功越重要，产品的开发就越依赖工业设计。因此，从这两个角度来考察一些问题，我们就能够定性地评价出工业设计的重要性。

10.2.3 人机工程的需求

- 使用方便的重要性如何？使用方便对于那些诸如复印机之类的频繁使用的产品和灭火器等不经常使用的产品都是十分重要的。如果产品具有多种特性，并且（或者）有多种操作模式，那么使用方便就更加重要了。为此，工业设计师必须保证产品的特征能够有效地反映它们的功能。
- 维护的简便性有多重要？假如产品需要经常维护和修理，那么便于维护就显得很关键。例如，打印机或复印机的用户希望能够很方便地清理掉机器的卡纸。另外，以产品的特征向用户揭示维护（或修理）的步骤也是很重要的。然而，在大多数情况下，更可取的方案是减少维护的必要性。
- 产品的用户界面有多少？通常，产品的用户界面越多，产品的开发设计越依赖于工业设计。例如，门的把手显然只需要一个用户界面，而手提电脑就需要较多的用户界面，工业设计师对此必须有一个清楚的了解。每个界面可能要求不同的设计方法和（或者）额外的研发。
- 用户界面需要多新颖？已有的设计中的用户界面肯定需要不断地改进，比如，新一代台式计算机的鼠标的按钮，这种改进比较简单。但更加新颖的用户界面可能就需要进一步的研发和可行性研究，就像第一代 Macintosh PowerBook 笔记本电脑的内置式鼠标跟踪球。
- 需要考虑哪些安全因素？所有的产品都要考虑其安全性。对于某些产品来说，安全因素可能是开发人员面临的重大挑战。例如，在儿童玩具的设计中，对安全因素的考虑肯定要大大超出一只新型鼠标在这方面的考虑。

10.2.4 美学上的需要

- 要求产品差别化吗？具有稳定市场的和成熟技术的产品在很大程度上依赖工业设计来创造美观的外形和产品的差异。相反，像计算机硬盘驱动器这样的由其自身的技术决定其差别性的产品，很少依赖于工业设计。

• 产品的形象、样式和拥有者感受的重要性如何？顾客对产品的感受很大程度上取决于产品的外观。对顾客有吸引力的产品往往有着美观的造型和式样，并给拥有者带来一种强烈的自豪感。同样，看起来粗糙、保守的产品是不会吸引顾客的。当造型、式样和顾客的感受对于产品很重要的时候，工业设计就对产品最终的成功起着关键的作用。

• 美观的产品设计能激励开发人员吗？一个具有美观外形的产品常常会在设计和制造人员心目中产生一种“集体荣誉感”。而集体荣誉感将有助于激励和凝聚每一个开发人员。初步的工业设计往往能给项目组提供一个最终产品的具体的可视形象。

为了证明以上这个方法的有效性，我们用这些问题来评价摩托罗拉 RAZR 型移动电话开发中的工业设计的重要性。图表 10—3 是这种分析的结果，从中可以看出人机工程与美学性对于 RAZR 型移动电话都是很重要的。所以，工业设计在决定产品成功的关键因素中扮演着重要的角色。

图表 10—3　　**工业设计对 RAZR 型移动电话重要性的评价**

需求	重要程度（低　中等　高）	解释
人机工程		
使用方便		既然它使用频繁、可能在紧急情况下使用，并且司机在驾驶时也能使用移动电话，那么使用方便就显得很关键了。产品的功能必须通过其设计加以体现
维护方便		正像其他集成电路产品一样，RAZR 型移动电话几乎没有维护的必要
用户界面的数量		有许多用户界面，像更换电池、拨号、设置音量、收话和发话
用户界面的新颖性		与某些用户交互有关的设计解决方案是直截了当的，如数字键盘，因为决定其基本尺寸的人机工程数据很明确。然而，其他界面如可以开闭的铰链盖与其早期型号差别很大，故需要仔细研究
安全性		在 RAZR 的 ID 设计中几乎没有安全因素需要考虑。然而对于工程方面的设计，就需要仔细考虑一些安全因素
美学性		
产品的差别化		在 RAZR 推出之前、市场上已经有数百种蜂窝式移动电话。它的外形（包括尺寸和形状）是形成差别化的关键
顾客感受、式样和造型		RAZR 型移动电话是为人们在公开场合进行商业和私人联络而设计的，所以它必须在外形上引人注目
对团队的激励		RAZR 的新颖造型最终成为促进开发人员工作的重要激励因素

10.3 工业设计的影响

前面部分主要介绍了工业设计对满足顾客需求的重要性，下面我们将探讨投资于工业设计所产生的直接经济效果，以及工业设计对于企业形象识别的作用。

10.3.1 工业设计值得投资吗？

经理们经常想知道，对于一个特定的产品或一般的商业运作，应该在工业设计上下多大工夫。虽然准确地回答这个问题是很困难的，但我们可以从费用—效益的分析中得出一些结论。

工业设计的费用包括直接成本、制造成本和时间成本，具体描述如下：

- 直接成本是指工业设计服务的开销。其数额取决于雇用的设计师的人数、项目的周期、所需模型的数量，还有材料费用和相关的开支。2000 年，工业设计的咨询服务费是每小时 75 美元～150 美元，另外还要加上建模型和拍照等费用。企业内部的工业设计服务的开销大体与此相当。
- 制造成本是具体实现工业设计所确定的产品细节的费用。表面的抛光、外形加工、上色及其他的设计细节都会增加工具成本和（或）生产成本。然而，我们注意到许多工业设计细节的实现在实际中并不需要成本，尤其是当工业设计在产品开发过程早期进行的时候（详见下文）。实际上，有些工业设计的实施可以减少制造成本，尤其当工业师与制造工程师密切协作的时候。
- 时间成本是指延迟产品进入市场的时间所造成的不利后果。工业设计师总是试图从人机工程和美观性方面来完善一个产品，这就需要经过反复的推敲和建立大量的模型，从而导致产品开发周期的延长，造成一定的成本。

工业设计带来的好处包括以额外或更好的特征来美化产品的外观、增加顾客满意度、强化品牌形象和产品的差异性。这些方面使得相对于那些没有经过工业设计的产品来说，经过工业设计的产品能够卖到更高的价格，以及（或者）占有更大的市场份额。

这些工业设计的费用—效益的分析是麻省理工学院在其开展的一项竞争性市场上（如自动咖啡机市场）细节设计对产品成功的影响研究中提出来的。虽然很难做精确地定量分析，但研究人员还是发现产品的美学性（由工业设计人员的设计决定）与零售价格之间存在着相关性，而与制造成本之间并无相关性。研究人员不能肯定这种现象是不是因为制造商自行定价造成的，也不能肯定是否因为产品的美学性使制造商赢得了更高的售价。然而研究表明，对于一般的销售量，单位价格每提高 1 美元，会在产品的整个生命周期中带来数百万美元的利润。工业设计师对这种产品的设计服务的收费在75 000美元至 250 000 美元之间，这表明即使工业设计只能给顾客带来 1 美元的感知价值，制造商的回报还是相当可观的（Pearson，1992）。

在英国开放大学（Open University）开展的另一项研究表明，工业设计的投资的确能产生积极的回报。这项研究跟踪了中小制造企业的 221 个产品开发项目的工程投资和工业设计投资的商业效果。这项研究显示，与以前缺乏工业设计的产品比较起来，这 221 个开发项目中有 90% 的工业设计投资得到了回报，销售额平均增长 41%（Roy 和 Potter，1993）。

最近的很多研究评估了在产品开发过程中产品设计的效果和产品设计的总体结果的指标，发现产品设计的这些指标与公司财务绩效成正相关（参见 Gemser 和 Leenders，2001；Hertenstein et al.，2005）。

对于特定的项目决策，做一个简单的计算和敏感性分析有助于明确工业设计的经济回报。例如，假设工业设计投资将提高产品的单位售价 10 美元，那么在现有的销售量下，可获得多少收益？然后把这样粗略估计出的收益与工业设计的预计成本相比较。这种差额计算方法普遍用于这一类经济决策中，由此可以比较简单地估算出一个开发项目工业设计的预期回报（第 15 章“产品开发项目的经济分析”中详细介绍了这种方法）。

10.3.2 工业设计如何确立企业形象？

企业形象源于“组织的视觉特征”，它是影响企业在市场中的地位的一个因素（Olins，1989）。公司的形象取决于人们对它的看法。广告、商标、徽标、制服、建筑、包装和产品设计都对企业形象的确立发挥作用。

在制造业企业中，工业设计在决定企业形象方面扮演着重要的角色。工业设计决定了产品的外观式样，这直接关系公众对企业的看法。当一个公司的产品保持持续的和可识别的外观时，视觉资产就形成了。一种持续的注意和感觉就与产品的颜色、形状、风格，甚至其特点联系在一起。当公司有好的声誉时，这种视觉资产是有价值的，它将与未来产品的质量形成积极的联系。一些公司把工业设计有效地应用于它们的产品线中，从而确定了视觉资产和企业的形象，这些公司包括：

- **苹果计算机公司**：最初的苹果计算机非常小巧，有笔直的外形和柔和的浅黄色。这样的设计使产品给人一种温和、友好的感觉，从此苹果公司的产品一直都延用这种设计。
- **劳力士手表公司**：劳力士公司的各式手表都保持着经典的外形，并给人一种可靠的感觉，这代表着品质和声誉。
- **Braun Gmbh 公司**：该公司的厨房用具和剃刀都有着简明的线条和明快的色彩。所以公司的名字已经和简明、高品质联系在一起了。
- **Bang & Olufsen 公司**：B&O 的高保真电子设备具有光洁的外形设计和深刻的视觉效果，从而给人一种创新的形象。
- **宝马公司**：宝马车以奢华的性能和人性化的造型而闻名。宝马车多年来一直保持变化不大的外形，这也使宝马的品牌更容易让人识别。
- **摩托罗拉公司**：最初的 MicroTAC 移动电话一面市便被公认为摩托罗拉公司的创新。更新的 RAZR 在小得多的外形中也采用了折叠式的设计理念，强调了摩托罗拉公司在这一迅速发展的行业中的领导地位。

10.4 工业设计过程

许多大公司都有自己的工业设计部门。小公司通常雇用咨询公司的工业设计服务。不管是哪种情况，工业设计师都应该全面地参与产品的开发工作。在产品开发人员中，工程师通常遵循既定的程序来创立和评价由技术特征决定的新产品概念。同样，大多数工业设计师也要按照既定的程序对产品的美学性和人机工程做出设计。但是，工业设计师的工作方法要因企业的情况和开发项目的特点而有所差异，他们可能产生多种构想，然后与工程师一道通过一系列的评估对比把它们确定下来。

具体地说，工业设计的程序由以下几个阶段组成：

（1）调查顾客需求；

（2）概念化；

（3）初步改进；

（4）进一步改进及最终概念的选择；

（5）形成控制图；

（6）与工程设计人员、制造人员和外部供应商协作。

这一部分按顺序讨论每个阶段，下一部分将讨论各个阶段在整个产品开发过程中的时间选择。

10.4.1 调查顾客需求

产品开发的各项工作都源于顾客的需求，正如“确认顾客需求”一章中所阐述的那样。在调查顾客对一种新型医疗仪器的需求时，开发人员可能要实地考察手术室、访问外科医生以及调查目标客户。虽然营销方面、工程方面和工业设计的工作都要求开发人员对顾客的需求有一个一般性的广泛了解，但工业设计师尤其要深刻地体察顾客与产品的交互关系。

与许多开发项目不同，RAZR 的开发项目没有过分地依赖于目标客户或正规的市场调查。因为摩托罗拉公司认为项目的高度保密性，以及获取顾客对下一代产品的信息的难度使得这些工作是不可行的。相反，开发人员取而代之的是对摩托罗拉的内部雇员进行了深入的调查，借以反映顾客的需求发展。营销人员强调了摩托罗拉公司在产品大小、重量和式样上的领导地位。工程设计人员也为工业设计师提供了涉及人机工程和材料方面的技术限制等信息。

10.4.2 概念化

一旦明确了顾客的需求和有关的约束条件，工业设计师就可以协助开发人员形成产品概念。在这一阶段，工程师自然会把他们的注意力集中在产品功能的技术解决方案上（参考第6章“概念生成”）。而工业设计师此时的任务主要是确立产品的形式和用户界面。工业设计师要画出每个概念的草图，这些草图是表达设计思想和评估可行性的迅速而廉价的手段。图表 10—4 是一张 RAZR 型移动电话的草图。

图表 10—4　**一张 RAZR 型移动电话的概念草图和更详细地反映其早期概念的造型图**

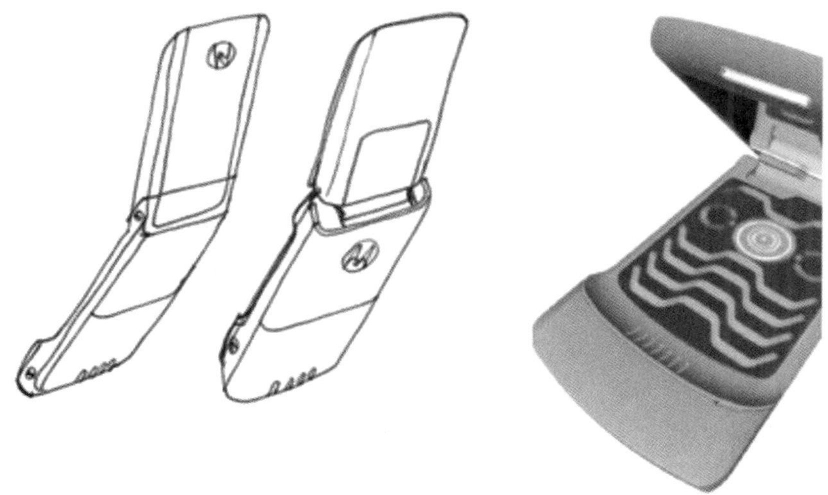

（摩托罗拉公司授权）

所提出的产品概念将和开发中的技术方案相匹配和结合，并且产品概念要按顾客需求、技术可行性、成本以及制造方面的考虑来分类和评估（参考第 7 章“概念选择”）。

不幸的是，在有些公司，工业设计师的工作可能独立于工程师的工作。在这种情况下，工业设计所提出的概念就只关注外形和式样，那么当工程师发现这样的概念在技术上不可行时，就需要不断地修正和反复。因此，企业认识到在整个概念开发阶段使工程设计师与工业设计师密切协作是大有益处的，这样做可以很快完成概念的修改——即使是以草图的形式。

10.4.3　初步改进

在初步改进阶段，工业设计师把最可行的概念做成模型。“软模型（soft models）”是用泡沫材料或泡沫板制成的，它们是评估产品概念的又一快捷手段——仅比草图慢一些。

虽然这些模型很粗糙，但它们是非常有价值的，因为它们使开发人员可以在三维空间里表达和展现产品概念。工业设计师、工程师、营销人员，以及（有时）潜在的用户通过感触和修改这些模型来对每个概念做出评估。很明显，工业设计师应该在时间和金钱允许的范围内制作尽可能多的模型。难于形象化的概念与简单的概念相比可能需要更多的模型来表现。

开发 RAZR 型移动电话的工业设计师使用了许多软模型来评价很多所提出的概念的大小、比例和形状，尤其是产品在手中和靠近面部时的感受。这些特点只能通过使用物理模型来评价。图表 10—5 显示了 RAZR 项目的一个软模型。

10.4.4 进一步改进以及最终概念的选择

在这个阶段，工业设计师经常需要把软模型或草图转化为硬模型和能反映更多信息的造型图。造型图可以揭示产品的细节，并反映产品的使用情况。用二维或三维来绘制造型图，能够表达出产品的大量信息。造型图常用来作色彩研究，或检验顾客对产品特征和功能的接受程度。图表 10—4 是 RAZR 项目的一张造型图。

确定产品概念的最后一个步骤是制作硬模型，前文已经提到过。虽然这些模型几乎是最终设计的复制品，但它们仍然是非功能性的。硬模型是用木头、高密度泡沫材料、塑料或金属制成的，经过着色并带有纹理，而且具有某些按键之类的使用特征。因为制作硬模型可能要花费数千美元，所以开发人员一般只制作几个这样的硬模型。

很多产品的硬模型具有尺寸、密度、重量、表面和颜色特征。工业设计师和工程师使用硬模型来进一步完善最终概念的各项指标。另外，使用硬模型可以获得目标客户更多的反馈意见，可以在商品展示中起到广告和促销作用，还可以向企业内部的高层管理者表达产品概念。

图表 10—5 显示的是 RAZR 开发过程中的几个硬模型。大量的有用性的测试都是从硬模型开始的。通过测试可以确认是否有必要在一款轻薄的手机上使用大键盘。设计者还认识到有必要把调节音量的键子放在显示屏的侧面，这样要比放在键盘侧面更方便。他们还发现这种设置要求在打开翻盖后这些按钮的 +/- 功能要调换。

图表 10—5　RAZR 的工业设计师用来研究不同产品形状的模型

左图为软模型，右图为硬模型。

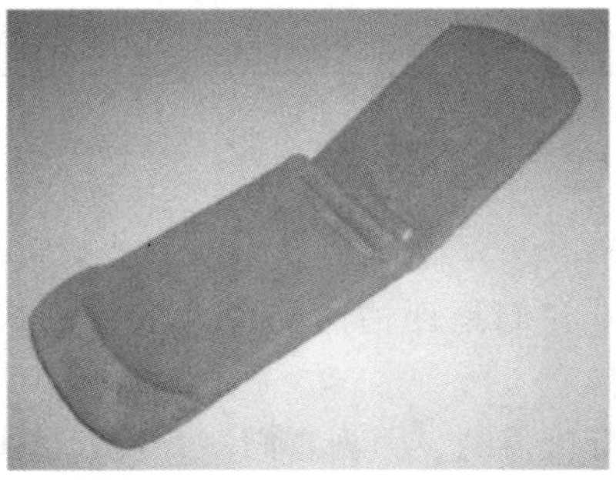

（摩托罗拉公司授权）

10.4.5 控制图

绘制出最终产品概念的控制图，工业设计师就完成了他们的开发工作。控制图描述产品的功能、特性、大小、颜色、表面处理和关键尺寸。虽然控制图并不是详细的零件图（像工程图那样），但它们也可以用来构造最终的设计模型和样机。一般来说，这些图要交给零件细节设计人员来最终完成。图表 10—6 所示的是 RAZR

型移动电话设计的一张控制图。

图表 10—6　　**表明最终形状和尺寸的 RAZR 型移动电话的控制图**

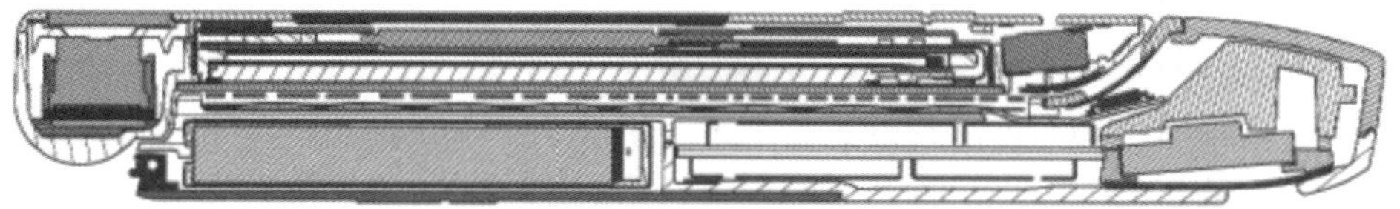

10.4.6 与工程设计人员、制造人员和外部供应商协作

在后续的产品开发过程中，工业设计师必须继续保持与工程设计人员和制造人员的密切合作。有的公司甚至雇用那些提供全方位服务的工业设计咨询公司，它们提供的服务包括产品细节设计、原料、工具、零件和产品装配服务的外部供应商的挑选和管理。

10.4.7 计算机手段对工业设计的影响

20 世纪 90 年代以来，计算机辅助设计（computer - aided design，CAD）软件对工业设计师的工作产生了深远的影响。CAD 软件可以让工业设计师在计算机屏幕上生成一个三维的设计，并且可以快速地修改。通过这种方式，ID 就能更快速地形成大量具体的产品概念，这会导致更有创新意义的设计方案。3D CAD 使产品概念可视化，从而加强了开发人员内部的交流，并减少了由工业设计师手工绘制草图的不精确性（Cardaci，1992）。而且 3D CAD 软件的设计数据可以直接传输到工程设计系统（如硬模型制作），这就促进了整个开发过程的集成。图表 10—7 显示的是 3D CAD 软件生成 RAZR 型移动电话的造型图。

图表 10—7　　**利用 Pro/ENGINEER 软件生成的概念造型图**

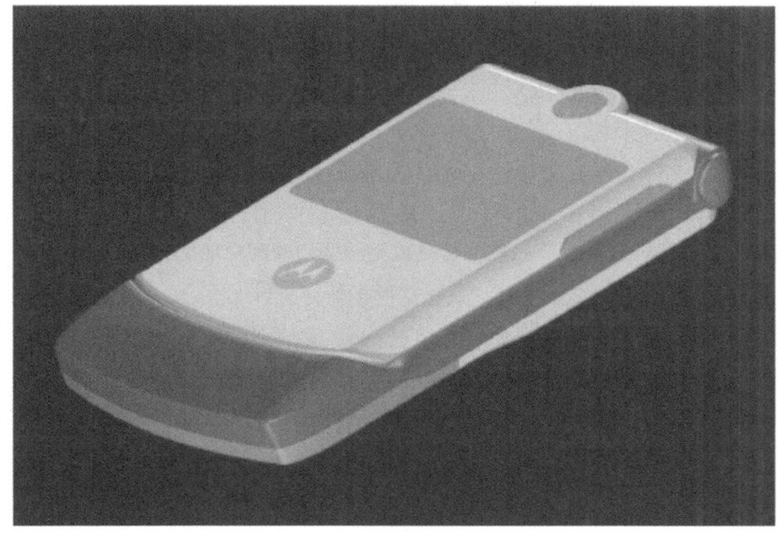

（摩托罗拉公司授权）

10.5 工业设计过程的管理

工业设计可以参与产品开发的整个过程中的几个不同阶段，具体时间的选择取决于所开发的产品的特点。为了便于解释，我们把产品划分为技术驱动型产品和顾客驱动型产品。

技术驱动型产品（technology－driven products）。技术驱动型产品的主要特征是，其核心的获利能力基于它的技术性能或实现特定技术性能的能力。虽然这种产品也需要具有美学性和人机工程，但顾客在购买这种产品时主要还是基于它的技术性能。例如，计算机的硬盘驱动器就是高度技术驱动型产品。因此，对于技术驱动型产品的开发工作来说，工程或技术的要求是主要的，并主导着产品的开发工作。这样，工业设计的角色就仅限于对核心技术的包装，即设计产品外观和保证产品能向顾客传达它的技术功能和人机交互模式。

顾客驱动型产品（user－driven products）。顾客驱动型产品核心的获利能力来自于它的用户界面的质量和（或者）外观的美学性。这种产品与用户有很强的交互关系。因此，用户界面必须安全、便于使用和便于维护。产品的外观是形成产品差异以及给使用者带来自豪感的主要因素。例如，办公椅就是高度顾客驱动型产品。虽然这种产品在技术上可能很先进，但技术并不能形成产品的差别。因此，对于开发人员来说，工业设计方面的考虑就比技术要求更重要。虽然工程设计对于决定这类产品的技术特征仍是很重要的，但是既然这些技术已经成熟，开发人员的注意力就必须集中于顾客的角度。

图表10—8对人们熟悉的一系列产品进行了分类。极少有产品属于这两种极端中的一种。相反，绝大多数产品处在这两种极端之间的某处。这种分类可以是动态的。例如，当一个公司开发了基于新的核心技术的产品时，它一般希望能尽快把这种产品推向市场。这时很少强调产品的外观和使用上的问题，最初的工业设计的作用微乎其微。然而随着竞争对手的加入，产品不得不针对顾客和美学性进行竞争。于是产品的最初的设计分工转变了，工业设计在开发过程中扮演了重要的角色。拿索尼（Sony）随身听来说，第一代随身听（微型磁带唱机）的核心盈利性是靠它的技术。然而，随着竞争的引入，索尼随身听不得不在后续产品技术优势的基础上，依靠工业设计来创造美观的外形，以及提高实用性。

图表10—8　**一些普通产品按照其技术驱动型和顾客驱动型分类**

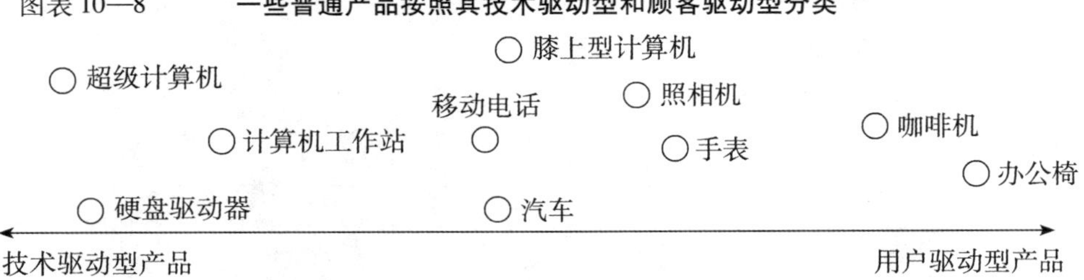

10.5.1 工业设计的导入时间

很明显，工业设计一般在技术驱动型产品开发过程的较晚阶段参与进去；对于技术—顾客驱动型产品，则要在开发的较早阶段导入；而对于顾客驱动型产品，工业设计要贯穿于产品开发的全过程。图表10—9显示了工业设计在导入时间上的差别。请注意，工业设计过程是产品开发过程的一个子过程，它和整个开发过程同步而并非独立进行。在图表10—9中，最上面的工业设计过程相对于整个产品的开发过程可能很快。在这种产品的开发过程中，工程师所面临的问题的技术特性明显会迫使他们在后续的开发工作中需要比工业设计师付出更大的努力。

图表10—9　**两种类型的产品工业设计的导入时间**

从技术驱动产品到用户驱动产品的连续体的一些产品的分类。

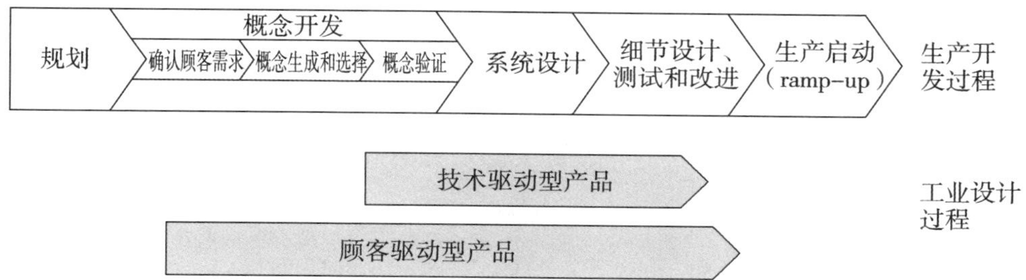

图表10—9表明，对于技术驱动型产品，工业设计可能在产品开发过程相当晚的时候才导入。这是因为这种产品的工业设计主要是产品的包装问题。对于顾客驱动型产品，工业设计会在开发过程中涉及得很多。事实上，这种产品开发的全部过程都是由工业设计来主导的。

图表10—10描述了工业设计在产品开发过程各个阶段的任务，及其与其他开发活动的关系。不同的产品类型，工业设计导入的时间是不同的，主要职责也是不同的。

图表10—10　**工业设计在不同产品开发中所起的作用**

产品开发活动	产品的类型	
	技术驱动	用户驱动
确认顾客需求	工业设计不介入	为了识别顾客需求，工业设计要与营销设计紧密结合；工业设计师要深入到目标客户中去，或进行逐个客户访谈
概念生成和选择	工业设计与营销设计、工程设计结合，以确保开发过程中照顾到人的因素和人机工程；安全性和维护事项往往是很重要的	工业设计根据前一阶段进展的情况，生成多个产品概念
概念测试	工业设计帮助工程师产生产品原型。为了取得反馈意见，原型要向消费者展示	在产品原型的产生过程中，工业设计通过营销引导有消费者参与的对原型的测试
系统设计	工业设计几乎不介入	工业设计选择产品概念，并改进最可行的方案
细节设计、测试和改进	一旦大部分工程细节确定下来，工业设计就负责对产品进行包装；工业设计受制于产品工程设计和营销设计的特征和约束	工业设计选取最终产品概念，然后与工程设计、制造及营销方面的工作相结合，完成产品的开发

10.6 评估工业设计的质量

评估一个成形产品工业设计的质量是一件主观性很强的工作。然而，我们可以通过考察工业设计影响的产品的各个方面来定性分析工业设计是否实现了预期的目标，以下从五个方面做出评价。这五个方面基本上是与前面所提到的 Dreyfuss 提出的工业设计的五个重要目标相对应的。我们在这五个方面的评价中分别提出了一些问题，以便于分析。图表 10—11 通过揭示对 RAZR 型移动电话的工业设计评价结果来具体说明这种方法。

图表 10—11　　RAZR 型移动电话的工业设计作用评价

评价角度	重要程度	解释
	低　　中等　　高	
用户界面的质量	├─────○────┤	总的来说，RAZR 型移动电话使用方便、舒适。例如：回话时只要简单地掀开话筒翻盖，拨号和输入信息很容易，而且功能键很方便。RAZR 的主要缺陷包括：对于手指粗或长的人来说不便于按键。在一些市场造成了很多负面影响
感染力	├─────────○┤	RAZR 具有较强的感染力，主要是因为它精巧的外表给人坚固的感觉
维护和修理	├───────○──┤	虽然 RAZR 的维护和修理对顾客并不重要，但该产品在维修上还是很方便的。电池组件可以方便地拆除和更换
资源的合理利用	├───────○──┤	最终的设计只包含了一些能满足顾客需求的特征。材料的选择符合制造方面的制约，可以适应极端的环境，并且可以达到外形设计标准
产品的差别性	├─────────○┤	RAZR 的外形独特，在众多竞争产品中很引人注目

10.6.1 用户界面的质量

这里主要评价产品使用的便利程度。用户界面的质量与产品外观、感觉以及人机交互模式有关。

- 产品的特征是否向顾客有效地传达了相应的操作？
- 产品的使用方便吗？

- 所有的性能都安全吗？
- 所有潜在的顾客以及产品的用途都明确了吗？

对于特定的产品，具体问题如下：

- 把手舒适吗？
- 转动枢纽活动自如吗？
- 电源开关操作方便吗？
- 显示屏的内容便于阅读和理解吗？

10.6.2 感染力

这里主要评价产品对顾客的感染力。感染力是部分通过产品的外观、感觉、声音和气味来实现的。

- 产品吸引人吗？令人兴奋吗？
- 产品能显示它自身的质量吗？
- 看上去给人一种什么印象？
- 拥有产品能够给顾客带来自豪感吗？

对于特定的产品，具体问题如下：

- 车门关闭时的声音怎么样？
- 手工工具感觉坚固可靠吗？
- 咖啡机放在厨房的柜台上好看吗？

10.6.3 产品的维护和修理性能

这里主要是评价产品维护和修理的方便程度。维护和修理应该与其他用户界面一起考虑。

- 产品的维护方法直观吗？容易吗？
- 产品的特征是否能反映出拆卸和装配的过程？

对于特定的产品，具体问题如下：

- 清除复印机的卡纸的方法直观吗？容易吗？
- 拆卸和清洗食品加工机的难度有多大？
- 更换随身听、遥控器或电子表的电池困难吗？

10.6.4 资源的合理利用

这里主要是评价在满足顾客需求时所使用的资源的合理性。资源一般指用在工业设计和其他功能上的支出。这些因素很可能会决定制造成本。一个设计不好的产品，或一个具有不必要特征的产品，或一个由特种材料制成的产品都将会影响到加工工具、制造过程、装配过程等等。这里要问的问题是这类支出是否合理。

- 为满足顾客的需求，所耗费的资源合理吗？
- 材料的选择恰当吗（根据成本和质量）？

- 产品的工业设计是过分还是不足（产品的特征是冗余的，还是有疏漏之处）？
- 是否考虑了环境的、生态的因素？

10.6.5 产品的差别性

这里主要是评价产品的独特性，及其与企业形象的一致性。产品的差别性主要来自于产品的外观。

- 顾客能够根据产品的外观把它与别的产品区分开吗？
- 看到产品广告后，顾客能记住该产品吗？
- 在街头看到该产品时，顾客能认出这个产品吗？
- 产品是否符合或强化了企业的形象？

正如图表10—11所揭示的那样，从工业设计的角度来看，RAZR型移动电话是一个较完美的产品。它耐用、便于装配、有强烈的顾客感染力。因为这些特征对顾客来说都是极其重要的，所以该产品在市场上一经推出就获得了成功，其中工业设计起了关键的作用。

10.7 小　结

本章主要探讨工业设计的话题，解释工业设计对产品质量的益处，并阐述了工业设计过程的开展。

- 工业设计的主要任务是完成产品与顾客相关的各个方面的设计：美学性和人机工程。
- 大部分产品都会在某一方面得益于工业设计。人们关注或使用越多的产品，其成功越依赖于良好的工业设计。
- 对于那些与顾客有很强的交互性并有较高的美学要求的产品，工业设计会贯穿于产品开发过程的始终。在产品开发过程中，工业设计师的早期参与能保证产品的美学特性和顾客需求不被技术人员忽略或轻视。
- 当一个产品的成败主要取决于技术时，工业设计可以晚些时候参与到产品的开发中去。
- 在产品开发过程中，工业设计的积极参与有助于各方面开发人员的相互沟通和交流。这种沟通和交流方便了彼此的协作，并最终会转化为高品质的产品。

参考文献

许多现有资源可以从网上得到，参见 www. ulrich - eppinger. net。

如果想获取工业设计的更多信息——它的历史、影响、未来和实践，可参考以下书目和文章。本章所讲述的简略工业设计发展史出自 Lorenz 的著述。参见 Lorenz, Christopher, *The Design Dimension*: *Product Strategy and the Challenge of*

Global Marketing, Basil Blackwell Ltd., Oxford, UK, 1986; Caplan, Ralph, *By Design: Why There Are No Locks on the Bathroom Doors in the Hotel Louis XIV, and Other Object Lessons*, St. Martin's Press, New York, 1982; Lucie - Smith, Edward, *A History of Industrial Design*, Van Nostrand Reinhold Company, New York, 1983; Dreyfuss, Henry, *Designing for People*, Paragraphic Books, New York, 1967; Dreyfuss, Henry, "The Industrial Designer and the Businessman," *Harvard Business Review*, November 1950, pp. 77~85; Harkins, Jack, "The Role of Industrial Design in Developing Medical Devices," *Medical Device and Diagnostic Industry*, September 1992, pp. 51~54, 94~97。

Norman 讨论了工业设计较好和较坏的例子，并提出了好的工业设计实践的原则和方针。参见 Norman, Donald A., *The Design of Everyday Things*, Doubleday, New York, 1990。

Norman, Donald A., *Emotional Design:Why We Love (or Hate) Everyday Things*, Basic Books, New York, 2004。

在 Cardaci 的文章中介绍了计算机辅助工业设计，在很多情况下它已经取代了造型图而成为当今工业设计实践的一个重要组成部分。参见 Cardaci, Kitty, "CAID: A Tool for the Flexible Organization." *Design Management Journal*, Design Management Institute, Boston, MA, Vol. 3, No. 2, Spring 1992, pp. 72~75。

以下是评价 ID 对产品及其制造商的价值的有关论著，这方面的研究并不多见。期刊 *Design Management Journal* 中有较多此类文章。参见 Pearson, Scott, "Using Product Archaeology to Understand the Dimensions of Design Decision Making," S. M. Thesis, MIT Sloan School of Management, May 1992; Roy, Robin, and Stephen Potter, "The Commercial Impacts of Investment in Design," *Design Studies*, Vol. 14, No. 2, April 1993, pp. 171 ~ 193; Gemser, Gerda, and Mark A. A. M. Leenders, "How Integration Industrial Design in the Product Development Process Impacts on Company Performance," *Journal of Product Innovation Management*, Vol. 18, No. 1, January 2001, pp. 28 ~ 38; Hertenstein, Julie H., Marjorie B. Platt, and Robert W. Veryzer, "The Impact of Industrial Design Effectiveness on Corporate Financial Performance," *Journal of Product Innovation Management*, Vol. 22, No. 1, January 2005, pp. 3~21; *Design Management Journal*, Vol. 5, No. 2, Spring 1994; *Journal of Product Innovation Management*, Vol. 22, No. 1, January 2005。

Olins 的文章阐述了一个企业如何通过产品设计及其与外界的交流来树立自身形象，参见 Olins, Wally, *Corporate Identity: Making Business Strategy Visible through Design*, Harvard Business School Press, Boston, 1989。

设计管理协会（Design Management Institute）编写了一些关于工业过程和围绕工业设计的产品开发的很好的案例。杂志@ Issue（季刊）也包括很多工业设计实践的研究、案例和讨论。参见 Design Management Institute, Boston, www. dmi. org; @ Issue: *The Journal of Business and Design*, Corporate Design Foundation, Boston; *Innovation*, Industrial Designers Society of America, Dulles, VA; I. D. Magazine, F + W Publications, Inc., New York。

工业设计师可以通过私下的途径找到，同时 IDSA 也提供了一份世界各地工业设计咨询机构的名册。参见 Industrial Designers Society of America，Dulles，VA，www. idsa. org。

练　习

（1）走访一家专卖店（例如厨具、工具、办公用品、礼品），拍摄（或购买）一系列竞争产品。像图表 10—11 那样，评价每种产品的工业设计在这 5 个方面的质量。你愿意购买哪种产品？你愿意为这种产品多花钱吗？

（2）画出一个普通产品的概念草图，试着采用“从里到外”和“从外到里”来设计产品的形式。哪种方法对你来说更简便？可以选择订书机、蒜汁压榨机、闹钟、台灯或电话作实验对象。

（3）列出你认为具有鲜明企业形象的公司的名字。它们的产品在哪些方面有助于树立企业形象？

思考题

（1）工业设计影响产品制造成本的因果关系是怎样的？在什么情况下，工业设计会增加或降低制造成本？

（2）哪种类型的产品可能不会得益于产品开发过程中工业设计的参与？

（3）视觉价值（visual equity）有时用来表示企业产品的独特外观的价值。这种价值是怎样获得的？可以在短期内赢得吗？或者是慢慢积累的？

11 制造设计

通用汽车公司的动力分部每天大约生产 3 500 台 3.8 升 V6 型发动机（如图表 11—1 所示）。面对这么大的生产量，公司非常希望能降低发动机的成本，同时又提高质量。为了改进发动机中最昂贵的一个部件——进气导管（进气导管的主要功能是使空气迂回通过节流圈，然后到达气缸的进气阀），公司成立了一个专门开发小组。图表 11—2 显示了最初的和改进后的进气导管。本章将以通用汽车公司的 V6 型发动机进气导管为例来说明工艺设计的方法。

图表 11—1　　**通用汽车公司 3.8 升 V6 型发动机**

（通用汽车公司授权）

图表 11—2　　**最初的（上）和改进后的（下）进气导管**

最初的导管是由铸铝制造的，重新设计的进气导管是由热塑复合材料制造的。

（Stuart Cohen 授权）

11.1 制造设计的定义

顾客需求及产品技术特性可以指导产品开发过程中的概念设计阶段；然而，在以后的开发工作中，设计人员常常难以把这些需要和技术特性与他们面对的具体设计联系起来。因此，许多开发人员都采用了所谓的"X 设计（design for X，DFX）"的方法，这里的 X 可以和若干质量标准相对应，如可靠性、耐久性、操作性能、环境影响或工艺。这些方法中最常见的就是"工艺设计（design for manufacturing，DFM）"，它之所以重要是因为它直接影响产品制造成本。

本章主要探讨 DFM，但也希望能够通过具体的例子来阐明所有 DFX 的设计原则：

- 细节设计对产品质量和成本有着实质性的影响；
- 开发人员面对的设计目标是多重的，甚至是相互冲突的；
- 在比较不同的设计时，选取适当的标准是很重要的；
- 重大的改进往往需要早期投入大量的创造性劳动；
- 定义明确的方法有助于决策。

制造成本是一个产品在经济上成功的关键。简单地说，一个产品的经济性取决于利润率，而利润率来源于每件产品的利润和企业的销售量。利润是制造商销售价格与生产成本的差额。销售量和销售价格在很大程度上取决于产品的质量。因此，经济性好的设计应该确保产品的高质量，同时又使制造成本降到最低。DFM 是达到这一目标的一种方法。有效的 DFM 可以在不牺牲产品质量的前提下，降低制造成本（关于制造成本与产品经济性的关系的详细讨论，请参考第 15 章"产品开发项目的经济分析"）。

11.1.1 DFM 需要一个交叉功能团队

工艺设计具有很强的综合性，涉及产品开发的方方面面。DFM 要用到以下一些信息：

（1）草图、略图、产品技术性能以及各种设计方案；

（2）详细的生产装配过程；

（3）制造成本、生产量及产品推出时间的预测。

所以，DFM 需要大部分开发人员和外部专家的共同参与。在进行 DFM 设计时，往往要用到制造工程师、成本会计、生产人员，还有设计人员的专业知识。许多公司采用定期的以产品开发人员参加为主的讨论会，以便综合和交流有关 DFM 的想法。

11.1.2 DFM 贯穿整个产品开发过程

DFM 开始于产品概念开发阶段，这个阶段也正是确定产品的功能和技术特性的时候。在选择产品概念时，成本一般总是决策的一个标准，虽然这时对产品成本的估计带有很大的主观性和预测性。在改进产品性能的时候，开发人员往往要做综合的权衡，比方说，减轻重量可能会增加制造成本。在这个时候，开发人员可以列出一张带有成本估计的物料清单。在系统开发阶段，开发人员将按照对成本和工艺复杂性的大体估计，把产品拆分为独立的单元。在产品开发的具体设计阶段才能准确地估算出成本，这时，许多设计上的决策都是由工艺决定的。

11.1.3 DFM 方法概述

图表 11—3 阐明了我们所说的 DFM 方法。它包括 5 个部分：

（1）估计制造成本；

（2）降低零部件的成本；

（3）降低装配成本；

（4）降低辅助性生产成本；

（5）考虑 DFM 对其他因素的影响。

正如图表 11—3 所示，DFM 开始于对提出的设计方案的制造成本的估计。这有助于设计人员大体上掌握设计的哪些方面——零部件、装配或辅助生产——是最昂贵的。然后，设计人员在后续的步骤中就可以把注意力放在适当的地方。这个方法是重复性的，在没有达到令人满意的要求之前，经常要数十次地重复估算制造成本和改进产品设计。只要还有改进的余地，这种重复工作就必然继续下去，直到试验性生产开始为止。在一些关键的地方，任何进一步的修改都会被认为是正式的“工程改变”或将导致新一代的产品，所以这时的设计不能轻易被修改。

图表 11—3 **制造设计方法**

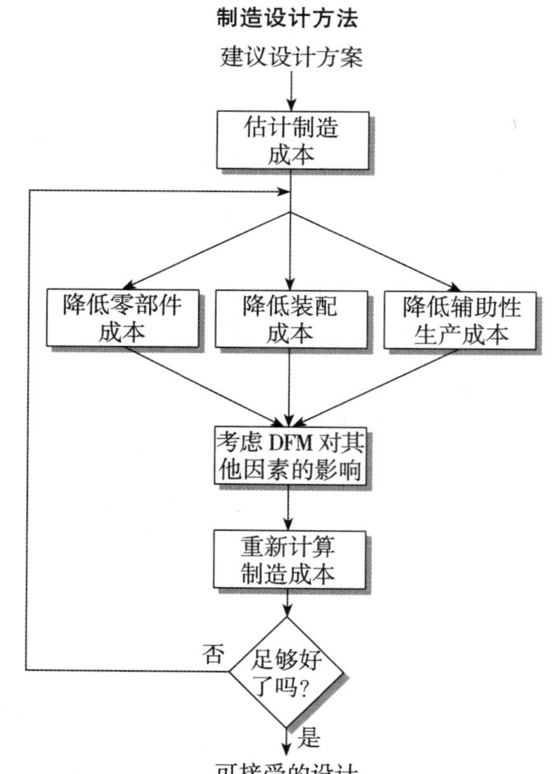

在下一部分中，我们将以通用汽车公司 V6 型发动机进气导管为例来解释制造成本是怎样决定的。要知道精确的成本估算即使不是不可能的，也是非常困难的。我们将提出几种有效地降低零部件成本、装配和辅助性生产成本的方法。为了阐明这些 DFM 的原理，我们还将以重新设计的进气导管和其他产品为例来说明。最后，我们将讨论 DFM 所产生的效果，以及 DFM 更广泛、更深层的影响。

11.2 步骤 1：估计制造成本

图表 11—4 所示的是一个简单的制造系统的输入—输出模型。输入要素包括原材料、外购零部件、劳动力、能源和机器设计。输出要素包括产成品和废物。制造成本就是该系统所有输入要素的费用和处理废物所支出的总和。为了衡量单件产品的成本，企业一般使用“单位制造成本（unit manufacturing cost）”这个指标，该指标是以一段时期内（通常是 1 个季度或 1 年）总的制造成本除以这期间生产的产品总量而得到的。这个概念虽然简单，但在实践中却因为一些事项而变得难以掌握：

- 怎样界定制造系统？是否应该包括服务运作？产品的开发活动呢？
- 对于寿命较长的昂贵而又通用的设备在产品制造中的使用，应该评估为多少成本？
- 总成本怎样在大型、多产品制造系统的各个产品系列中分配？

图表 11—4 **一个制造系统的简单输入输出模型**

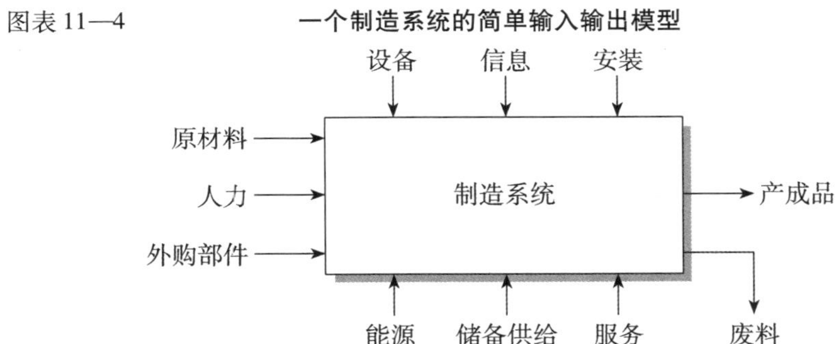

这些问题在管理会计的相应领域中有较多的研究，我们在此不作深入的探讨。但是我们在讨论成本与 DFM 时，仍然应当注意这些问题。

图表 11—5 表示的是对制造成本中各元素的一种分类方法。

（1）零部件成本：产品的零部件可能包括从供应商那里购买的“标准件（standard parts）”，如电机、开关、电子芯片、螺栓等；也可能是“订做件（custom parts）”，即根据制造商的要求而由钢材、塑料或铝材等原材料加工得到的。有些订做件在制造商自己的工厂加工，而另一些可能要由供应商根据制造商的设计要求加工制造。

（2）装配成本：一般产品都是由各部件组装而成的，装配的过程中会发生劳动力成本、设计和工具成本。

图表 11—5 **产品制造成本的组成元素**

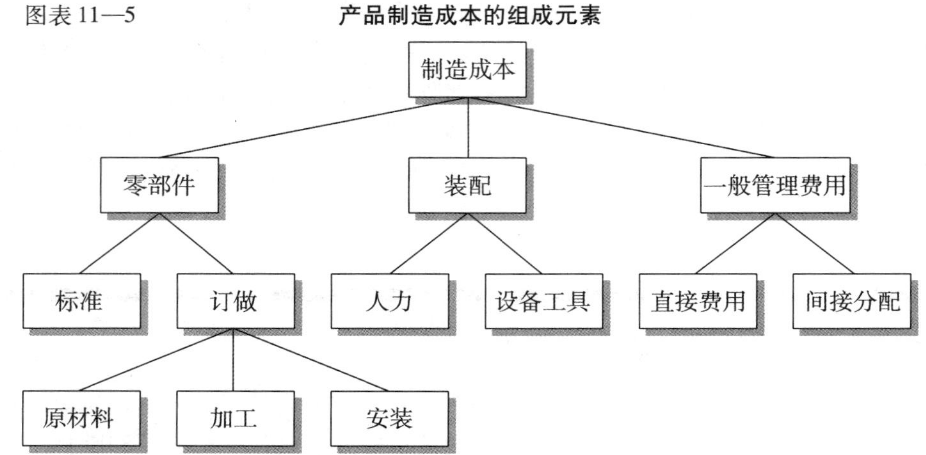

（3）一般管理费用：“一般管理费用（overhead costs）”包含所有其他方面的成本费用。为了便于操作，有必要把经常费用分为两类：“直接费用（support costs）”和“间接费用（indirect costs）”。直接费用是指与原材料处理、质量保证、采购、运输、安装、设计及设备和工具维护有关的开支。这些都是制造产品所必要的支持系统，它们的开支在很大程度上取决于产品的设计。因为这些成本通常被多种产品分摊，所以把它们归并为一般管理费用。间接费用是指不能直接与具体产品相对应，却又是生产必不可少的开支。例如，保安人员的工资、建筑物、场地的维护费等都是间接费用。这些工作使所有的产品生产都受益，但其费用却很难在不同的产品中分摊。因为间接费用不是与具体的产品设计相联系的，所以它们与 DFM 无关。

11.2.1 固定成本和变动成本

管理费用也可以划分为固定成本和变动成本。固定成本是那些与产量无关的金额固定的成本。例如，重新设计的进气导管生产所需的注塑成型机的购置费就是一项固定成本，无论是生产 1 000 件还是 1 000 000 件产品，这个成本都是固定不变的。另外，为进气导管装配线设置生产区域的开支也是固定成本，这笔开支不随产量的变化而变化。虽然用“固定”这个词，但实际上没有一种成本是真正固定不变的。如果把产量增加 3 倍，我们就不得不另建一条生产线。相反，假如由于产量的急剧下降使我们不能充分利用每一条生产线的生产能力，那么我们有可能把几条生产线合并。只有当产量在一定范围内，并且在特定的时期，才有固定成本之说。

变动成本是指与产量呈正比变化的成本。例如，原材料的成本与进气导管的生产量呈正比变化，所以也与 3.8 升 V6 型发动机的产量呈正比变化。装配劳动力成本也被视作变动成本，因为许多企业都是根据实际需要来调整装配工人的人数的。

11.2.2 物料清单

既然制造成本的估算是 DFM 的基础，所以有关信息必须有条理地记录下来。

图表 11—6 是一张反映制造成本估算的表格。它主要是由添加了成本信息的零部件清单组成。“物料清单（bill of materials，BOM）”是组成产品的零部件的列表。通常，BOM 以固定的格式表示，这种格式是一种由零部件或装配步骤组成的树的结构。

图表 11—6　**包括进气导管有关零部件成本估算的最初物料清单**

EGR（废气回路）、PCV（正压曲柄通风装置）和真空机组也包含在其中，以便与重新设计的导管进行比较。

项　目	购买原材料	加工流程（机器+劳动）	装配（劳动）	单位总变动成本	安装及其他 NRE（千美元）	机器寿命（千件）	单位总固定成本	总成本
歧管								
铸造	12.83	5.23		18.06	1 960	500 +	0.50	18.56
EGR 回管	1.30		0.15	1.45				1.45
PCV 装配								
阀	1.35		0.14	1.49				1.49
密封垫	0.05		0.13	0.18				0.18
盖	0.76		0.13	0.89				0.89
螺钉（3）	0.06		0.15	0.21				0.21
真空机组装配								
组件	0.95		0.13	1.08				1.08
密封垫	0.03		0.05	0.08				0.08
螺钉	0.02		0.09	0.11				0.11
总直接成本	17.35	5.23	0.95	23.53	1 960		0.50	24.03
管理费用	2.60	9.42	1.71				0.75	14.48
总成本								38.51

BOM 的成本栏分为固定成本和变动成本。变动成本包括原材料、机器工时和人力。固定成本包括那些机器设计的购置费和其他“非重现成本（nonrecurring expenses，NRE）”。例如，特殊装备和一次性的安装成本。机器寿命可以用来计算单位产品固定成本（如果机器的预期寿命超过了产品的寿命周期，计算出来的值会偏大，因为作为分母的产品产量比应有的产量小）。为了计算总成本，制造成本根据企业所采取的成本会计标准分摊后加入成本。值得注意的是，额外的固定成本，如服务于若干种产品的资本设备的开支一般也包括在制造成本中。

11.2.3 估算标准件成本

标准件的成本可以通过下列两种途径估算：（1）参照以前所生产或购买的相近批量的相似零部件的成本；（2）向销售商或供应商询价。一般来说，较小的零件（如螺栓、弹簧、垫圈等）的成本通常由公司根据相似零件成本的经验数据估计得出，大的零部件就要向销售商询价了。

在询价时，预计的产量是很重要的。例如，购买 1 个或十几个螺纹或垫圈的单价可能会比通用汽车公司每月购买 100 000 件的单价高出 10 倍。如果预计的产量非常大，那么销售工程师就应与开发人员协作，以确保零部件的成本适中。对于内部结构标准件，如果需求量很高，超过了企业的生产能力，就有必要添加设备或求助于外部供应商。

在产量足够大的情况下，供应商会把顾客的订做件设计和加工为标准件。例如，用在手动工具上的小电机通常是根据具体的产品设计和制造的。假如产量很大（比方说，每年 100 000 件），那么这些订做的电机的成本就会降下来（根据其性能参数，单价为 1 美元 ~5 美元）。对于进气导管中使用的特制的螺栓、衬套和其他零件，如果产量很大时，其订做的成本不会比一般标准件贵很多。然而（我们后面会谈到）引入新的零部件会增加成本和制造系统及服务运作的复杂性，这将增加直接费用。

标准件供应商的名录可以在《美国制造企业托马斯手册》（*Thomas Register of American Manufacturers*）中找到，或通过相关产品零部件生产企业名录查询。要向供应商询价，首先要了解产品的分类目录（现在很多都可以在网上查到）。然后，或者提供产品的编号，或者提供订做件的详细描述。下一步就是打电话，询问价格。要让供应商了解你需要它提供的信息仅仅是为了进行成本估算，否则供应商可能会说他们缺乏足够的信息来确定具体价格。

11.2.4 估算订做件成本

订做件是特别为产品设计的零部件，它们由制造商自己或供应商来生产。大多数订做件的生产工艺与标准件相同（如注塑成型、冲压、切削加工等），然而，订做件毕竟是用于专门用途的零部件，只能用在制造商特定的产品中。

当订做件是单一零件时，我们可以把原料成本、加工成本和工具成本相加来估算它的成本。当订做件是由多个零件组成的组件时，那么我们可以把它当作一个产品，要得到这个产品的成本，就必须分别估算各部分的成本，再加上装配成本和一般管理费用（这些内容在下面会讨论）。为了便于解释，我们假定订做件是单一零件。

要估算原料的成本，先要计算零件的数量，并要考虑一定的切削冗余量（例如，注塑件的冗余量是 5% ~50%，纯金属件为 25% ~100%），然后乘以原材料单位质量的成本。附录 A（图表 11—17）给出了一张原材料价格表。

加工成本包括工人的工资和使用设备的成本。大多数标准的加工设备的成本是每小时 25 美元（如简单的冲床）至 75 美元（如中型数控切削机床），其中包括折旧费、水电费和工资成本。估计加工时间，通常需要与所使用的设备类型相关的经验。在实际中，了解普通的产品加工的大致成本范围是有用的。

工具成本是因使用某种机器加工零件时需要设计和制作刀具、铸模、冲模或夹具而发生的。例如，注塑加工需要给每一个不同的产品制作模具。这种模具的成本从 10 000 美元 ~ 500 000 美元不等。为此，我们也对附录 B 中所列的零件给出了大致的工具成本。单件工具成本是以该工具的成本除以该工具寿命期所加工的零件总数。高质量的注塑模具或冲模，一般可以生产几百万个零件。

原来的进气导管铸件经过机加工后的成本估算如图表 11—7 所示。我们注意到该估算显示出成本主要取决于铝材的成本。通过比较，我们会看出，使用合成材料的新设计不仅减少了原材料成本，而且减少了切削加工，并允许铸件增加许多细节特征。

图表 11—7　　**原进气导管的成本估算**

请注意，铸造和机加工的成本反映了整个铸造生产线和几种机加工的总成本。

变动成本		
原材料	5.7 千克铅（2.25 美元/千克）	12.83 美元
工艺（铸造）	150 件/小时（530 美元/小时）	3.53 美元
工艺（机加工）	200 件/小时（340 美元/小时）	1.70 美元
固定成本		
装配和铸造	160 000 美元/每台设备（50 万件/每台设备使用寿命）	0.32 美元
机器和固定装置	1 800 000 美元/每条生产线（1 000 万件/每条使用寿命）	0.18 美元
总直接成本		**18.56 美元**
一般管理费用		12.09 美元
单位总成本		30.65 美元

11.2.5 估算装配成本

产品如果由超过一个零件构成，就需要装配。一年产量不超过几十万件的产品的装配几乎都是手工进行的。其中一个例外就是电路板的装配，即使是在较低的产量下，它的装配也采用自动化。随着灵活准确的自动化装配线的普及，今后会出现更多类似的例外。

手工装配成本的估算是通过各个装配步骤的时间和工资率的乘积累加而得到的。根据零件的大小、操作的难度和产量，每一项装配操作大约需要4 秒 ~ 60秒。产量大时，工人可以应用专门的操作方法、专门的夹具和工具来协助装配。附录 C 有一个手工装配各种产品所需的大致时间表格，并且估计装配操作所需的时间范围。在过去 30 年里，人们开发了一种很受欢迎的估计装配时间的方法，并且已经编成了软件（Boothroyd 和 Dewhurst，1989）。这个软件是一种描述每个零件预计装配时间的表格化信息系统。这个系统以一个反映多种情况下标准装卸和插接时间的大型数据库为基础。现在已经有专门的软件来估算电子电路板的装配成本。

装配劳动力成本一般从低工资国家的每小时 1 美元到某些工业化国家的每小时 40 美元。在美国，装配劳动力成本一般是每小时 10 美元 ~20 美元（各个企业装配劳动力成本结构是不同的，有些工业的装配劳动力成本比较高，如汽车业和航天工业）。这些数字包括了津贴和其他与工人相关的费用支出，比较真实地反映了装配劳动力的成本。

在重新设计的进气导管中，PCV（正压曲柄通风装置）阀门组件的装配成本的估算如图表 11—8 所示。

图表 11—8　**重新设计的进气导管的 PCV 阀门组件的装配成本估算**

项　　目	数　量	移动时间	插入时间	总时间
阀	1	1.50	1.50	3.00
O 型环	2	2.25	4.00	12.50
弹簧	1	2.25	6.00	8.25
盖	1	1.95	6.00	7.95
总时间（秒）				31.70
装配成本（45 美元/小时）				0.40 美元

资料来源　Manual assembly tables in Boothroyd and Dewhurst，1989。

11.2.6　估算管理费用

要准确地估算一个新产品的一般管理费用是比较困难的，并且实际生产情况也不尽如人意。在这里，我们将针对标准化的工业生产来研究这个问题。大多数企业所采用的一般管理费用估算的方法是比较简单的。但对特定产品所应承担的一般管理费用的估算却并不简单。辅助性生产的间接费用是很难确定的，也很难在各种产品中分摊。对于新产品辅助性生产的未来费用的预测就更加困难了。

大多数企业根据“分摊率（overhead rates，也称为负担率）”来分配一般管理费用。分摊率一般与一两个成本动因相对应。成本动因是那些可以定量的产品的特性。一般管理费用以与成本动因成正比的数额加到产品的成本中。常见的成本动因可以是某种购进原材料的成本、装配劳动力的成本以及产品消耗的设备工时等。例如，与原材料成本对应的分摊率可能是 10%，装配劳动力成本对应的分摊率可能是 80%（当然，外购件的供应商制造费用已经包括在其价格中了；我们仅在其基础加上采购费用）。那么，一个包含 100 美元的外购件和 10 美元的装配成本和 10 美元的产品的一般管理费用是 18 美元（100 美元的 10% 加上 10 美元的 80%）。附录 D 对不同类型的产品和公司给出了一些典型的运营成本结构。

这种分摊一般管理费用的做法的前提是假定一般管理费用与成本动因成正比，但实际情况并非如此。例如，大多数企业把原材料采购成本作为一个成本动因，但是如果供应商把价格从 50 美元提到 60 美元，产品的任何一项一般管理费用会改变吗？答案是根本不会变。分摊率只是用来计算一般管理费用的一种简便的手段，但这种方法可能导致企业对直接费用的真实数额估计不准确。

这个问题通过所谓的“作业成本法（activity－based costing，ABC，由 Kaplan 于 1990 年提出）”可以得到部分解决。在 ABC 方法中，公司使用更多的不同的成本动因，并把所有的间接费用与最匹配的成本动因相联系。结果，除了工具、物料、机时和直接劳动力成本外，企业可以根据产品的不同角度来应用分摊率的方法。为了估算产品的制造成本，使用更多的成本动因不仅可以更准确地估算一般管理费用，而且可以通过关注成本动因找到减少一般管理费用的途径。

11.3 步骤 2：降低零部件成本

对于大多数组合起来的产品，外购零部件的成本在制造成本中占有相当大的比重。这部分内容提出了几种使零部件成本最小化的方法。有些方法即使不利于准确地估算成本，也可以采用。在这些情况下，这些方法就是指导 DFM 成本降低决策的“设计准则（design rules）”，或称经验方法。

11.3.1 明确加工制约和成本动因

一些零部件之所以昂贵，可能仅仅是因为设计人员不了解企业生产能力、成本动因和加工制约。例如，设计人员可能会在机加工零件的内壁加一个小的圆拐角，但却没有认识到要实现这样一个设计需要昂贵的电火花加工。又比如，设计人员可能会对尺寸公差提出过高的要求，但在生产中实现这样的精度是很困难的。有时，这些是因为设计人员的无知造成的。通常可以通过重新设计来避免昂贵的加工步骤，而达到相同的性能。这就要求设计工程师应该了解实际生产中哪些加工是困难的，哪些是决定成本的主要因素。

在有些情况下，工艺的制约可以通过以简明的设计准则的形式，让设计人员了解。例如，一台自动激光金属切割机可以通过列出一些简明的条目来反映它的加工能力，如可加工的金属的种类、厚度、最大工件尺寸和最小切削宽度以及切割精度。如果知道了这些，零件设计人员就会避免做出超过正常加工能力的设计，并可以防止发生不必要的高额成本。

对于某些加工过程，零件的生产成本恰好和该零件某些属性呈数学函数关系，那么这些属性就是这一加工过程的成本动因。例如，焊接加工的成本直接取决于工件的两个属性：焊点的数量和需要焊接的长度。

对于一些加工能力不容易描述清楚的工序，设计人员最好在设计的过程中与那些熟悉该项加工的人员协作。这些制造专家对改进零件设计和降低生产成本有许多很好的想法。

11.3.2 重新设计零件以减少工序

对已有的设计反复斟酌，也许会产生出改进设计以简化加工的想法。减少零件加工的工序一般也会降低成本。一些工序可能是不必要的。例如，铝制零件不需油漆，尤其是在它们并不会被使用者看见的情况下。有时，几道工序可以被一步加工所替代。比如，在纯粹的形状加工中，可以在一道工序中形成零件最终的几何形状。这种工序包括铸造、注塑、锻造和冲压等。一般情况下，设计人员可以利用其中一种形状加工的方法形成很接近最终要求的零件形状，而只需要最少的额外加工（如钻孔、攻丝和切割等）。

最初的进气导管需要昂贵的铸造加工，接下来还要进行几种机加工。而重新设计的进气导管是由两个部分直接注塑成形的。这两个零件的成本估计见图表 11—9（与图表 11—7 比较）。

11.3.3 选择适当的零件加工经济规模

产品的制造成本通常随着产量的增长而降低。这种现象被称为规模经济。零件加工的规模经济产生的主要原因是：（1）固定成本由更多的产品来分担；（2）变动成本也会因为企业运用大型高效的加工手段和设计而有所降低。例如，对于一个注塑加工的零件，模具的成本是 50 000 美元。假如企业在模具的寿命期内可以生产 50 000 个零件，那么每个零件需要承担 1 美元的模具成本；假如生产 100 000 个，那么每个零件只需要承担 0.50 美元的模具成本。如果产量进一步增大，企业就可以采用四腔模具，那么一次就能生产 4 个零件。如图表 11—9 所示，重新设计的进气导管的模具成本相当高；然而，分摊到模具寿命期加工的每个零件上，其固定成本就很低了。

图表 11—9　　**重新设计的进气导管的成本估算（两部分）**

变动成本		
材料（气管室）	1.4 千克（2.75 美元/千克）	3.85 美元
材料（气管端口）	0.3 千克（2.75 美元/千克）	0.83 美元
铸造（气管室）	80 件/小时（125 美元/小时）	1.56 美元
铸造（气管端口）	100 件/小时（110 美元/小时）	1.10 美元
固定成本		
铸造设备（气管室）	350 000 美元/台设备（1.50 万件/台设备）	0.23 美元
铸造设备（气管端口）	150 000 美元/台设备（1.50 万件/台设备）	0.10 美元
总直接成本		**7.67 美元**
管理费用		5.99 美元
单位总成本		13.66 美元

加工过程会产生固定成本和变动成本。固定成本一旦产生就不随产量而变化，

而变动成本在每生产一个零件时才会产生。当产量很低的时候，采用固定成本低而变动成本高的加工方式是比较适当的，如切削加工；但当产量较大的时候，就应该采用固定成本高而变动成本低的加工手段，如注塑加工。图表 11—10 的曲线表达了这个思想。我们可以看出：当产量预计在1 000个以下时，切削加工比较经济；否则，注塑加工的总成本更低。

图表 11—10　**一个假想零件的总成本**

其数额与注塑加工或切削加工的零件数呈反比关系。

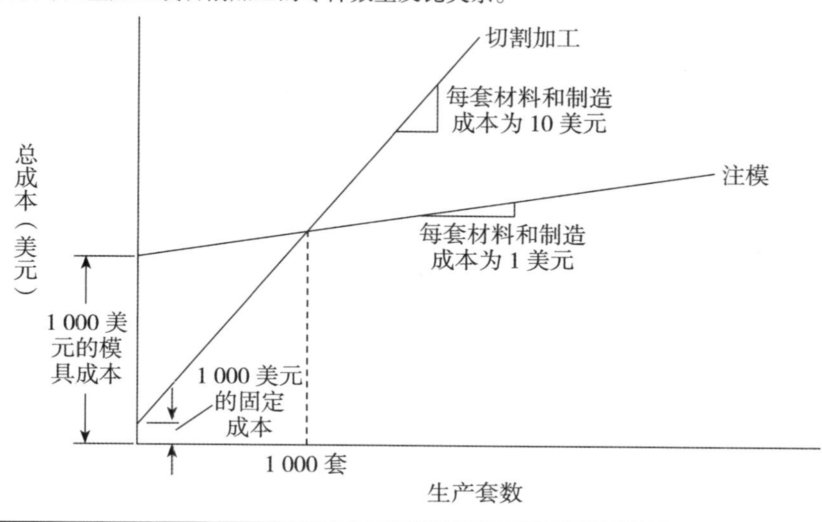

11.3.4 零件和加工的标准化

规模经济的原则也适用于零部件和加工手段的选择。随着零件产量的增加，单件的成本逐渐下降，而由于工人技能的熟练、零件设计和加工过程的改进，质量和性能却在提高。对于一个既定的产量，规模经济的好处可以通过零件的标准化来获取。

标准零件能应用于多个产品。这种标准化可以在一个企业的产品线的不同产品中实现。例如，通用汽车公司的几种轿车都采用的 3.8 升 V6 型发动机就是一个零部件内部标准化的范例。而几家汽车制造商所使用的 10 毫米内六角螺钉则是一个外部标准化的例子。在这两个例子中，所采用的标准化零件的单件成本要比只把该零件应用于单一产品时的成本低。

重新设计的进气导管可以用在所有通用汽车公司的 3.8 升 V6 型发动机上，只是每个车型需要配备不同的 EGR（废气回路）装置和真空软管回路。为了适应这一点，重新设计的进气导管有两个标准的接口，真空端口和 EGR 端口。每种车型都使用不同的真空装置和 EGR 适配接头。这样就保证了主要零件——进气导管的内部标准化，而避免了每种车型使用不同的导管。

在同一个产品中的零件也可以实现标准化（参见图表 11—11）。例如，大多数汽车制造商生产的汽车都使用左右一样的车轮，尽管这会造成左右两边车轮辐条定位方向的不同。

图表 11—11 **同一产品内部标准化的例子**

福特公司“探索者”吉普车的左右车轮是一样的。

（福特汽车公司授权）

11.3.5 关于零件生产的“黑箱”理论

日本汽车制造工业有效地运用了一种降低零件成本的方法，即所谓的“黑箱”式供应商计划。在这个方法中，开发人员只向供应商提供零件的“黑箱”式描述，即描述这个零件是用来做什么的，而不是描述它应该怎样生产（Clark 和 Fujimato，1991）。这样就给供应商提供了一个以最低成本设计或选择零件的广阔空间。还有一个好处就是它解除了内部开发人员设计和监督零件制造的责任。成功的“黑箱”式开发要求十分细致的系统设计，以及对每个零件功能、界面和相互关系的非常清晰的界定（参考第 9 章“产品构造”）。

重新设计的进气导管的 PCV 阀体组件是由通用汽车公司的 AC Rochester 分公司设计和制造的，通用汽车公司只向该公司提供了系统的性能参数，实现阀体组件的性能要求的全部责任都是由该分公司承担的。

11.4 步骤 3：降低装配成本

“装配设计（design for assembly，DFA）”是 DFM 的一个部分，它的主要目标是使装配成本最小化。对于大多数产品来说，装配成本只占总成本很小的一部分。然而，关注装配成本还是会产生比较大的间接效益。强调 DFA 往往使得产品的零件总数、制造复杂程度以及直接费用都会随着装配成本的降低而降低。这一部分，我们将提出一些指导 DFA 决策的原则。

11.4.1 打分

Boothroyd 和 Dewhurst 1989 年提出应该连续地记录对装配成本的估算。除了这个估算的绝对值，他们还提出了“装配效率（assembly efficiency）”的概念。这个指标是由理论上最少的装配时间与实际装配时间的预计值的比率来衡量的。该指标有助于直观地发现到底哪些因素决定着装配成本。DFA 指数（DFA index）的表达式是：

DFA index = 理论上最少的零部件数 ×3 秒钟 ÷ 预计的总装配时间

要确定理论上最少的零部件数，需要从以下三方面来考察所提出的装配方案中的每个部分。只有那些满足这三个条件之一的零部件才是“理论上”独立的部分：

（1）这部分相对于装配的其他部分需要移动吗？利用柔性（例如弹性铰链或弹簧）实现的微小移动不计算在内。

（2）这部分是否由于基本的物理要求而必须采用与其他部分不同的材料制造？

（3）这部分在装配、更换或修理的过程中，是否要与整个产品分离？

上述表达式中的“3 秒钟”反映了理论上装卸和插接一个符合装配规格的零部件所需的最短时间。可以认为这个时间是装配一个易于握持、不需特殊定位并且不要求特别操作的零部件的平均时间（比如说是一个轮班的平均值）。这种装配操作就像把圆柱插入一个具有足够间隙的孔一样迅速。

11.4.2 集成零件

如果一个零件不能满足上述的任何一个条件，它就有可能要与一个或几个其他的零件组合到一起。由几个独立的具有不同几何特征的零部件组合所形成的多功能的部件一般是比较复杂的。然而，铸造或冲压的零件常常可以在增加较小的成本或不增加成本的情况下，添加一些额外的特征。图表 11—12 所示的是重新设计的进气导管的节流阀体的底端。这个部分是与 EGR 回路和真空机组的接口集成为一体的。这个接口采用铸造形成的突出并转折的几何形状，从而取消了几处螺纹连接。

零件集成有以下好处：

- 集成的零件不必装配。实际上，零件几何特征上的“组装”在零件加工成形时就已经完成了。
- 集成零件一般造价比它替代的独立零件低廉。对于注塑、冲压和浇铸的零件，一个复杂的铸模或压模的成本总比两个或更多的不太复杂的铸模或压模的成本低，而且制造时间会缩短，边角料也会节省。
- 集成零件使得关键的几何特征之间的关系由零件的制造过程（例如，注塑过程）来保证，而不是由装配过程来保证。这意味着这方面的尺寸得到更精确地控制。

然而，需要指出的是，零件的集成并非总是明智的选择，而且有可能与其他减少成本的方法发生冲突。例如，原来设计的进气导管是一个完整的铸件，需要经过繁琐的切削加工。开发人员因此把它用两个成本较低的注塑件来代替。这就是一个拆分零件以降低成本的例子。

图表 11—12　　**几个特征在一个零件中的集成**

EGR 回路和真空机组的接口与重新设计的进气导管铸成了一体。

（Stuart Cohen 授权）

11.4.3 最大限度地简化装配

两个具有相同数量零件的产品的装配时间可能因为一个或几个因素而不同。这是因为实际零件握持、定位、插接的时间是由零件的几何形状和安装的路线决定的。装配中一个零件最理想的特征（由 Boothroyd 和 Dewhurst 于 1989 年提出）是：

- **零件由顶部安装。**零件和机组的这个特征被称为 Z 轴装配（Z – axis assembly）。采用 Z 轴装配的方法，装配件不必倒置，重力有助于稳定已装配的部分，并且装配工人一般情况下也可以看到装配的位置。
- **零件是自定位的。**装配时需要准确定位的零件要求工人在装配过程中缓慢、精确地操作。其实，零件是可以设计成自定位的，从而减少对工人的要求。最常见的自定位的几何特征是倒角。倒角可以通过将柱体的顶端做成锥面来实现，也可以对孔的开口处进行锥形扩大。
- **零件不需要定位。**像螺栓这种需要正确定位的零件的安装时间比球体之类的不需要定位的零件的安装时间要长。在最糟糕的情况下，一个零件的安装必须要从空间三维方向上准确定位。下面列出的几种零件的定位要求是依次升高的：球体、柱体、有端盖的柱体、有端盖的键连接的柱体。
- **零件安装只需单手操作。**这个特性与零件的尺寸和操作的难易程度有关。如果其他情况都相同，只用一只手就可以安装的零件所需的安装时间一定比需要两只手安装的零件的安装时间少，而它们的安装又比需要吊起或抬升的零件的装配工作量要小。
- **不需要工具。**安装操作需要工具的零件（如弹性挡圈、弹簧、开口销等）的装配时间要比不需要工具的零件的装配时间长。

- **零件安装是一个单向的直线运动**。插入一个销子比拧一个螺母的时间要短。正因为如此，许多可外购的紧固件的安装一般都是单向的直线的操作过程。

- **零件安装后自行紧固**。有些零件安装后还需要再进行紧固操作，如拧紧、固化或要借助别的零件方能紧固。在这个零件没有紧固之前，整个装配是不稳定的，操作需要特别小心，可能要用到额外的夹具，这就可能使装配过程放慢。

11.4.4 考虑用户的自行装配

用户可能会愿意自行完成一些产品的装配工作，尤其是当这样做会给他们带来好处时，比如可以使运输和安装更加简便。然而，用户往往是装配的外行，也不会注意阅读装配指导，所以要想把产品设计得使大多数用户都能方便、正确地装配是一个很大的难题。

11.5 步骤4：减少直接费用

在努力使零部件成本和装配成本最小化的同时，开发人员也可以降低直接费用。例如，零件数量的减少，可以降低存货成本；装配工作量的减少，会减少所需的工人数量，因此，也就降低了监督和人力资源管理的成本。标准化零件的使用会减少对辅助工作和质量控制的要求。另外，还有一些开发人员可以采用降低直接费用的有效手段。

重要的是必须记住制造成本的估算一般对许多管理费用的驱动因素是很敏感的（参考前文关于制造成本的讨论）。在这里，一切人员的目标是即使管理费用的估算没有改变，也要努力减少实际的直接费用。

11.5.1 使系统复杂性最小化

一个最简单的制造系统是采用单一的加工方法，把单一的原材料转化为单一的零件——比如把塑料颗粒压制成某一直径的塑料棒。遗憾的是，这样的生产系统很少存在。生产系统的复杂性产生于投入物、产出物和加工过程的变化。许多实际的制造系统涉及上百个供应商、零部件、人员，产品和加工的每个变化都会增加系统的复杂性，都需企业花费相当的成本加以跟踪、监控、管理、检验、处理和存储。这种系统的复杂性多半是由产品的设计带来的，因此可以通过完善的设计使系统的复杂性最小化。

图表11—13是一张反映制造系统复杂性的简单的分值卡。它提醒设计师产品的设计是怎样导致制造系统的复杂性的。开发人员对最初的设计打一个分数，然后改进设计，获得更低的分值来降低制造系统的复杂性。注意：分值卡给出的各项内容只是通常的分类。在实际中，开发人员可以根据实际情况和企业生产环境的制约

来补充这个分类（也可以根据权重来确定优先级）。采用“基于行为的成本估算”法的企业一般都很清楚系统复杂性的主要动因，就像那些在分配一般管理费用时所使用的成本动因。这样的分值卡可以替代精确的直接费用估算模型，使开发人员在不进行生产的间接费用估算的情况下做出明智的决策。

图表 11—13 **制造复杂度的记分卡**

复杂性因素	例 1	例 2
引入制造系统的新零件的数目	6	5
引入制造系统的新供应商的数目	3	2
引入制造系统的订做件的数目	2	3
引入制造系统的新“主要工具”（如模子和冲模）的数目	2	2
引入制造系统的新生产工艺的数目	0	0
总计	13	12

11.5.2 预防错误

DFM 的一个重要观点就是预计生产过程中可能的失败，而在产品开发的时候提前采取适当的措施。这个思想被称为“错误预防”。一种类型的不当设计是因为其中含有若干只有细微差别的易被混淆的零件。例如，仅存在螺距差别的螺纹连接件（如 4mm ×0. 7mm 和 4mm × 0. 75mm 的螺栓），或只有旋向不同的螺纹连接件（左旋和右旋）、两个相互对称的零件及只是材料不同的零件。

我们建议或者消除这些微小的差别，或者把这些差别放大。图表 11—14 所示的是一个放大这种细微差别的例子：一盘录像带的左右转轴是彼此对称的，分别用不同的颜色注塑而成。颜色上的差别使两个零件很容易加以区分，装配时不会出错。

图表 11—14 **录像带左右转轴的俯视图**

这两个几乎完全相同的转轴以颜色加以区分，从而避免了混淆。

（Stuart Cohen 授权）

11.6 步骤5：DFM决策对其他因素的影响

制造成本最小化并不是产品开发过程的唯一目标。产品经济上的成功还取决于产品质量、推出时间以及开发成本。有时候为了使整个企业经济效益最大化，可能要在某一个项目的经济性上做出让步。在进行DFM决策时，这些问题应该考虑清楚。

11.6.1 DFM对开发时间的影响

开发时间是很宝贵的。对于一个新型汽车的开发，一天的时间可能价值成千上万美元。因此，DFM决策必须在顾及制造成本的同时，对其在开发时间上的影响做出估计。每个进气导管节省成本1美元，可能会带来每年100万美元的成本节约，但这可能还是无法弥补开发过程中拖延6个月所造成的损失。

DFM和开发时间的关系比较复杂。这里，我们只点出几个方面。把DFM的某些原则应用于设计，可能会导致需要很复杂的零部件。这些复杂的零部件本身的设计及其加工工具的制造可能成为决定整个开发周期的关键（犹里齐等人于1993年提出）。这样，DFM决策所带来的成本方面的节省并不能弥补项目周期延迟造成的损失。对于存在激烈市场竞争的产品，这一点尤其重要。

11.6.2 DFM对开发成本的影响

开发成本与开发周期密切相关。所以，零件复杂性与开发周期的关系也适用于开发成本。一般来说，开发人员会努力追求在相同的开发时间和相同的开发预算下零部件的制造成本低廉。在良好的项目管理和应用完善的DFM方法的前提下，这个目标当然可以实现。

11.6.3 DFM对产品质量的影响

在进行DFM决策时，开发人员应该估计它对产品质量的影响。在理想的情况下，降低制造成本的做法也会提高产品质量。例如，新型的通用汽车进气导管的设计导致了成本的降低、重量的减少和发动机性能的提高。致力于降低管理费用的DFM的努力也常常带来维护上的方便性、装配上的简便性和循环再用方面的改进。然而，降低制造成本的措施也会对产品质量产生负面影响（如可靠性或耐久性），因此，开发人员应该牢记产品质量的哪些方面是至关重要的。

11.6.4 DFM对外部因素的影响

DFM决策的影响往往会超出开发项目本身。用经济学的词汇来描述，这方面的影响称为外部性。零件再利用和寿命周期成本就是两种外部性。

• **零件再利用**（component reuse）：花费时间和金钱来设计制造低成本的零件，对于其他开发人员在设计相似的产品时是有价值的。一般来说，这种价值在估算制造成本时并不能被清楚地说明。有时开发人员为了能对其他项目的成本降低产生积极的影响，可能会在本项目的设计中采取某种提高成本的做法。

• **寿命周期成本**（life cycle costs）：产品在整个寿命周期里，可能会产生一些公司成本或社会的成本，而这些成本没有（或很少）在制造成本中加以体现。例如，产品可能含有有毒的物质，因此，在废弃时，要经过特殊的处理。有些产品也会带来售后服务和保修方面的成本。虽然这些成本在分析制造成本时可能并不存在，但它们必须在采用具体的 DFM 决策前加以考虑。

11.7 成 果

20 世纪 80 年代，工艺设计在许多企业中付诸实施。今天，DFM 几乎成为每个产品开发中的一个关键部分。设计师再也不能“把设计图挂在墙上”就算完成了与制造工程师的交接。由于强调设计质量的提高，有的制造商声称他们压缩了 50% 的产品生产成本。如果把目前设计的新产品与前几代产品相比，人们通常可以发现这些新产品的零件减少了，还会发现其中采用了新材料，采用了更多的组合零件和订做件，还有大量的标准件和机组，并且装配过程更加简单。

图表 11—15 给出了重新设计的进气导管的草图。该产品的 DFM 取得了明显效果。图表 11—16 显示了重新设计的进气导管成本估算（与图表 11—6 比较）。

图表 11—15　**重新设计的进气导管草图（这个产品的 DFM 设计取得了明显的效果）**

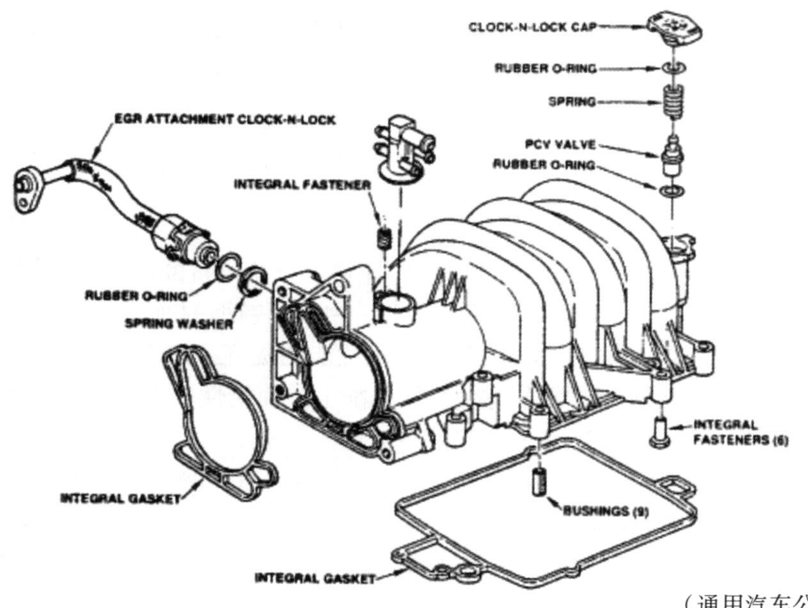

（通用汽车公司授权）

图表 11—15 的说明：
INTEGRAL FASTENER：完整的紧固件
PCV VALVE：曲轴箱强制换气阀
SPRING：弹簧
RUBBER O－RING：橡皮圈
CLOCK－N－LOCK CAP：同步锁帽
EGR ATTACHMENT CLOCL－N－LOCK：排气再循环附属同步锁
SPRING WASHER：弹簧垫圈
INTEGRAL GASKET：完整的接合垫
BUSHINGS：套管
INTAKE RUNNING INSERT：进口轮转插片

图表 11—16 **重新设计的进气导管成本估算表**

项　目	购买材料	工艺（机时＋人工）	装配（人工）	单位总变动成本	安装及其他 NRE（千美元）	机器寿命（千件）	单位总固定成本	总成本
气管室	3.85	1.56		5.41	350	1 500	0.23	5.65
气管端口	0.83	1.10	0.13	2.05	150	1 500	0.10	2.15
钢插件（16）	0.32		1.00	1.32				1.32
ERG 调适器	1.70		0.13	1.83				1.83
PVC 阀								
阀	0.85		0.04	0.89				0.89
O 型环（2）	0.02		0.16	0.18				0.18
弹簧	0.08		0.10	0.18				0.18
盖子	0.02		0.10	0.12				0.12
真空机组	0.04		0.06	0.10				0.10
总直接成本	7.71	2.66	1.71	12.08	500		0.33	12.41
管理费用	1.16	4.79	3.08				0.50	9.52
总成本								21.93

相对原来的设计，改进之处包括：
- 单件成本节约了 45%；
- 重量减轻了 66%（3.3 千克）；
- 装配和维护程序得到了简化；
- 由于 EGR 的路径设在导管内部，因而改善了排气性能；
- 因为降低了吸入气体的温度，提高了发动机的性能；
- 因为各零部件的重量减轻，所以降低了运输成本；
- 提高了汽车生产的标准化程度。

经过 DFM，这个产品每年的成本节约就达几百万美元。以上几点所带来的其他方面的效益也是很大的，只是比较难于定量。

11.8 小　结

DFM 的目的是降低制造成本，同时提高产品质量（或者合理处理成本与质量的关系）、缩短开发时间、降低开发成本。

- DFM 开始于产品概念设计阶段和系统设计阶段。在这些阶段，开发人员在做出各项设计决策时，必须注意对制造成本的影响。
- DFM 以产品管理费用的估算为依据，并事先采取压缩成本的做法。成本估算需要对有关生产加工过程有一个相当的了解。供应商和制造专家必须参与到 DFM 之中。
- 因为准确的成本估算非常困难，所以许多 DFM 在缺乏详细成本数据的情况下，只做出一些前瞻性的决策。
- 明确了决定成本的因素，才能降低零件的成本。降低成本的措施可以采用新颖的设计构思，或通过简化现有设计和实现标准化来实现。
- 依据良好的装配设计（DFA）准则，可以降低产品的装配成本。为了简化装配操作，可以重新设计零部件，也可以通过零件功能的集成减少一些零件。
- 要降低直接费用，必须深入了解决定生产过程复杂程度的因素。设计决策对产品直接费用有很大的影响。因此在设计时应考虑这些影响，即使制造成本的估算对其并不敏感。
- DFM 是一个综合性的设计方法，它贯穿于整个产品开发过程，需要汇集所有开发人员的智慧。
- DFM 决策会影响产品的开发周期、开发成本及产品质量。因此，经常要权衡制造成本以及此类同样重要的问题，并进行取舍。

参考文献

许多现有资源可以从网上得到，参见：www. ulrich – eppinger. net。

以下两篇文章是介绍 DFM 的必要性、方法和效果的：Dean，James W.，Jr.，and Gerald I. Susman，"Organizing for Manufacturable Design，" *Harvard Business Review*，January – February 1989，pp. 28 ~ 36. Whitney，Daniel E.，"Manufacturing by Design，" *Harvard Business Review*，July – August 1988，pp. 83 ~ 91。

有许多成功的 DFM 的例子。IBM 打印机就是其中之一，Dewhurst 和 Boothroyd 在下面这篇文章中进行了详述：Dewhurst，Peter，and Geoffrey Boothroyd，"Design for Assembly in Action，" *Assembly Engineering*，January 1987。

有许多参考资料可以帮助开发人员进行零件设计、制造方法的选择和了解各种加工能力。这儿列出几种这方面的资料，其中分析了数百种具体操作、原材料和加工方法。参见 Bralla, James G. (ed.), *Design for Manufacturability Handbook*, McGraw – Hill, New York, 1999; Poli, Corrado, *Engineering Design and Design for Manufacturing: A Structured Approach*, Butterworth – Heinemann, 2001; Farag, Mahmoud M., *Materials Selection for Engineering Design*, Prentice Hall, London, 1997; Cubberly, William H., and Ramon Bakerjian, *Tool and Manufacturing Engineers Handbook*, Society of Manufacturing Engineers, Dearborn, MI, 1989; Trucks, H. E., *Designing for Economical Production*, second edition, Society of Manufacturing Engineers, Dearborn, MI, 1987; Bolz, Roger W., *Production Processes: The Productivity Handbook*, fifth edition Industrial Press, New York, 1981。

Gupta 等提供了在艺术层面上的工艺分析方法和有关 DFM 研究的讨论。参见 Gupta, Satyandra K, et al., "Automated manufacturability Analysis: A Survey," *Research in Engineering Design*, Vol. 9, No. 3, 1997. pp. 168 ~190。

利用《托马斯名册》可以找到各种零部件、工具、机器设备和其他工业产品的供应商。参见 *Thomas Register of American Manufacturers*, Thomas Publishing Company, New York, published annually。

现在最通用的 DFA 方法是由 Boothroyd 和 Dewhurst 提出的。也有一些软件可以估算手工或自动化装配的成本以及零件成本的大致范围。参见 Boothroyd, Geoffrey, and Peter Dewhurst, *Product Design for Assembly*, Boothroyd Dewhurst, Inc., Wakefield, RI, 1989; Boothroyd, Geoffrey, Peter Dewhurst, and Winston A. Knight, *Product Design for Manufacturing and Assembly, second edition*, Marcel Dekker, New York, 2002。

人们从对自动化装配的详细研究中找到了适于实现装配的产品设计准则。参见 Whitney, Daniel E., Mechanical Assemblies: *Their Design, manufacture and Role in Product Development*, Oxford University Press, New York, 2004; Nevins, James L., and Daniel E. Whitney, *Concurrent Design of Products and Processes*, McGraw – Hill, New York, 1989; Boothroyd Geoffrey, *Assembly Automation and Product Design*, Marcel Dekker, New York, 1992。

Kaplan 和其他一些人提出了作业成本法体系，这个体系使人们能够发现企业的成本动因，因而便于更准确地成本估算。参见 Kaplan, Robert S. (ed.), *Measures for Manufacturing Excellence*, Harvard Business School Press, Boston, MA, 1990。

Clark 和 Fujimoto 对世界汽车工业的产品开发进行了广泛的研究。他们提出了"黑箱"式零件设计理论，并进行了有趣的分析和讨论。参见 Clark Kim B., and Takahiro Fujimoto, *Product Development Performance: Strategy, Organization, and Management in the World Auto Industry*, Harvard Business School Press, Boston, MA, 1991。

犹里齐等人探讨了如何在产品开发时间和制造成本之间进行取舍。他们也提出了估算某些直接费用的模型。参见 Ulrich, Karl, Scott Pearson, David Sartorius, and Mark Jakiela, "Including the Value of Time in Design – for – Manufacturing Decision Making," *Management Science*, Vol. 39, No. 4, pp. 429 ~447, April 1993。

犹里齐和Pearson介绍了一种研究产品、成本和一些产品细节设计决策的方法。参见Ulrich, Karl T., and Scott Pearson, "Assessing the Importance of Design through Product Archaeology," *Management Science*, Vol. 44, No. 3, pp. 352~369, March 1998。

练　习

(1) 估算一个你所购买的简单产品的成本。试分析一个不超过10个零件的产品成本，如软盘、钢笔、折叠刀或儿童玩具。你的成本估算（包括各项费用在内）的合理上限就是产品的批发价（大约是零售价的50%到70%）。

(2) 提出你能想到的以上产品降低成本的方法。计算改进前后的DFA指数。

(3) 列举10条减少零件数量会降低生产成本的理由，再列举一些导致成本上升的理由。

思考题

(1) 下面是机电产品的10条“设计准则”。这些准则合理吗？在什么情况下，它们会彼此冲突？这些冲突怎样解决？

a. 零件数量最小化；
b. 采用模块化组配件；
c. 叠加式装配；
d. 不需要调整；
e. 不使用电缆；
f. 采用自紧固零件；
g. 采用自定位零件；
h. 消除再定位；
i. 零件便于装卸；
j. 选用标准零件。

(2) 设计出具有100%装配效率（DFA index = 1.0）的产品现实吗？必须满足什么条件？你能想出具有很高的装配效率（DFA指数大于75%）的产品吗？

(3) 能否在产品投入生产时就确定它的真实成本？如果可能，怎样确定？

(4) 你能提出一套便于开发人员预计实际直接费用变化的度量参数吗？为了有效起见，这些参数必须对影响间接成本的设计上的改动比较敏感。这些参数的引入在实际运用中存在哪些障碍？

附录 A：材料成本

图表 11—17　　常用工程材料成本范围

图中的价格对应批量购买时各种材料的不同质量等级和规格（2007 年价格）。

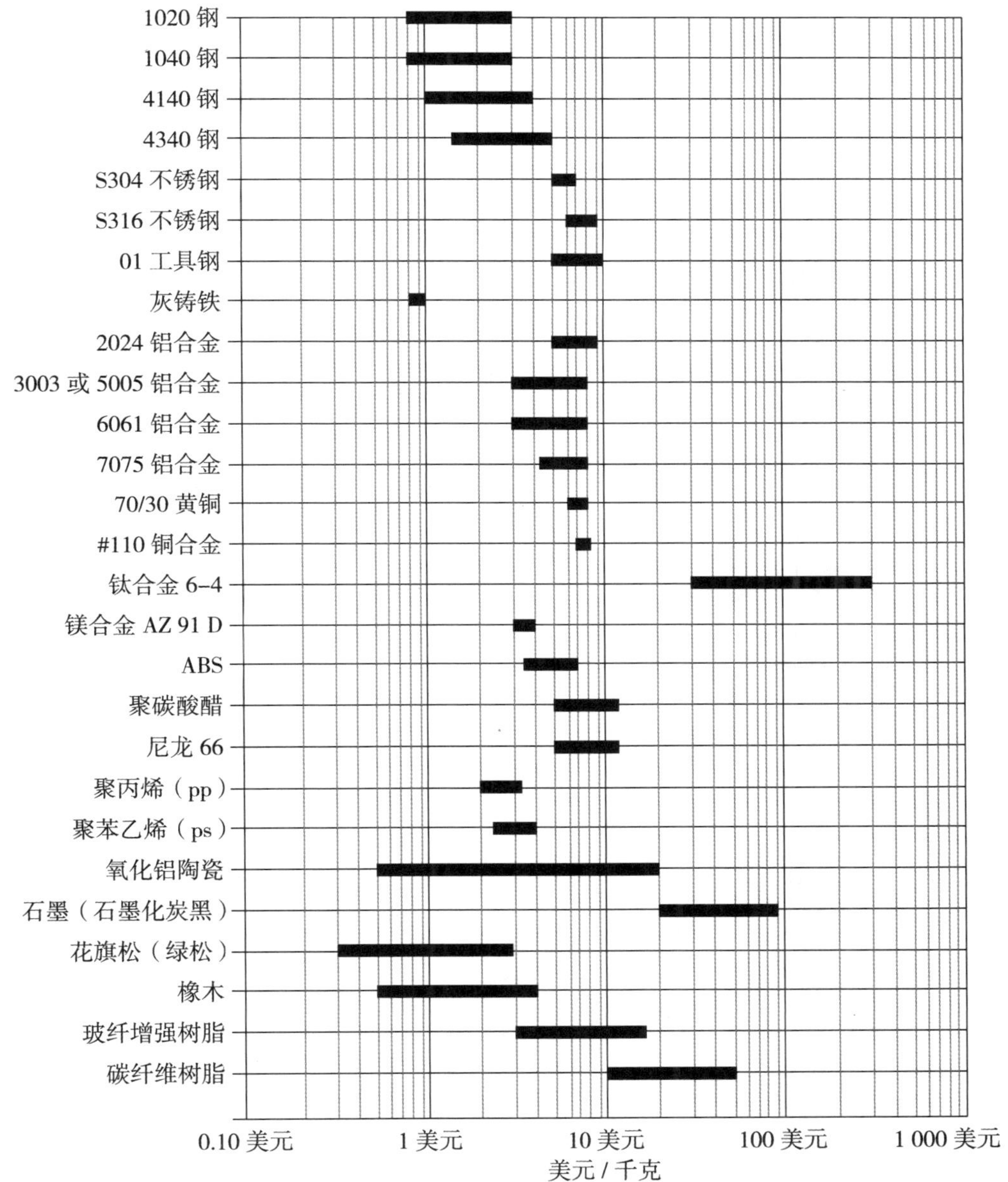

附录 B：部件制造成本

本附录针对数控（CNC）切削加工（图表 11—18）、注塑（图表 11—19）、级进冲压（图表 11—20）、砂型铸造和熔模铸造（图表 11—21）给出了一些范例零件及其成本数据。这些范例的目的是说明典型工艺的大致成本范围，以及零件复杂性将如何影响每种工艺的成本结构。

图表 11—18　　CNC **加工成本范例**

CNC 加工的范例部件和成本数据来源：照片由 Stuart Cohen 拍摄。范例和数据经 Ramco 公司授权使用。

	固定成本	变动成本	产量	总的单位成本
	准备工作：0.75h $60/h	材料：每件 $9 坯料：1.11kg 的 6061 铝合金	1	$75.00
	工装：编程时间：0.25h $60/h	工艺：6min/ 件 $60/h	10	$21.00
			100	$15.50
	准备工作：1.75h $60/h	材料：每件 $16 坯料：1.96kg 的 6061 铝合金	1	$386.00
	工装：编程时间：1.0h $60/h 卡具：$150	工艺：65min/ 件 $60/h	10	$102.50
			100	$74.15
	准备工作：5.5h $60/h	材料：每件 $25 坯粒：4.60kg 的超高分子量聚乙烯	1	$646.00
	工装：编程时间：2.0h $60/h	工艺：2.85 h/ 件 $60/h	10	$241.00
			100	$200.50
	准备工作：2.0h $60/h	材料：每件 $12 坯粒：1.50kg 的 6061 铝合金	1	$612.00
	工装：编程时间：2.0h $60/h	工艺：6 h/ 件 $60/h	10	$396.00
			100	$374.40

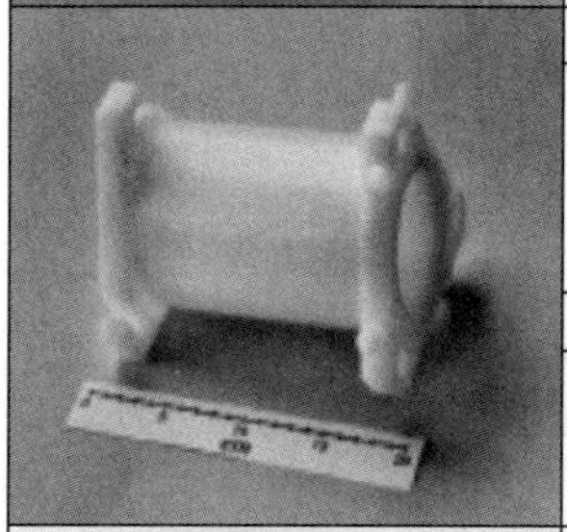

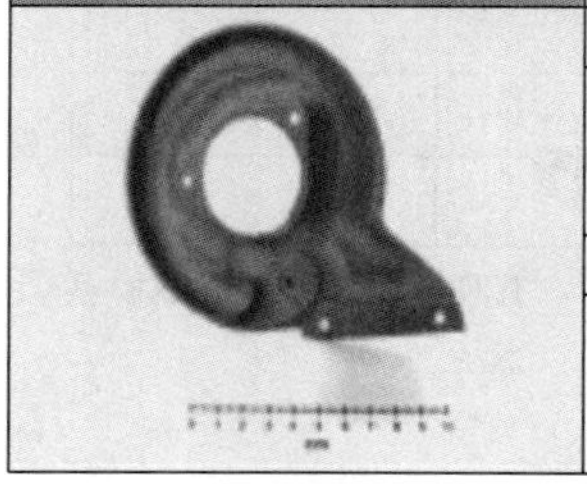

注：①编程时间是一次性花费，这里把它包含在工装成本中。

②材料价格假设批量不大，并包含了下料费用。

③工艺成本包含了运营费用。

图表 11—19　　　　　　　　**注射模塑成本范例**

注射模塑范例部件和成本数据来源：照片由 Stuart Cohen 拍摄。范例和数据由 Lee 塑料公司和数字设备公司授权使用。

	固定成本	变动成本	产量	总的单位成本
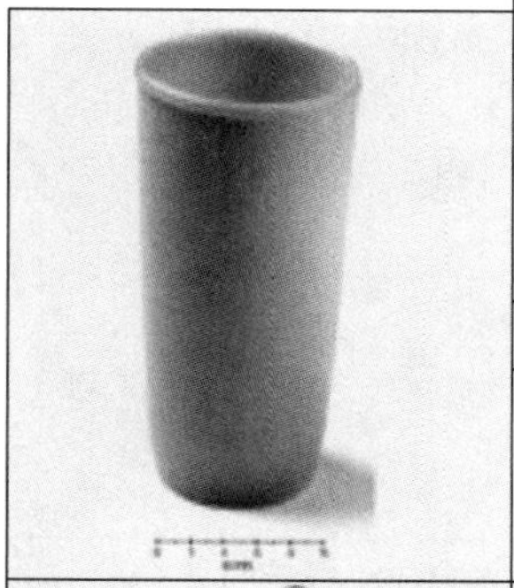	准备工作： 工装：$18k 8 腔 / 模具	材料：每件 $0.075 45g 线性低密度聚乙烯（LLDPE） 工艺： 在 1 800kN 注塑机上 160 件 /h，$42/h	10k 100k 1M	$1.915 $0.295 $0.133
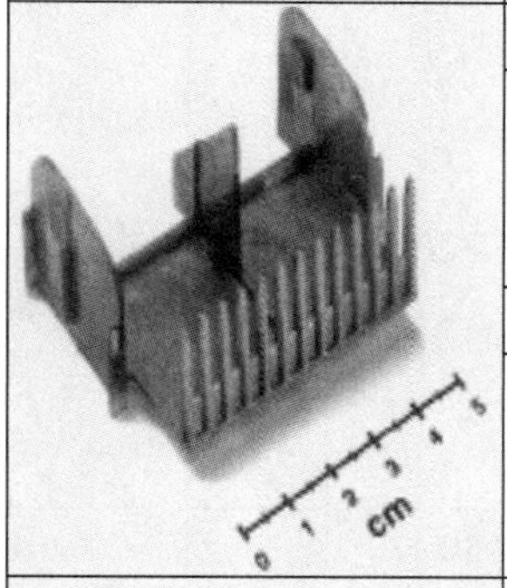	准备工作： 工装：$10k 1 腔 / 模具	材料：每件 $0.244 10g 铁粉填充聚碳酸酯（PC） 工艺： 在 900kN 注塑机上 160 件 /h，$42/h	10k 100k 1M	$1.507 $0.607 $0.517
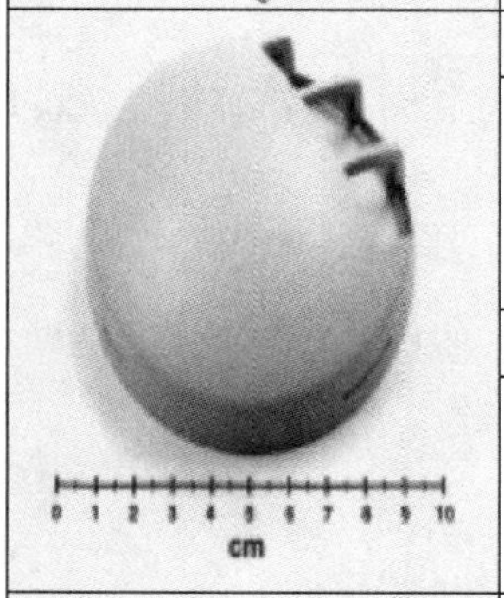	准备工作： 工装：$18k 2 腔 / 模具 3 侧抽芯	材料：每件 $0.15 22g 改性聚环氧乙烷（PPO） 工艺： 在 800kN 注塑机上 240 件 /h，$42/h	10k 100k 1M	$2.125 $0.505 $0.343
	准备工作： 工装：$80k 1 腔 / 模具 4 侧抽芯	材料：每件 $2.58 227g 聚碳酸酯（PC）和 8 个黄铜嵌件 工艺： 在 2 700kN 注塑机上 95 件 /h，$48/h	10k 100k 1M	$11.085 $3.885 $3.165

注：①准备工作（各案例仅数小时）成本在大批量注射模塑生产时可以忽略。

②工艺成本包含了运营费用。

图表 11—20　　　　　　　　　　　**冲压成本范例**

大批量级进模冲压范例部件和成本数据来源：照片由 Stuart Cohen 拍摄。范例和数据由英国先进工业公司授权使用。

	固定成本	变动成本	产量	总的单位成本
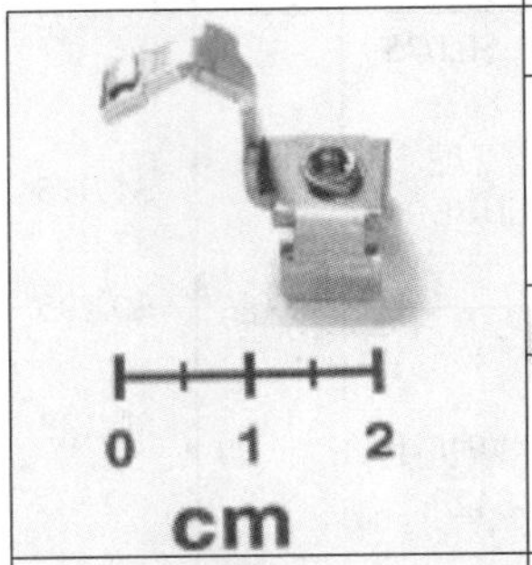	准备工作： 工装： $22k	材料：　每件 $0.040 45g70/30 黄铜 工艺： 在 550kN 压机上 3 000 件 /h $63/h	100k 1M 10M	$0.281 $0.083 $0.063
	准备工作： 工装： $71k	材料：　每件 $0.032 3.5g304SST 工艺： 在 550kN 压机上 4 300 件 /h $140/h	100k 1M 10M	$0.775 $0.136 $0.072
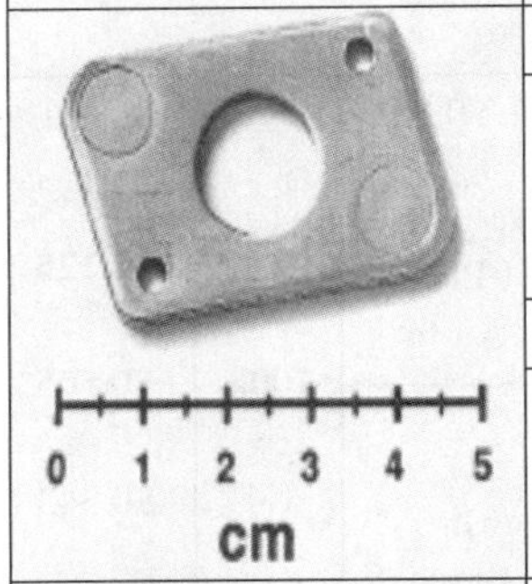	准备工作： 工装： $11k	材料：　每件 $0.128 19.2g102 紫铜 工艺： 在 650kN 压机上 4 800 件 /h $50/h	100k 1M 10M	$0.248 $0.149 $0.140
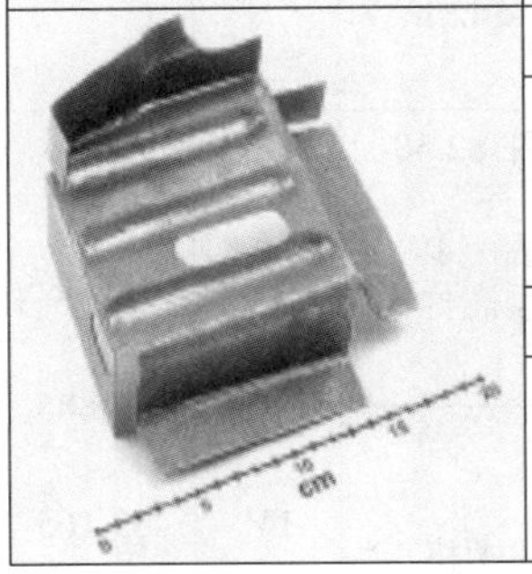	准备工作： 工装： $195k	材料：　每件 $0.28 341g 镀锌钢板 工艺： 在 1 000kN 压机上 700 件 /h $200/h	100k 1M 10M	$2.516 $0.761 $0.585

注：①准备工作（各案例仅数小时）成本在大批量冲压时可以忽略。

②材料重量是最终冲压件的重量。材料成本包括边角料。

③每小时工艺成本不仅受压机尺寸驱动，还要包括辅助工艺设备，如模内攻丝等。

④工艺成本包含了运营费用。

图表 11—21 **铸造成本范例**

砂型铸造（上）和熔模铸造（下）范例部件和成本数据来源：照片由 Stuart Cohen 拍摄。范例和数据由 Cumberland 铸造公司（砂型铸造）和 Castronics 公司（熔模制造）授权使用。

	固定成本	变动成本	产量	总的单位成本
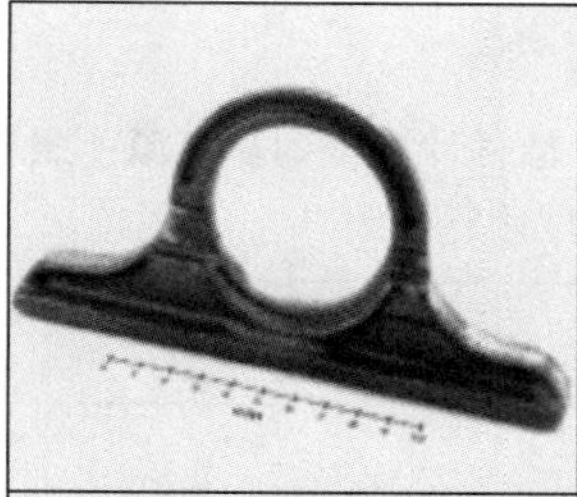	准备工作： 工装： $1.8k 8 印模 / 纹样 无型芯	材料：每件 $0.53 570g 灰铸铁 工艺： 120 件 /h $46/h	10 100 1 000	$180.91 $18.91 $2.71
	准备工作： 工装： $2.4k 2 印模 / 纹样 1 型芯	材料：每件 $2.42 2 600g 灰铸铁 工艺： 30 件 /h $46/h	10 100 1 000	$243.95 $27.95 $6.35

	固定成本	变动成本	产量	总的单位成本
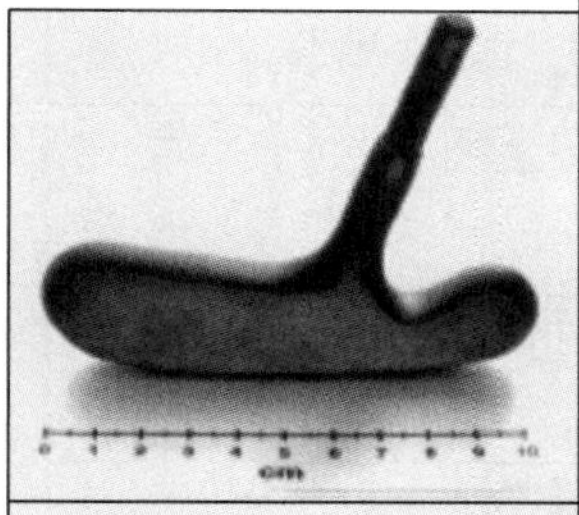	准备工作： 工装： $1.5k 无型芯	材料：每件 $0.713 260g 黄铜 工艺： 4 件 /h $50/h	10 100 1 000	$163.21 $28.21 $14.71
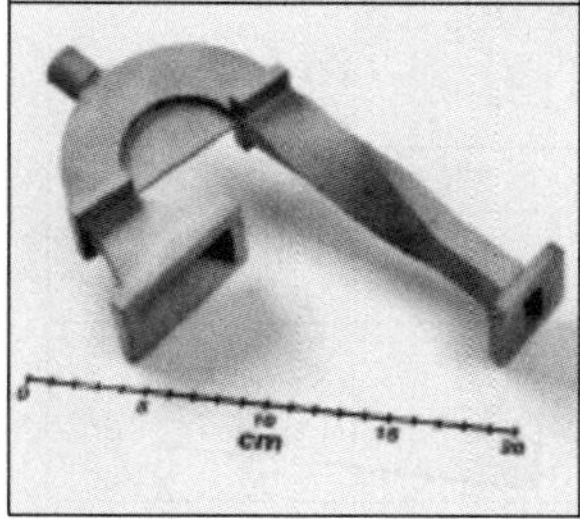	准备工作： 工装： $7k 3 型芯	材料：每件 $0.395 180g712 铝合金 工艺： 1 件 /h $50/h	10 100 1 000	$75.40 $120.40 $57.40

注：①准备工作（各案例仅数小时）成本在大批量冲压时可以忽略。

②材料重量是最终冲压件的重量。材料成本包括边角料。

附录 C：装配成本

图表 11—22　　　　装配成本

为一般产品的装配数据。经使用 Boothroyd Dewhurst 公司的 DFA 软件计算得到。来源：照片由 Stuart Cohen 拍摄。数据由 Boothroyd Dewhurst 公司的 DFA 软件计算得到。

产品	产品数据	装配时间（秒）
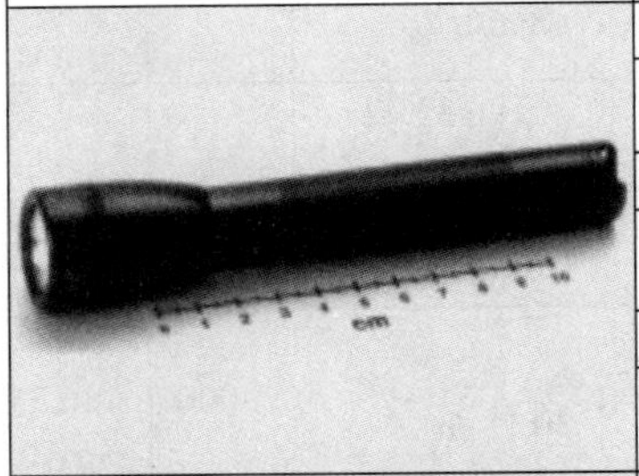	零件数量 16	总计 125.7
	零件种类 12	最慢零件 9.7
	紧固件数量 0	最快零件 2.9
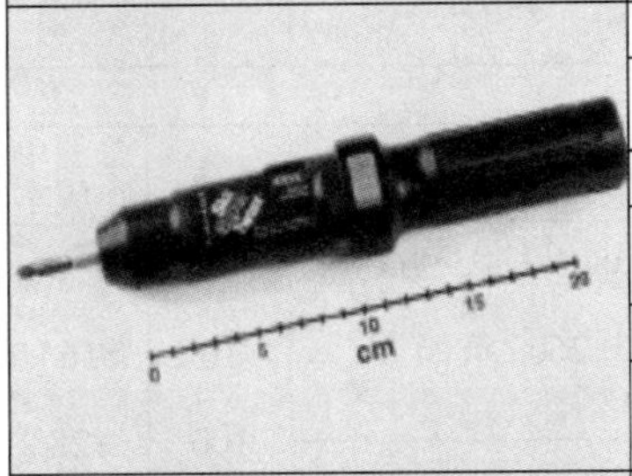	零件数量 34	总计 186.5
	零件种类 25	最慢零件 10.7
	紧固件数量 5	最快零件 2.6
	零件数量 49	总计 266.0
	零件种类 43	最慢零件 14.0
	紧固件数量 5	最快零件 3.5
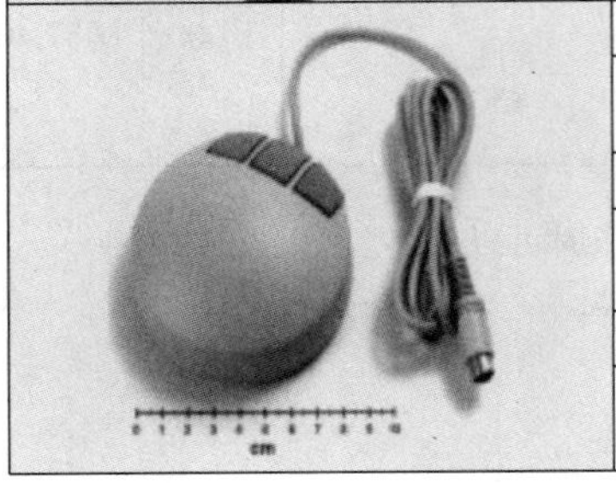	零件数量 56/17*	总计 247.0/138.0*
	零件种类 44/12*	最慢零件 8.0/8.0*
	紧固件数量 0/0*	最快零件 0.75/3.0*

* 鼠标数据给出形式：总部件（包括电子部件）/机械部件。

注：①本表给出了手工装配时间，用相应的劳力价格即可转换为装配成本。

②表中所给的装配时间不仅包括每个零件操纵和插接的时间，还包括其它操作的时间，如子装配体操纵和插接、重定方向、热铆接等。

图表 11—23　　　　　　　**常见元件的一般操纵和插接时间**

来源：手工装配表格，Boothroyd and Dewhurst，1989。

部件	时间（秒）			部件	时间（秒）		
	最快	最慢	平均		最快	最慢	平均
螺钉 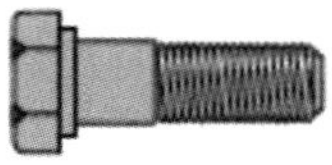	7.5	13.1	10.3	销轴 	3.1	10.1	6.6
卡钩 	3.5	8.0	5.9	弹簧 	1.6	14.0	8.3

附录 D：成本结构

图表 11—24　　　　　　　**制造企业的一般成本结构**

来源，从上往下：未发表的公司来源；Harvard 商学院案例：Destin 黄铜产品公司，9－190－089；以及 John Deere 部件公司，9－187－107。

公司类型	成本计算
机电产品制造商 （传统成本结构）	成本＝（113%）×（材料成本） +（360%）×（直接劳力成本）
精密阀门制造商 （基于活动的成本结构）	成本＝（108%）×［（直接劳力成本） +（准备工作劳力成本） +（160%）×（材料成本） +（$27.80）×（加工机时） +（$2 000.00）×（运输次数）］
重型设备部件制造商 （基于活动的成本结构）	成本＝（110%）×（材料成本） +（109%）×［（211%）×（直接劳力成本） +（$16.71）×（加工机时） +（$33.76）×（准备工作时间） +（$114.27）×（生产订单数量） +（$19.42）×（材料处理负载数量） +（$487.00）×（系统新添零件数量）］

注：①本表给出每次客户订单的总成本。

②材料成本包括原材料成本和外购件成本。

12 原型化

这款军用机器人的制造商是 iRobot 公司，他们为这种特殊的机器人取名为“PackBot”，主要作用是在战场中执行危险的任务，例如，PackBot 在 2001 年协助搜寻在美国“9・11”事件中的幸存者。它还辅助前线侦察、自爆等，是一种强大的军用机器人。机器人底盘能承载很多设备，如机器人胳膊安装了夹子、摄像机、照明灯、声音感知器、化学和雷达探测器，或者其他应用设备。图表 12—1 显示的是一款具有胳膊、摄像机、照明灯、夹子和光纤通讯栓的 PackBot 机器人。图表 12—2 显示的是在陆地上马上要执行任务的 PackBot 机器人。

图表 12—1　　iRobot 公司制造的 PackBot 机器人

（iRobot 公司授权）

PackBot 可以由部队运载，也可以通过窗口或者直接从救火车上扔到更广阔的具有挑战性和不可预知的地区。在开发 PackBot 过程中，iRobot 开发团队使用了不同的原型。原型不仅可以帮助迅速地开发出成功的产品，而且可以保证 PackBot 在陆地上的可靠性。

本章将对原型进行定义，解释为什么要制造原型，然后提出原型设计实践的几个原则。这一章也将介绍一种在原型制造之前进行规划的方法。PackBot 将作为一个示例贯穿全章。

图表 12—2　　　　　要执行军事任务的 PackBot 机器人

（iRobot 公司授权）

12.1　原型的基础知识

12.1.1　什么是原型?

虽然“原型”在字典中仅定义为名词，但在产品开发实践中这个词可被用做名词、动词和形容词。例如:

- 工业设计人员按照他们的概念制造原型。
- 工程师们原型化一个设计。
- 软件开发者编写原型程序。

我们将原型定义为“依据一方面或多方面的偏好，对产品进行延伸改造而形成的近似品”。在这一定义下，凡是体现了产品的一些为开发组所偏好的方面的实体都可看成一个原型。这一定义是广义的，它包含的原型范围从概念草图（粗样）、数学模型到功能齐全的试制品。原型化就是开发产品的一个近似品的过程。

12.1.2　原型的分类

原型可从两个角度进行有用的分类。第一个角度是原型实体化（或与之对应的解析化）程度。实体原型是可触知的制品，该制品是产品的一个近似品，产品为开发组所偏好的一些方面确实被制造用于检测和试验。实体原型包括看上去像产品的模型、用于快速检测某一设想的概念证实型原型，以及用于证实产品功能的实验型机器。图表 12—3 显示了三种用于不同用途的实体原型。解析原型以不可触知的（通常是数学的）方式代表产品，它只是分析产品的偏好方面，而不是制造。解析原型包括计算机模拟、以三维几何图形形式表达的计算机模型等。图表 12—4 显示了三种用于不同用途的分析原型。

图表 12—3　　PackBot 机器人的实体原型

（a）外观原型；（b）挤压测试中的轮胎原型；（c）在沙土中进行测试的原型。

（a）

（b）

（c）

（iRobot 公司授权）

图表 12—4　　PackBot 机器人的分析原型

（a）3D CAD 模型；（b）车轮部分组成的几何图形；（c）动力模型。

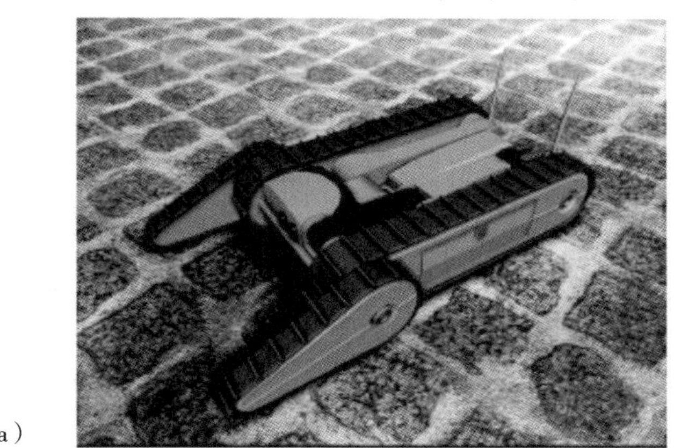

（a）

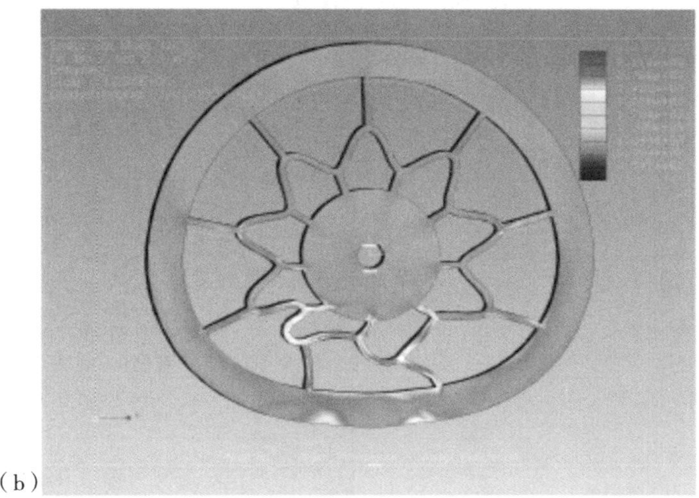

（b）

（c）

（iRobot 公司授权）

第二个角度是原型综合化（或与之对应的集中专一化）程度。综合化原型完成了产品的绝大多数属性（即使不是全部属性）。综合化原型与日常使用的单词

"样机"非常一致，这个词指一个全范围、全功能的产品版本。综合化原型的一个例子是β原型，它是在投入生产前交给消费者以识别任何可能存在的设计缺陷。与综合化相反，专一化原型只履行（完成）产品的某个或某些属性。专一化原型包括用于探求产品结构的泡沫材料模型和用以探查产品设计的电子性能的金属丝缠绕电路板等。一个普遍的做法是用两个或多个专一化原型一起探查一个产品的所有性能。这些原型通常是一个"外观（looks - like）"原型，而另一个是"原理（works - like）"原型。通过制造两个分离的专一化原型，开发组可以比制造一个综合化原型更容易地解决问题。

图表12—5是以这两个角度为轴绘制的，几个不同类别的原型在该图表上均表示了出来。请注意专一化原型可以是实体的，也可以是解析的；但实体产品的全综合化原型一般必须是实体的。原型有时是一个包含解析化元素和实体化元素的组合体。例如，PackBot使用者接口控制硬件可以与PackBot动态运动联系在一起。一些解析原型可以比其他解析原型更加"实体化"。例如，通过详细模拟PackBot构成元素的物理相互作用而产生的该装置的视频动画，在某种意义上，比采用一组方程近似描述同种机械装置的全部运动更加"实体化"。

图表12—5　**原型分类（可根据实体化程度及完成产品属性的程度进行分类）**

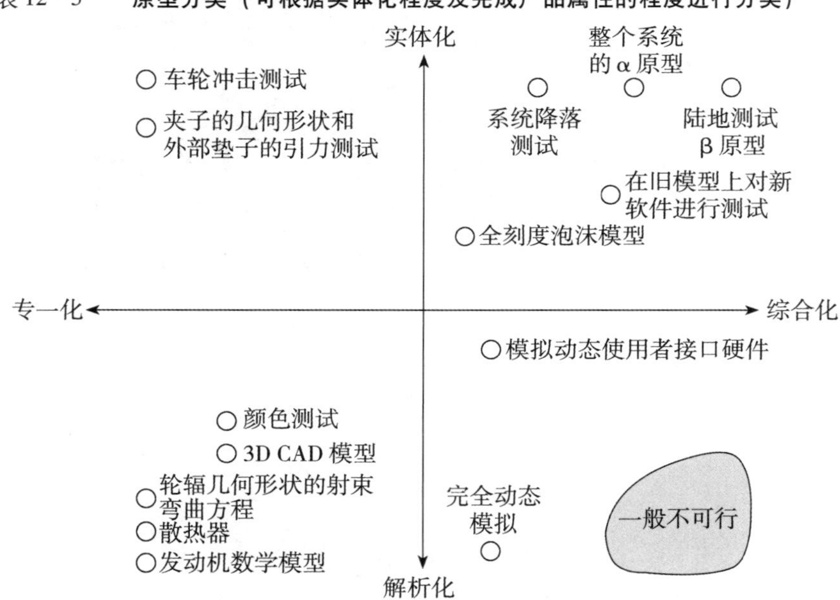

12.1.3 原型有什么作用?

在一个产品开发项目中，使用原型有四个目的：学习、交流、集成和里程碑（标记重大进展）。

● **学习**：原型通常用于回答"它能否工作"和"它满足消费者需要的程度如何"。当用于回答这类问题时，原型就作为学习的工具。在开发跟踪球的过程中，球支座系统用专一化原型来研究，三个支撑栓被安置在离球穴中心距离不同的半径范围上。从图表12—6所示的原型中可以看到这些支撑栓被放在一个13毫米半径的范围内，该图表也显示了具有不同支撑栓半径范围的其他原型。这是一个以专一化、实体化原型作为学习工具的例子。在开发跟踪球过程中，用计算机中的几何模型来检查跟踪球部件间配合和影响的情况。这是一个以专一、解析化原型作为学习工具的例子。

图表12—6　　PackBot 机器人的轮胎原型（上）及冲击测试（下）

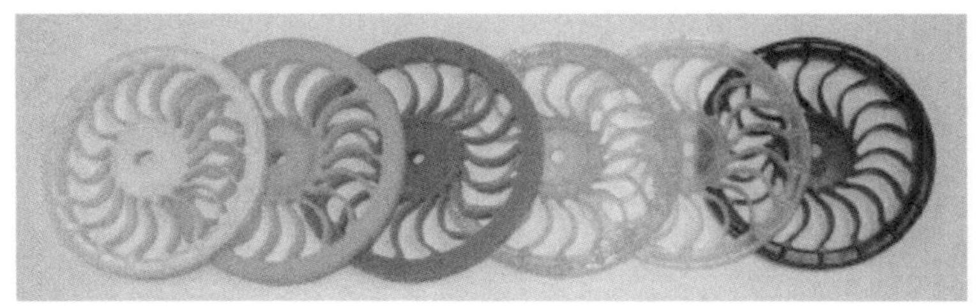

（iRobot 公司授权）

• **交流**：原型加强了开发组与高层管理者、供应商、合作人、开发组扩展成员、消费者及投资者间的交流。这一点对实体化原型来说尤为正确：以一个可见的、能触知的三维图形来表现一个产品，比用语言甚至以草图来描述这个产品更易理解。在开发 PackBot 概念中，通过利用“可视、可感知”的原型，设计工程师、工业设计者和顾客间的交流得到加强。

新的消费者经常对 PackBot 底盘过于狭小不满意，然而，实物模型清晰地展示了有限的空间。图表12—3（a）向早期消费者展示了 PackBot 的大小和 PackBot 胳膊承载的摄像机所能伸展的范围。这个模型利用立体快速原型技术，经过组装和喷绘来展示这个产品的真实大小和外观。

• **集成**：原型用于保证产品的子系统及组件能如预期的那样配合工作。综合、实体化原型在产品开发项目中作为集成工具最为有效，因为它们要求零件、各部件间内在协调，并和子零件组成一个产品。要做出这样的原型，要求产品开发组成员相互协作。如果产品任何组件的组合妨碍产品的整体功能，这一问题只能在综合化、实体化原型中通过集成来检测。这些综合化、实体化原型一般被称为“试验性原型”、“α 原型”、“β 原型”或“试产原型”。PackBot 的两个原型见图表12—7。在 α 原型中，在机器人的中间可以看见无线电；在 β 原型中，无线电已被放在了机器人体内。这一变化是必需的，因为要避免碰撞。对 α 的进一步测试可以改进路径系统，对 α 的测试是在 β 测试之前。对 β 的进一步测试包括更广阔的地面路况，包括泥、沙子和水的测试。

图表 12—7　　PackBot **原型（左边为 α 原型，右边为 β 原型）**

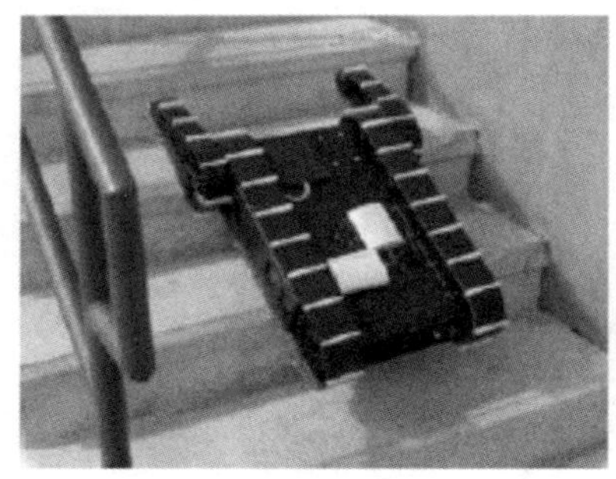

（iRobot 公司授权）

原型也能帮助产品开发组集成有关的观点（Leonard - Barton，1991）。关于产品结构的一个简单实体原型，可用做销售、设计和制造者之间的沟通媒介，通过这一媒介他们之间能就一个基本的设计决策达成一致。

很多软件的开发通过不断改进原型的使用而将数十个软件开发人员的工作集成起来。例如微软公司使用“每天编译”的方法，即每天工作结束时新版本的产品被编译出来。软件开发人员在每天的一个固定时间（如下午 5：00）将他们编写的程序代码“登记”到软件中，开发小组将代码编译成新版本的软件。然后小组中的每个人都可以使用最新版本的软件，微软公司称之为“享受自己的美味（eating your own dog food）”，这种每天建立综合原型的做法确保了开发人员的工作总是同步的集成到一起。任何冲突一经产生就立刻被检查出来，团队不会有任何一天脱离产品的工作版本（Cusumano，1997）。

• **里程碑：**尤其是在产品开发的后期，原型被用做证实（表明）产品在功能上已达到期望水平。里程碑原型提供可触知的标的物，表明了进展情况，并用来加强进度安排。高层管理者（有时是顾客）经常要求在他们同意项目继续进行之前，提供一个能展示特定功能的原型。例如，许多政府在采购的时候要求承包商在进行生产之前必须有一原型通过“首件测试”。PackBot 开发的重要里程碑是由美国陆军进行测试的。在测试过程中，PackBot 原型从一辆移动的汽车上扔到一个由一名战士控制的陌生的环境中。要使这一测试成功，PackBot 原型系统不能有任何缺陷。

在所有类别的原型都可用于上述四个目的的同时，对某些目的，一些类别的原型比其他类别原型更适合。图表 12—8 对不同类别的原型与各种目的适应关系做了总结。

图表 12—8　　**原型与目的间的适应性**

“●”表示适合，“○”表示不适合，请注意综合化、解析型原型几乎是不可能存在的。

	学　习	交　流	集成	里程碑
专一化、解析型	●	○	○	○
专一化、实体型	●	●	○	○
综合化、实体型	●	●	●	●

12.2 原型化原理

在产品开发过程中，一些原理对指导有关原型决策是有益的。这些原理用于指导“制造什么类型的原型”和“如何将原型编入开发计划中”的决策。

12.2.1 解析化原型一般比实体化原型更具灵活性

因为解析化原型是产品的一个数学上的近似品，它一般包含随不同设计选择而改变的参数。在大多数情况下，改变解析化原型的某个参数比改变实体化原型的某个属性容易得多。例如，以 PackBot 驾驶路径的解析化原型为例，这一原型中包括一组描述电动发动机的方程，其中一个参数包括延迟扭转力。通过改变这一参数来解方程组比在实体化原型中改变实际的发动机更容易。在大多数情况下，解析化原型不仅比实体化原型易于改变，而且也允许做出更大的改变。所以，解析化原型常常优于实体化原型。解析化原型用于缩小可变参数的取值范围，而实体化原型用于微调或确定设计方案。使用解析化原型探索不同设计参数的详细例子，可参见第 13 章“稳健设计”。

12.2.2 检测不可预见现象需要实体化原型

一个实体化原型经常揭示出与原型最初目标完全不相关的不可预见现象。导致这些奇怪现象的一个原因是，当开发组用实体化原型进行试验时，所有的物理原理一直在起作用。用于探查纯几何问题的实体化原型也将有热学、光学属性。实体化原型的一些伴随属性与最终产品无关且在测试中令人烦恼。当然，实体化原型的一些伴随属性也将在最终产品中表现出来。在这些情况下，一个实体化原型可作为检测可能在最终产品中出现的、不可预见的有害现象的工具。相反，解析化原型无法揭示非基础解析模型（基于当前原型）的部分现象。因此，在产品开发尝试中，至少要建造一个实体化原型。

12.2.3 原型可以降低昂贵重复风险

图表 12—9 表明了在产品开发中风险与重复的效用。在许多情况下，一个测试结果可以决定一个开发任务是否将不得不重复。例如，如果一个浇铸件与其配合件间吻合性很差，这一浇铸件可能不得不重做。在图表 12—8 中，以一个标有 0.30 概率的箭头代表进行配合测试后需返回重造模具的风险是 30%。如果通过制造和测试一个原型可大大提高后续活动无重复进行的可能性（如图表 12—9 所示，从 70% 提高到 95%），那么原型阶段是合理的。

原型在降低风险上的预期效益必须与制造和评价所需要的时间和资金进行权衡。由于失败的高成本、新技术或产品特性的重大变革而具有高风险或不确定性的产品，可以从这样的原型中受益。另一方面，那些失败成本低和技术成熟的产品不能从原型化过程中取得降低风险的利益。大多数产品介于这两个极端之间。图表12—10表示了不同类型的开发项目可能遇到的各种情况。

图表12—9 **原型可以降低昂贵重复风险**

花时间建造和测试一个原型将使开发组发现用其他方法无法发现的问题，并避免实际进行高成本的开发活动，如建造一个注射模型。

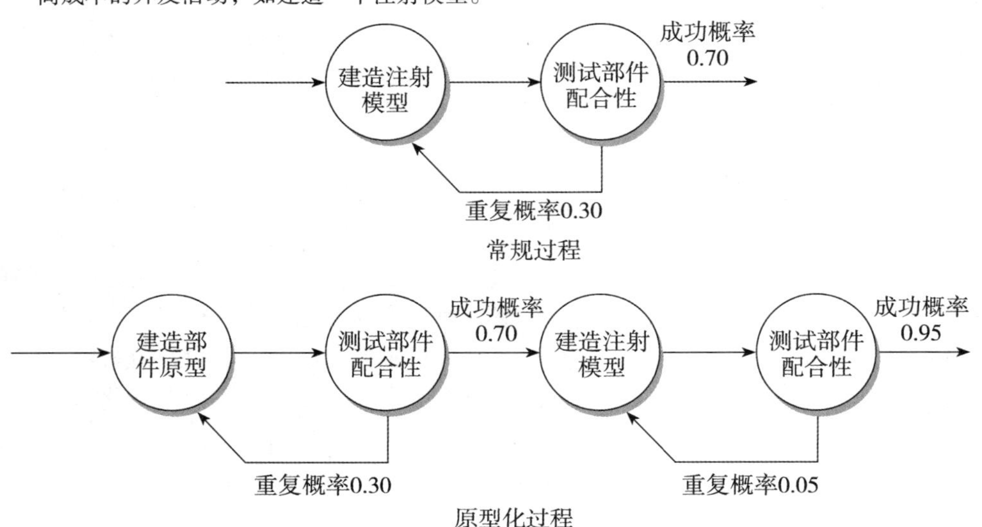

图表12—10 **综合原型的使用所依赖的技术或市场风险的相对水平和建立综合原型的成本**

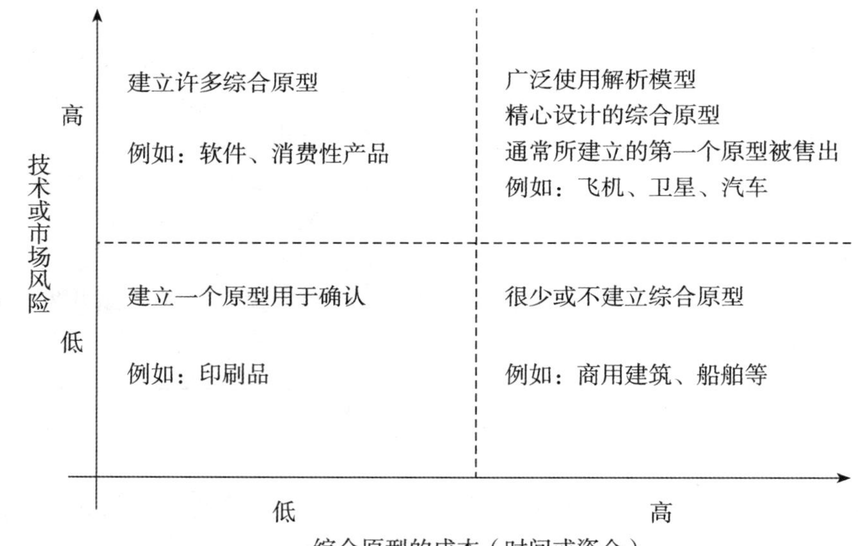

12.2.4 原型可加快其他开发步骤

有时加入一个短暂的原型化阶段可以使后续活动比没有这一阶段时完成得快得多。如果原型化阶段所需的时间少于后续活动节省的时间，则这一策略（原型化）

是适当的。正如图表12—11所示，最易发生这种情况的例子之一是在模具设计过程中。具有复杂几何形状的部件的一个实体化模型使得模具设计者更快更好地细化和完成模具设计。

图表12—11　**原型在加快其他步骤上的作用**

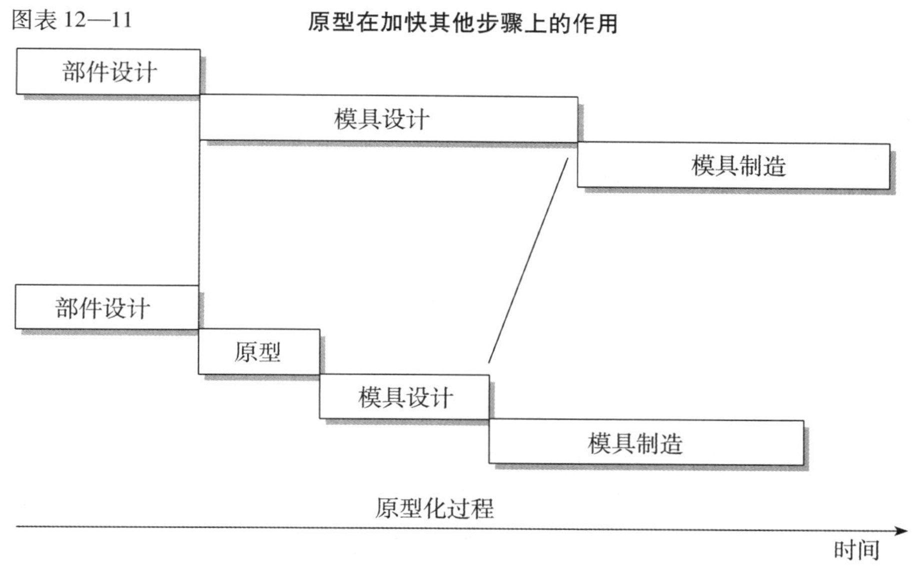

12.2.5　原型可能重建任务间的依赖性

图表12—12的上半部分显示了一组相继完成的任务，通过建造原型，这些任务中的某些任务有可能同时完成。例如，必须先制作电路板才能测试其控制软件，但是，开发组在印刷电路板生产进行的同时，可以快速组装一个原型（例如面包板）用于测试，而不必等待电路板生产完成后才进行软件测试。

图表12—12　**利用原型将某个任务从关键步骤上移走**

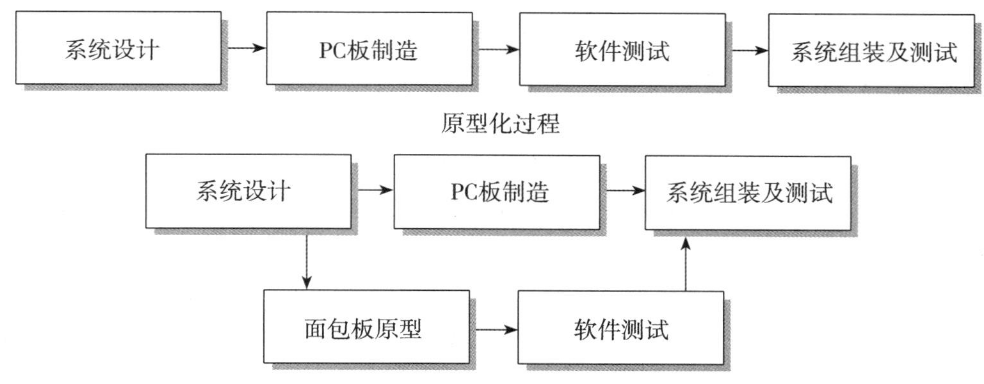

12.3　原型化技术

数百种不同的技术被用来建立原型，尤其是实体原型。近十年来出现了两种极其重要的技术：三维（3D）计算机建模和自由构造。

12.3.1　3D 计算机建模

自 20 世纪 90 年代以来，表现性设计的主要形式已经发生了重大变化，从图像（经常是用计算机制作的）到 3D 计算机模型。这些模型用 3D 实体来表现设计，每个实体通常用圆柱、块、孔等几何单元构造而成。

3D 计算机建模的优点包括：很容易显示出设计三维形式的能力；自动计算实体属性如重量和体积的能力；从一个规范的设计描述图生成其他更具体的描述图如截面图的功能。3D 计算机模型还可以用来检测各部件之间的几何空间冲突，并且是其他更具体的分析如运动学或受力学的基础。这些 3D 计算机模型已经开始被用做原型。在某些情况下，3D 计算机模型的使用已经替代了某些实体原型的使用。例如，在开发波音 777 和 787 客机时，开发团队可以避免建造一个与实物同等大小的木制飞机原型，而以前这种原型是用来检查结构部件和其他各种系统如液压线路的零件的几何冲突的。基于工业设计可以做出一个 3D 计算机模型，作为“数字模型”、“数字原型”或者“虚拟原型”。

很多类型的基于计算机的分析都使用 3D 计算机建模。Forms 验证中的 CAE 包括流热耦合有限元分析、应力分布，电动车的虚拟事故的测试，以及复杂自动化的运动学和动力学，所有这些都变得越来越复杂。在 PackBot 开发中，工程师利用对构造完整性的有限元分析来理解在不同下滑和碰撞中的压力冲击。图表 12—13 显示的是 PackBot 3D 计算机建模的这种分析。工程师还利用基于 3D 计算机建模的有限元分析来计算热流和热能耗散。

12.3.2　自由构造

1984 年，第一个自由构造系统由 3D System 公司推出。这种被称为“立体光刻成型（stereolithography）”的技术和其后数十种类似技术直接从 3D 计算机模型中建造出实体对象，可以被认为是“三维打印机”。这些技术经常被称为“快速原型化”。这些技术中的大多数采用的方式是建造对象时，每次做一个横截面，如铺置一种材料或选择性地凝固一种液体。其制成品经常是用塑料做的，但也有用其他材料如石蜡、纸、陶瓷和金属制成的。有时，这些制成品直接用来展示或用于工作原型中。但是，这些制成品经常被用来作为制造模具的样品，然后用这些模具铸造具有特殊材料属性的样品。图表 12—13 显示了一种消费性产品的外壳部分，它是将聚氨酯注入硅橡胶模具中制成的，而其模具是由立体光刻制造技术制作的部件制成。

图表 12—13 **基于 3D CAD 模型建立的 PackBot 侧面部分分析**

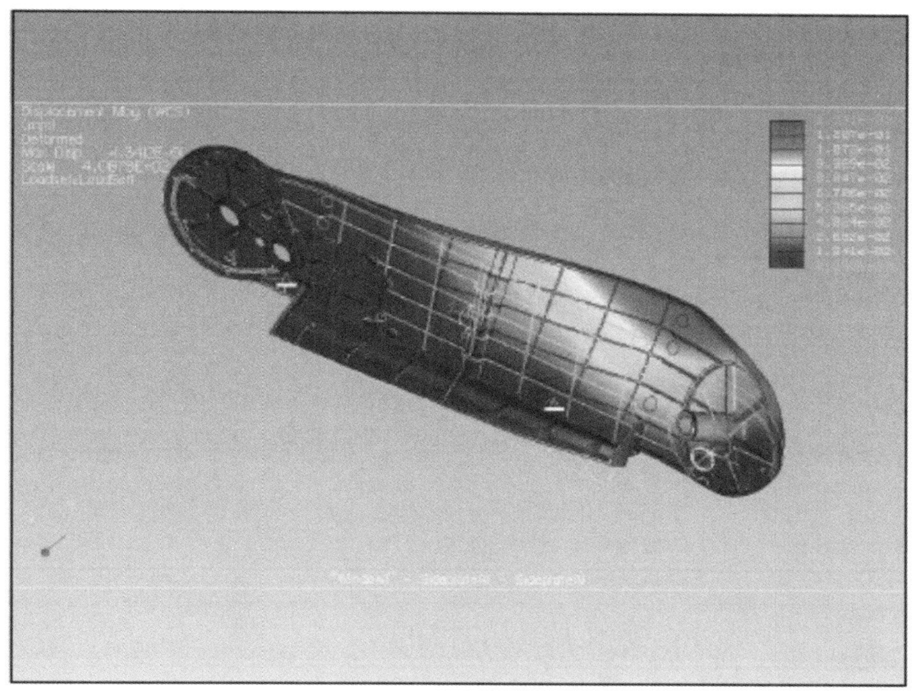

（iRobot 公司授权）

自由构造技术使现实三维立体原型更早、更便宜地被制造出来。正确使用这些原型可以缩短产品开发时间，改进最终产品。除了能快速构造工作原型之外，这些技术可以用来更快、更便宜地展现产品概念，使产品概念能更方便地传达给其他团队成员、高级经理、开发合伙人或潜在顾客。例如，图表 12—3（a）显示的是 PackBot 原型，它的内部材料用的是仅 4 天制造完成的快速制模型。

12.4 原型计划

在产品开发过程中一个潜在的陷阱是 Clausing 所称的“机器陷阱”（Clausing, 1994）。该陷阱是由被误导的原型化尝试引起的，也就是说，原型（实体化或解析化）的制造和调试对产品开发项目整体目标没有做出真正的贡献。避免这一陷阱的一个方法是在尝试制造和测试原型之前，对每一原型进行仔细的定义。这一节提出一个四步骤方法用于在产品开发尝试中制定原型计划。该方法应用于所有类别的原型：专一化、综合化、实体化和解析化原型。图表 12—14 给出了记录该方法所产生的信息的一个样板。我们用图表中所示的 PackBot 车轮原型和在图表 12—6 所示的冲击测试作为例子来阐述这一方法。

图表 12—14　　PackBot **车轮几何图形和冲击测试原型的计划样表**

原型名称	PackBot 车轮几何图形/冲击测试
目的	• 决定最终车轮刹车几何图形和为了防震而采用的材料 • 确认车轮在遇到冲击的情况下防震的效果
近似水平	• 调整车轮刹车几何图形和为了防震而采用的材料
测试计划	• 进行 2 种刹车装置，6 种材料的 12 个测试 • 将车轮安装到测试的固定装置 • 测试从不同高度落下所产生的冲击
进度表	8 月 1 日　选择车轮造型和材料 8 月 7 日　完成测试中固定装置的设计 8 月 14 日　建造车轮和测试中的固定装置 8 月 15 日　部件组装完毕 8 月 23 日　完成测试 8 月 25 日　完成结果分析

12.4.1 步骤 1：定义原型的目的

原型的四个目的是：学习、交流、集成和里程碑。在定义原型目的过程中，开发组列出了具体的学习与交流需求。开发组成员也列出了任何集成需求以及这一原型是否打算作为整个产品开发项目过程中的一个重要里程碑。

对于车轮原型，它的目的是决定使用不同几何图形和材料时的车轮抗震性能和安全性能。这一“学习”原型的目的非常专一，开发团队还要考虑材料的制造成本，其中，很多材料是不可铸模的，需要机器制造。

12.4.2 步骤 2：构建原型的近似水平

对原型进行规划需要决定原型与最终产品的相似程度。开发组应考虑一个实体原型是否必要，或哪一个解析化原型最能满足它的要求。在大多数情况下，最好的原型是那个满足步骤 1 所设定目的的最简单原型。在某些情况下，可借用一个已存在的原型或一个为另一个目的所造的原型。

对于车轮原型，团队要根据冲击的效果来决定车轮的材料和几何形状，因此，建造原型需要非常小心。然而，车轮的其他方面可能被忽视，包括生产方法（铸模或者制造），驾驶系统的附件和铁轨带，车轮的颜色和整体造型等。团队的一名成员先前就研究了轮辐弯曲效果的解析化原型，她认为原型的物理特征对于确认他的分析很有必要，并发现抗震效果和车轮力量之间存在一个基本的取舍关系，抗震需要轮辐柔韧，而车轮的力量需要尺寸更大的车轮。团队使用解析型原型来决定轮辐的尺寸，而这就需要对物理原型进行研究。

12.4.3 步骤3：制定实验计划大纲

大多数情况下，在产品开发中使用原型可以被看成一个实验。好的实验实践有助于保证从原型化活动中获取最大价值。实验计划包括确认各种实验变量（如果有的话）、测试草案，并指明进行哪些测量以及分析最终数据的计划。当必须探索许多变量时，有效的实验设计将极大地促进这一进程。

第 13 章“稳健设计”详细讨论了实验设计。对于车轮原型来说，团队决定只改变轮辐的材料和网上几何。根据解析化原型，选择了两种样式的轮辐，每种轮辐又选择了 6 种材料进行 12 次实验。团队设计了一个结实的平台，每个车轮被安装后由不同的高度落入平台，通过观察平台的受重就可以测试车轮传递给 PackBot 的冲击力。在完成所有的实验后，他们会仔细观察车轮落下对平台造成的损伤，包括裂纹和塑性变形，然后再提高一个高度进行测试。这些测试的结果不仅可以用来选择最好的轮辐几何和材料，而且可以改善车轮的物理解析化原型。

12.4.4 步骤4：制订采购、建造和测试时间表

因为建造和测试一个原型可以看做整体开发项目内的一个子项目，所以为原型化活动制定时间表对开发组是有益的。在定义一个原型化尝试中，有三个日期特别重要。第一，开发组限定何时部件就绪可用于装配的日期（这一日期有时被称为“部件水桶”日期）；第二，开发组限定原型进行首次测试的日期（这一日期有时被称为“确证测试”日期，因为在这一天，开发组将首次在带电子系统的产品中通电并“寻找确证”）；第三，开发组限定完成测试和产生最终结果的日期。

对车轮原型来说，装配问题涉及极少。因此当部件就绪时，原型就可以立即装配和测试。开发组计划用 8 天时间进行测试，用 2 天时间进行分析。

12.4.5 制订里程碑式原型计划

上述为原型制订计划的方法适用于所有原型，包括那些同跟踪球—支座一样简单的原型和同整个跟踪球 β 原型一样复杂的原型。然而，附加计划对那些开发组用做开发里程碑的综合化原型是有益的。该计划行为一般与整体产品开发计划行为同时进行，即在概念开发阶段结束之时进行。实际上，制订里程碑日期计划是产品整体开发计划的一个组成部分（参见第 16 章“产品开发项目管理”）。

在所有其他条件相同的情况下，开发组希望尽可能少地造里程碑原型，因为设计、制造和检测该种原型要消耗大量的时间和资金。然而，现实中很少有高度工程化的产品在开发过程中的里程碑原型少于两个，并且许多开发工作需要 4 个甚至更多。

作为一个基本情况，开发组应该考虑用 α 原型、β 原型和试产原型作为里程碑原型。同时开发组也应考虑这些里程碑原型中是否有能被排除的或实际上需要额外附加的原型。

α 原型普遍用于评价产品是否能如预期的那样工作。α 原型的部件通常在材料

和几何形状上与将用于生产的产品部件相似，但是它们一般由原型生产流程制造。例如，α 原型的塑料部件可以是机器加工的，而实际生产中它们却是浇铸的。

β 原型普遍用于评价产品的可靠性和识别存在的缺陷。这些原型经常交由顾客在预期的使用环境下进行检测。β 原型的部件通常由实际生产工艺制造或由预定的部件供应商供应，但是产品通常不是由预期的最终装配线组装。例如，β 原型的塑料部件可能是用生产用注射机注压而成，但很可能是由一个技术员在原型车间装配而成，而不是由生产工人或自动化设备装配而成的。

试产原型是第一批由生产工艺制造出的产品。这时，生产线还没有满负荷运行，只是制造有限的该种产品。这些原型用于评价生产线的能力，还有待于进一步测试并且通常提供给优先顾客。试产原型有时被称为“生产试验原型”。

从标准原型化计划中产生的最普遍的偏差是，排除一个标准原型或增加额外的早期原型。如果待开发的产品与工厂已开发和制造的其他产品相似或者待开发产品极为简单，则排除一个原型（通常为 β 原型）是可能的。在产品体现出新的概念或技术的情况下，增加额外的早期原型是常有的事。这些早期原型有时被称为“实验原型”或“工程原型”，它们看起来不像最终产品，而且这些原型的许多部件不是按预期的最终批量生产的要求设计的。

一旦开发组对原型数目、特性及组装和测试的时间初步做出决定，他们就能够在项目的整个时段上安排里程碑原型。当开发组试图排定里程碑原型计划表时，整个产品开发计划表的可行性将被测试。当按产品开始生产的目标日期倒推进行工作时，开发组经常会发现装配和测试一个里程碑原型往往与设计和组装下一个里程碑原型部分重叠或极其接近。如果实践中这种部分重叠出现，那么它是“机器陷阱”的最坏表现形式。当原型化阶段重叠，从一个原型所学到的东西传到下一个原型的非常有限。这样，为了使剩余的原型尽快展开，开发组应考虑省略一个或多个原型。在编制项目计划时，原型化阶段重叠是可以避免的，其方法有：项目早一点开始、推迟开始生产日期、排除一个里程碑原型或设计出一种方法以加速处于每一原型前的那些开发活动（请参见第 16 章“产品开发项目管理”，那里介绍了获取这一加速的相关方法）。

12.5 小 结

产品开发几乎总是要求建造和测试原型。原型是产品的一个近似品，它是在一个或多个偏好方面与产品近似的产物。

- 原型通常从两个角度分类：（1）实体化或解析化程度；（2）综合化或专一化程度。

- 原型可用于学习、交流、集成和变革。在所有类别的原型均可用于上述四种目的的同时，实体化原型一般最适合用于交流，综合化原型最适合用于集成和变革。

- 在产品开发过程中，一些原理对指导有关原型的决策非常有用，它们是：解析化原型一般比实体化原型更具灵活性；检测不可预见现象需要实体化原型；原型可以降低高值重复风险；原型可促进其他开发步骤；原型可重组任务间的依赖关系。

- 3D 计算机建模和自由构造技术减少了建立原型所需的相关成本和时间。
- 制订原型计划的四步骤方法是：

（1）定义原型目的；

（2）建立原型近似水平；

（3）制定实验计划大纲；

（4）创建采购、建造和测试时间表。

- 里程碑原型在编制开发项目计划阶段加以确定。这种原型的数量和时间要求是整个开发计划的关键因素之一。

参考文献

许多现有资源可以从网上得到，参见：www. ulrich – eppinger. net。

Clausing 提出了原型方法的缺陷，包括“机器缺陷”。参见 Clausing，Don，*Total Quality Development*，ASME Press，New York，1994。

Leonard – Barton 介绍了原型怎样被用做不同产品开发功能的集成。参见 Leonard – Barton，Dorothy，“Inanimate Integrators：A Block of Wood Speaks.” *Design Management Journal*，Vol. 2，No. 3，Summer 1991，pp. 61 ~67。

Cusumano 介绍了微软软件开发过程中“每天编译”方法的使用。“每天编译”方法是使用综合原型来集成的极端例子。参见 Cusumano，Michael A.，“How Microsoft Makes Large Teams Work Like Small Teams，” *Sloan Management Review*，Fall 1997，pp. 9 ~20。

Schrage 给出了一种以原型角色为中心的产品开发以及对创新过程中的仿真的观察。参见 Schrage，Michael，*Serious Play：How the World's Best Companies Simulate to Innovate*，Harvard Business School Press，Boston，2000。

Thomke 解释了有效的原型方法和成功的创新之间的关系。他认为新技术正在改变实验经济学，而且会使产品创新过程更加精彩。参见 Thomke，Stefan H.，*Experimentation Matters：Unlocking the Potential of New Technologies for Innovation*，Harvard Business School Press，Boston，2003。

Kelley 和 Littman 关于产品开发过程的更大成功的 IDEO 的演说讨论了 IDEO 如何使用原型来解决问题（学习）、鼓励消费者（交流）、将项目推向一个交互的过程（变革）。参见 Kelly，Tom，With Jonathan Littman，*The Art of Innovation：Lessons in Innovation from IDEO，America's Leading Design Firm*，Doubleday，New York，2001。

以下两本书为普通读者提供了对原型化的有趣的说明。Walton 的有关 1996 年 Ford Taurus 开发的书包含汽车工业原型化和验证的有趣描述。尤其有趣的是，冬天在明尼苏达州北部对加热器进行检验并以开发工程师作为对象的描述。Sabbagh 的有关波音 777 开发的书包含对刹车系统、机翼强度和其他部件的有趣验证的记述。参见 Walton，Mary，*Car：A Drama of the American Workplace*，Norton，New York，1997；Sabbagh，Karl，*Twenty – First – Century Jet：The Making and Marketing of the*

Boeing 777, Scribner, New York, 1996。

Wall, Ulrich 和 Flower 对原型与其生产产品的符合度的质量提供了正式的定义。他们使用这一定义来评价塑料部件的原型化技术。参见 Wall Matthew B., Karl T. Ulrich, and Woodie C. Flowers, "Evaluating Prototyping Technologies for Product Design," *Research in Engineering Design*, Vol. 3, 1992, pp. 163 ~ 177。

Wheelwright 和 Clark 介绍了原型的使用作为产品开发项目的管理方式的作用。他们对于原型周期的讨论尤其有趣。参见 Wheelwright, Stephen C., and Kim B. Clark, *Revolutionizing Product Development: Quantum Leaps in Speed, Efficiency, and Quality*, The Free Press, New York, 1992。

练　习

(1) 一个家具制造商正在考虑一种通过切割和弯曲可大量获取的再生塑料产品来制造坐具的方法。请通过切割和弯曲一张纸或纸板，建造一个原型，该原型至少是一种可能的椅子设计原型（你可以首先设计椅子的一个草图或直接用纸张开始工作）。从你的原型上你能学到哪些有关椅子设计的知识？哪些是无法从原型上学到的？

(2) 将练习（1）中所描述的原型放到图表 12—5 中合适的区域。产品开发组使用这样的原型是出于四种目的中的何种目的？

(3) 设计一个原型化计划（与图表 12—14 中的计划类似），用于探求不同类型厨刀把手的舒适性。

(4) 将图表 12—3、图表 12—4、图表 12—6、图表 12—7 和图表 12—13 所描述的原型放到图表 12—5 中合适的区域，并简要解释你的理由。

思考题

(1) 许多产品开发组将"外观"的原型和"原理"的原型分开。它们之所以这样做是因为在开发早期将功能和结构集成很困难。这种做法的优缺点是什么？这种做法对什么类型的产品来说将是危险的？

(2) 在过去的 10 多年里，已发展几项通过 CAD 文件直接制造实体化部件的技术（如立体化平版印刷术和可控激光熔结术）。开发组怎样才能在产品开发流程的概念开发阶段应用这些快速原型化技术？这些技术有利于确认顾客需求、建立细则、产生产品概念和/或选择产品概念吗？

(3) 据报道，一些公司已放弃对产品的早期原型进行顾客测试的做法，取而代之的是直接将原型迅速地投放到市场以观察实际顾客的反应。这一做法对什么类型的产品及市场可能奏效？

(4) 一张图画是实体化原型还是解析化原型？

(5) 微软公司在软件开发中经常使用综合模型。实际上，一些项目中有"每天编译"，即新版本的产品每天被集成并编译。这种方法只适用于软件产品，还是也可以用于实体产品？对实体产品来说，这种方法有什么优缺点？

13 稳健设计

福特汽车公司的安全工程师与供应商一起工作，以便更好地理解后座安全带的性能。在所有腰带和肩带的常规安全带系统中，如果腰带向上拱起，乘客会在腰带下滑动，很可能造成腹部的伤害。这种被称为“潜滑（submarining）”的现象与很多因素有关，包括碰撞性质、车辆设计、座椅和安全带的性质等条件。根据实验、仿真和分析，福特的工程师希望确定对乘客安全和避免潜滑最关键因素。图表13—1所示的图像描述了福特的仿真分析所采用的模型。

图表13—1　**后座安全带实验**

为探索多种设计参数和噪声条件，该实验在一个仿真模型上进行。

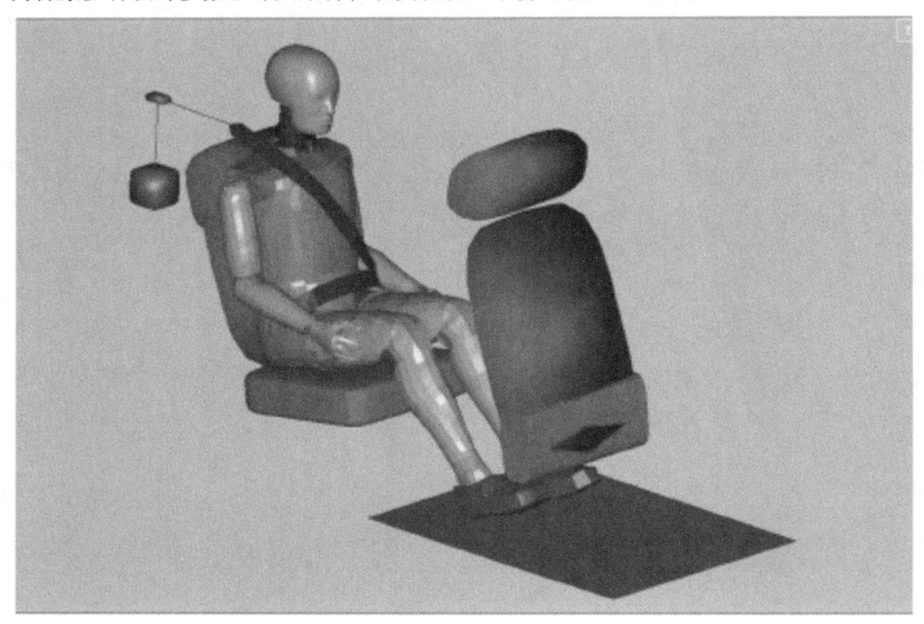

（Ford Motor 公司授权）

本章介绍了一种设计并进行实验的方法，以便提高（甚至是在不受控变化的情况下的）产品性能。这种方法被称为“稳健设计（robust design）”。

13.1　什么是稳健设计？

我们把“稳健的（robust）”产品定义为即使在非理想条件下，比如各种不同的制造工艺或操作环境等，仍按预定方式工作的产品。我们使用“噪声（noise）”这一术语来描述可能影响性能的不受控变化，一个高品质的产品应该对噪声因素表现得很“稳健”。

“稳健设计”是提高产品预期性能，使噪声影响最小的产品开发活动。在稳健设计中我们利用实验和数据分析为我们可以控制的设计参数确定稳健设定点。“稳健设定点（robust set point）”是一系列设计参数值的组合，具有这些参数值的产品性能在一定范围内的操作条件和制造波动的情况下也将达到预期指标。

稳健设计从概念上很好理解。对于一个给定的性能目标（如安全地拉住乘客）存在着许多能给出预期结果的参数值的组合。然而在这些组合中，某些组合对不受控变化更加敏感。由于该产品可能在出现各种噪声因素的环境中操作，我们当然希望选择对不受控变化最不敏感的那一个参数值组合。稳健设计过程使用实验方法来确定这些稳健设定点。

要理解稳健设定点的概念，让我们考虑影响安全带某个性能度量的两个假设因素，如图表 13—2 所示。假设因素 A 对性能产生线性影响 f_A、因素 B 对性能产生非线性影响 f_B。进一步考虑我们为每个因素选择的设定点：为因素 A 可以选择 A1 或 A2，为因素 B 可以选择 B1 或 B2。假设 f_A 和 f_B 的影响是累积的，同时（A1，B2）组合产生的总体性能与（A2，B1）组合的总体性能大致相同。制造波动将出现在任何选定的设定点上，所以，两个因素的实际值可能都不会精确地等于设定值。由于在 B1 附近因素 B 的非预期波动产生的影响 f_B 的波动较小，所以在 B1 上，因素 B 的非预期波动对产品总体性能的影响也相对较小。因此，（A2，B1）这一组合所确定的设定点比（B2，A1）组合更加稳健。

图表 13—2 **影响安全带某个性能度量的两个假设因素**

稳健设计探索非线性关系，以确定产品性能对变化不敏感的设定点。在本例中，对因素 A 所选择的值不影响稳健性，然而对因素 B 选择的值却影响稳健性。选择 B1 将降低因素 B 的变化对整体性能的影响。

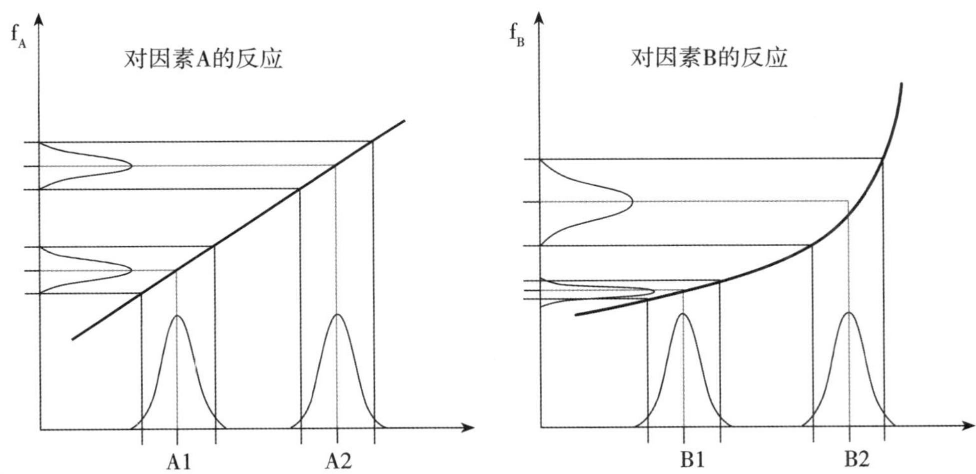

稳健设计过程可用于产品开发过程的多个阶段。跟大多数产品开发项目一样，在产品开发过程中越早考虑稳健性，产生的稳健性就越好。稳健性实验在概念开发阶段可以作为提炼指标和设定可行的性能目标的手段。虽然在概念阶段越早考虑产品稳健性越好，不过稳健性实验通常是作为在变化条件下确保产品性能的手段用于细节设计阶段。在细节设计中，稳健设计活动被称为“参数设计（parameter design）”，因为它是为我们可以控制的设计参数选择正确的设定点的活动。这些参数包括产品材质、尺寸、忍受力、制造工艺，以及操作指令等。

对许多工程设计问题来说，通过求解建立在基本物理原理之上的方程就可以选出稳健参数。然而，工程师一般无法对真实条件下产生的各种不确定性、变化和噪声因素进行完全建模。而且，对许多工程问题建立精确数学模型的能力也是有限的。比如，在各种条件下对潜滑问题精确建模是很困难的。在这种情况下，通过特意设计的实验进行经验性研究就很有必要了。这样的实验可以用来直接支持决策制定，还可以用来提高数学模型的精度。

例如，在座椅安全带设计中，福特的工程师希望测试一系列安全带设计参数和碰撞条件。然而，撞击测试是非常昂贵的，所以福特与其安全带供应商合作开发了一个用撞击实验数据校准过的仿真模型。考虑到几百种可能的设计参数组合、碰撞条件和其他影响因素，工程师们决定通过仔细规划的实验来探索这个仿真模型。虽然仿真需要大量的计算工作，这个仿真模型仍然让福特的工程师在各种条件下进行了几十次实验，这是真实撞击实验不可能做到的。

对福特座椅安全带设计团队来说，这些精心设计的实验的目的是要获知：

- 哪种座椅、安全带和固着参数的组合会使撞击中后座乘客的潜滑最小？
- 不受控条件如何影响潜滑？哪种设计参数组合对这些噪声最稳健？

13.1.1 实验设计法

本章给出的稳健设计方法是基于被称为“实验设计（design of experiments, DOE）”的方法。在此方法中，开发团队确定可控的参数和他们感兴趣的噪声因素。然后，团队将设计、实施并分析这些实验，以帮助确定参数的设定点，从而达到稳健性能。

20 世纪五六十年代，日本的 Genichi Taguchi 博士为提高产品质量和制造工艺发展了各种应用 DOE 方法的技巧。随着 20 世纪 80 年代质量运动的开始，Genichi Taguchi 的实验性设计方法开始对美国的工程实践产生冲击，特别是福特汽车公司、施乐公司、AT&T 贝尔实验室以及美国供应商协会（American Supplier Institute, ASI，该协会由福特公司创办）。

为开发稳健的产品和工艺过程，Genichi Taguchi 发展了实验性设计的几个关键思想，并因此获得荣誉。这些贡献包括向实验中引入噪声因素以观察其影响以及使用包括预期性能（信号）和不期望效果（噪声）在内的信噪比度量。虽然统计学家几十年来一直在指导工程师如何进行实验，但直到 20 世纪 90 年代 Genichi Taguchi 法被广泛介绍给美国制造业后，实验才被普遍采用，以达成稳健设计。

DOE 并不能代替关于被研究系统的技术知识。实际上，团队必须利用其对产品的理解和它的工作原理，来选择要通过实验进行研究的恰当参数。实验结果应该与系统的技术知识结合在一起，以便选择最优的参数设定点。另外，实验结果可以用来建立使产品功能的更好的数学模型。这样，实验补充了技术知识。例如，福特的工程师已经建立了包括乘客尺寸和碰撞类型的函数，用于测试安全带性能的基本数学模型。这些模型使得福特的工程师可以确定机械零件的尺寸和安全带固着机构的几何形状。基于经验数据和仿真数据，福特的分析模型和安全带设计指导方针（随着时间的推移）就会越来越精确，从而减少了非常耗时的经验分析和仿真分析。最终，这种技术知识会积累到某种程度，即只需要进行新安全带配置的确认测试。

开发团队有能力成功策划并对产品开发进行基本的实验性设计与分析。然而，DOE 领域中还有许多针对大量复杂因素的先进方法，并能给出更有帮助的实验结果。所以，开发团队应咨询能协助设计实验并选择最佳分析方式的统计学家或 DOE 专家，并从中获益。

13.1.2 稳健设计过程

为实施 DOE 开发一个稳健的产品，我们建议采用下列 7 步过程：

- 确定控制因素、噪声因素和性能度量；
- 构造目标函数；
- 规划实验计划；
- 开始实验；
- 进行分析；
- 选择并确认因素设定点；
- 反思和重复。

13.2 步骤 1：确定控制因素、噪声因素和性能度量

稳健设计从确定 3 个列表开始：实验中的控制因素、噪声因素以及性能度量。

- **控制因素**：在实验中以受控方式变化地设计变量，以便在参数设定点的许多组合下探究产品的性能。实验一般在每个因素的 2～3 个离散水平（即设定点值）上进行。由于这些参数是产品制造和（或）操作中给定的量，故称其为可控制因素。例如，织带的韧性和摩擦系数是本实验要考察的可控制因素。

- **噪声因素**：噪声因素是在产品制造和（或）操作中无法明确控制的变量。噪声因素可能包括制造波动、材料性能变化、不同使用场合或操作条件，甚至包括产品老化和误操作。如果开发团队通过特殊方法可以在实验中（不是在制造或使用中）控制这些因素，那么就在实验中有意识地变动它们以评估其影响。否则，团队就任由噪声在实验中产生，然后分析在典型变化中出现的结果，并设法使这种变化影响最小。对用于一系列座椅的安全带，座椅形状和座椅针织外套就必须当作噪声因素。设计安全带系统的目的就是不管这些因素的值如何变化，安全带都能良好工作。

- **性能度量**：它们是在实验中希望考察的那一部分产品指标。通常以 1～2 个关键的产品指标作为性能度量来分析实验，以便寻找控制因素设定点来优化该性能。这些度量可以从稳健性最受关注的指标那里直接导出（见第 5 章“产品规格说明”）。例如，碰撞中乘客的背部或臀部向前移动的量，就是安全带实验中可能的性能度量。

对于安全带设计问题，开发团队召开了一次会议以列出控制因素、噪声因素和性能度量。正如 Genichi Taguchi 所教导的那样，他们把这些因素放在一张图中，称为“参数图（parameter diagram，或称“p－图”）”，如图表 13—3 所示。

在列出各种因素之后，团队必须决定在实验中考察哪些因素。如果怀疑有众多参数都将潜在地影响性能，那么通过使用分析模型和（或）通过对每个因素的两个水平进行“筛选实验（screening experiment）”，就可以大大缩窄关键性变量的选择范围。接着，对这些据信将显著影响性能的较少的参数，在它们的两个或更多的水平上进行更精细的实验。

福特的工程师考察了图表 13—3。在 3 个固着点的几何位置保持不变的条件

下，让实验集中考察7个安全带参数。他们决定采用“背部角度峰值”作为输出度量——在最大束缚瞬间乘客背部与垂线所成角度。背部角度是一个越小越好的性能度量，单位为弧度。

图表13—3　**用于设计座椅安全带的参数图**

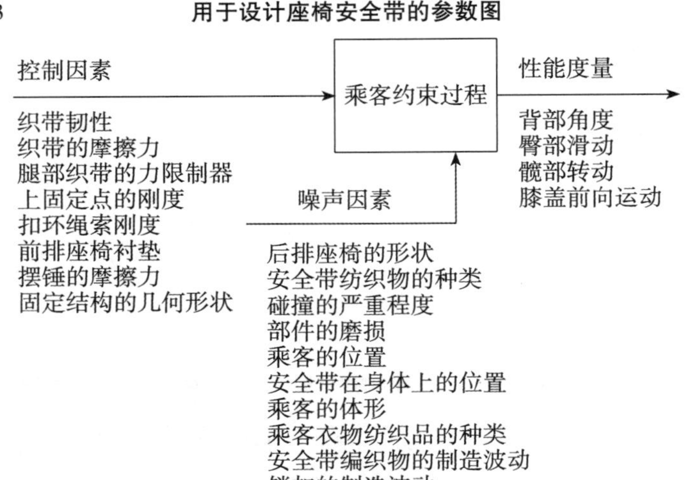

实验中主要考虑3个噪声因素的影响：座椅形状、针织外套类型，以及碰撞的严重程度。通过初步分析，开发团队找到了对潜滑来说这些噪声因素最好和最差的组合。这3个噪声因素接着被组合到两个极端的噪声条件中，以便进行实验。这种称为“复合噪声（compounded noise）”的方法在必须考虑许多噪声因素时很有帮助（见步骤3：测试噪声因素）。

13.3　步骤2：构造目标函数

实验的性能度量必须转换为与预期稳健性能相关的目标函数。在稳健设计中可采用几种目标函数来考虑不同类型的性能。它们可以构造成将被最大化或最小化的函数，包括：

- **最大化**：这种类型的函数用于值越大越好的性能度量，比如在安全带打滑之前的最大制动。这种目标函数 η 的一般形式是 $\eta=\mu$ 或 $\eta=\mu^2$，其中 μ 是在给定测试条件下实验观察值的平均值。
- **最小化**：这种类型的函数用于值越小越好的性能度量，比如在制动峰值时的背部角度。这种目标函数 η 的一般形式是 $\eta=\mu$ 或 $\eta=\sigma^2$，其中 σ^2 是在给定测试条件下实验观察值的方差（variance）。此外，这种最小化目标函数可以用最大化函数构造，比如 $\eta=1/\mu$ 或 $\eta=1/\sigma^2$。
- **目标值**：这种类型的函数用于值越接近某个预设点或目标，则性能度量越好，比如安全带在束紧之前的松弛程度。这种目标函数的最大化形式一般是 $\eta=1/(\mu-t)^2$，其中t是目标值。
- **信噪比**：这种函数专门用来度量稳健性。Genichi Taguchi 构造的这种度量是以预期响应为分子、以响应的方差为分母的比值。一般来说，预期响应的均值

（比如背部角度的平均峰值）可以通过改变控制因素而调整。我们把应该把最小化的响应方差（即噪声响应，如由于噪声条件而导致的背部角度的方差）放在分母上。实际上，降低响应的方差比改变均值要困难。通过计算该比值，我们可以突显出稳健因素设定，也就是说在该设定上相对的噪声响应比信号响应要低。这种目标函数的最大化形式一般是 $\eta = 10\log(\mu^2/\sigma^2)$。

与开发团队商议此事的福特的统计学家提出了两个目标函数：背部角度的平均峰值，以及背部角度峰值的变化范围（即在被测的两种噪声条件下，最大和最小背部角度峰值的差值）。这两个目标函数都应该最小化。综合考虑这两个度量比只单独考虑某一个度量，能更深入地洞察系统的行为。

13.4 步骤 3：规划实验计划

统计学家已经发展了多种有效的实验计划。这些计划用来部署如何在一系列实验中改变“因素水平（factor levels）”，即控制因素的值，以及某些可能的噪声因素的值，以便考察系统的行为。某些 DOE 计划对刻画特定类型的系统更加有效，而有些计划则能提供更详尽的分析。

13.4.1 实验性设计

在设计实验时要重点考虑准备并实施这些实验的成本。成本较低时，可以进行大量实验并利用具有较高分辨率的实验设计来考察许多因素、因素组合以及它们之间的交互关系。另一方面，当实验成本较高时，可以采用一次同时改变几个因素的高效率的 DOE 计划。下面列出了一些最常见的实验设计，图表 13—4 也给出了这些实验设计。每种设计都有其重要用途。

- **全析因（full factorial）**：这种设计对每个因素各个水平的所有组合进行系统考察。这就使开发团队可以确定所有的多因素交互影响，以及每个因素对性能的重要影响。这类实验一般仅适用于因素和因素水平都很少，以及实验费用不高的情况（比如软件的快速仿真，或者柔性很高的硬件）。对 k 个因素的 n 个水平进行考察，全析因实验的实施次数为 n^k。多于 4 ~5 个因素不适用于进行全析因实验。
- **部分析因（fractional factorial）**：这种设计只使用上述组合的一小部分。作为效率的交换，就不可能计算所有交互影响大小的能力了。相反，一些交互影响混杂在另一些交互影响中，或与主因素的影响混合。注意，部分析因部署在实验计划中仍然要保持“平衡”。这就意味着，对在任何给定因素水平上进行的若干实验来说，在每个水平上各因素的测试次数要相同。
- **正交阵列（orthogonal array）**：这种设计是团队可以确定每个因素的主要影响的最小部分析因规划。然而，这些主要影响混杂在许多交互影响中。不过，正交阵列部署仍广泛用于技术考察，因为这种方法效率极高。虽然统计学家们几十年前就发展了这种方法，并且这种设计的根源可以回溯几个世纪，然而普及正交阵列 DOE 法的是 Genichi Taguchi。正交阵列规划根据阵列中行（实验）的数目命名：

L4、L8、L9、L27……依此类推。本章附录给出了几种正交阵列实验计划。

图表 13—4　**包含 2 个水平上 7 个因素（A、B、C、D、E、F、G）的几种备选的实验计划**

全析因实验包含 $2^7=128$ 次实验，而 L8 正交阵列设计仅包含在矩阵中用 × 表示的 8 次实验。该 L8 正交阵列计划就是座椅安全带实验中使用的方法，如图表 13—5 用常规的行/列格式所示的方法。

全析因矩阵

			A1								A2							
			B1				B2				B1				B2			
			C1		C2		C1		C2		C1		C2		C1		C2	
			D1	D2	D1	D2	D1	D2	D1	D2	D1	D2	D1	D2	D1	D2	D1	D2
E1	F1	G1	x	x	x	x	x	x	x	x	x	x	x	x	x	x	x	x
		G2	x	x	x	x	x	x	x	x	x	x	x	x	x	x	x	x
	F2	G1	x	x	x	x	x	x	x	x	x	x	x	x	x	x	x	x
		G2	x	x	x	x	x	x	x	x	x	x	x	x	x	x	x	x
E2	F1	G1	x	x	x	x	x	x	x	x	x	x	x	x	x	x	x	x
		G2	x	x	x	x	x	x	x	x	x	x	x	x	x	x	x	x
	F2	G1	x	x	x	x	x	x	x	x	x	x	x	x	x	x	x	x
		G2	x	x	x	x	x	x	x	x	x	x	x	x	x	x	x	x

1/2 部分析因矩阵

			A1								A2							
			B1				B2				B1				B2			
			C1		C2		C1		C2		C1		C2		C1		C2	
			D1	D2	D1	D2	D1	D2	D1	D2	D1	D2	D1	D2	D1	D2	D1	D2
E1	F1	G1	x			x		x	x			x	x		x			x
		G2		x	x		x			x	x			x		x	x	
	F2	G1		x	x		x			x	x			x		x	x	
		G2	x			x		x	x			x	x		x			x
E2	F1	G1		x	x		x			x	x			x		x	x	
		G2	x			x		x	x			x	x		x			x
	F2	G1	x			x		x	x			x	x		x			x
		G2		x	x		x			x	x			x		x	x	

1/4 部分析因矩阵

			A1								A2							
			B1				B2				B1				B2			
			C1		C2		C1		C2		C1		C2		C1		C2	
			D1	D2	D1	D2	D1	D2	D1	D2	D1	D2	D1	D2	D1	D2	D1	D2
E1	F1	G1	x			x		x	x			x	x		x			x
		G2																
	F2	G1																
		G2	x			x		x	x			x	x		x			x
E2	F1	G1																
		G2		x	x		x			x	x			x		x	x	
	F2	G1		x	x		x			x	x			x		x	x	
		G2																

1/8 部分析因矩阵

			A1								A2							
			B1				B2				B1				B2			
			C1		C2		C1		C2		C1		C2		C1		C2	
			D1	D2	D1	D2	D1	D2	D1	D2	D1	D2	D1	D2	D1	D2	D1	D2
E1	F1	G1	x												x			
		G2				x												x
	F2	G1							x				x					
		G2						x				x						
E2	F1	G1						x				x						
		G2							x				x					
	F2	G1				x												x
		G2	x												x			

L8 正交阵列（1/16 部分析因矩阵）

			A1								A2							
			B1				B2				B1				B2			
			C1		C2		C1		C2		C1		C2		C1		C2	
			D1	D2	D1	D2	D1	D2	D1	D2	D1	D2	D1	D2	D1	D2	D1	D2
E1	F1	G1	x															
		G2														x		
	F2	G1												x				
		G2							x									
E2	F1	G1								x								
		G2											x					
	F2	G1													x			
		G2		x														

一次一个因素

			A1								A2							
			B1				B2				B1				B2			
			C1		C2		C1		C2		C1		C2		C1		C2	
			D1	D2	D1	D2	D1	D2	D1	D2	D1	D2	D1	D2	D1	D2	D1	D2
E1	F1	G1	x	x	x		x				x							
		G2	x															
	F2	G1	x															
		G2																
E2	F1	G1	x															
		G2																
	F2	G1																
		G2																

资料来源　Fractional factorial layouts adapted from Ross（1996）。

• **一次一个因素（one factor at a time）**：这是一种“不平衡的”实验计划，因为每次测试只有一个因素不属于额定标准（nominal levels。第一次测试时所有因素均属于额定标准）。一般认为，这是考察因素空间效率很低的一种方式——即使其测试次数并不多，1 + k（n − 1）次。然而实践证明，对具有深度交互影响的系统进行优化时，一种改进的“一次一个”实验计划通常比正交阵列规划的效率更高（Frey 等，2003）。

福特开发团队决定采用 L8 正交阵列实验设计，因为这种规划在考察 7 种因素、每种因素具有 2 个水平的情况时，是一种效率很高的方法。如果必要，还可以进行后续实验以考察关键参数的更多水平及其交互影响。图表 13—5 给出了该正交阵列实验计划。

图表 13—5　　**因素分配和安全带所用的 L8 正交阵列实验设计**

该 DOE 计划将在两个水平上测试 7 个因素。每一列在两个复合噪声条件下被复制两次，产生 16 个可供分析的测试数据点。

因素	描　述
A	**安全带编织物刚度**：编织物的屈服特性，由拉伸试验机测量
B	**安全带编织物摩擦**：摩擦系数，它是编织方法和表面覆盖层的函数
C	**大腿束带拉力限制器**：在一定的拉力水平下允许不受安全带控制
D	**上锚固点刚度**：上锚固（D 型环）所固着位置的结构的服从特性
E	**卡扣固定索刚度**：用来将卡扣固定在车身上的钢索的服从特性
F	**前排座靠背衬垫**：后排乘客膝关节可能接触的靠背的形状和刚度
G	**卡扣舌片摩擦**：在安全带上滑动的卡扣舌片的承载部分的摩擦系数

	A	B	C	D	E	F	G	N −	N +
1	1	1	1	1	1	1	1		
2	1	1	1	2	2	2	2		
3	1	2	2	1	1	2	2		
4	1	2	2	2	2	1	1		
5	2	1	2	1	2	1	2		
6	2	1	2	2	1	2	1		
7	2	2	1	1	2	2	1		
8	2	2	1	2	1	1	2		

13.4.2 测试噪声因素

考察实验中噪声的影响的方法有多种。如果实验中某些噪声可以控制，那么就有可能直接评估这些噪声因素的影响。如果实验中噪声不受控制，那么就让噪声自然变化，我们只评估存在这些噪声时产品的性能。

测试噪声因素的一般方法是：

• 在正交阵列或部分析因规划中，为噪声因素分配附加的列，本质上就是把噪声当作一个变量。这将可以同时确定噪声因素的影响与可控制因素。

• 对噪声因素使用“外阵列（outer array）”。这种方法对主阵列（内阵列）的每一列都测试噪声因素的几种组合。附录给出了这种方法的一个例子，其外阵列包含了一个 L4 设计，通过把每一行复制 4 次从而测试 3 个噪声因素的组合。

●执行每一行的复制行，使噪声在实验中以一种自然的、非控制方式发生变化，从而产生每一行的可被测量的性能变化。在这种方法中，尤其重要的是随机测试，以便噪声中的任何趋势都不会与可控制因素中的系统变化相关联（见步骤4）。

●用“复合噪声（compounded noise）”执行每一行的复制行。在这种方法中，选定的噪声因素组合在一起以便产生几种具有代表性的或极端的噪声条件。这种方法还将产生每一行的可以测量的变化，这种变化是由噪声效应引起的。

福特的开发团队决定在座椅安全带实验中使用复合噪声方法。该团队用三个噪声因素的两种组合（分别代表最好和最差的情况）测试每一行。这就导致了针对L8 DOE计划的16次实验，如图表13—5所示。

13.5 步骤4：开始实验

开始实验时，产品在由实验计划的每一行所描述的各种处理条件下接受测试。进行实验的次序必须随机，以确保实验过程中的任何系统趋势都不与因素水平的系统变化发生关联。例如，如果L8计划的实验不随机、测试条件随时间漂移的话，那么这种影响将被错误地归结到因素A上，因为这一列在实验进程中发生了改变。对某些实验来说改变某些因素可能很困难，以至于对该因素的每个水平进行的测试要同时进行，从而只能实现部分随机化。在实际中，只要有可能就要随机地进行实验；当不可能完全随机时，应进行确认使结果有效（见步骤6）。

在安全带实验中，L8设计中的8种因素组合在两个复合噪声条件下进行测试。图表13—6中N－和N＋两列给出了包含背部角度数据的16个数据点。

图表13—6　**从座椅安全带实验获得的数据**

	A	B	C	D	E	F	G	N－	N＋	Avg	Range
1	1	1	1	1	1	1	1	0.3403	0.2915	0.3159	0.0488
2	1	1	1	2	2	2	2	0.4608	0.3984	0.4296	0.0624
3	1	2	2	1	1	2	2	0.3682	0.3627	0.3655	0.0055
4	1	2	2	2	2	1	1	0.2961	0.2647	0.2804	0.0314
5	2	1	2	1	2	1	2	0.4450	0.4398	0.4424	0.0052
6	2	1	2	2	1	2	1	0.3517	0.3538	0.3528	0.0021
7	2	2	1	1	2	2	1	0.3758	0.3580	0.3669	0.0178
8	2	2	1	2	1	1	2	0.4504	0.4076	0.4290	0.0428

13.6 步骤5：进行分析

分析实验数据的方法很多。除最基本的分析外，开发团队最好还是咨询DOE专家，或者参考有关统计分析和实验设计的好书。这里总结了最基本的分析方法。

13.6.1 计算目标函数

开发团队应该已经构造出了该实验的目标函数，并明确了性能均值和方差相关的目标。有时，该均值和方差将以信噪比的形式结合并表达为一个单独的目标。可以对试验的每一行计算目标函数的值。对安全带实验来说，图表 13—6 中表格右边的各列给出了对每一行计算得到的目标函数值（平均背部角度和背部角度范围）。回忆一下可知，这两个值都是要最小化的目标。

13.6.2 用均值分析法计算因素影响

最直接的分析只能计算出实验中分配到某一列的每个因素的主要影响。这些主要影响被称为“因素影响（factor effects）”。“均值分析（analysis of means）”就是对每个因素水平计算所有目标函数的平均值。在上述 L8 DOE 例子中，因素水平 A1（在 1 水平上的因素 A）的影响是第 1、第 2、第 3、第 4 次测试的平均值。与之相似，因素水平 E2 的影响是第 2、第 4、第 5、第 7 次测试的平均值。均值分析的结果一般绘制在因素影响图中。

图表 13—7　　座椅安全带实验的因素影响图

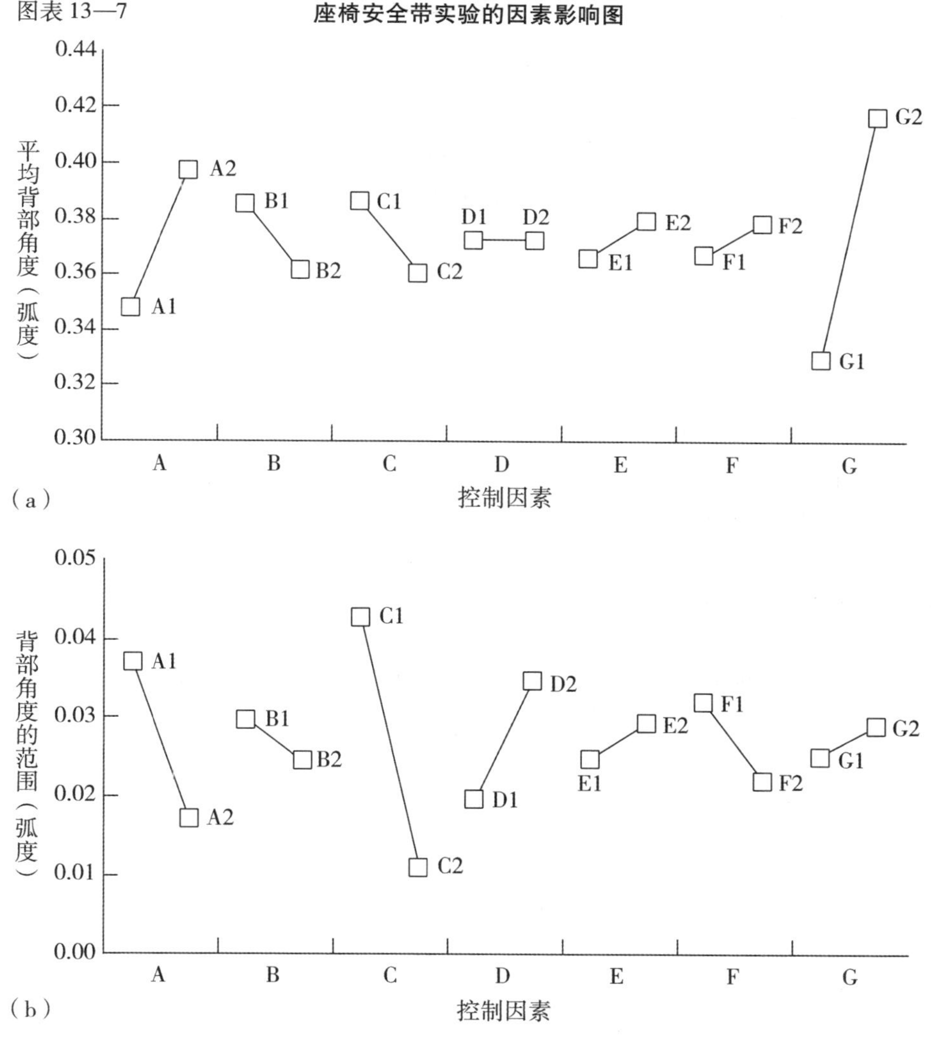

图表 13—7 给出了座椅安全带的因素影响图。这些影响是针对每个目标函数绘

出的。图表 13—7（a）显示了每个因素水平上的“平均性能（average performance，即第一个目标函数）”，表明哪些因素水平可以用来提高或降低平均性能。我们知道，背部角度峰值是要被最小化的，并且，该图表表明因素水平［A1 B2 C2 E1 F1 G1］将使平均背部角度最小（因素 D 看上去对平均性能没有影响）。然而，这些水平并不一定导致稳健的性能。图表 13—7（b）根据每个因素水平上的“性能范围（range of performance，即第二个目标函数）”绘出。该图表表明因素水平［A2 B2 C2 D1 E1 F2 G1］将使背部角度峰值的范围最小化。

Genichi Taguchi 建议绘出每个因素水平上的信噪比，以便确定稳健设定点。由于信噪比包含了性能均值（分子）和性能方差（分母），所以它代表了这两个目标的一种结合或两者之间的折中。许多工程师和统计学家并不特别地绘出信噪比，而更愿意把这两个目标放在一起进行解释，以便更好地控制折中。为此，图表 13—7 给出的两个图可以相互比较，以便进一步选择一个稳健设定点。

13.7 步骤 6：选择并确认因素设定点

均值分析和因素影响图帮助开发团队找出哪些因素对性能均值和方差产生强烈影响，从而明确如何得到稳健的性能。这些图可以帮助确定哪些因素能最好地降低产品方差（稳健因素），哪些因素可以用来提高性能（比例因素）。因此，通过选择设定点，开发团队应该可以提高产品的总体稳健性。

例如，考虑实验中因素 A 对背部角度均值和范围的影响。图表 13—7 中表明，水平 A1 可以使背部角度最小化，而水平 A2 可以使背部角度的范围最小化，即代表了性能和稳健性之间的折中。因素 F 中类似的折中也很明显。然而，对因素 B、C、D、E 和 G 来说却没有这种折中，并且水平 B2、C2、D1、E1 和 G1 能同时使两个目标最小化。

通过用因素 B、C、D、E 和 G 来获得期望的稳健性、用因素 A 和 F 来提高性能的做法，福特工程师选择了设定点［A1 B2 C2 D1 E1 F1 G1］。通常，所选择的设定点不是实验中测试过的 8 个正交阵列行之一。假如该设定点未曾经过测试，那么应该进行一次确认实验，以保证确实达到了预期的稳健性能。

13.8 步骤 7：反思和重复

要确定合适的稳健设定点需要进行多次实验。然而进一步优化产品性能将要求进行几轮附加实验。

在随后的实验和测试中，开发团队可能进行如下工作：

- 重新考虑设定点（这些为各因素所选定的设定点表现了性能—稳健性之间的折中）。
- 考察某些因素之间的交互作用，以便进一步提高性能。
- 用已被测试的水平之间或之外的值来细致调整上述参数设定点。
- 考察其他的未包含在最初实验中的噪声和（或）控制因素。

跟所有的产品开发活动一样，开发团队应该反思 DOE 过程和稳健设计结果。我们做过的实验正确吗？我们得到的结果满意吗？还能更好吗？我们是否应该重做并进一步改进性能—稳健性？

13.9 警　示

实验设计法是一门严谨的专业技术。本章仅概述了一个非常基本的方法，目的是促进实验法在产品设计中的使用，以便获得更稳健的产品性能。大多数产品开发团队应该包含具有 DOE 训练的成员，或者咨询具有实验设计与分析方面专业技术的工程师和（或）统计学家的畅通渠道。

很显然，许多假定条件为 DOE 中采用的分析类型做了铺垫。解释均值分析时做出的一个基本假定是各种因素影响相互独立，没有因素间的交叉作用。实际上，大多数系统表现了很多耦合作用，但这些耦合作用经常小于主要影响。正是要核实这一假定，所以要在选定的设定点上进行确认实验。

如果必要，可以设计专门测试耦合作用的实验。这种实验超出了本章的范围。DOE 测试通常提供了许多考察因素之间相互影响的方法，包括：

- 在正交阵列的某列中考察某特定的耦合作用（而不是用该列所针对的某个可控制因素）。
- 实施更大的部分析因设计。
- 使用一种改进的“一次一个”实验计划（Frey et al，2003）。

还有许多先进的图解法和解析法可以用来解释实验数据。方差分析（analysis of variance，ANOVA）提供了一种根据在数据中得到的实验误差来评估因素影响结果大小的方法。ANOVA 将考虑由实验中每个自由度构成的可观测值的数量以及结果的规模，以便确定每个影响在统计上是否有意义。这将帮助确定细节设计决定应该在多大程度上以实验结果为依据。然而，ANOVA 做出了更多的假定，并可能很难适当地设置实验，所以它也超出了本章的范围。就 ANOVA 问题，请参考 DOE 教材（Ross，1988；Montgomery，2001）或咨询 DOE 专家。

13.10 小　结

稳健设计是创建稳健产品和工艺的一整套工程设计方法。

- 一个稳健的产品（或工艺过程）是在存在噪声影响的情况下也能正常工作的产品（或工艺过程）。噪声是由各种影响性能的非可控变化造成的，比如制造波动、操作条件以及产品老化。
- 为开发稳健的产品，我们给出了一种基于实验设计（DOE）的方法。稳健设计的 7 步过程是：

①确定控制因素、噪声因素和性能度量；

②构造目标函数；

③规划实验计划；

④开始实验；

⑤进行分析；

⑥选择并确认因素设定点；

⑦反思和重复。

• 正交阵列实验计划提供了一种效率很高的方法，用于考察实验中每个选定因素的主要影响。

• 为得到稳健的性能，使用目标函数，以便获得由每个可控制因素产生的平均性能，以及由噪声因素导致的性能变化。

• 均值分析和因素影响图有助稳健参数设定点的选择。

• 由于成功的 DOE 中包含许多微妙的差别，所以，大多数采用这些方法的开发团队应该咨询 DOE 专家。

参考文献

通过网址 www. ulrich - eppinger. net 可获得许多最新资源。

几本教材讲解了进行实验性设计的 Genichi Taguchi 法，以及正交阵列实验性规划的细节，其中包括译成英语的 Taguchi 的两卷经典教材。Phadke 提供了大量 DOE 应用的范例和建议。Ross 重点讲述用 ANOVA 分析得出的深刻认识。参见 Taguchi, Genichi, *System of Experimental Design*: *Engineering Methods to Optimize Quality and Minimize Costs*, two volumes, Louise Watanabe Tung (trans.), White Plains, NY, 1987; Taguchi, Genichi, *Introduction to Quality Engineering*: *Designing Quality into Products and Processes*, Asian Productivity Organization (trans. And pub.), Tokyo, 1986; Phadke, Madhav S., *Quality Engineering Using Robust Design*, Prentice Hall, Englewood Cliffs, NJ, 1989; Rose, Phillip J., *Taguchi Techniques for Quality Engineering*, McGraw - Hill, New York, 1996。

Grove 和 Davis 给出了工程中实验性设计技巧的详尽解释，包括实验的规划、实施和分析。该教材对福特的座椅安全带实验进行了另一种解释，以及稳健设计在汽车上的许多应用。参见 Grove, Daniel M., and Timothy P. Davis, *Engineering*, *Quality and Experimental Design*, Addison Wesley Longman, Edingburgh Gate, UK, 1992。

几本优秀的教材提供了使用统计方法、部分析因分析实验计划、解析和图解以及响应面法等的详尽解释。参见 Box, George E. P., J. Stuart Hunter, and William G. Hunter, *Statistics for Experimenters*: *An Introduction to Design*, *Data Analysis*, *and Model Building*, John Wiley and Sons, New York, 1978; Box, George E. P., and Norman R. Draper, *Empirical Model Building and Response Surfaces*, John Wiley and Sons, New York, 1987; Montgomery, Douglas C., *Design and Analysis of Experiments*, fifth edition, John Wiley and Sons, New York, 2007。

当前的研究又重新注意“一次一个”DOE 计划。一种改进的“一次一个因素”方法已经表明，对耦合作用比噪声和误差效应更显著的系统，它可以比相应的正交阵列设计产生更好的性能优化。参见 Frey, Daniel D., Fredrik Engelhardt, and Edward M. Greitzer, "A Role for One－Factor－at－a－Time Experimentation in Parameter Design," *Research in Engineering Design*, 2003。

DOE 可用于产品开发的许多方面。Almquist 和 Wyner 解释了在评价销售和调整销售活动的参数时，精心设计的实验非常有效。参见 Almquist, Eric, and Gordon Wyner, "Boost Your Marketing ROI with Experimental Design," *Harvard Business Review*, Vol. 79, No. 9, October 2001, pp. 135～141。

练　习

（1）设计一个实验，以确定冲泡咖啡的稳健过程。

（2）解释为什么图表 13—4 所示的 1/4 部分析因计划和正交阵列计划是平衡的。

（3）为座椅安全带实验构造一个合适的信噪比。用该指标分析实验数据。在本案例中，信噪比是一个有用的目标函数吗？为什么是或为什么不是？

思考题

（1）如果你能负担一次大型实验（多次实验）的费用，如何最有效地利用额外的实验场次？

（2）什么时候你选择不随机进行实验？如何屏蔽偏移？

（3）解释在实验计划中平衡的重要性。

附录：正交阵列

DOE 测试为实验提供了几种正交阵列计划。最简单的阵列是针对二级水平因素和三级水平因素的。利用先进技巧，还可以针对混合的二级、三级和（或）四级水平因素实验以及在其他特殊情况下创建 DOE 计划。本附录给出的是从 Taguchi 的教材《质量工程入门》(*Introduction to quality engineering*, 1986）中引用的一些基本的正交阵列。这些计划以行×列的格式表达，因素水平分布在各列中，而实验场次分布在各行里。每个单元格里的数字 1、2、3 等表示因素的水平（另一种方式，对二级水平因素来说，因素水平可以标记为－和＋；对于三级水平，可以标记为－、0 和＋）。回忆一下可知，正交阵列是根据设计中行的数量命名的。这里给出的是二级阵列 L4、L8 和 L16，以及三级阵列 L9 和 L27。另外还给出针对 7 个控制因素采用 L8 内阵列、针对 3 个噪声因素采用 L4 外阵列的 DOE 计划。

两级水平正交阵列

L4：两个水平上的 3 个因素

	A	B	C
1	1	1	1
2	1	2	2
3	2	1	2
4	2	2	1

L8：两个水平上的 7 个因素

	A	B	C	D	E	F	G
1	1	1	1	1	1	1	1
2	1	1	1	2	2	2	2
3	1	2	2	1	1	2	2
4	1	2	2	2	2	1	1
5	2	1	2	1	2	1	2
6	2	1	2	2	1	2	1
7	2	2	1	1	2	2	1
8	2	2	1	2	1	1	2

L16：两个水平上的 15 个因素

	A	B	C	D	E	F	G	H	I	J	K	L	M	N	O
1	1	1	1	1	1	1	1	1	1	1	1	1	1	1	1
2	1	1	1	1	1	1	1	2	2	2	2	2	2	2	2
3	1	1	1	2	2	2	2	1	1	1	1	2	2	2	2
4	1	1	1	2	2	2	2	2	2	2	2	1	1	1	1
5	1	2	2	1	1	2	2	1	1	2	2	1	1	2	2
6	1	2	2	1	1	2	2	2	2	1	1	2	2	1	1
7	1	2	2	2	2	1	1	1	1	2	2	2	2	1	1
8	1	2	2	2	2	1	1	2	2	1	1	1	1	2	2
9	2	1	2	1	2	1	2	1	2	1	2	1	2	1	2
10	2	1	2	1	2	1	2	2	1	2	1	2	1	2	1
11	2	1	2	2	1	2	1	1	2	1	2	2	1	2	1
12	2	1	2	2	1	2	1	2	1	2	1	1	2	1	2
13	2	2	1	1	2	2	1	1	2	2	1	1	2	2	1
14	2	2	1	1	2	2	1	2	1	1	2	2	1	1	2
15	2	2	1	2	1	1	2	1	2	2	1	2	1	1	2
16	2	2	1	2	1	1	2	2	1	1	2	1	2	2	1

三级水平正交阵列

L9：三个水平上的 4 个因素

	A	B	C	D
1	1	1	1	1
2	1	2	2	2
3	1	3	3	3
4	2	1	2	3
5	2	2	3	1
6	2	3	1	2
7	3	1	3	2
8	3	2	1	3
9	3	3	2	1

L27：三个水平上的 13 个因素

	A	B	C	D	E	F	G	H	I	J	K	L	M
1	1	1	1	1	1	1	1	1	1	1	1	1	1
2	1	1	1	1	2	2	2	2	2	2	2	2	2
3	1	1	1	1	3	3	3	3	3	3	3	3	3
4	1	2	2	2	1	1	1	2	2	2	3	3	3
5	1	2	2	2	2	2	2	3	3	3	1	1	1
6	1	2	2	2	3	3	3	1	1	1	2	2	2
7	1	3	3	3	1	1	1	3	3	3	2	2	2
8	1	3	3	3	2	2	2	1	1	1	3	3	3
9	1	3	3	3	3	3	3	2	2	2	1	1	1
10	2	1	2	3	1	2	3	1	2	3	1	2	3
11	2	1	2	3	2	3	1	2	3	1	2	3	1
12	2	1	2	3	3	1	2	3	1	2	3	1	2
13	2	2	3	1	1	2	3	2	3	1	3	1	2
14	2	2	3	1	2	3	1	3	1	2	1	2	3
15	2	2	3	1	3	1	2	1	2	3	2	3	1
16	2	3	1	2	1	2	3	3	1	2	2	3	1
17	2	3	1	2	2	3	1	1	2	3	3	1	2
18	2	3	1	2	3	1	2	2	3	1	1	2	3
19	3	1	3	2	1	3	2	1	3	2	1	3	2
20	3	1	3	2	2	1	3	2	1	3	2	1	3
21	3	1	3	2	3	2	1	3	2	1	3	2	1
22	3	2	1	3	1	3	2	2	1	3	3	2	1
23	3	2	1	3	2	1	3	3	2	1	1	3	2
24	3	2	1	3	3	2	1	1	3	2	2	1	3
25	3	3	2	1	1	3	2	3	2	1	2	1	3
26	3	3	2	1	2	1	3	1	3	2	3	2	1
27	3	3	2	1	3	2	1	2	1	3	1	3	2

内外部系列的结合

L8 × L4：两个水平上的 7 个可控因素和 3 个噪声因素

								1	1	2	2	Na
								1	2	1	2	Nb
	A	B	C	D	E	F	G	1	2	2	1	Nc
1	1	1	1	1	1	1	1					
2	1	1	1	2	2	2	2					
3	1	2	2	1	1	2	2					
4	1	2	2	2	2	1	1					
5	2	1	2	1	2	1	2					
6	2	1	2	2	1	2	1					
7	2	2	1	1	2	2	1					
8	2	2	1	2	1	1	2					

14 专利和知识产权

独立发明人（individual inventor）David Coffin 开发了一个能使热饮料杯的持握更舒适的隔热套产品概念和原型（如图表 14—1 所示）。这个产品机会出现于 20 世纪 80 年代，那时许多食品零售商停止使用聚苯乙烯泡沫塑料热饮杯，而改用纸杯。该发明人希望把他的发明商业化并取得发明许可证，并对他创造的知识产权进行保护。本章概述产品开发背景中的知识产权，并提供了关于准备公开发明或临时专利申请的具体指导。

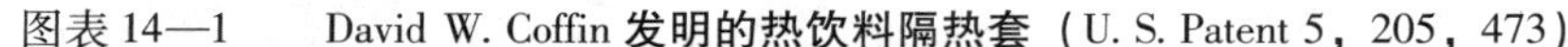

图表 14—1　David W. Coffin **发明的热饮料隔热套**（U. S. Patent 5，205，473）

在产品开发背景环境中，“知识产权（intellectual property）”一词指受法律保护的与新产品相关的想法、概念、名称、设计和工艺等。知识产权可能是公司最有价值的资产之一。与实物产权不同，知识产权不能用锁和钥匙来防止非法转移。因此，人们建立健全各种法律机制以保护知识产权拥有人的权利。这些机制的目的是激励和奖赏那些创造新的有用发明的人，同时为了社会的长远利益而促进信息的传播。

14.1　什么是知识产权

与产品设计和开发有关的知识产权有 4 种。图表 14—2 给出了各种知识产权的分类。虽然有些领域有重复，并且一件单独的产品可能同时拥有这 4 种知识产权，但一件特定的发明通常属于这些类型中的一个。

- **专利**：专利是政府向发明人授予的暂时独占权，以排除他人使用该发明。在美国，一件专利在提交之时起 20 年后终止。本章主要讨论专利。

图表 14—2　　　　**与产品设计和开发相关的知识产权的分类**

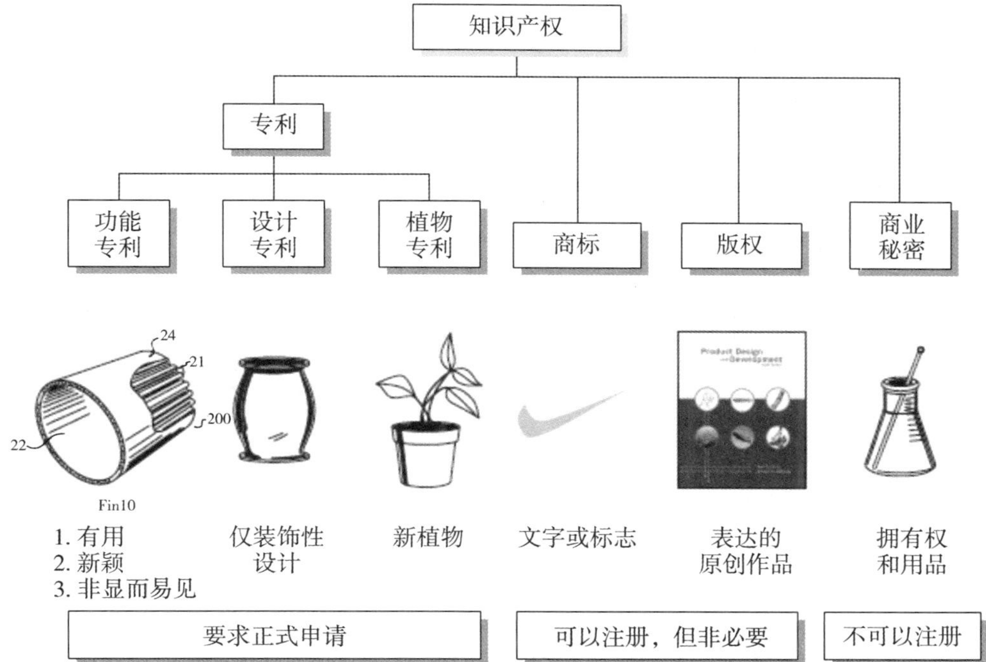

• **商标**：商标是政府向商标拥有人授予的、与一类产品或服务相关的特定名称或标志的排他性使用权。在产品开发背景下，商标通常是品牌或产品名称。例如，JavaJacket 就是纸杯隔热套的商标，并且 Java Jacket 有限公司以外的其他公司都不能非授权地使用 JavaJacket 这个词来称呼他们自己的杯套产品。在美国，一个商标的登记注册有可能（但并非一定能）保护商标权利。在大多数其他国家，商标的权利是通过登记注册获得的。

• **商业秘密**：商业秘密是用于贸易或商业业务，使其拥有者具有竞争优势、可以被保密的信息。商业秘密不是由政府授予的权利，而是一个组织机构为防止其专有信息扩散而采取保密所产生的结果。最著名的商业秘密可能就是可口可乐饮料的配方了。

• **版权**：版权是政府授予的复制和传播某原始作品的排他性权利，包括文字、图形、音乐、艺术、娱乐、软件等。版权可以注册，但并不是必要的。该作品在进行第一次实质性发表时，版权就产生了，并将延续 95 年。

本章的焦点是专利。本章附录 A 简要讨论了商标。我们在这里不重点讲述版权和商业秘密，但在本章末尾有几个关于其他资源的参考文献。

14.1.1 专利概述

跟大多数工程化产品相关的专利有两种：“设计专利（design patents）”和“功能专利（utility patents）”。第三种专利适用于植物。设计专利提供了一种法定权利，可以排除其他人用与设计专利中描述的相同的装饰性设计来生产和销售一件产品。设计专利可以被看成是一件产品的装饰性设计的“版权”。由于设计专利仅限于装饰性设计，所以，对大多数工程化产品来说，设计专利的价值非常有限。因此，本章主要讲述功能专利。

世界上大多数国家的专利法是从英国法律演化而来的，所以，不同国家的专利法或多或少是相似的。本章以美国专利法为参考，发明者要获得其他国家的专利，应仔细研究当地国家的法律。

14.1.2 功能专利

美国法律允许为与下列事物有关的发明申请专利：新工艺、机器、制品、合成物以及对上述事物新的和有用的改进。幸运的是，这些范畴几乎囊括了新产品所体现的所有发明。注意，在软件中体现的一些发明有时也被授予专利，但这样的发明通常在工艺过程或机器中描述。图表 14—3 给出了 Coffin 发明的隔热套专利的第一页。

另外，法律要求被授予专利的发明应该具有如下特点：

- **有用（useful）**：被授予专利的发明必须在某种情况下对某些人有用。
- **新颖（novel）**：新颖的发明是还没有被公开知晓，因此，是在现有产品、出版物或先前专利中未见的发明。新颖性的定义还与实际发明的公开有关。在美国，一件要申请专利的发明不得在专利提交日期一年以前公开披露过。
- **非显而易见（nonobvious）**：专利法对显而易见的发明的定义是，跟发明人面临同样问题、具有“在所属领域中的通常技艺”的人都清晰知晓的发明。

有用性很少成为获得专利的障碍。然而对一件发明的新颖性和非显而易见性的要求，是获得专利最主要的阻碍。

大约 2/3 的专利申请成了“发布专利（issued patents）”。然而，一个发布专利并不一定是“有效的（valid）”。竞争对手可能在将来的某些时候在法庭中对一项专利提出异议。一件专利的有效性由专利描述的充分性和发明的新颖性所决定，当然还有其他一些因素。其实只有很小一部分专利（在美国每年几百件）在法庭上受到质疑。而且，近年来在受到质疑的专利中，有一半被裁定为有效。

与一件专利相关的发明人，是独自或与其他发明人合作实际创造该发明的人。在一些案例中，发明人也是该知识产权的拥有人。然而在大多数情况中，专利被“授予（assigned to）”一些其他实体，通常是发明人的雇主。与一件专利相联系的实际知识产权属于专利的拥有人，并不一定属于发明人（本章附录 B 对有意商业化其发明的个人发明人提供了一些忠告）。

专利拥有人有权排斥其他人使用、制造、销售或进口侵权产品。这是一种“权利（offensive right）”，即要求专利拥有人起诉侵权人。与专利相联系的还有各种“防御性权利（defensive rights）”。专利中描述的任何发明，不管是不是要求权利的一部分，都被司法系统认作是公开知晓的事物，并被看成是“先前技艺（prior art）”的一部分。这种公开是一种防御性行为，以阻止竞争对手对已披露的发明申请专利。

图表 14—3　　　　U. S. Patent 5，205，473 的第一页

US005205473A

United States Patent [19]
Coffin, Sr.

[11] Patent Number: 5,205,473
[45] Date of Patent: Apr. 27, 1993

[54] RECYCLABLE CORRUGATED BEVERAGE CONTAINER AND HOLDER

[75] Inventor: David W. Coffin, Sr., Fayetteville, N.Y.

[73] Assignee: Design By Us Company, Philadelphia, Pa.

[21] Appl. No.: 854,425

[22] Filed: Mar. 19, 1992

[51] Int. Cl.. .... B65D 3/28

[52] U.S. Cl. .... 229/1.5 B; 206/813; 220/441; 220/DIG. 30; 229/1.5 H; 229/DIG. 2; 493/296;493/907

[38] Field of Search ..... 229/1.5 B, 1.3 H, 4.5, 229/DIG. 2; 220/441, 671, 737–739, DIG. 30; 493/287, 296, 907, 908; 209/8, 47, 215; 206/813

[56] References Cited

U.S. PATENT DOCUMENTS

1,732,322	10/1929	Wilson et al.	220/DIG. 30
1,771,765	7/1930	Benson	229/4.5
2,266,828	12/1941	Sykes	229/1.5 B
2,300,473	11/1942	Winkle	229/4.5
2,503,815	3/1950	Harman	
2,617,549	11/1952	Egger	
2,641,402	6/1953	Bruun	229/4.5
2,661,889	12/1953	Phinney	229/4.5
2,969,901	1/1961	Behrens	229/1.3 B
3,237,834	3/1966	Davis et al.	229/1.3 B
3,779,157	12/1973	Ross, Jr. et al.	53/527
3,785,254	1/1974	Mann	
3,890,762	6/1975	Ernst et al.	
3,908,523	9/1975	Shikays	229/1.5 B
4,080,880	3/1978	Shikay	493/296
4,146,660	3/1979	Hall et al.	
4,176,034	11/1979	Kelley	209/8
5,009,326	4/1991	Reaves et al.	
5,092,485	3/1992	Lee	229/1.3 B

OTHER PUBLICATIONS

"The Wiley Encyclopedia of Packaging Technology", John Wiley & Sons, pp. 66-69, 1986.

Primary Examiner—Gary E. Elkins
Attorney, Agent, or Firm—Synnestvedt & Lochner

[57] ABSTRACT

Corrugated beverage containers and holders are which employ recyclable materials, but provide fluting structures for containing insulating air. These products are easy to hold and have a lesser impact on the environment than polystyrene containers.

18 Claims, 8 Drawing Sheets

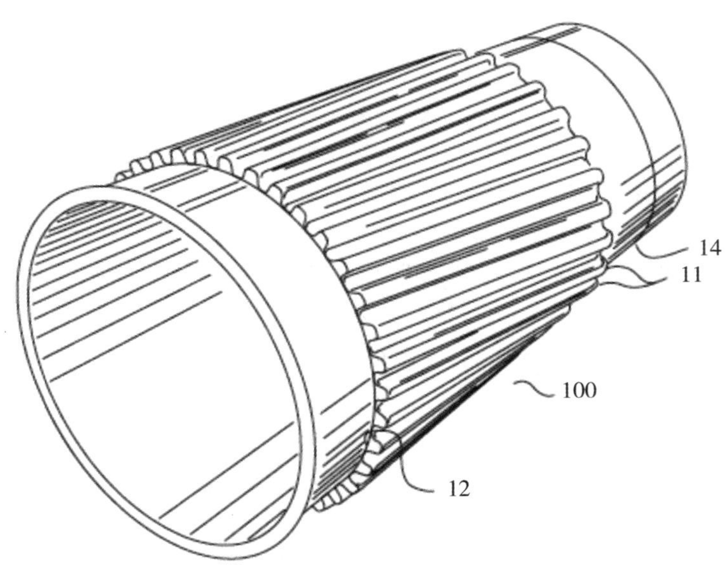

14.1.3 准备专利交底书

本章集中讨论准备“发明交底书（invention disclosure）”的过程——实质上它是对一项发明的详细描述。这种公开应符合专利申请的格式，它既可以用作临时专利申请，也可以稍加修改用作正规专利申请。可以由一位专利代理律师来对本章的大部分内容进行描述，专利代理律师甚至要经常做这些工作。即使在大多数情况下，一位专利律师会校订此交底书以准备正式的专利申请，然而我们相信让发明人

起草详细的交底书，是传达发明人的知识的最好方式。虽然根据这里提供的指导，许多读者都可以完成一件临时专利申请，但本章并不是出色的专利法律咨询的替代品。正在认真考虑商业化机会的发明人，应该在准备了他们的专利交底书之后咨询一位专利律师。

在这一过程中的步骤是：

①制订策略和计划；

②研究先前专利；

③概述权利要求；

④撰写发明描述；

⑤精炼权利要求；

⑥进行申请；

⑦对结果和过程进行反思。

14.2 步骤1：制订策略和计划

在专利战略和计划的制订中，一个产品开发团队必须决定提交专利申请的时机、申请的类型，以及申请的范围。

14.2.1 专利申请的时机

从法律意义上讲，一件美国专利的申请必须在一件发明首次公开披露后一年以内提交。在世界大多数其他地方，一件专利的提交必须在任何公开披露之前，或在提交申请美国专利一年以内，而且美国专利申请的提交要在公开披露之前。在大多数情况下，公开披露是指向没有保守发明秘密义务的一个人或一群人描述了该发明。这种披露的例子有：在杂志或期刊上发表该发明、在商务展览上展示了一件产品、在公众可以进入的网站上发表该发明，或试销一个产品（大多数专家认为，发明的课堂演示不算公开披露，只要班级成员都同意保守发明秘密，同时非班级成员不出现在班级中）。我们强烈建议发明人在进行任何公开披露之前首先提交专利申请。这项法令确保了提交国际专利的选择权可以被保留一年。幸运的是，用很少的费用就可以提交临时专利申请，以保障这些权利。

虽然我们建议在公开披露之前提交申请，但发明人通常觉得最好是推迟申请，使申请仅仅略早于公开披露。多等待的主要好处是，发明人对该发明和其商业化获得尽可能多的知识。逐步进行的改进经常要比在创新过程早期发明人所认为的该发明的关键性特征更重要。通过等待，可以确保发明人在专利申请中抓住发明的最重要的元素。

在相互竞争的专利申请中，美国专利系统根据发明日期认可优先权，而世界上大多数其他国家是根据专利申请的日期认可优先权。因此，在美国，发明人应仔细记录其发明的日期。最好的方式是用一个精装的笔记本记录发明过程，而且每一页上有证人的签名和日期。

14.2.2 申请的类型

一个开发团队面临两种进行专利申请的类型。首先，开发团队必须决定是提交“正规专利申请（regular patent application）”还是“临时专利申请（provisional patent application）”。其次，开发团队必须决定申请本国专利还是外国专利。

在1995年对美国专利法进行充分修改以前，正规专利申请是发明人的唯一选择。在目前的美国专利法中，一个发明人可以提交临时专利申请。临时专利申请只需要对发明的详尽描述，不需要包括“权利要求（claims）”，也不需要符合正规专利申请的正式结构和语言。临时专利申请在准备和提交时所要求的费用和精力少于正规专利申请，却在一年的期限内保留了进一步提交专利的所有选项。一旦提交了临时专利申请，一个公司就可以标识其产品为“待准专利（patent pending）”，并在不超过一年的期限内保持提交外国专利和正规专利申请。临时专利申请唯一的本质缺点是，它将专利的最终发布推迟至多一年，因为专利申请的审查过程必须在提交正规专利申请之后才开始。另外，临时专利申请的预备性本质有可能导致在准备发明描述时，不如在正规专利申请中那么仔细。在临时专利申请中发明描述必须是完备的，并且在随后的正规专利申请中不能包含临时专利申请中没有描述的特征。

申请国际专利是昂贵和复杂的。开发团队应该就国际专利策略咨询专业人士，因为各国的专利法是不同的。为获得外国的专利权，申请必须最终提交至获批专利权的各个国家（不过对提交专利申请来说，欧共体是作为一个实体运作的）。外国专利申请可能很昂贵，某些国家可能要花费15 000美元用于提交费用、翻译费用以及专利代理费用。

通过提交“专利合作条约（Patent Cooperation Treaty，PCT）”申请，对外国专利的提交费用可以推迟交付，一般推迟30个月。一件PCT申请在一国（比如说美国）提交，但却是获得外国专利过程的开始。PCT申请的提交费用只比正规专利申请高一点，但却在向专利申请国交付申请费用之前留出了相当的延迟时间。

临时专利申请和PCT申请为小公司或个人发明人提供了一种机制，使其用相当少的费用就可以保留大部分专利权利。一种典型的策略是，在发明的任何公开披露之前提交一个临时专利申请；在一年之内向美国专利局提交一份PCT申请；当在未来的某个时刻（通常为一年或更长）被迫实施或放弃该申请时，再进行外国专利的实际申请。这种策略为实质性的法律和交付申请费用留出了两年甚至更长的延迟时间。在这段时间中，开发团队可以评估产品，包括该发明的真正商业潜力，并预测更广范围的专利保护的价值。

14.2.3 申请的范围

开发团队应该估计产品设计的总体价值，并决定哪些要素体现了有可能获得专利的发明。通常该检阅过程将产生一个列表，从而列出开发团队认为新颖和非显而易见要素。开发团队应集中考虑那些阻止竞争的实质性要素，它们通常（在开发团队的观念中）体现了（针对类似问题的）无法公开知晓的实质性改进的要素。

复杂的产品通常包含了多项发明。比如，一台打印机可能包含了新颖的信号处理方法和纸张操纵技术。有时这些发明在专利系统中属于非常不同的“类别（classes）”。其结果就是开发团队需要提交对应相关发明类别的多个申请。对于简单的产品或只包含一种发明的产品，一个专利申请通常就够了。很难决定是否把一个申请分成多个部分，最好是在咨询了专利律师之后再作决定。然而，即使提交的是一件包含多种发明类别的专利申请，所有的知识产权都将保留。在这种情况下，专利局将告知发明人，其专利申请必须分开进行。

在确定专利范围的同时，开发团队还要考虑谁是发明人。发明人是在发明的创作过程中具有实质性贡献的人。就专利法来说，发明人的定义是主观的。例如，一位仅进行了实验的技师一般不会被列为发明人，但对一位进行了实验并对装置中观察到的问题提出了解决办法的技师就可以考虑作为发明人。对专利申请中列出的发明人的数量没有限制。我们认为，产品的开发和发明通常是集体努力的结果，并且许多参与概念生成和后续设计活动的团队成员可以被考虑列为发明人。不列出发明人的名字，可能导致专利被裁定为无效。

14.3 步骤2：研究现有专利

研究现有发明，即所谓的“现有技术”主要有三个原因。第一，通过研究现有的专利文献，开发团队可以获知一项发明是否侵害已有的未到期的专利。虽然对侵害已有专利的发明申请专利并没有法律上的限制，但如果任何人在没有许可证的情况下制造、销售或使用侵害了已有专利的产品，该专利的拥有人可以为遭受的损害提起诉讼。第二，通过研究现有技术，发明人可以知道他们的发明与以前的发明有多少相似性，从而他们获得专利的可能性有多大。第三，开发团队可以掌握背景知识，以便其成员起草新颖的权利要求。

在产品开发的过程中，大多数团队会逐渐积累各种对现有发明的参考文献。关于现有发明的一些信息源包括：

- 现有的和以前的产品文献；
- 专利检索；
- 技术和贸易出版物。

可以用几个好的网上索引来检索专利。要找出大多数相关专利，简单的关键词检索就足够了。对于开发团队来说，保留包含了他们检索到的现有技术的文档是非常重要的。在提交专利申请之后不久，这一信息也要提供给专利局。

在图表14—1所示的Coffin的杯套专利中，引用了19项其他的美国专利和一本书（被发明人和专利审查人引用的参考文献列在专利的第一页。Coffin专利的第一页被复制为图表14—3）。例如，在Coffin的专利引用的现有技术中有一项1930

年 Benson 的专利（1771765：“防水的纸质容器”），其纸质杯衬由瓦楞形托架隔热。Benson 的专利描述了一种装在杯衬下方、吻合在杯衬底部的托架。这是 Coffin 的发明专利被描述为在顶端和底端具有开孔的圆管的一个原因。

14.4 步骤 3：概述权利要求

一件专利的发布将赋予其拥有人排除他人侵犯的权利要求的法定权利。“权利要求（claims）”描述了发明的特定特征，它们是用正式的法律用语写出的，并且必须符合一定的行文规范。在步骤 5 中我们将描述正式的法律用语。不过，在准备交底书的过程，开发团队应该仔细考虑哪些是该发明的独特之处。因此，我们建议开发团队概述其权利要求。此时不必顾虑法律上的精确性。相反，开发团队应列出一个表，阐明开发团队认为在其发明中独特而有价值的特征。例如，对 Coffin 的发明，其权利要求主要包括：

- 采用瓦楞波纹作为隔离物的形式：
  - 在圆管内表面上的瓦楞波纹；
  - 在圆管外表面上的瓦楞波纹；
  - 夹合在两层片状材料之间的瓦楞波纹；
  - 瓦楞槽的竖直方向；
    - 瓦楞槽在托架的顶端和底端开口；
  - 具有三角形波纹截面的瓦楞波纹；
  - 具有正弦形波纹状截面的瓦楞波纹；
- 两端开口的管状形式：
  - 形状为截断圆锥；
- 可回收材料：
    - 可回收黏接剂；
    - 可回收片层材料；
      - 纤维素材料；
- 可生物降解的黏接剂；
- 可印刷的表面；
- 托架可沿两条折叠线作扁平折叠。

权利要求概述提供了在发明描述中应该对什么事物进行详细描述的指导。

14.5 步骤 4：撰写发明说明书

专利申请的大部分篇幅被称为“说明书（specification）”。为了避免与我们使用“规格（specifications）”一词发生混淆，我们称专利申请的这一部分为“描述（description）”，因为这是申请中实际描述发明的部分。该描述必须详细展现发明，以便使具有“该领域中常规技艺”的人（即在与该发明相同的基本领域中具有通常技艺和能力的普通参与者）都能实施该发明。该描述还应该是可以提升本发明的价值、凸显现有解决方案不足的推销文件。专利申请将由专利审查人（检索并研究现有专利的人）审阅。发明描述必须说服专利审查人，发明人开发了有用的、与以往发明不同的、非显而易见的某种东西。从这些方面来说，我们可以把发明描述想象成是关于该发明的技术报告。虽然对发明披露或对临时专利申请来说并没有严格的格式要求，不过对专利申请来说确实存在着一些常规格式。

专利法要求，专利申请必须“讲授（teach）”足够的细节，以便“拥有本领域技能”的人可以操作该发明。例如，在 Coffin 的专利中，发明人披露用于黏接瓦楞槽的黏接剂是“一种可回收的、最好是可生物降解的黏接剂，比如 Fasson 公司出品的 8130 黏接剂”。对某些习惯于视发明为秘密的人来说，对专利细节的描述是违反常规的。专利法要求发明人披露他们对发明所知道的知识；作为交换，专利法授予他们在一定时期内排斥其他人实施该发明的权利。这种要求反映了专利系统中一种基本的关系：向发明人授予暂时的垄断权，以换取最终任何人都可获得使用的信息的公布。

典型的发明描述包含以下要素：

- **名称**：对发明提供一个简短的描述性标题，比如“可回收瓦楞形饮料容器与托架”。
- **发明人名单**：必须列出所有的发明人。如果某人创造了在申请中提出的任何发明，他就应被列为发明人。对发明人的数量和排名没有法定限制。名单中缺少任何发明人，都可能最终导致专利被裁定为无效。
- **发明领域**：解释该发明与什么类型的装置、产品、机器或方法相关。例如，Coffin 的专利写道“本发明是关于隔热容器、特别是关于可回收、由纤维素材料制成的隔热容器的”。
- **发明背景**：叙述该发明所解决的问题。解释这些问题的内容、已有解决方法的缺点、为什么需要一种新的解决方法以及本发明所提供的方法的优点。
- **发明概要**：这一节应该用简要的形式展现该发明的实质。概要可以指出该发明的优点以及它如何解决背景中所描述的问题。
- **绘图的简要描述**：列出所描述的绘图，以及对每张绘图的简要说明。例如，“图 10 是一种期望装置的轴测图，以剖视图展现了内瓦楞部分”。
- **发明的详细描述**：这一部分通常是最详细的，包含了本发明的具体装置的详细描述以及对这些装置是如何工作的解释。下面给出了对详细描述的进一步讨论。

14.5.1 绘　图

正式的绘图必须符合各种关于标识、线型、图形要素的种类等的规范。然而，对一份公开发明或临时专利申请来说，非正式绘图就足够了，如果是手绘或 CAD 绘图就最好不过了。在提交了正规专利申请之后的某个时候，专利局将要求有正式图绘，这时就有必要雇用一位专业的绘图员以准备绘图的正式版本。足够多的绘图可以清晰地表明在所考虑的预期装置中发明的各关键要素。像杯套这样的简单发明将需要5~15张绘图。

图中显示的特征可以用文字（比如“外层”）标识，但在准备正规专利申请时，开发团队可能从一开始就希望在绘图中使用“指代编号（reference numerals）”。没有规则规定指代编号必须是不中断和顺序的，所以，对首次出现在图1中的特征一般使用的指代编号为10、11、12……对首次出现在图2中的特征则使用20、21、22……编号依此类推。这样，在一张图中添加编号不会影响另一张图中编号的使用。出现在不同图中的同一个特征必须使用相同的指代编号，所以有些编号将在不同的图中多次出现。

14.5.2 撰写详细描述

详细描述刻画了该发明的“具体实现（embodiments）”。一个具体实现是当前所主张的发明的一种物理实现。专利法要求专利申请必须描述“优先选择的具体实现（preferred embodiment）”，即实施该发明的最好的方式。一般来说，一个详细描述被分成许多段落，每个段落根据其物理结构描述该发明的一种具体实现，并解释该具体实现如何工作。

撰写详细描述的一种很好的策略是，首先给出该发明的各种具体实现的图。接着，通过标识具体实现中的各个特征并解释这些特征，从而描述该具体实现。最后，解释该具体实现如何工作，并解释为什么这些特征对此项功能是重要的。对详细描述中所有的具体实现重复上述过程。

例如从Coffin的专利摘录的图10，如图表14—4所示。详细描述可能包含类似下述的语言：

图表14—4　　从Coffin专利中摘录的图10

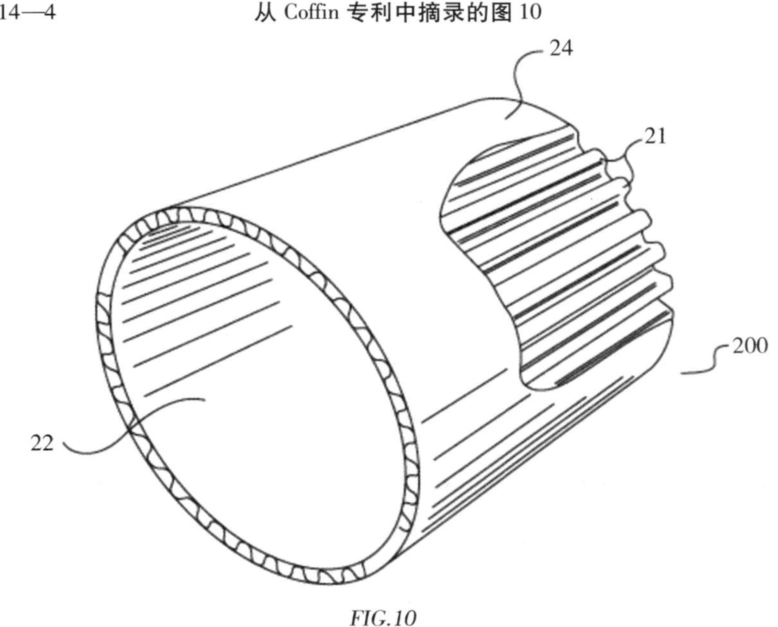

FIG.10

本发明的一种优先选择的具体实现如图10所示。一个衬里表面22和一个外覆表面24夹合着瓦楞21。该整体200形成了一个圆管，其直径随长度发生线性变化，从而形成一段截断圆锥。光滑的外覆表面24提供了一个光滑表面，在其上可以印刷图案。瓦楞21用可回收黏接剂将外覆表面24和衬里表面22黏接在一起。

详细描述还应该给出本发明的其他可供选择的具体实现。例如，在Coffin的专利中，该发明刻画了产生隔热空气层的“瓦楞槽”。在一种优先选择的具体实现中，该瓦楞槽由光滑的波纹构成，从而形成光滑表面以便很容易地在套筒上印刷图案。另一种可供选择的具体实现是在圆管的一个或两个表面上具有三角形瓦楞和（或）片层材料。这些可供选择的具体实现在详细描述中刻画，并展现在各个图中（如图表14—5所示）。

图表14—5　从Coffin专利中摘录的表明发明的各种不同实现方式的图6a、6b、7a和7b

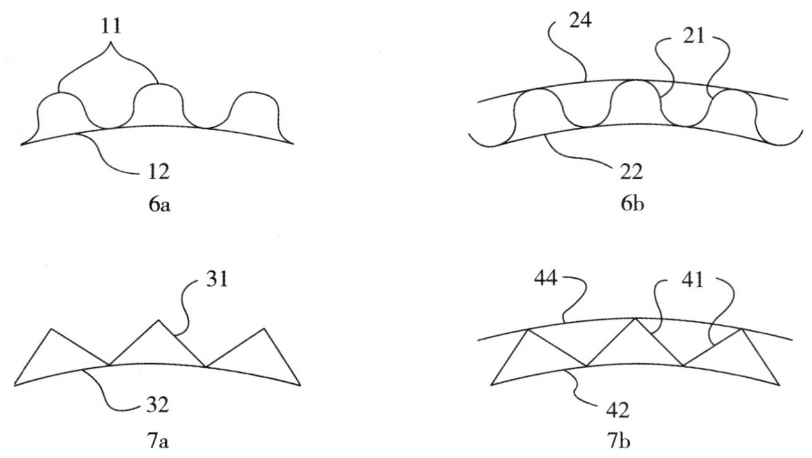

14.5.3 预防性公开

专利的一个主要好处是它赋予专利拥有人以“诉讼权利（offensive rights）”。也就是说，专利拥有人有权阻止其他人实施该发明。然而，专利还给出了一种微妙的机制，以便进行“预防性（defensive）”行动。一项专利将被看成是已有技术，所以，专利中出现的发明不能在将来申请专利。因此，不管发明的范围多么宽泛，发明人披露他们所考虑的每一项与所主张的发明相关的知识，都将使发明人从中获益。这可以在详细描述中进行。尽管这些发明可能不会反映在专利的权利要求中，但他们的公开将变成现有技术的一部分，从而阻止其他人对其申请专利。这种预防性策略可以在新兴技术领域中提供竞争优势。

14.6　步骤5：明确权利要求

权利要求用许多短语来精确地定义该发明的本质要素。权利要求是所有专利诉讼权利的基础。一项专利的拥有人只能阻止其他人实施权利要求中所描述的发明。专利申请的其余部分本质上是权利要求的背景和环境。

14.6.1 撰写权利要求

虽然权利要求必须用言辞表达，但它们必须符合严格的数学逻辑关系。几乎所有的权利要求都以递归表达的方式构造，形如

X = A + B + C⋯，其中 A = u + v + w⋯、B = ⋯

用言辞表达就是：

X 由 A、B 和 C 组成，其中上述的 A 由 u、v 和 w 组成，上述的 B 由⋯⋯

注意，权利要求必须符合一些用词惯例。“组成（comprising）”一词的意思是“包含但不限于（including but not limited）”，并且几乎总是用作表达式中的等号。当在权利要求中第一次命名一个要素（比如“衬层”）时，发明人使用不定冠词“一个”，就像“由一个衬层（a liner sheet）组成”那样。一旦这个要素被命名，则决不会像“该衬层（the liner）”那样指代它，而总是用“上述衬层（said liner）”指代它。在权利要求中以后使用“衬层”的情况都是一样的。尽管这些惯例一旦学会就不难记住，但准备披露书的发明人不需要太担心语言的正式和准确性（专利律师随后会校订此文本的）。当准备正式的专利申请时，这些语言很容易校正。

多重权利要求按上下等级被组织成“独立的（independent）”权利要求和“附属的（dependent）”权利要求。独立权利要求单独生效，并构成权利要求的等级制度的根基节点。附属权利要求总是在一个独立权利要求上附加进一步的限制。附属权利要求一般的撰写格式为：

发明的权利要求 N，进一步包含 Q、R 和 S⋯⋯

或

发明的权利要求 N，其中，上述的 A⋯⋯

附属权利要求本质上继承了它所依附的独立权利要求的所有特性。实际上，用它所依附的独立权利要求的言辞插入并代替引导短语“发明的权利要求 N”，就可以完整地读出一个附属性权利要求。

附属权利要求很重要，因为专利局可能认为独立权利要求是显而易见或不够新颖而驳回，却认可一项或多项附属权利要求。在这种情况下，报审的专利材料仍保留；原先的独立权利要求可以被删除，而把原先的附属权利要求重新写为独立权利要求。

权利要求的各个要素形成逻辑“与”的关系。要侵权一个权利要求，一个装置必须包含该权利要求所主张的所有的要素。如果一件竞争性产品打算使用，比如说只是该权利要求中的 3 或 4 个要素，那么它就没有侵权。

下面是从 Coffin 的专利中摘录的例子（略做改动）。

（1）权利要求 1

一种饮料容器托架，包括一个由纤维素材料制成的瓦楞圆管元件，和至少一个位于其上的用于接受并容纳一个饮料容器的开口。上述瓦楞圆管元件包括用于容纳隔热空气层的瓦楞槽形式，瓦楞槽形式包括用可回收黏接剂粘接在衬层上的瓦楞槽。

权利要求 1 是一项独立权利要求。考虑权利要求 2，它附属于权利要求 1。

（2）权利要求 2

权利要求 1 中的托架，在圆管元件还包含另一个开口，与上述开口具有不相同的横截面尺寸。

该权利要求符合图表 14—6 所示的逻辑结构。

图表 14—6　　Coffin 专利中权利要求 1 和 2 的逻辑结构

注意，权利要求 2 依赖于权利要求 1，并只是添加了额外限制——上下两个开口之间的关系

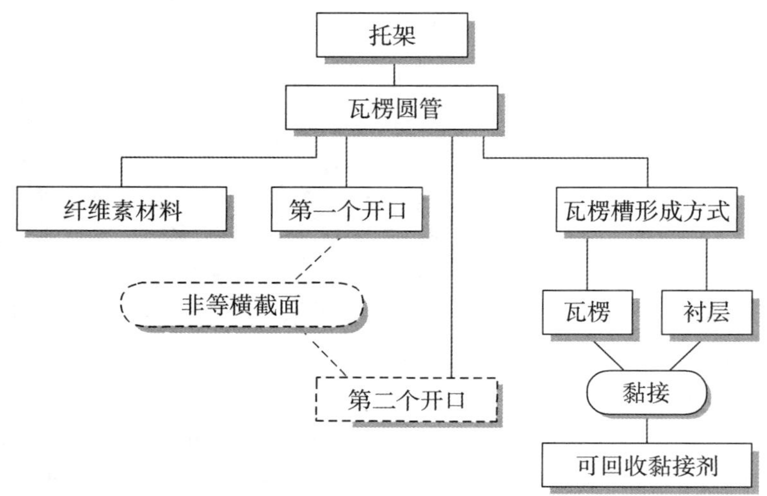

值得强调的是，权利要求是由其要素以逻辑“与”关系所形成的。权利要求 1 针对一个托架，它包括以下这些要素：

- 瓦楞圆管；
- 由纤维素制成；
- 上面有一个开口；
- 具有瓦楞形式；
- 由粘接在衬层上的瓦楞构成；
- 使用可回收黏接剂。

如果一个竞争性纸杯托架没有包含上述每一个要素，那它就不侵犯该权利要求。所以，如果它是由比如说聚苯乙烯制成，那它就没有侵犯该权利要求（不是纤维素材料）。考虑在 Coffin 专利之后不久，Jay Sorensen 也提交了专利申请。Sorensen 的专利是具有麻点表面的杯托架（见图表 14—7）。由于该专利不包括“瓦楞形式”，它就不侵犯 Coffin 的专利。Sorensen 的权利要求包含下列内容（为表达清晰稍作改动）。

（3）权利要求 3

一个杯托架包含一个带状材料，形成一个顶部开口和一个底部开口，通过上述两个开口一个杯子可以插进来，且上述托架的内表面与上述杯子紧靠在一起。上述带状材料包括大量离散的、相互隔开的、大约呈半球形状的压痕分布在上述带状材料的整个内表面上，以便每个压痕形成上述带状材料上的一个非接触区，建立在带状材料和杯子之间的空气层降低了通过上述托架传导热量的速率。

图表 14—7　　从 Sorensen 专利中摘录的图

U. S. Patent 5425497，“具有麻点表面的杯托架”

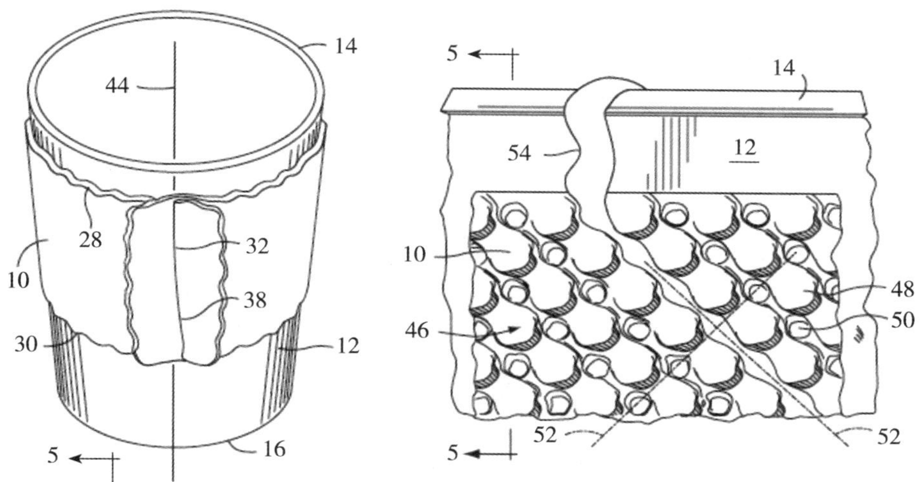

通过比较 Coffin 和 Sorensen 的发明，至少可以得出两个教训。第一，专利一般只能提供相对有限的商业优势。在本案例中，通过发明具有麻面而不是瓦楞的杯托架，Sorensen 可以避免侵犯 Coffin 的专利。实际上，这两个发明都实际应用在成功的商业产品上了，但没有哪个专利能提供完全的保护以避免竞争。第二个教训就是，发明人应该倾全力设想尽可能多的可能实现该发明的功能的方式和途径，在本案例中就是隔热层。如果 Coffin 想到了有麻坑的表面，那么在他的专利申请中就势必包括这种特征。最好的情况是，麻坑发明本可以构成在他的专利中附加权利要求的基础。最坏的情况是，在专利申请中关于麻坑表面的描述可以被看成是现有技术，从而阻止 Sorensen 获得专利（但它并不能阻止 Sorensen 和其他人实施麻坑发明，除非该发明被主张了权利要求）。

14.6.2　编写权利要求的指导原则

有几条指导原则对编写权利要求是很有帮助的。编写好的权利要求是需要技巧的，所以我们建议发明人在润色专利申请时聘请有经验的专利律师。

- 尽可能地概述权利申请。当使用特定的限制词时，力图使之概括化。比如，Coffin 的专利提到的是“圆管状元件”，而不是“圆管”。
- 通过使用像“几乎”、“基本上”、“大约”这样的修饰词来避免绝对化的定义。
- 自己尝试创建一个不侵犯权利要求草案的发明，然后重写权利要求或添加额外的权利要求，从而使假想的发明与之矛盾。

14.7 步骤6：进行申请

在大多数情况下，发明人将把申请草稿交给一位专利律师或其他知识产权专业人士进行修改和正式申请。如果预算非常紧张，那么以个人身份提交专利申请也是可以的。Pressman 提供了详细的指导（Pressman，2002）。注意，法定要求在行政方面是非常复杂的，所以我们强烈建议商业产品的开发团队预留一位胜任的专家，以向专利局进行申请。

一旦发明申请书准备好了，开发团队可以根据业务背景环境下的特定行动方案进行申请，主要有 4 种方式：

- **开发团队可以提交临时专利申请。**

个人或小公司可以提交临时专利申请，申请费不到 100 美元。这种申请只需要对发明的详尽描述，不需要符合正规专利申请的格式。一旦提交了临时申请，一个产品就可以标识为“待准专利”。如果开发团队希望进行正规专利申请，那么该申请必须在提交临时专利申请之后的一年以内提交。因此，临时专利申请可作为进行正规专利申请的一个选项，并留给开发团队一段时间，以便在负担正规专利申请费用之前去办理执照或进行进一步的考察。

- **开发团队可以在美国提交正规专利申请。**

对小公司或个人来说，这一过程花费约 500 美元。此外还有专利律师的法律服务费。

- **开发团队可以提交专利协作条约（PCT）申请。**

PCT 申请可以让在一个国家（比如美国）的专利申请，开始寻求国际专利保护。实际上，发明人必须在各个国家或国家集团（比如欧共体）中寻求专利保护。然而，PCT 程序使得这一步骤可以相对高效地、从一个切入点开始。寻求外国专利保护权利的内容超出了本章的范围。就其细节请咨询一位专利律师。

- **开发团队可以无限期地推迟申请。**

开发团队可以推迟申请，以便将来获得更加有利的信息。有时，开发团队可能决定不再进行发明，因而可能放弃专利申请过程。推迟申请的后果可能是非常严重的。如果该发明被公开披露，那么所有的国际专利权利就都废止了。如果在公开披露后一年之内没有提交正规专利申请，那么美国专利权利也就放弃了。不过，开发团队可以在这些后果产生之前把申请活动推迟几个月。

在开发团队提交了一个正规专利申请或一个 PTO 申请之后的某个时刻，专利局将发出一份《审查决定书》作为对该申请的回应。在几乎所有的案例中，专利审查官将驳回一些或全部的权利要求——要么是显然可知、要么不新颖。文件在专利局和发明人之间来回传递是很正常的，而其中的一些文件最终一定会形成某些可被授予专利的权利要求。接着，根据审查官的意见发明人和专利律师不断加强论据、修改权利要求，并把修正后的申请交给专利局。虽然权利要求很少会跟原始文本保持完全一样，但大多数的申请最终会获得专利发布。

专利局不评阅也不审查临时专利申请。它只是记录其提交并保存该申请，直到提交了正规申请之后才进行审查。注意，大多数外国专利也必须在临时专利申请的提交日期的一年之内提交。

14.8 步骤7：对结果和过程进行反思

在对专利申请或发明披露的反思中，开发团队至少应该考虑以下的问题：

- 哪些是本产品概念、本发明的精华和与众不同的特征？这些特征在发明描述和权利要求中体现出来了吗？描述是否讲清楚了实施该发明的最好方式？
- 进一步行动的时间安排是什么？开发团队的专利律师通常都有一个“诉讼日程表”——实际上是一个日历，表明何时进行下一步维护专利的行动。不过，发明人或开发团队所在公司里的某个人也应该考虑未来一个月必须采取哪些行动。
- 在准备专利申请或发明披露的过程中，哪些方面很顺利、哪些方面还需要进一步努力？
- 在开发团队获知的现有技术中，哪些有可能对将来的产品开发有价值？例如，是否存在从其专利拥有人那里获得许可的有价值的技术？竞争对手的专利是否将要到期，开发团队是否可以用简便的方法解决一个长期困扰的问题？
- 开发团队的知识产权地位有多强？在专利申请中，哪些特征是否非常新颖和有价值，以至于它们真的可以防止竞争对手的直接竞争？或者该专利只是对直接复制该产品的一种威慑？
- 开发团队启动申请过程是太早还是太晚了？动作是否很匆忙？下一次准备专利申请的最佳时间是什么？

14.9 小　结

- 专利是政府授予的暂时性独占权，以避免其他人使用、制造或销售该发明。专利法的目的是对在激励发明和自由发布信息之间寻求平衡。
- 对大多数基于技术的产品开发工作来说，功能专利是知识产权的中心要素。
- 如果一项发明有用、新颖而非显而易见，那它就可以被授予专利。
- 获得专利的最终发明是由专利权利要求定义的。专利申请的其余部分实际上是用来支持权利要求的背景和解释。
- 在寻求专利时我们推荐采用一个7步过程：

①制订策略和计划；
②研究现有的专利；
③概述权利要求；
④撰写发明描述；
⑤明确权利要求；
⑥进行申请；

⑦对结果和过程进行反思。

• 临时专利申请和专利合作条约（PCT）申请可以在成本最低的情况下保留所有的未来选项。

参考文献

通过网址 www. ulrich – eppinger. net 可获得许多最新资源。

本章中的例子是从 Coffin 和 Sorenson 的专利摘录的。参见 Coffin，David W.，*Recyclable Corrugated Beverage Container and Holder*，United States Patent 5205473，April 27，1993；Sorenson，Jay，*Cup Holder*，United States Patent 5425497，June 20，1995。

Pressman 的书是对专利法细节的一个综合性指导，并提供了一个撰写专利申请和向专利局申请专利的循序渐进的过程。这本书还包含了取得发明使用许可证的有价值的相关信息。参见 Pressman，David，*Patent It Yourself*，ninth edition，Nolo Press，Berkeley，CA，2002。

Stim 提供了对知识产权大多数方面的深入讨论，包括商标和版权。参见 Stim，Richard，Intellectual Property：*Patents*，*Trademarks*，*and Copyrights*，second edition，DelmarLearning，Clifton Park，NY，2000。

练　习

（1）在你感兴趣的产品上找出其专利号码。用网上查询工具找出该专利。

（2）对 3M 公司作为 Post – it 便条销售的自粘贴便签簿发明，草拟一个权利要求。

（3）画出习题（1）中的发明的两个权利要求的逻辑图。

（4）创建完全不同于 Coffin 和 Sorenson 的专利的一个或多个产品概念，在不侵犯 Coffin 和 Sorenson 的专利的情况下解决手握热咖啡杯的问题。

思考题

（1）1999 年，因为密歇根的一家名叫 Albie 的面包店销售了一种带有卷边的无壳花生酱加果冻的三明治，J. M. Smucker 公司起诉了该店，认为 Albie 面包店侵犯了该公司的专利（见美国专利 6，004，596）。Albie 面包店反驳说该专利的发布是错误的，因为该发明是“显然可知的”。找出 Smucker 的专利。你认为 Smucker 的发明是显而易见的吗？为什么是或为什么不是？

（2）为什么一个发明人在一项专利中可能只描述但不主张权利要求？

附录 A：商　标

商标是与特定制造商的产品相关的一个词或符号。商标是公司知识产权整体的一个重要要素。商标可以是一个词、“字标（word mark，按固定格式拼写出来的单词）”和（或）符号。商标一般对应品牌、产品名称，有时也对应公司名称。

商标法的目的是防止不公平竞争，比如一个制造商用与另一个制造商产品名称相似的名称命名他自己的产品以误导公众。实际上，为避免混淆，当一个制造商在广告中使用其竞争对手的商标时（如进行比较），那么法律要求该制造商指明该名称为竞争对手的商标。

商标不允许是纯描述性的。例如，一个公司不能获得叫“隔热套”的商标，但它可以用暗示性的而非纯描述性的名称，诸如“Insleev”，“ThermaJo”或“CupPup”等作为商标。

在美国，只有在跨州商业中使用的标志才能成为联邦商标。为此，当在广告中或标识产品时，应该在单词或符号后附加“TM”（比如 JavaJacket™）。另外，通过美国的专利商标局就可以注册商标，而且手续简单，费用合理。经过注册的商标用®表示（比如 Coke®）。

由于在互联网上与客户交流越来越重要，在创造新的产品名称时，开发团队应尽力创造与互联网上域名完全对应的商标名称。

附录 B：对个人发明人的忠告

大多数学习产品开发的学生和产品开发的专业人士在某个时候会突发奇想一个新产品。通常，再进一步的思考将产生一个产品概念，有时这可能就是一项专利的发明。在发明者中间普遍存在一种错误观念，认为只有原始想法或产品概念才是有价值的。根据观察许多发明人和产品商业化工作，这里给出几条忠告。

- 一项专利对一个产品的开发和商业化计划来说是一个有用的要素。然而，它并不是这一活动的核心要素。申请一项发明的专利通常可以等待，直到许多技术和市场风险被明确为止。
- 一项专利本身是没有什么商业价值的（一个想法的商业价值就更低了）。为了从一个产品机会中获取价值，发明人通常必须完成一件产品的设计、解决在消费者需求和最低制造成本之间折中的难题。一旦完成了这一棘手的工作，一件产品的设计就可能具有相当的价值了。在大多数情况下，除非申请专利是作为从产品概念变成真正的开发阶段性成果（比如工作样机）这种努力的一部分，否则不值得申请专利。如果设计通过了样机和测试的验证，那么一份专利才可能成为一种提高其知识产权价值的重要机制。
- 以个人发明人的身份向一个制造商发放专利使用许可证是非常困难的。如果你对你的产品机会是认真的，那么就准备自己动手、或与小公司合作进行你的产品的商业化。你的产品展现了市场机会才有可能向较大的实体发放许可证。

- 一定要提交临时专利申请。只花很少的钱，一个人根据本章的指导原则就可以提交一个临时申请。这一行动提供了一年时间的专利保护，期间你可以思考你的想法是否值得继续做。

15 产品开发项目的经济分析

宝丽来公司的产品开发团队正在开发一种新的照片打印机——CI－700。图表15—1是宝丽来公司的一种彩色照片打印机。CI－700打印机能够将存贮在计算机中的数字图像打印成即时的全彩照片。该产品的主要市场是绘图艺术、保险业和房地产业。在CI－700开发过程中，宝丽来公司的产品开发团队面临以下几个对产品盈利性有重大影响的问题并须做出决策：

- 开发团队是否应该花更多的时间以使该产品适合于多种计算机平台，推迟将CI－700投入市场是否代价太大？
- 该产品是用来自宝丽来公司消费者用照相机领域的印制介质（即时胶卷），还是用新的特殊的高质量印制介质？
- 开发团队是否应增加开发经费以提高CI－700的可靠性？

图表15—1　**宝丽来公司的一种数码彩色照片打印机**

（宝丽来公司授权）

产品开发团队需要一些工具帮助它做出这些或其他开发决策。这一章将提出一个经济分析方法以支持产品开发团队进行决策，该方法由两类分析组成：定量分析和定性分析。这一章将重点放在那些能帮助项目团队进行快速决策的近似方法上。

15.1　经济要素分析

15.1.1　定量分析

在一个成功的新产品生命周期中有一些基本的现金流入（收益）和现金流出（成本）。现金流入来自产品销售，现金流出包括产品和工艺开发费用、生产启动成本（如设备购买和安装）、产品营销和服务成本及生产成本（如原材料、组件和人力）。一个典型的成功产品在生命周期全过程中的累积现金流入和现金流出如图表15—2所示。

图表 15—2 **成功新产品的典型现金流**

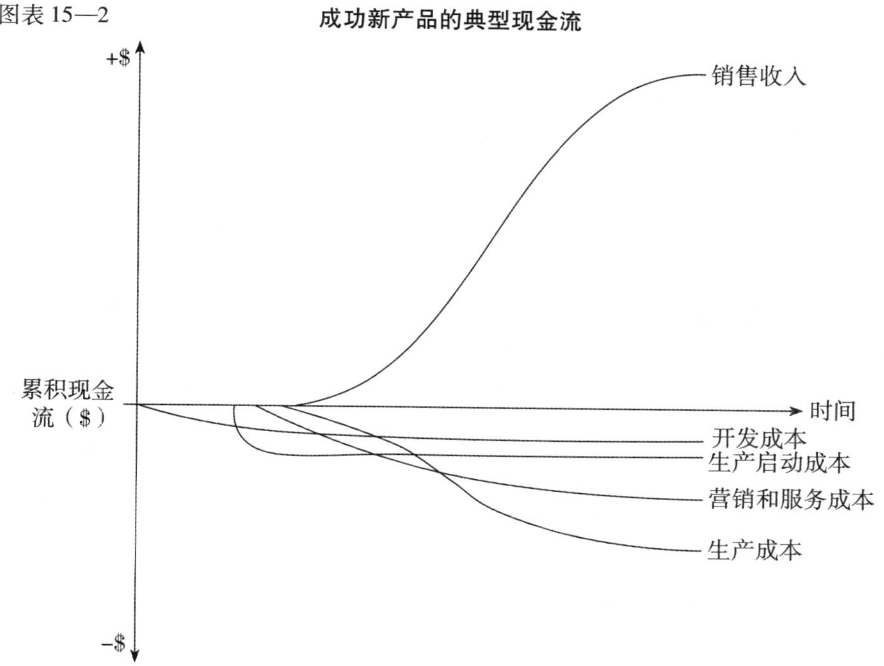

经济上成功的产品是可获利的，即它们产生的累积现金流入大于累积现金流出。衡量现金流入超过现金流出程度的一个指标是项目的“净现值（net present value，NPV）”或所有预期未来现金流的折现值。经济分析法的定量分析就是评估一个项目的预期现金流的 NPV。之所以用 NPV 法是因为它易懂且广泛应用于工商领域（本章附录 A 对 NPV 作了简要介绍）。定量分析法的价值不仅在于它提供了对项目的主观评价与选择，而且还在于它提供了对产品开发流程评价的结构和对工作方法的测评。

15.1.2 定性分析

定量分析对那些可测量的因素起作用，然而项目经常会遇到一些很难量化的因素，它们既有积极的，也有消极的。并且定量分析几乎不可能度量激励和竞争环境的特性。一家重要的美国公司的首席执行官强调“曾有 MBA 学生与我争论，认为如果一项资本支出在 2 ~3 年内不能获得回报，那么这项资金的开销是错误的。但是，他们忽略了以下事实：如果我们不采取行动，我们将在 4 ~5 年内落于我们所在行业其他公司的后面”（Linder & Smith，1992）。我们的方法就是用定性分析来解决这些问题。我们的定性分析法将对项目与公司、市场以及宏观经济环境间的相互关系给予特殊考虑。

15.1.3 何时进行经济分析？

经济分析（包括定量分析和定性分析）至少在两种情况下是十分有用的：

• **进行/不进行抉择**：例如，我们该尝试开发一种产品以满足市场需求吗？我们该继续完成一个选定的设想吗？我们该着手生产已开发的产品吗？这些决策在每一开发阶段结束时普遍出现。

• **设计与开发业务决策**：典型的业务决策涉及的问题有：为了节省两个月的开发时间，我们该花 10 万美元雇其他公司来开发一个部件吗？我们该以 450 美元的单位成本在 4 个月后就开始发售该产品还是应等到 6 个月后单位成本降到 400 美元时再发售？

项目开始时做的经济分析通常可以用当前信息更新，以免每次都要完全重新分析。这种用法，使得经济分析成为开发团队用以管理开发项目的信息系统之一。

经济分析可由开发团队的任何成员完成。在小公司，项目负责人或核心项目团队的成员之一将完成详细的经济分析；在大公司里，可能指定一名来自财务部门的代表帮助开发团队完成这项分析。我们强调的是，即使在该项分析由经过正式财务模型培训的人来完成的时候，整个开发团队也应该充分理解这项分析并参与其构建与使用过程。

15.1.4 经济分析过程

我们推荐用下述四步骤法对一个产品开发项目进行经济分析：

(1) 建立一个基本情况下的财务模型；

(2) 进行敏感性分析以了解财务成功与模型关键假设及变量间的关系；

(3) 利用敏感性分析进行权衡取舍；

(4) 考虑定性因素对项目成功的影响。

本章其余部分将围绕这四个步骤而展开。

15.2 步骤 1：建立一个基本财务模型

建立基本财务模型包括估计未来现金流的发生时间和数量以及计算这些现金流的 NPV。

15.2.1 估计未来现金流发生时间及数量

未来现金流发生的时间及数量可通过综合项目计划与项目预算、销售预算及预计生产成本来评估。现金流发生的具体程度应方便工作，并且应具有足够的坚定性以方便做出有效的决策。一个典型的新产品开发项目的最基本现金流项目如下：

• 开发成本（生产启动前的所有设计、测试和细节改进的成本）；

• 生产启动成本；

• 营销和服务成本；

• 生产成本；

• 销售收入。

依据模型所要支持的决策的不同类型，某个或某些成本领域需要进一步细化。更具体的模型可以对这五项现金流作更详细的考虑，也可以考虑其他现金流。典型的细化成本包括：

- 把生产成本分为直接成本和间接成本（即制造成本）。
- 营销和服务损失成本分为生产启动成本、促销成本、直接销售成本及服务成本。
- 考虑税收影响包括折旧税减免和应付投资税（税收影响即使在简单的财务模型中也普通予以考虑。然而，为了明确起见，在我们的例子中省略了税收影响）。
- 包括诸如流动资本需求、替代效益（新产品对原有产品销售的影响）、残次品成本和机会成本等在内的杂项流入和流出。

我们这一章所用的财务模型是一个简化模型，它仅包括在实践中普遍予以考虑的那些主要现金流。但是理论上它与那些复杂模型是等同的。现金流的数值来自预算和其他一些来自开发团队、制造部、销售部的估计。图表 15—3 是 CI－700 的有关财务估计（为了保护宝丽来公司的财务信息产权，这些数据作了改动）（对制造成本的更详细讨论请参见第 11 章“制造设计”）。注意，所有的期间收入和期间费用均是沉没成本，与 NPV 的计算无关（沉没成本概念见本章附录）。

图表 15—3　　**CI－700 的财务预算**

（1）开发成本	500 万美元
（2）生产启动成本	200 万美元
（3）销售和服务成本	100 万美元/年
（4）单位产品成本	400 美元/单位
（5）生产及销售量	2 000 单位/年
（6）单价	800 美元/单位

为了完成模型，这些财务预算必须与时间联系起来。通过参考项目计划表和销售计划，这一点是可以做到的。图表 15—4 以甘特图的形式展示了 CI－700 项目的时间信息（对大多数项目，时间以月或季度计是最适当的）。从图中可以看出产品投放到市场预计要 5 个季度，产品销售期估计为 11 个季度。

一个通用的方法是用一张表格表示项目现金流。表的行表示不同的现金流项目，列表示连续的时间周期。通常这种表被输入计算机以便做出更进一步的分析。在这个例子中，我们假设在寿命期内各时段流量相等（例如，总的开发成本在一年内为 500 万美元，则每季度为 125 万美元）。然而，这些数值也可用任何最能代表开发团队对现金流的预测的方法表示。我们以单位期间销售量乘以单位价格以获得单位期间的产品总收益，以单位期间产量乘以单位生产成本获得单位期间生产总成本。图表 15—5 为该例的最终表格。

图表 15—4　　　　　　　　　　**CI－700 的项目计划表**

	第 1 年				第 2 年				第 3 年				第 4 年			
	1	2	3	4	1	2	3	4	1	2	3	4	1	2	3	4
开发																
生产启动																
营销和服务																
生产和销售期																

图表 15—5　　　　　　　　　　**现金流量表**　　　　　　　　　　（单位：千美元）

项　目	第1年				第2年				第3年				第4年			
	1	2	3	4	1	2	3	4	1	2	3	4	1	2	3	4
开发成本	-1 250	-1 250	-1 250	-1 250												
启动成本				-1 000	-1 000											
营销及服务成本					-250	-250	-250	-250	-250	-250	-250	-250	-250	-250	-250	-250
生产成本						-2 000	-2 000	-2 000	-2 000	-2 000	-2 000	-2 000	-2 000	-2 000	-2 000	-2 000
生产量						5 000	5 000	5 000	5 000	5 000	5 000	5 000	5 000	5 000	5 000	5 000
单位生产成本						-0.4	-0.4	-0.4	-0.4	-0.4	-0.4	-0.4	-0.4	-0.4	-0.4	-0.4
销售收入						4 000	4 000	4 000	4 000	4 000	4 000	4 000	4 000	4 000	4 000	4 000
销售量						5 000	5 000	5 000	5 000	5 000	5 000	5 000	5 000	5 000	5 000	5 000
单价						0.8	0.8	0.8	0.8	0.8	0.8	0.8	0.8	0.8	0.8	0.8

15.2.2 计算现金流的净现值

计算 NPV 要求首先确定每个时期的净现金流，然后将该净现金流转换为现值（以当前美元计价）。例如，对第 3 年第 1 季度的数据进行计算：

（1）当期现金流是现金流入和现金流出之和：

营销成本	－$250 000
产品收入	4 000 000
生产成本	－2 000 000
当期现金流	$1 750 000

（2）当期现金流的目前值以 10% 的年利率（2.5% 的季利率）折现到第 1 年第

1 季度（计 8 个季度）是 1 436 306 美元（现值与净现值概念见附录 A）。

$$\frac{1\ 750\ 000}{1.025^8}=1\ 436\ 306\text{（美元）}$$

（3）项目 NPV 为每期现金流折现值的简单加总值（见图表 15—6），即 8 203 000美元（从此往后我们都把财务数据保留到 1 000 美元）。

图表 15—6　**项目 NPV 计算表**　（单位：千美元）

项　目	第1年				第2年				第3年				第4年			
	1	2	3	4	1	2	3	4	1	2	3	4	1	2	3	4
开发成本	-1 250	-1 250	-1 250	-1 250												
启动成本				-1 000	-1 000											
营销及服务成本					-250	-250	-250	-250	-250	-250	-250	-250	-250	-250	-250	-250
生产成本						-2 000	-2 000	-2 000	-2 000	-2 000	-2 000	-2 000	-2 000	-2 000	-2 000	-2 000
生产量						5 000	5 000	5 000	5 000	5 000	5 000	5 000	5 000	5 000	5 000	5 000
单位生产成本						-0.4	-0.4	-0.4	-0.4	-0.4	-0.4	-0.4	-0.4	-0.4	-0.4	-0.4
销售收入						4 000	4 000	4 000	4 000	4 000	4 000	4 000	4 000	4 000	4 000	4 000
销售量						5 000	5 000	5 000	5 000	5 000	5 000	5 000	5 000	5 000	5 000	5 000
单价						0.8	0.8	0.8	0.8	0.8	0.8	0.8	0.8	0.8	0.8	0.8
当期现金流	-1 250	-1 250	-1 250	-2 250	-1 250	1 750	1 750	1 750	1 750	1 750	1 750	1 750	1 750	1 750	1 750	1 750
PV(r=10%,年利率)	-1 250	-1 220	-1 190	-2 089	-1 132	1 547	1 509	1 472	1 436	1 401	1 367	1 334	1 301	1 269	1 239	1 208
项目 NPV	8 203															

15.2.3 基本财务模型能够支持项目能否进行的决策和重要的投资决策

根据基本财务模型，该项目的 NPV 是正的，因此，这个模型支持这一项目并与继续进行开发的决策一致。这样的模型也可用于支持重要的投资决策。比如说，宝丽来公司正要在两套具有不同启动成本、生产能力及支撑成本的生产设备中做出选择。它们可针对这两种方案设计一个模型然后比较方案的 NPV，NPV 大的方案更支持做出投资的决策。现在我们将敏感性分析看做一种方法，以便容易理解产品开发的多方案决策。

15.3 步骤2：敏感性分析

敏感性分析是通过改变包含于财务模型的变量值以计算相应的 NPV 变化值来回答“如果……会怎样?”这类问题的。内部变量和外部变量均会影响项目的 NPV 值。内部变量是那些很大程度上受开发团队影响的变量，包括开发费用、开发速度、生产成本和产品性能；外部变量是那些开发团队不能独自改变的变量，包括竞争环境（如市场反应、竞争者行为）、销售量和产品价格（对价格是内部变量还是外部变量可能有不一致的意见，但不同意见方对价格受竞争品价格强烈影响及价格与销售量相联系的判断几乎没有分歧）。尽管外部变量不受产品开发团队直接控制，但它们经常受内部变量影响。图表 15—7 列出了有关的内部变量和外部变量。

图表 15—7　**影响产品开发盈利性的主要变量**

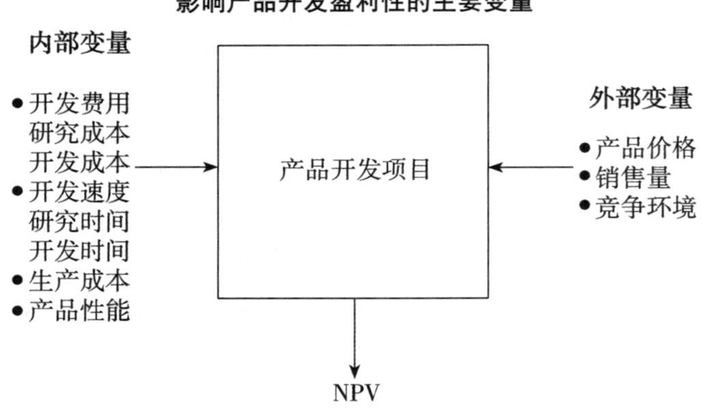

15.3.1 开发成本举例

作为第一个例子，让我们来考察 NPV 对开发成本变动的敏感性。在保持其他变量恒定的情况下变动开发成本，就可以看到项目 NPV 的变化。例如，若开发成本降低 20%，NPV 将怎样变化? 20% 的下降率使得开发成本由 500 万美元降到 400 万美元，如果开发时间还是一年的话，那么每季的成本由 125 万美元下降为 100 万美元，将这一改变加入模型来计算目标 NPV。图表 15—8 反映了 CI – 700 基本财务模型的这一变化情况。

开发成本下降 20%，NPV 将增加到 9 167 000 美元。这意味着 NPV 增加 11.8%，亦即 964 000 美元。这是一个极简单的情形：在假设减少 100 万美元的开发成本仍能达到同样的项目目标的情况下，我们使项目价值得以增长，该增长来自在 1 年的时间内所节省的 100 万美元的现值。CI – 700 开发成本敏感性分析详见图表 15—9，表中数值通过对基本情况模型的开发成本作相应改变计算得出。我们知道，NPV 绝对数和相对数的变化经常都十分有用，因此，在敏感性分析表中同时列出了两者。

图表 15—8 **开发成本下降 20% 的 CI－700 财务模型** （单位：千美元）

	第1年				第2年				第3年				第4年			
	1	2	3	4	1	2	3	4	1	2	3	4	1	2	3	4
开发成本	-1 250	-1 250	-1 250	-1 250												
启动成本				-1 000	-1 000											
营销及服务成本					-250	-250	-250	-250	-250	-250	-250	-250	-250	-250	-250	-250
生产成本						-2 000	-2 000	-2 000	-2 000	-2 000	-2 000	-2 000	-2 000	-2 000	-2 000	-2 000
生产量						5 000	5 000	5 000	5 000	5 000	5 000	5 000	5 000	5 000	5 000	5 000
单位生产成本						-0.4	-0.4	-0.4	-0.4	-0.4	-0.4	-0.4	-0.4	-0.4	-0.4	-0.4
销售收入						4 000	4 000	4 000	4 000	4 000	4 000	4 000	4 000	4 000	4 000	4 000
销售量						5 000	5 000	5 000	5 000	5 000	5 000	5 000	5 000	5 000	5 000	5 000
单价						0.8	0.8	0.8	0.8	0.8	0.8	0.8	0.8	0.8	0.8	0.8
当期现金流	-1 000	-1 000	-1 000	-2 000	-1 250	1 750	1 750	1 750	1 750	1 750	1 750	1 750	1 750	1 750	1 750	1 750
PV(r=10%,年利率)	-1 000	-976	-952	-1 857	-1 132	1 547	1 509	1 472	1 436	1 401	1 367	1 334	1 301	1 269	1 239	1 208
项目 NPV	9 167															

图表 15—9 **CI－700 开发成本敏感性分析**

开发成本变化（%）	开发成本（千美元）	开发成本变化（千美元）	NPV 变化（%）	NPV（千美元）	NPV 变化（千美元）
50	7 500	2 500	-29.4	5 791	-2 412
20	6 000	1 000	-11.8	7 238	-964
10	5 500	500	-5.9	7 721	-482
基准	5 000	基准	0.0	8 203	0
-10	4 500	-500	5.9	8 685	482
-20	4 000	-1 000	11.8	9 167	964
-50	2 500	-2 500	29.4	10 615	2 412

15.3.2 开发时间举例

作为第二个例子，我们将计算 CI－700 模型对开发时间的敏感性。让我们看一下若开发时间增加 25%，对项目 NPV 有什么影响。开发时间增加 25%，即从 4 个季度增加到 5 个季度，将推迟生产启动、营销努力及产品销售的开始时间。为了进行敏感性分析，我们必须对这些变化做出相应的假设。我们假定，虽然开发时间增加，但开发成本总额不变，这样开发成本从原来每季度 125 万美元变为每季度 100 万美元。

我们还假定销售期是固定的，即从产品进入市场开始到第 4 年年底结束。实际上我们的假定就是产品销售期是从产品的引入开始到将来某个固定日期结束。请注意这些假设仅针对这一项目，不同的产品开发项目需要做出不同的相应假设。例如，我们可做出销售期只是简单后移一个季度的假设。CI－700 财务模型的变化情况见图表 15—10。

图表 15—10　　**开发时间增加 25% 的 CI－700 财务模型**　　（单位：千美元）

	第1年				第2年				第3年				第4年			
	1	2	3	4	1	2	3	4	1	2	3	4	1	2	3	4
开发成本	-1 250	-1 250	-1 250	-1 250												
启动成本				-1 000	-1 000											
营销及服务成本					-250	-250	-250	-250	-250	-250	-250	-250	-250	-250	-250	-250
生产成本						-2 000	-2 000	-2 000	-2 000	-2 000	-2 000	-2 000	-2 000	-2 000	-2 000	-2 000
生产量						5 000	5 000	5 000	5 000	5 000	5 000	5 000	5 000	5 000	5 000	5 000
单位生产成本						-0.4	-0.4	-0.4	-0.4	-0.4	-0.4	-0.4	-0.4	-0.4	-0.4	-0.4
销售收入						4 000	4 000	4 000	4 000	4 000	4 000	4 000	4 000	4 000	4 000	4 000
销售量						5 000	5 000	5 000	5 000	5 000	5 000	5 000	5 000	5 000	5 000	5 000
单价						0.8	0.8	0.8	0.8	0.8	0.8	0.8	0.8	0.8	0.8	0.8
当期现金流	-1 000	-1 000	-1 000	-2 000	-1 250	1 750	1 750	1 750	1 750	1 750	1 750	1 750	1 750	1 750	1 750	1 750
PV(r=10%，年利率)	-1 000	-976	-952	-929	-1 812	-1 105	1 509	1 472	1 436	1 401	1 367	1 334	1 301	1 269	1 239	1 208
项目 NPV	6 764															

项目 NPV 对开发时间的敏感性情况见图表 15—11，我们可以看到开发时间增加 25%，NPV 将减少到 6 764 000 美元，这意味着 NPV 减少 17.5%，即 1 439 000 美元。

图表 15—11　　**CI－700 开发时间敏感性分析**

开发成本变化（%）	开发成本（千美元）	开发成本变化（千美元）	NPV 变化（%）	NPV（千美元）	NPV 变化（千美元）
50	6	2	-34.6	5 363	-2 840
25	5	1	-17.5	6 764	-1 439
基本	4	基本	0.0	8 203	0
-25	3	-1	18.0	9 678	1 475
-50	2	-2	36.4	11 190	2 987

我们建议对除竞争环境（不明显包含于基本情况模型中）以外的所有外部变量和内部变量均作敏感性分析。这些分析可以使开发组知道模型中的哪些变量对

NPV 影响重大。这一信息非常有用，它可帮助开发团队理解为了细化和改善基本财务模型，哪些变量应该作更具体的研究。这一信息对支持开发团队的业务决策也很有用，这一点将在下一个步骤中讨论。

15.4 步骤 3：用敏感性分析来理解项目的权衡取舍

为什么开发团队想要改变为它所控制的变量？例如，在会降低项目 NPV 的情况下，为什么要增加开发时间？一般来讲，除非是在其他方面可获得预期的补偿，比如好的质量可带来更高的销售量，否则开发团队不会做这样的改变。因此我们需要了解这些财务相互作用的相对重要性。

15.4.1 六个潜在的相互作用

开发团队努力控制内部驱动变量间的六个潜在的相互作用（如图表 15—12 所示）。任何两个内部变量间的潜在的相互作用依赖于特定产品的特性。在许多情况下，这些相互作用是相矛盾的，比如减少开发时间可能导致产品性能降低，提高产品性能要额外增加产品成本。然而，这些相互关系中的一些关系远比简单的矛盾关系复杂得多。例如，减少开发时间可能要求增加开发成本；同时延长开发时间也可能导致增加成本——如果这一延长是由某一关键任务延误造成而不是由计划中的延长造成的话。

图表 15—12　**内部变量间的强相互作用**

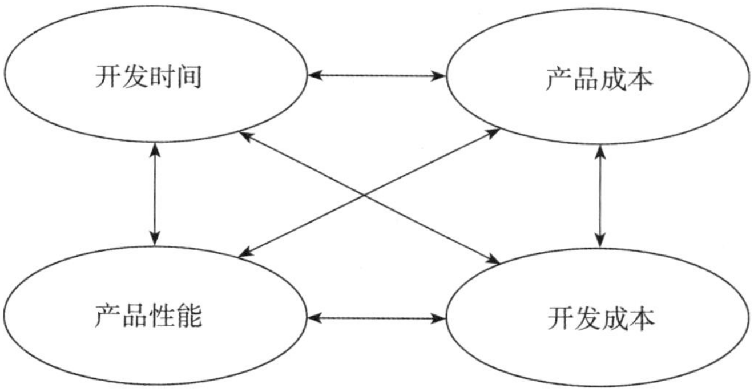

一般来说，这些相互作用因内部变量和外部变量间的联系而显得很重要。例如，增加开发成本或时间可能会提高产品性能，而后可扩大销售量或提高价格；减少开发时间可能使产品更快地投放市场，因而增加销售量。

虽然关于外部变量（例如价格、销售量）通常很难有准确的模型，不过定量的模型可以帮助进行决策。重新回到我们最初的例子，即 CI－700 开发团队正在考虑增加开发成本以获得更高质量的产品，因为他们认为高质量的产品将提高销售量。定量模型由于能回答销售量提高多少才能与开发成本的额外增加相匹配这一问题，因此可以作为决策支持工具。我们已计算了 NPV 对开发成本变化的敏感性（见图表 15—9），我们也可以计算出 NPV 对销售量变动的敏感性（见图表 15—

13)。假如说，CI－700 开发团队正在考虑增加 10% 的开发成本，从图表 15—9 我们可以发现这将使 NPV 下降 5.9%。

图表 15—13　　CI－700 销售量变动的敏感性分析

开发成本变化（%）	开发成本（千美元）	开发成本变化（千美元）	NPV 变化（%）	NPV（千美元）	NPV 变化（千美元）
30	6 500	1 500	63.0	13 375	5 172
20	6 000	1 000	42.0	11 651	3 448
10	5 500	500	21.0	9 927	1 724
基本	5 000	基本	0.0	8 203	0
－10	4 500	－500	－21.0	6 479	－1 724
－20	4 000	－1 000	－42.0	4 755	－3 448
－30	3 500	－1 500	－63.0	3 031	－5 172

现在要考虑的是，销售量至少要增加多少才能补偿 NPV 的减少量？从图表 15—13 可以知道，销售量增加 10%，NPV 将增加 21%。这样，在线性假设下，销售量提高 2.8%（10% ×5.9 ÷21.0）可使 NPV 增加 5.9%。综上所述，开发成本增加 10%，将使 NPV 下降 5.9%；为了抵消这一下降，需要将销售量提高 2.8%。由于无法知道增加开发成本对销售量的确切影响，这一模型对于维持开发成本的特定量增长需要销售量增加多少这一问题，确实是一个很有用的指导。

15.4.2　选择标准

许多近似线性的敏感性分析可以使开发组制定出一些取舍标准以帮助进行正常决策。这些标准以内部变量和外部变量单位变化成本的形式来表达。例如，开发时间延迟一个月的成本是多少？开发预算超出 10% 的成本是多少？单位制造成本每增加 1 美元的成本是多少？这些取舍标准可以很容易地从基本财务模型计算得出，并且可告诉开发组，那些为它所控制的、影响项目盈利敏感性的变量应作的相应调整量是多少，见图表 15—14。

图表 15—14　　CI－700 的选择标准

变　量	取舍标准	注　释
开发时间	每变化一个月 480 000 美元	假定有固定的销售期
销售量	每变化 10% 1 724 000 美元	提高销售量是提高利润的有力手段；10% 即每季度 500 个单位
产品成本或售价	每变化 1 美元 43 000 美元	价格上升 1 美元或成本下降 1 美元，均会增加 1 美元的单位边际利润
开发成本	每变化 10% 482 000 美元	在开发上花费或节省 1 美元所等价的现值；10% 即是500 000美元

利用这些选择标准可以回答在本章引言里提出讨论的问题。开发团队决定等待

使该打印机既能用于苹果 Macintosh 又能用于 IBM - PC 兼容机的软件开发出来，从而推迟产品投放两个月。经计算，这一推迟的成本近似为 960 000 美元。开发团队宁愿等待的理由是：在驱动器一旦可获得就立即供应的条件下，它（开发团队）可以在所有打印机驱动器就绪前推出产品。宝丽来公司的胶卷开发团队估计开发一种新的打印介质至少需要 1 年的时间和不低于 100 万美元的开销。开发团队认为这些时间和预算的追加并不能保证打印尺寸和质量的提高，而开发新介质本来是希望做到这一点的。最后，开发团队感到只要向该组增加一名工程师和一名技术员，产品的可靠性就可得到极大的提高。这一措施预期将给剩下的项目增加大约 10 万美元的花费。开发团队注意到只要能使销售量增加 0.6%，这项投资就是合理的。可靠性被确认为顾客的关键需求，所以开发团队不畏困难，选择追求较高的可靠性。

15.4.3 定量分析的局限

财务模型和敏感性分析是支持产品开发决策的有力工具，但是这些方法有很大的局限。学术界有人主张为了将规则和控制引入产品设计过程，严格的财务分析是必要的。但批评者指出定量分析存在下列问题：

- **它仅关注可测量**。像 NPV 这样的定量方法强调并依赖于可测量的量，而很多影响产品开发项目的关键变量很难准确测量。实际上，定量方法鼓励在可测资产上投资，而抑制在无形资产上的投资。
- **它依赖于假设和数据的正确性**。产品开发团队很可能被看起来很精确的 NPV 计算结果所迷惑，因而产生一种安全感。财务分析，如我们在这一章里已进行的分析，似乎对产品开发项目的价值做出了准确评估。然而这样的“准确”一点也不意味着准确。虽然，我们可以为产品开发项目设计出一个将项目 NPV 值精确到小数点后 5 位的高度精深的财务模型，但如果模型的假设和数据不正确，那么计算得出的结果就不可能正确。不妨看看 CI - 700 开发时间敏感性例子里关于产品销售期是固定的这一假设，该假设是有用的，但它的完整性极易受到质疑。事实上，不同的假设可能得出截然不同的结果。
- **官僚作风降低生产力**。财务分析的批评者断定这些行为提供的高水平规则和控制是以牺牲产品开发生产力为代价的。按照批评者的说法，扩大的计划和检查只能使一个构思巧妙、良好工程化的产品在产品市场入口关闭之后投放市场。潜在的产品开发时间消耗在分析和会议的准备上。这种计划和检查的积累效果是使开发过程成为泡影。

这些关注总的来说是合理的。然而，我们的看法是：这些情况在很大程度上与盲目应用定量分析的结果有关，或是由财务分析与已经存在的令人窒息的官僚作风相结合所引起的。我们反对那种仅仅因为盲目应用定量分析的结果可能会产生问题就认为不能做定量分析的观念。更进一步地说，开发团队应该了解这种方法的长处和局限性，且应对模型如何工作及模型所基于的假设有全面的认识。而且，定性分析（下一节将讨论）可以弥补定量分析的一些固有不足。

15.5 步骤4：考虑定性因素对项目成功的影响

许多影响开发项目的因素，由于很复杂和不确定，很难量化。我们将这样的因素看做“定性因素”。在提出定性分析的概念框架后，我们将以 CI－700 为例说明如何进行定性分析。

考虑有关 CI－700 项目的以下问题：从开发 CI－700 所获得的知识具有溢出效益吗？它对宝丽来公司的其他开发项目有益吗？美元兑日元的汇率会有重大波动以致改变零部件的成本吗？

我们的定量模型，在一些较宽泛的假设下，暗含了对这些问题和其他问题的解释。模型假设：项目团队做出的决策对项目团队外的集团行为无影响，或者外部力量不能改变项目团队的行为。模型的这一重要假设对许多其他财务模型是普遍的，并且被称为“其余情况均不变”（其他条件等同）假设。

15.5.1 项目与公司、市场和宏观环境的相互作用

由项目团队做出的决策一般确实对整个公司、竞争者及消费者，甚至对市场运行所依赖的宏观经济环境有重要影响（见图表 15—15）。类似地，开发项目外的事件和行为经常对它的价值有重大影响。定性分析主要关注这些相互作用。定性分析最基本的方法是考虑：（1）项目与整个公司的相互作用；（2）项目与产品未来市场间的相互作用；（3）项目与宏观环境的相互作用。

图表 15—15　**开发项目所处的环境**

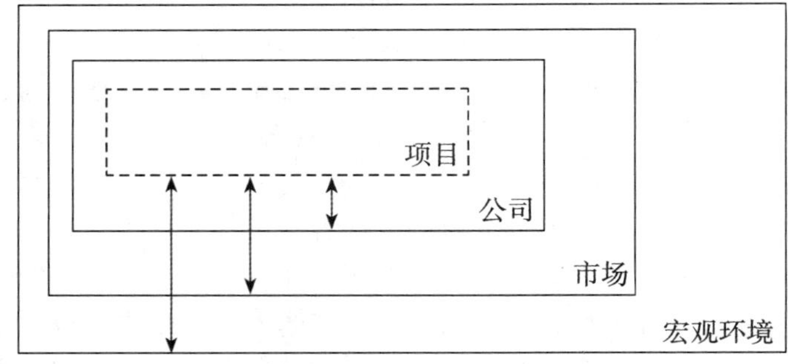

项目与整个公司的相互作用　定量模型所包含的一个假设是，如果项目利润最大化，那么公司的利润也会最大化。然而，开发决策必须将公司作为一个整体来考虑才能做出。项目与公司间的两个主要的相互作用是外部性和战略适应。

- **外部性**：外部性是公司一个部门的行为对另一部门所产生的不可定价的成本或收益影响，成本是负的外部性，收益是正的外部性。正外部性的一个例子是，一个项目的开发学习可能会对现在的或将来的其他项目有益但费用却由该项目承担。其他项目如何计量这样无成本的收益？该项目如何计量这些不仅对本身有益，且对现在或将来的其他项目有益的资源消耗？
- **战略适应**：开发组的决策不仅必须对项目有利，而且还必须要与公司的技术

和竞争战略保持一致。例如，建议中的新产品、技术或性能与公司的资源和目标适应情况如何？它与公司强调的技术优势一致吗？它与公司强调的独一无二性一致吗？

由于外部性和战略适应的复杂性和不确定性，很难将其量化。但这并不意味着对这些问题不予考虑，反而必须对其定性地予以考虑。参见第 3 章“产品规划”关于各种项目的一些策略规划问题的讨论。

项目与市场间的相互作用 我们仅将价格和销售量作为主要的外部因素给予明确的模型化。实际上，我们已将市场的作用与反作用视为恒定。为了对项目价值进行准确地模型化，我们必须放宽“其余情况均不变”这一假设，而认识到开发团队的决策影响市场、市场事件也将影响开发项目。市场环境不仅受开发团队行为的影响而且还受其他集团行为的影响：

- **竞争者：**竞争者可能提供直接竞争产品或提供替代品进行间接竞争。
- **顾客：**顾客的预期、收入或口味可能会变化，这些变化可能是独立的，或为互补品或替代品市场的新情况所驱使。
- **供应商：**为新产品提供输入的供应商受他们自身市场竞争的压力影响，这些压力可能间接通过价值链影响新产品。

这些集团间的作用与反作用经常影响预期价格和销售量，但是它们同样可能有第二层的效应。例如，假设有这样的一个竞争者，它具有快速的产品开发循环且似乎以市场份额而不是以短期盈利为目的，很明显这样的一个新竞争者的加入会改变我们的预期价格和销量。进一步，作为回应，我们可能会加速我们自己的开发努力。这样，竞争者的行为不仅可能对我们的销量预测有影响，而且也影响到我们已计划好的开发进度。

项目与宏观环境间的相互作用 我们必须放宽“其余情况均不变”的假设，以便将主要的宏观因素考虑在内。

- **主要经济变化：**影响开发项目价值的主要经济变化是汇率的变化或输入品价格的变化。
- **政府规章：**新的规章可能会毁掉一个产品开发机会。另一方面，一个行业规章结构的改变可能也会孵化出全新的行业。
- **社会倾向（趋势）：**同政府规章一样，新的社会关注，如不断加强的环保意识，会毁掉已存在的行业或创造新行业。

宏观因素可能对开发项目价值有重要影响。然而，它们的效果因其固有的复杂性和不确定性很难用量化的模型来表达。

CI－700 产品开发团队在开发产品过程中遇到许多定性问题。我们在此提供宝丽来公司开发团队遇到的三个主要定性问题，并描述这些问题对项目的影响。这些例子不仅说明了定量分析的局限性，也说明了定性分析的重要性。

15.6 进行定性分析

对大多数项目团队来说，最适合的定性分析法是简单地考虑和讨论项目与公司、市场及宏观环境间的相互作用。然后，开发团队在参考定量分析结果的情况下考虑这些相互作用以及决定在开发速度、开发费用、制造成本及产品性能等方面最适合的相关侧重点。下面我们提供了有关 CI－700 的三个定性分析的例子。

在我们认为这一非正规方法最适合用于开发团队级决策的同时，还有更结构化的方法可供利用。战略分析、博弈论和情景分析法也能对进行这些分析有所帮助。

15.6.1 例 1：替代品价格的下降

彩色激光打印机是 CI－700 的一个替代产品。虽然彩色激光打印机比 CI－700 贵得多，但它们可通过制定一个宝丽来公司所能负担的最高限价来限制 CI－700 的潜在市场。在 CI－700 开发过程中，彩色激光打印机制造商取得了几个重要的技术突破，这些突破使得制造商能够以相当低的价格提供彩色激光打印机。宝丽来开发团队面对一个变化了的竞争环境，这一变化是其他集团引起的，并使 CI－700 财务模型的基本假设失效。

这个例子非常明确地表明，不能孤立地考虑 CI－700 项目。最初的销售量预测包含了有关彩色打印机市场的假设，但由于彩色打印机技术上的进展，这些假设失效。虽然彩色激光打印机的技术突破很难预测，但定量分析有助于 CI－700 开发团队了解项目价值对这些进展的敏感性。通过利用模型估计 NPV 对销售量的敏感性，开发团队能够很快掌握项目价值的变化量。结合定量分析和定性分析，使得开发团队确信为了使项目保持可行性，它们不得不将开发进行得更快一些且不得不进一步降低产品的价格。

15.6.2 例 2：互补品市场上竞争的加剧

对 CI－700 的需求与个人计算机（PC）的价格密切相关。之所以说 PC 机是 CI－700的互补品是因为，PC 机价格的下降会导致 CI－700 的需求增加。PC 机价格下降即可增加 PC 机的销售量，也使得购买者能够购买附加的外围产品，如 CI－700。这样 PC 机价格的下降将提高 CI－700 项目的价值。

在 CI－700 开发项目进行过程中，由于新加入者的进入和经济衰退，PC 机市场的激烈竞争进一步加剧。在这种情况下，宝丽来开发团队面对一个产品竞争环境的变化。定量分析帮助 CI－700 开发团队了解项目价值受到了怎样的影响。通过利用模型估计 NPV 对销售量变化的敏感性，开发团队能够很快掌握项目价值的变化量，它们希望这个变化量能够部分抵消来自彩色打印机价格下降的压力。

15.6.3 例 3：创建好的平台产品的“选择”价值

由于 CI－700 是宝丽来公司制造这类产品的第一个产品，开发团队认识到它们的许多开发决策将影响将来可能产生的潜在产品链。例如，将来产生的产品能够围绕同一个基础技术“平台”来制造的难易程度依赖于 CI－700 项目的设计决策。开发团队为了有利于将来产生的潜在产品，可能选择增加开发经费和开发时间，即使这样做从单个产品来看可能会没有经济意识。然而，开发团队选择了快速推进 CI－700 的开发而没有为迁就将来的模型而采取特别的努力。它们认为，将来的市场如此不确定以至于不能及时投放市场的风险超过了该产品作为将来产品的一个平台的潜在用途。

15.7 小　结

产品开发团队在开发过程中必须做出许多决策，经济分析对于这些决策的做出是一个有用的支持工具。

- 经济分析方法包括4个步骤：

（1）建立一个基本财务模型。

（2）进行敏感性分析以了解财务成功与模型的主要假设及变量之间的关系。

（3）利用敏感性分析以了解项目的权衡取舍。

（4）考虑定性因素对项目成功的影响。

- 在商务上广泛应用NPV法进行定量分析，这一方法使产品开发团队客观地对待项目与决策。至少，他们必须进行创建切实可行的项目计划表和预算这一流程。财务模型提供了一种定量地了解项目主要利润动因的方法。
- 定量方法（如财务模型及分析）依赖于关于外部环境的假设。这些环境是经常变化的且可能受开发团队决策或其他不可控因素的影响。并且，很自然地，定量分析仅考虑了可测量的因素；然而，许多影响项目的主要因素是高度复杂或不确定的以至于很难量化。
- 定性分析强调那些难以量化问题的重要性，特别是项目与公司其他部分、市场及宏观环境间的相互关系。
- 总之，定量分析和定性分析能够帮助开发团队确信他们做出的开发决策是经济合理的。

参考文献

在互联网上，可以经由：www. ulrich – eppinger. net 获得许多最近的资源。

Bayus 提供了对产品开发时间和产品性能要素之间中方案的有趣分析，参见 Bayus, Barry L.，"Speed – to – Market and New Product Performance Trade – offs," *Journal of Product Innovation Management*, Vol. 14，1997，pp. 485 ~497。

为了以通行的财务观念彻底地回顾现金流技术以及选择理论，请参考公司财务方面的经典文章：Breale，Richard A.，and Stewart C. Myers，*Principles of Corporate Finance*，eighth edition，McGraw – Hill，New York，2005。

Smith 和 Reinertsen 已经很详尽地讨论过如何对开发时间建立经济学模型，参见 Smith，Preston G.，and Donald G. Reinertse，*Developing Products in Half the Time*，New Rules，New Tools，Second Edition，Wiley，New York，1997。

许多管理文献都批判了商学院和 MBA 项目的不合理之处。他们特别地批判了 MBA 对折扣现金流等定量技术的过分依赖。下面是一个阐述这个观点的有趣的案例，参见 Linder，Jane C.，and Jeff Smith，"The Complex Case of Management Education"，*Harvard Business Review*，September – October 1992，pp. 16 ~33。

Michael Porter 的战略分析技术现在已经成为商学院学生的标准方法之一。他 1980 年的战略分析论文非常具有影响力。在他 1985 年出版的著作中，Porter 提出了情景分析的通用结构化方法，皇家荷兰壳牌公司在此基础上研究了不正确性下的分析技术，参见 Porter, Michael E. , *Competitive Strategy: Techniques for Analyzing Industries and Competitors*, The Free Press, New York, 1980; Porter, Michael. , *Competitive Advantage: Creating and Sustaining Superior Perfoumance*, The Free Press, New York, 1985。

我们可以用博弈论分析竞争的相互理论。Oster 从微观经济学角度提出了一个战略分析和博弈论观点，参见 Oster，Sharon M. , *Modern Competitive Analysis*, Oxford University Press，New York，1999。

Copeland 和 Antikarov 提供了对“真实选项”的详尽处理方法以及具有不确定性和“决策点”的项目分析。参见 Copeland，Tom，and Vladimir Antikarov，*Real Options: A Practitioner's Guide*，Texere，New York，2003。

练　习

（1）列举即使定量分析显示 NPV 是负的，而公司仍选择进行产品开发的 5 个理由。

（2）建立一个定量模型以分析自行车车灯的开发和销售。假设在 5 年内能以每件 20 美元的价格（批发价）每年销售 20 000 件，且每件制造成本为 10 美元。假设生产启动成本为 20 000 美元，营销和服务成本每月 2 000 美元，开发期为 12 个月。对这样的一个项目合理的开发费用是多少?

（3）为练习（2）所描述的案例计算选择标准。

思考题

（1）如果产品的创造者仅仅依赖一个定量财务模型来评判他们的努力的话，你认为产品开发会取得成功吗？这些产品具有什么特征?

（2）一个关于产品引入推迟影响的模型是，销售仅简单地依时间向后推移；另一个模型是部分销售将被排除在“机会窗口”之外且永远失去进入市场的机会。你能为延长产品开发时间所造成的影响提出其他模型吗？这种延长是否可能有利?

（3）你将如何用定量分析方法对一个正在开发并将在几年内引入的整个系列产品的经济性能进行描述?

附录 A：资金的时间价值和 NPV 法

净现值（NPV）是一个直观且作用很大的概念。从本质上看，NPV 仅是对“今天的 1 美元比明天的 1 美元更值钱”这一事实的一个认识。计算 NPV 即计算一些将来收入或费用的今天的价值（现值）。比如说银行单位时期的利率是 8%（将单位时期看做一个季度或一年可能很有用），如果我们今天在一个利率为 8% 的时期内投资100美元，那么银行在一个时期以后该付多少？如果我们以r代表利率，c代表投资量，则一个时期后收到的数量将是：

$$(1+r)\times c=(1+0.08)\times 100=1.08\times 100=108\text{（美元）}$$

这样，如果我们在一个利率为8%的时期内投资100美元，我们将在这一时期结束时获得108美元。换句话说，今天的100美元与下一个时期的108美元等值。

现在，假设我们已在一个利率为r的时期内进行了一定投资C′，比如说一个时期后，收回100美元（利率为8%），那么我们最初的投资是多少？只要我们进行前一个例子的逆运算，即可求得最初投资C′：

$$(1+r)\times C'=100\text{（美元）}$$

$$C'=\frac{100}{1+r}=\frac{100}{1+0.08}=\frac{100}{1.08}=92.59\text{（美元）}$$

这样，如果我们在一个利率为8%的时期内投资92.59美元，在该时期结束时我们将获得100美元。

我们已说明了今天的1美元如何比明天的1美元更值钱。虽然今天的100美元就值100美元，但是下一个时期收到的100美元值今天的多少美元？答案正如我们在最后一个例子中所表明的那样——是92.59美元。换一种方式说，在利率为8%的情况下，下一个时期收到的100美元现值为92.59美元。所以，现值就是在将来的某个时期收到的收入或支出的费用以今天的美元计价。

现在让我们看看在更长时期内8%利率的情况下投资100美元的情形：

1个时期：$(1+r)\times C=(1+0.08)\times 100=108$（美元）

2个时期：$(1+r)\times(1+r)\times 100=(1+0.08)^2\times 100=116.64$（美元）

3个时期：$(1+r)\times(1+r)\times(1+r)\times 100=(1+0.08)^3\times 100=125.97$（美元）

正如我们先前做的那样，让我们来求在1个时期，2个时期，3个时期后将来收到100美元的3个独立投资的现值：

1个时期：$(1+r)\times C'=100$（美元）

$$C'=\frac{100}{1+r}=\frac{100}{1+0.08}=\frac{100}{1.08}=92.59\text{（美元）}$$

下1个时期收到100美元的现值为92.59美元。

2个时期：$(1+r)\times(1+r)\times C'=100$（美元）

$$C'=\frac{100}{(1+0.08)^2}=85.73\text{（美元）}$$

2个时期后收到100美元的现值为85.73美元。

3个时期：$(1+r)\times(1+r)\times(1+r)\times C'=100$（美元）

$$C'=\frac{100}{(1+0.08)^3}=79.83\text{（美元）}$$

3个时期后收到100美元的现值为79.38美元。

我们求出了这3个独立投资的现值。让我们换一种提法，假设我们有一个投资将要在1个时期末，2个时期末，3个时期末时各付出100美元，那么该投资今天值多少？答案就是各自现值的简单加和，即257.70美元。现值的和称为净现值或NPV，NPV就是所有现金流入和所有现金流出现值之和。现金流出的现值恰是等量现金流入的相反数。

我们能够以一个简便的公式来总结现值的计算。从现在算起，t个时期后收到（或支出）一定C的现值（PV）是：

$$PV = \frac{C}{(1+r)^t}$$

一些计算器有一个特殊的 PV 函数可对 PV 做快速计算。计算机电子表格程序如 Lotus1－2－3 和 Microsoft Excel 有特殊的财务函数来自动计算 PV，这些特殊函数所要求的信息是将来付出的数量、利率、投资的时期数目。

我们应该使用什么利率？

使用的“利率”（也称“折现率”）是我们自己或我们公司的“资金机会成本”，它之所以被称为“机会成本”，是因为将资金投资于该项目而放弃了其他投资项目的回报。换种方式说，折现率就是投资者因接受延期付款而要求得到的回报。具有正 NPV 项目的获利必定比资金的机会成本多，并且这样的项目是一个“好的”投资项目。注意，很多公司在它们的所有投资决策中用一个恒定的利率。20 世纪 90 年代早期，大多数公司使用的利率在 10%～20% 之间。

沉没成本与 NPV 计算无关

在进行产品开发决策时，已经发生的成本称为“沉没成本”。由于沉没成本是过去的无关的流出，它们不影响现在或将来的决策，所以计算 NPV 时它们应被忽略。为了澄清这一点，让我们考虑一个常见的关于“削减我们的损失”的观点的例子：“我们已花了 6 亿美元和 9 年的时间，却没有拿出产品，你们让我赞同再投 9 000 万美元？简直是疯了！”虽然这种观点听起来可能合乎逻辑，但事实上已花的钱对是否再花 9 000 万美元的决策并不重要。重要的是，追加 9 000 万美元的投资将获得多少额外利润。假设产品销售的预期利润是 3.5 亿美元，让我们看看两种选择的 NPV（假定所有的数值均是现值，单位为百万美元）：

“削减我们的损失”		“再投资 9 000 万美元”	
追加投资：	0	追加投资：	－90
产品销售利润：	0	产品销售利润：	350
“削减损失”决策的 NPV：	0	“追加投资”决策的 NPV：	260
总投资：	－600	总投资：	－690
项目总回报：	－600	项目总回报：	－340

因为“投资”决策有正的 NPV，该公司应继续进行追加投资。很明显，该公司在两种情况下项目将均有损失，已经花费的 6 亿美元是一个沉没成本并且不应影响投资或削减损失决策。当然，沉没成本的观点是一个被冷落的分析方法。俗语说：“沉没成本仅与使它们沉没的经理有关。”长期保持负回报的项目经理可以发现：沉没成本与他们获得未来项目支持的能力极其相关。

附录 B：现金流入和现金流出估计中的不确定性

产品开发项目面临许多风险，如我们可能认为某一特定新产品的单位制造成本是 40 美元，然而成本既可能比这高也可能比这低，我们不能确切知道，除非产品已实际制造出来。我们为新产品做了销售预测，但这些预测依赖于（其他事情）我们的竞争对手何时将他们的产品投放市场，而我们也不会知道这些信息，除非他们的产品已实际投放市场。这些特别针对一个项目的各种不确定性被称为“项目特别风险”。

项目特别风险应如何加以考虑？一些开发团队在折现率中加入一个“弹性因子”以抵消产出的不确定性。然而，这样的弹性因子永远是武断的，并且经常因现金流的预测不恰当而被使用。更糟的是，折现率中的弹性因子可能会被无变化地同时应用于确定性现金流和不确定性现金流。通常，开发团队因不想面对糟糕产出的真实可能性而使用弹性因子。

开发团队应该对现金流进行现实的预测以代替用如此武断的方法调整。为了了解不确定因素对可能产出的所有影响，预测应该以细致的敏感性分析为补充。总之，项目特别风险仅应在预期现金流中考虑而不应在折现率中考虑。

注意，还存在另一种类型的风险，即“市场风险”，它不是“项目特别风险”。市场风险源于这样的事实：存在经济范围内的危险威胁所有的商务和项目。如何对这样的市场风险加以考虑？虽然有关于计算市场风险的整套图书，但从我们的目的出发，以提高折现率的方式对市场风险进行计算便已足够：市场风险通常将导致折现率的膨胀。

1. 场景分析

有时项目团队面临一些离散的场景，这些场景可以清晰地预测，并对项目结果具有直接和重大的影响。例如，某团队已经就一项新颖而特别的产品概念申请了专利。如果专利获得批准，那么团队将面临比专利未获得批准时少很多的竞争威胁。这两个场景可以作为“决策树”而建立模型，如图表 15—16 所示（在这种情况下，并不存在外显的决策，而是一个不确定过程的结果。该图知识由于惯例而被称为决策树）。树的两个树枝代表了团队想象的两个场景。可以就两个场景分别分析项目的现值。团队还可以对每个场景分配一个概率。具有这些输入之后，团队就可以针对这两个可能的场景分别计算项目的预期净现值：

$NPV = P_a \times PV_a + P_b \times PV_b$　　其中，$P_a + P_b = 1$

对图表 15—16 中决策树所给出的情况：

PNV = 0.60 × 6 500 000 + 0.40 × 1 500 000 = 4 500 000（美元）

对可以想象离散的、互不关联的场景，同时这些场景具有本质不同的现金流时，这种分析是适合的。

图表 15—16　　**可以预测两个单独场景的情况**

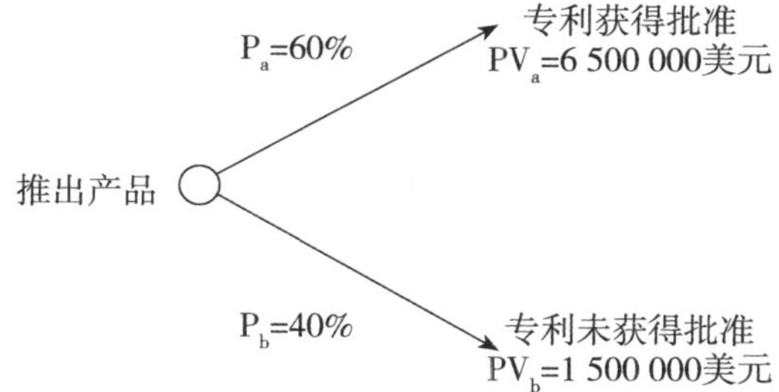

2. 具有决策点的场景分析

在分析产品开发项目时，团队应该认识到，大多数项目可以根据最新信息而中止或改向。这样的决策点可以发生在重大的变革或审查的时候。这种扩张或收缩一个项目的柔性在经济上是很有价值的。这种具有投资更改能力的决策点的概念，被称为“真实选择”分析的整个领域的学科。Copeland 和 Antikarow（2001）提供了对该学科的详细处理。这里我们提供一种考虑具有决策点场景的方法。

考虑图表 15—17 所描述的场景。一个团队正在考虑推出一种全新类型的产品，而这恰好是处于具有内在风险的项目。团队可以就这么推出产品，然后祈祷成功，也可以花一些时间和金钱在市场中测试该产品。如果团队向市场测试进行投资，那么团队将有可能发现产品根本就不能生存，从而在这种情况下团队有可能选择中止项目。另一方面，团队也可能发现市场对新产品反映热烈，从而在这种情况下团队将信心十足地，对未来现金流充满更高期望地推出新产品。

图表 15—17 **具有内在风险的项目**

在这种情况中，团队既可以立即推出产品并面对很大的市场风险，也可以测试市场反应，然后再决定是否推出产品。

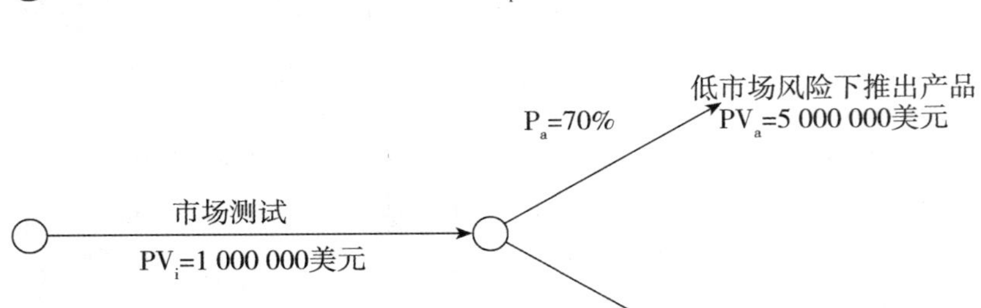

作为一种基本情况，团队将分析不进行调研直接推出产品的价值。假设团队估计成功的可能性很大，该计划的现值为 200 万美元。在继续或中止决策之前进行的市场测试的价值可以按下面的方法计算。在这种情况下，团队花费 100 万美元进行驶调研。在调研后，70% 的机会是团队推出产品并收获正的现金流 500 万美元。另外，30% 的机会是团队将中止项目，从而获得 50 万美元的抢救价值。这样，该项目的净现值为：

$$
\begin{aligned}
NPV &= PV_i + P_a \times PV_a + P_b \times PV_b \\
&= -1\ 000\ 000 + 0.70 \times 5\ 000\ 000 + 0.30 \times 500\ 000 \\
&= 2\ 650\ 000\ (\text{美元})
\end{aligned}
$$

根据这样的估算，由于该净现值超过了不测试直接推出的产品的净现值，所以团队最好还是花 100 万美元进行市场测试。当然还有许多其他因素影响着是直接推出具有高度不确定性的产品，还是进行进一步的调研。经济性建模只是为这种决策提供信息的一个方面。

16 产品开发项目管理

一个微型胶片成像设备的制造商因为要为其一种正在开发的新机器（见图表16—1）设计和提供微型胶卷暗盒而与柯达公司交涉。目标说明书与柯达公司胶卷部先前开发的产品相似，然而与通常24个月的开发时间不同的是，客户要求在8个月内拿到原型暗盒以便在一个交易会上展示，并且生产将在随后的4个月内开始。柯达公司接受了这一挑战，将它的正常开发时间减半并将它的努力称为“猎豹”项目。有效的项目管理是成功完成该项目的关键。

图表16—1　　**“猎豹”微缩胶卷暗盒**

（伊斯曼—柯达公司授权）

除了最简单的产品，其他所有产品的开发都包含许多人，以完成多种不同的任务。成功的产品开发项目将产生高质量、低成本的产品，同时能有效地利用时间和资金以及其他资源。项目管理就是为了获得这些目标而对资源和任务进行计划和协调的行为。

项目管理行为发生在项目计划和项目执行过程中。编制项目计划涉及为项目任务制定进度表和决定资源要求。项目计划在概念开发阶段就首先被制定出来，但它是动态的，并将在开发全程中不断演化。

项目执行涉及在面对无法避免的不可预见事件和新信息不断出现的情况下协调和推进完成项目所需的大量的任务。执行同计划一样重要，许多开发小组失败是因为它们在项目进行过程中没能继续专注它们的目标。

本章共有5节。我们首先提出任务依赖性和进度安排的基本原理，在这一过程中以三个工具来描述任务间的关系；在第2节我们将说明如何应用这些原理来编制一个有效的产品开发计划；在第3节我们将提出一套快速完成项目的准则；接着，我们将讨论项目的执行；最后，我们提出有关项目评价和持续改善的流程。

16.1 理解和描述任务

一个产品开发项目涉及成百项甚或上千项任务。这一节将讨论相互作用着的任务的一些基本特性——这些特性是项目的“基本成分”。我们也提出描述一个项目任务的 3 种方法。

16.1.1 串行、并行和耦合任务

图表 16—2 显示了“猎豹”项目的 3 类任务，任务以方框表示，任务间的依赖性以箭头表示。我们所用的这种表示方法是从产品开发的信息处理的角度或数据驱动的观点出发的，因为大多数依赖关系包括任务之间的信息（数据）传递。如果 A 任务的一个输出是完成 B 任务所需要的话，那么我们称任务 B 依赖于任务 A，这一依赖性以一个从 A 任务指向 B 任务的箭头表示。

图表 16—2　　3 类基本的任务依赖性：串行、并行和耦合

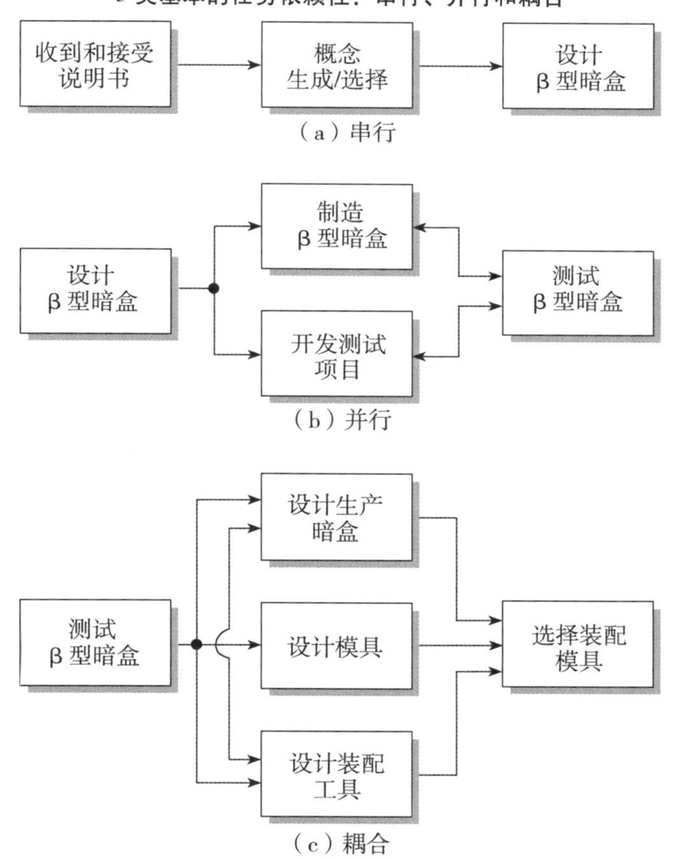

图表 16—2（a）显示了 3 个任务，其中有两个任务依赖于另一个任务，这些任务是“串行的”，因为这些依赖性包含有任务必须相继完成的顺序（注意，当我们说任务必须按顺序完成时，我们并不是说后面的任务不能在前面的任务完成前开

始。通常，后面的信息可以在有部分信息时开始，但是只能在前面的任务完成后才能完成）。图表16—2（b）显示了4个开发任务，中间2个任务仅依赖于左边的任务，但并不相互依赖；右边的任务依赖于中间的2个任务。我们称中间的2个任务是“并行的”，因为它们都依赖于同一个任务且又相互独立。图表16—2（c）显示了5个开发任务，其中3个是“耦合的”。耦合任务相互依赖，要完成每一个任务都需要其他任务的结果。耦合任务不是必须以相互持续交换信息同时完成，就是必须以重复的方式来执行。当耦合任务以重复的方式来完成时，这些任务的解决需在对试探性结果理解的基础上一步步进行，而每一项任务在开发小组达成一致的解决方案之前很可能将重复一次或多次。

16.1.2 设计结构矩阵

“设计结构矩阵（design structure matrix，DSM）”是描述和分析任务依赖性的一个很有用的工具，这一表述方法最初由Steward于1981年在分析设计参数描述时提出，最近在任务级上被用于分析开发项目（Eppinger，1994，2001）。图表16—3显示了猎豹项目的一个14种主要任务的DSM（柯达公司的实际计划包括100多项任务）。

图表16—3　**柯达公司“猎豹”项目的简化DSM**

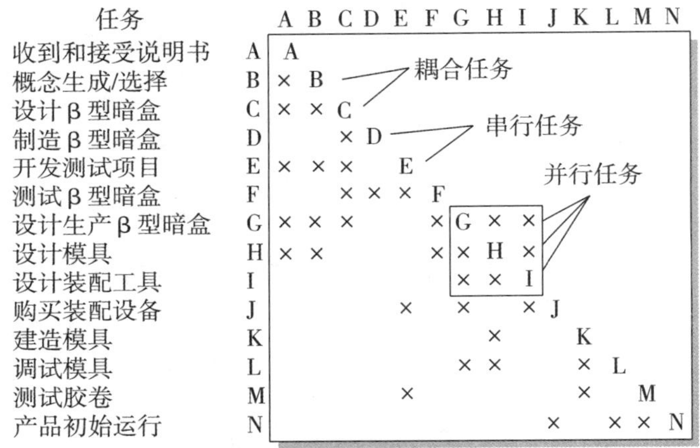

在一个DSM中，项目的任务被排成一行和一个相应的列，行和列按相同的顺序排列，但一般地讲，只有行标有任务名称。一行（对应一个任务）标有符号“×”，表示它依赖于“×”所在的列代表的其他任务。从一行横看过去就是为完成该行代表的任务所依赖的所有任务；从一列由上往下看就是哪些任务接收来自该列所代表的任务的信息。对角元素通常以圆点或任务标签填充，这仅是为了将矩阵的上边和下边三角区域分隔开来以便于查找依赖性。

DSM在任务按它们将要执行的顺序排列时最有用。大多数情况下，这一顺序与为串行依赖性所约束的顺序相对应。请注意，如果DSM中包含串行依赖任务，那么任务的先后排列应使得矩阵是一个下三角阵；也就是说，没有符号标记在矩阵的上三角区出现。出现在上三角区的符号标记有特殊的重要性，它意味着一个较早的任务依赖于一个较迟的任务。一个上三角区标记意味着两个具有串行依赖性的任务次序倒置，在这种情况下任务的次序可以更改以减少上三角区的符号标记。然而，当没有一个任务排序能减少上三角区标记时，该标记揭示出两个或更多个任务是耦合的。

改变任务顺序被称为“分割”。存在简单的算法可对 DSM 进行分割以使任务尽可能按其串行依赖性排序。查看一个已分割的 DSM 可以发现哪些任务是串行的，哪些是并行的，哪些是耦合的并且将要求同时解决或重复。在一个已分割的 DSM 中，如果任务行仅含有对角线以下的标记符号，那么说该任务是一个串行任务组的一部分；如果任务间无符号连接则表示两个或多个任务是并行的；需要注意的是，耦合任务用对角线之上的符号标识。图表 16—3 展示了 DSM 如何揭示所有的 3 类任务。

更复杂的 DSM 使用方法已经成为麻省理工学院在 20 世纪 90 年代的研究课题。许多这种工作已经将这种方法应用于更大的项目和更复杂系统的开发，如汽车和飞机。解析方法已经被用于帮助理解复杂任务耦合的作用（Smith 和 Eppinger，1997a，1997b）；用来预测可能的项目完成时间和成本的分配（Cho 和 Eppinger，2001）；用来辅助进行基于产品结构的组织设计（Eppinger，1997）。

DSM 的使用者们发现，对 DSM 方法中项目任务图示的创造性使用在规划和执行阶段对项目经理来说十分具有指导意义。

16.1.3 甘特图

描述任务进度的传统工具是“甘特图”。图表 16—4 是“猎豹”项目的一个甘特图，这种图包含一个水平时间线，它是通过画出代表每一任务从开始到结束的水平条绘制而成的，每一水平条已填充部分代表该任务已完成部分。图表 16—4 中的垂线代表当前日期，因此我们可直接看出，D 任务落后于进度，而 E 任务提前完成。

图表 16—4　　**“猎豹”项目的甘特图**

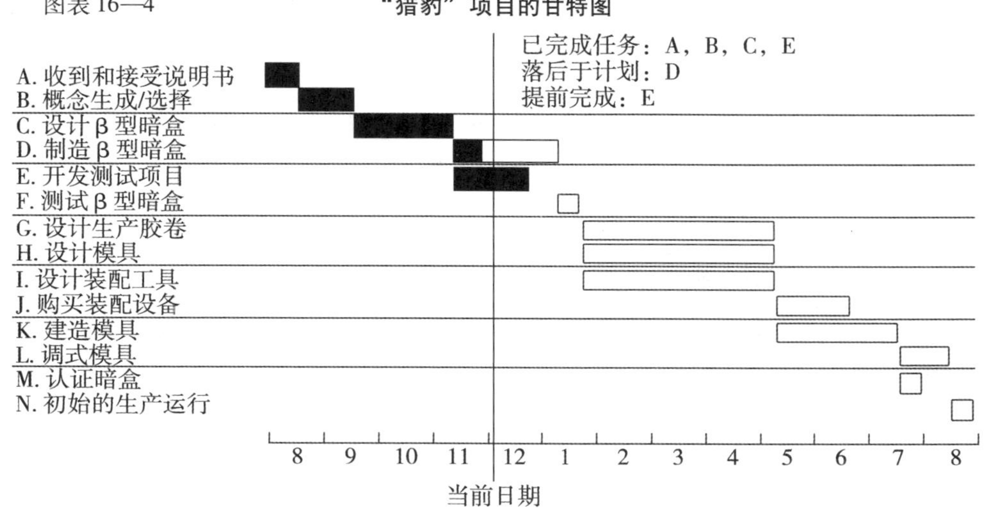

甘特图没有明确显示任务间的依赖性。任务间的依赖性限制了任务进度的安排，但并不能完全决定进度。依赖性决定了哪些任务必须在其他任务开始前完成、哪些任务可并行完成。如果在甘特图中两个任务在时间上有重叠，则他们通常不是并行的就是耦合的。在制定项目进度时并行任务也可能在时间上重叠，因为它们彼此不依赖；耦合任务必须在时间上重叠，因为它们必须同时或以重复的方式进行。

16.1.4 PERT 图

PERT 图（项目评审技术，又称网络图法）明确地描述了任务的依赖性和进度要求，实际上组合了包含于 DSM 和甘特图中的一些信息。虽然有许多形式的 PERT 图，我们却偏好采取“结点行为”形式的 PERT 图，它与人们最熟悉的块状图相一致。图表 16—5 为“猎豹”项目的 PERT 图，该图方块中既标有任务又标有任务的预期完成时间。请注意，PERT 图描述不允许有循环或反馈，所以不能明确地表明耦合关系。作为结果，耦合任务 G、H 和 I 被组合成一个任务。PERT 图的画法惯例是，任务间的所有连接必须从左向右进行，以指明任务能被完成的时间的相继性。当方块的大小与项目的时间成比例时，就像甘特图那样，PERT 图也可以用来表示项目的时间计划。

图表 16—5 **“猎豹”项目的 PERT 图**

A. 收到和接受说明书 B. 概念生成/选择 C. 设计 β 型暗盒 D. 制造 β 型暗盒 E. 开发测试项目 F. 测试 β 型暗盒 G. 设计生产 β 型暗盒	H. 设计模具 I. 设计装配工具 J. 购买装配设备 K. 建造模具 L. 调式模具 M. 认证暗盒 N. 开始生产运行

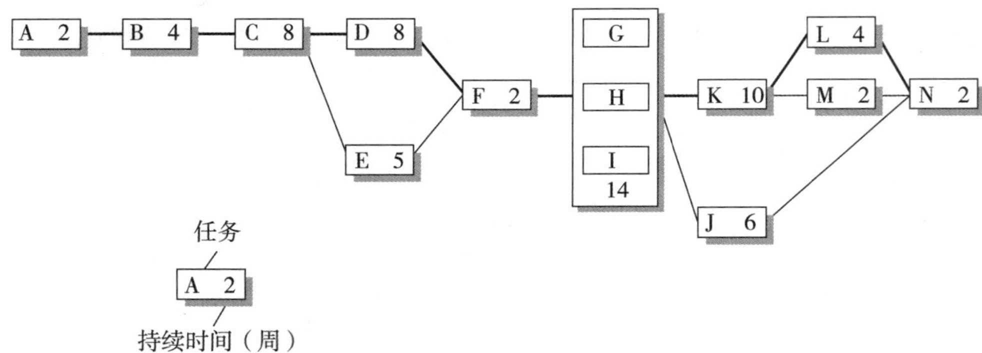

16.1.5 关键路径

由于任务间的依赖性，有的任务可串行安排，有的可并行安排，这导致了“关键路径（critical path）”概念的引入。关键路径是一组单一串行任务的组合，完成该组合所需的时间为所有任务的最小可能完成时间。让我们以图表 16—5 中所描述的项目为例，不是 C—D—F 串行路径就是 C—E—F 串行路径确定了完成 C、D、E 和 F 四项任务所需要的时间。在这个例子中，C—D—F 路径需要 18 周，C—

E—F 路径需要 15 周，因此整个项目的关键路径包括 C—D—F。该项目的关键路径在图表 16—5 中以粗线表示。确定关键路径很重要，因为任何一个“关键任务”的延迟都将会使项目周期延长。所有其他路径均有一定的“松弛性”，即一个非关键任务的延误，不会必定造成整个项目的延误。图表 16—4 显示任务 D 落在计划进度之后，由于任务 D 是关键路径，这一延迟如果不加以更正，将导致整个项目的延期完成。

有几种软件包可用于绘制甘特图和 PERT 图，这些程序还可以求解关键路径。

16.2 基准项目计划

项目计划是后续开发努力的指路图，它对协调后续任务和估计所需开发资源及时间很重要。对项目计划编制的一些测度发生在产品开发早期，但该计划在概念开发阶段结束、指定重要开发资源用途之前最重要。这一节将提出编制基准项目计划的方法。在建立基准后，开发组考虑它是否应修改计划以变更已计划好的时间、预算或项目范围。作为概念开发阶段与项目计划阶段结束的结果是签订（编制）“合同书”。

16.2.1 合同书

我们建议，合同书应该记录项目计划和开发过程的概念开发阶段的成果并形成文件。合同书的概念是由 Wheelwright 与 Clark 于 1992 年具体提出的。使用“合同”这个词在于强调该文件代表了开发组和公司高层管理者之间就项目目标、方向及所需资源所达成的一项协议。有时合同书确实要由项目组主要成员和公司的高层经理签字。图表 16—6 是一个合同书项目表，以及本书讨论这些内容的章节。

图表 16—6　**一个中等复杂程度的合同书项目表**

项　目	大致页数	参见章节
任务阐述	1	3
顾客需求清单	1~2	4
竞争分析	1~2	3，4，5，7，8
产品说明书	1~3	5
产品概念大纲	1~2	6，10
概念验证报告	1~2	8
销售预测	1~3	8，15
经济分析	1~3	15
制造计划	1~5	11
项目计划		
任务列表	1~5	2，16
设计结构矩阵	2~3	14
开发组成员和组织	1	2，16
进度表（甘特图和/或 PERT 图）	1~2	16
预算	1	16
风险领域	1	16
项目成效测试计划	1	16
激励	1	16
总页数	18~38	

在以下的小节里，我们将讨论项目计划的要素：项目任务清单、开发组成员和组织、项目进度表、项目预算和项目风险领域。

16.2.2 项目任务清单

我们已经介绍过了项目由大量任务组成。编制项目计划的第一步是列出组成项目的任务。对大多数产品开发项目，开发组都不可能非常详细地列出每一个任务，因为以后的开发行为含有太多的不确定性。然而，开发组将能够在一般详细程度上列出它们关于剩余任务的最好估计。为了在项目计划编制过程中发挥最大的作用，任务清单应包含 50 ~ 200 项。对于小项目，比如开发一个手工工具，一般来说每一任务对应于一个人一天或两天的工作量；对中等规模的项目，比如开发一个计算机打印机，每一任务对应于一个小组一周的工作量；对于一个大型项目，比如开发一辆汽车，每一任务可能对应于整个部门或小组一个月或更长时间的工作量。对于大型项目，这种水平的每一任务可能会被看做关于它自身的开发项目，并有它自己的项目计划。

生成任务清单的一个有效方法是，考虑剩余开发阶段的每一阶段的所有任务。对于一般的开发过程来说，概念开发结束后所剩的阶段有：系统级设计、详细设计、检测和细化、生产启动准备（见第 2 章“开发流程和组织”）。在某些情况下，目前的开发努力可能与前一个项目十分相似，这时来自前一个项目的实际任务是新任务清单的一个良好起点。“猎豹”项目与以前十几个项目十分相似，因此开发组确定项目任务时没有困难（它面临的挑战是快速完成它们）。

在列出所有任务之后，开发组开始评估完成每一项任务所需的工作量。工作量通常依据项目的大小以人—小时、人—天或人—周为单位计量。请注意这些估计反映的是开发组成员不得不花到任务上的“实际工作时间”，而不是开发组期望这项任务所需要的“日历上流逝的时间”。因为完成任务的速度影响必须花在任务上的总工作量，这些估计体现了有关开发组将以怎样的速度尝试完成任务的基本假设。这些估计一般来自过去的经验或开发组有经验的成员的判断。“猎豹”项目的任务清单见图表 16—7。

16.2.3 开发组成员和组织

项目组是完成项目任务的个人的集合，这个组是否有效率取决于个人广泛的多样性和组织的因素。Smith 和 Reinertsen 于 1997 年提出 7 条准则作为开发组完成产品开发任务速度的决定因素。从我们的经验来看，这些准则同样能较好地预测项目组在其他许多方面的表现。这 7 条准则是：

（1）项目组不多于 10 个成员；

（2）成员自愿加入项目组；

（3）成员从概念开发到产品开始生产期间一直为项目工作；

（4）成员在项目组中全日制工作；

（5）成员直接向项目组领导负责；

（6）项目组应至少包括营销、设计和制造等主要功能；

（7）成员的座位在彼此可交谈的距离之内。

图表 16—7 **“猎豹”项目任务清单**

为了清晰起见，该清单已缩略，实际清单包括 100 多项任务。

任务	估计工作量（人—周）
概念开发	
收到和接受说明书	8
概念生成/选择	16
详细设计	
设计 β 型暗盒	62
制造 β 型暗盒	24
开发测试项目	24
测试和细化	
测试 β 型暗盒	20
设计生产 β 型暗盒	56
设计模具	36
设计装配工具	24
购买装配设备	
制造模具	16
调试模具	24
认证暗盒	12
生产启动	
开始生产运行	16
合计	354

由于很少有项目组能理想化地进行定员和组织，因此这些准则引出以下几个主要问题：项目组应该多大？对于更大的企业开发组应如何组织？项目组应具备哪些功能？一个非常大的项目的开发组如何能表现出一些小项目组的灵活性？这是我们提出的有关项目组规模方面的问题，第 1 章“引论”和第 2 章“开发流程和组织”提出了一些其他有关项目组及其组织的问题。

项目组所需的最少人员数可以用完成项目任务总的估计时间除以项目计划周期来估计。例如，“猎豹”项目估计任务时间为 354 人—周，项目组希望 12 个月（或约 50 周）完成项目，那么项目组最小规模为 7 人。在所有其他条件相同的情况下，小的项目组好像比大的项目组更有效。所以，在理想情况下，一个项目组应由最少人员构成，每一个人都 100% 投入到项目中去。

有 3 个因素使得实现这一理想很困难。第一，完成项目经常需要专业化技能。例如，“猎豹”项目的一个任务是设计模具，而模具设计师是高度专业化的，项目组不能全年使用一个模具设计师。第二，一个或多个项目组成员可能有其他无法回避的职责。例如，“猎豹”项目的一个工程师负责帮助进行前一个项目的生产启动准备，结果最初她只能有一半的时间花在“猎豹”项目上。第三，完成项目任务所要做的工作在时间上是变化着的。一般说来，在开始生产之前工作要求稳步增加，这以后开始逐渐减少。结果为了尽快完成项目，随着项目的开展，项目组一般都不得不扩大规模。

在考虑了专业化人员需求、项目组成员承担其他义务的现实情况及适应工作量先增后减的需要后，项目领导在同他或她的管理者协商后，确定项目组的全部职员及每个职员加入项目组的大概时间。虽然项目组成员在一些情况下仅指定专业领域（如模具设计师、工业设计师），但只要有可能，应指定姓名，“猎豹”项目的成员见图表 16—8。

图表 16—8　**“猎豹”项目成员（数字以全职时间的近似百分数表示）**

人员 \ 月份	1	2	3	4	5	6	7	8	9	10	11	12
项目领导	100	100	100	100	100	100	100	100	100	100	100	100
进度协调员	25	25	25	25	25	25	25	25	25	25	25	25
顾客联络员	50	50	50	50	25	25	25	25	25	25	25	25
机械设计师 1	100	100	100	100	100	100	100	100	50	50	50	50
机械设计师 2		50	100	100	100	100	100	100	50			
CAD 技术人员 1		50	100	100	100	100	100	100	100	50	50	50
CAD 技术人员 2				50	100	100	100	100	100	50		
模具设计师 1	25	25	25	25	100	100	100	100	25	25	25	
模具设计师 2					100	100	100	100				
装配工具设计师	25	25	25	25	100	100	100	100	100	100	50	50
制造工程师	50	50	100	100	100	100	100	100	100	100	100	100
采购工程师		50	50	100	100	100	100	100	100	100	100	100

16.2.4 项目进度表

项目进度表是项目任务与项目时间线合并的结果，它确定期望项目何时产生重大进展和每一项目任务预期的开始时间和结束时间。项目组利用这一进度表跟踪进展并安排成员间的材料和信息交流。因此该进度表为整个项目组所信赖。

我们建议采取以下步骤建立一个基准项目进度表：

（1）用 DSM 或 PERT 图确定任务间的依赖性；

（2）在时间线上对项目关键里程碑进行定位；

（3）在考虑项目定员和其他重要资源的情况下，制定任务进度表；

（4）调整重大里程碑的时间安排以使其与任务所需要的时间相一致。

项目重大里程碑作为制定进度表活动的支撑点非常有用。一般里程碑事件包括设计评审（又称阶段评审和设计门槛）、综合化原型（如 α 原型、β 原型）和贸易展示。因为这些事件几乎需要来自开发组的每个成员的输入，所以它们作为集成的强力约束和进度表的支撑点。一旦在进度表上设计好里程碑，就可以在这些里程碑之间安排各项任务。

“猎豹”项目进度表是通过将典型的项目阶段扩展为近百项的一组任务发展而来的。主要的里程碑节点包括：概念认可、β胶卷暗盒原型测试、交易会展示和生产启动。这些行为的关系和关键路径已用PERT图和甘特图进行了文件化。

16.2.5 项目预算

虽然许多公司都有标准的预算表格用于申请和批准，但预算表习惯上用一张简单的表格来计算和提供。主要的预算项目有人员、材料与服务、项目专用设施和项目外资源花费。

对大多数项目来说，最大的预算项目是人工成本，如“猎豹”项目的人工成本占总预算的80%。人工成本可直接从项目定员计划推导出来：以“满工作量”的工资率乘以职员花在该项目上的估计时间。“满工作量”的工资包括职员津贴和管理费，它一般是项目组成员实际工资的2~3倍。许多公司仅用1个或2个不同的工资率来描述项目的人工成本。产品开发项目的平均职员成本的范围是2 000美元~5 000美元每人—周。假设猎豹项目平均成本为3 000美元每人—周，则354人—周工作量的总成本是1 062 000美元。

在开发项目早期，时间和成本的不确定性很高，有关预测准确性可能仅在30%~50%以内；到项目后期该不确定性下降到5%~10%。因此为应急，预算应留有一定的余地。“猎豹”项目预算的总体情况如图表16—9所示。

图表16—9　　**“猎豹”项目预算概况**

生产工具和设备算制造成本不作为开发项目预算的一部分；此处隐去了柯达公司的真实数字。

项　　目	金额（美元）
员工工资	
354人—周（以3 000美元/周）	1 062 000
材料和服务	125 000
原型模具	75 000
外部资源、咨询	25 000
差旅费	50 000
小计	1 337 000
应急（20%）	267 400
总计	1 604 400

16.2.6 项目风险领域

项目很少确切地按计划执行。有些与计划的偏差很轻微，它们对项目执行影响很小或只要做些许调节即可解决；其他偏差可能引起重大延误、预算超标、产品性能低下或高制造成本。通常开发组可事先就可能出错的事情即项目的风险领域集中列一张清单。

我们建议在确定每一项风险后，项目组应评价风险的等级，然后确定为使风险最小化项目组所要采取的行动。在编制项目计划活动中明确确定风险，除能推动项目组以最小的风险工作外，在项目后期还可帮助项目组使异常情况数目最小化(这些异常情况发生时项目组不得不同它的高层管理者流通)。"猎豹"项目的风险领域见图表16—10。

图表16—10 **"猎豹"项目风险领域**

风　险	风险水平	最小化风险行动
变更顾客说明书	中	●让顾客涉足细化说明书过程 ●与顾客一道评估更改的时间和成本损失
暗盒设计供给特性不佳	低	●由机加工零件建立早期功能原型 ●在微缩胶片机上测试原型
模具制造车间延误	中	●在5～6月保留25%车间能力
需要模具重新加工的模具问题	高	●部件设计时让模具制造者和设计师加入 ●进行模具填充计算机分析 ●建立部件设计的设计规则 ●在概念开发阶段结束时再选择原材料

16.2.7 基准计划的调整

基准计划体现了对于项目应以多快的速度完成、产品性能和成本目标及应用于项目的资源等方面的假设。完成一个基准计划后，项目组应考虑是否应该重新审视某些假设。特别地，开发组可能经常选择在开发时间、开发成本、产品制造成本、产品性能和风险间进行交替互换。例如，有时一个项目可通过花更多的钱以更快的速度完成。某些这样的权衡可以用第15章"产品开发项目的经济分析"中描述的经济分析法定量地探求。对修改基准计划最普遍的需求是压缩进度，因此我们将在下一节讨论项目组加快项目进度的途径。

16.3 加速项目进程

产品开发时间通常是编制项目计划和执行项目过程中首要考虑的因素。这一节提出了一套加速产品开发项目进程的准则，虽然有一些准则能够在开发项目全程中应用，但大多数准则仅用于项目计划阶段。在一个项目开始前使之加速比努力促进一个已执行的项目容易得多。

第一组准则是应用于整个项目的。

- **尽早启动项目**。提前一个月开始一个项目与提前一个月完成项目同样重要，并且在开发正式开始之前，项目组工作起来经常无多大紧迫感。例如，关于通过项目计划和评审合同书的会议经常被成周地延误，因为安排有高层管理者参加的会议非常困难。在项目开始时的延误与生产启动阶段同样的延误所要付出的代价是完全相同的。尽早完成项目最容易的方法是尽早启动项目。

• **控制项目范围**。在开发进行过程中存在一个自然倾向，即将额外的特征和性能加到产品中去。考虑到时间的敏感性，它可能生成一个没有市场的雅致产品。训练有素的项目组和组织有能力"冻结设计"并将进一步的改进留给下一代产品。

• **促进重要信息的交流**。正如在 DSM 描述中显示的那样，产品开发小组内部必须进行大量的信息传递。每项任务所产生的信息均会有一个或多个内部用户。对于小的项目组，经常的信息交流相当自然，且这种交流可通过项目组会议和配置项目组成员得以促进。大的项目组为了促进快速和经常的信息交流可能需要更高的结构化。由 DSM 所揭示的耦合任务块确定了对深入细致的信息交流的特殊需要。计算机网络和日新月异的软件技术为加强较大开发组间的这种交流提供了一定的保障。

第二组准则的目标是减少完成关键路径上的任务所需要的时间。这些准则来自这样的事实，即减少完成项目所需要的时间的唯一方法是缩短关键路径。请注意为缩短关键路径而配给额外资源的决定应基于加速整个项目的价值之上。对于一些项目，关键路径的时间每减少一天，可能值几十万，甚至几百万美元。

• **更快地完成关键路径上的单个任务**。认知关键路径的好处是，它使得项目组能集中精力于这一极其重要的一连串任务上。关键路径一般仅代表整个项目的一部分，因此为更快地完成一个关键任务而增加的额外花费通常能够很容易地做到物有所值。有时更快地完成关键任务只需简单地确定一个任务是关键任务，以使它获得特殊注意即可。请注意，加速完成关键任务可能引起关键路径的变化，从而把原先的非关键任务包括进来。

• **集成安全时间**。项目中每个任务的估计时间通常包括一定量的"安全时间"。这种时间包括经常出现但是无法预测的执行过程中的任务延迟。通常的延迟包括：等待信息和批准，其他任务或项目的中断，以及任务比预期要困难得多。Goldratt（1997）估计考虑安全因素将使任务完成的名义时间加倍。尽管安全时间被加到预期项目时间中以考虑随机延迟，但是这些估计在任务执行中仍将变成目标，这意味着任务极少能提前完成，许多任务会超时。Goldratt 建议把关键路径中每个任务的安全时间去掉，并将关键路径中的所有安全时间集成到项目时间计划末端的一个单一的项目缓冲区中。由于延长任务时间的需要只是随机发生，实际上只有一部分任务需要使用项目缓冲区中的时间。这样，单一的项目缓冲区要比每个任务时间估计中的安全时间的总和要小，关键路径就可以更快地完成。实际上，项目缓冲区只需在缩短后的关键路径时间进行到一半时开始。Goldratt 已经将这些思想发展为一种项目管理方法，称为"关键链"。除了项目缓冲区，这种方法还采用供给缓冲区来防止非关键任务由于延迟而进入关键路径，从而保护关键路径。每个供给缓冲区集成了非关键路径任务的安全时间。图表 16—11 表示了项目和供给缓冲区的应用。

• **完全排除某些关键路径任务**。仔细检查关键路径上的每项任务并询问它是否能够被除去或是否能以另一种方式完成。

• **清除对关键路径资源的等待延误**。关键路径上的任务有时因等待某一紧俏资源而延误。等待时间经常比完成任务所需要的实际时间还长。当从供应商处采购特殊组件时，因等待而延误的现象特别突出。在这种情况下，从整个开发项目考虑，购买卖主生产系统的一部分生产能力以促进原型部件的制造可能会非常经济，尽管孤立看待这一支出似乎是奢侈的。在其他情况下，行政任务（如采购单的批准）可能成为瓶颈。因为在过去的暗箱开发项目中定期预算的批准曾引起过延误，所以"猎豹"项目的领导早早开始主动寻求必要的签字以免妨碍整个项目组的活动。

图表 16—11　**关键链方法将关键路径的安全时间集成到项目缓冲区中**

供给缓冲区防止了关键路径的延迟。在这种情况下，对每个任务给出了其名义任务时间（以天计算），关键路径以粗箭头连接关键任务来表示。

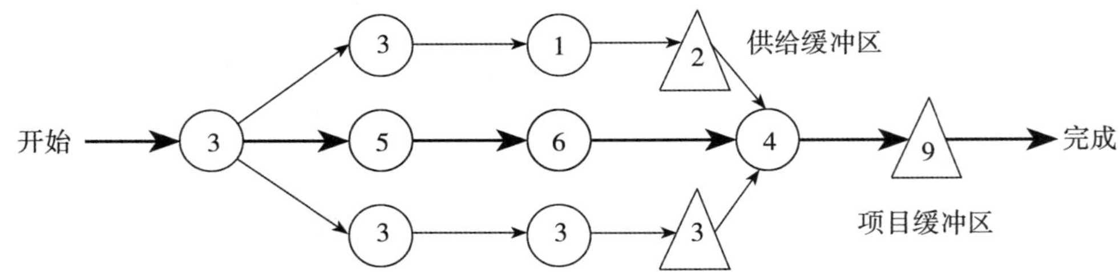

• **使选择的关键任务重叠**。通过修改关键路径上任务间的串行依赖关系，任务有时可以部分重叠或并行执行。在某些情况下，这可能需要对任务进行重要的重新定义甚至改变产品结构（关于产品结构引起的依赖性请参见第 9 章"产品构造"）；在其他情况下，使任务重叠仅需简单地在名义串行任务间更早和更频繁地传递部分信息即可。Krishnan（1996）提供了选择不同重叠策略的概述。

• **大型任务的流水线作业**。"流水线作业"策略即通过将单一的大型任务分解成多个更小的任务，使这些小任务的结果能在完成时向下传递。例如，寻找和认证很多产品部件的供应商过程可能很花时间且如果不尽早完成，甚至会耽误生产启动。与整理出完整的物料清单之后采购部才开始对供应商进行资格认证的不同做法应该是，每确定一个采购部就认证相应的供应商。流水线作业实际上使得名义上串行任务可重叠。

• **外协某些任务**。项目资源限制是很普遍的，当一个项目为资源所限时，将任务分配给一个外部公司或公司内另一个团队可能对加速整个项目的进行很有效。

最后一组准则是以更快地完成耦合任务为目的。让我们重温一下，耦合任务指的是那些因相互依赖而必须同时或重复完成的任务。

• **快速进行更多的重复**。在完成耦合任务中的大量延误是由一个人向另一个人传递信息并等待回应所造成的。如果重复循环能更频繁地完成，那么耦合任务能够更快地完成。在"猎豹"项目中，机械工程师与模具设计师一道密切工作，而模具设计师又与模具制造者一道密切工作。在许多情况下，这三部分人各有一台计算机终端以交换设计如何从三个不同方面获得进展的想法。

• **非耦合化任务以避免重复**。通过采取行动非耦合化任务，经常能够减少或排除重复。例如，通过在设计过程早期明确定义两个相互作用组件间的接口，两个组件剩下的设计工作可独立、并行进行。定义接口可能事先花一些时间，但可避免后来的重复可在时间上获得净节省（请参见第 9 章“产品构造”关于建立接口以使组件开发独立进行的讨论）。

- **考虑各种解决方案**。重复包括产品设计发展中的信息交换。在某些情况下，使用一个范围或组合的值而不是某一点的设计参数的估计值，会有助于耦合项目的更快收敛。研究者最近介绍了在丰田公司的同步工程中的应用这种基于组合的方法的情况（Sobek 等，1999）。

16.4 项目执行

即使是一个计划周详的项目，要想得到平稳顺利地执行，也需要小心谨慎。执行项目有三个问题特别重要：（1）什么样的机制可用于对任务进行协调？（2）如何评价项目状况？（3）项目组能够采取什么行动以修正令人讨厌的对项目计划的偏离？我们将在这一节解决这些问题。

16.4.1 协调机制

在产品开发项目全过程中需要对项目组不同成员间的行动进行协调，行动需要协调是任务间依赖性的自然产物。由不可预见事件和新的信息引起的项目计划不可避免的更改，也需要进行协调。不适当的信息交流及有关组织交叉功能合作障碍都可能使协调非常困难，项目组用于解决这些困难促进协调的机制有以下几种：

- **非正式交流**：从事同一个产品开发项目的项目组成员可能每天与另一个成员交流数十次。许多这样的交流是非正式的，它们可能因某人需要办公或一个请求信息的电话而自动中断。良好的非正式交流是打破个人及组织交叉功能合作障碍的最有用的机制之一。非正式交流可通过确定开发组同一工作领域中的核心成员得到大大加强。Allen 已于 1977 年揭示了交流的频度与物理间隔成反比，且当人们彼此相隔超过几米时交流迅速下降的道理（见图表 16—12）。从我们的经验来看，当人们之间彼此相当熟悉时，电子邮件甚至语音邮件也是促进非正式交流的有效方式。
- **会议**：对项目组来说，最基本的正式交流机制是会议。大多数项目组至少每周正式开一次会，许多项目组每周开两次会，还有些项目组每天开一次会。具有同一工作地点的项目组比那些成员在区域上分离的项目组需要举行的正式会议要少。花在信息交流上的会议时间不能花在完成其他项目任务上。因此为了使花在会议上的时间最少，那些每天举行会议的项目组都站着开会以强调希望会议尽快进行。控制会议长度的其他方法包括准备一个书面议程、指定专人主持会议和在午饭或一天快要结束、人们渴望下班时举行会议。我们建议项目组会议应定时定点举行，以免在安排会议和通知成员开会时间及地点上花额外的时间。
- **计划进度显示**：项目执行中最重要的信息系统是计划进度表，通常是 PERT 图或甘特图。大多数成功的项目均有一个专职的人负责监察进度计划。对于小型项目，这个人一般是项目组的领导；大一些的项目一般指定专人而不是项目领导对计划进度进行日常的监测和更新。在“猎豹”项目上，柯达公司指定了一位兼职项目分析员，以保持进度计划每周更新一次并向项目组领导报告情况。项目组了解进度规划准确性的重要性，因此对这方面的工作非常合作。进度计划更新通常显示在甘特图上（见图表16—4）。

图表16—12　**交流频度与间隔距离**

此图反映的是具有一个组织关系（如属于同一个产品开发组）的个人间的交流规律。

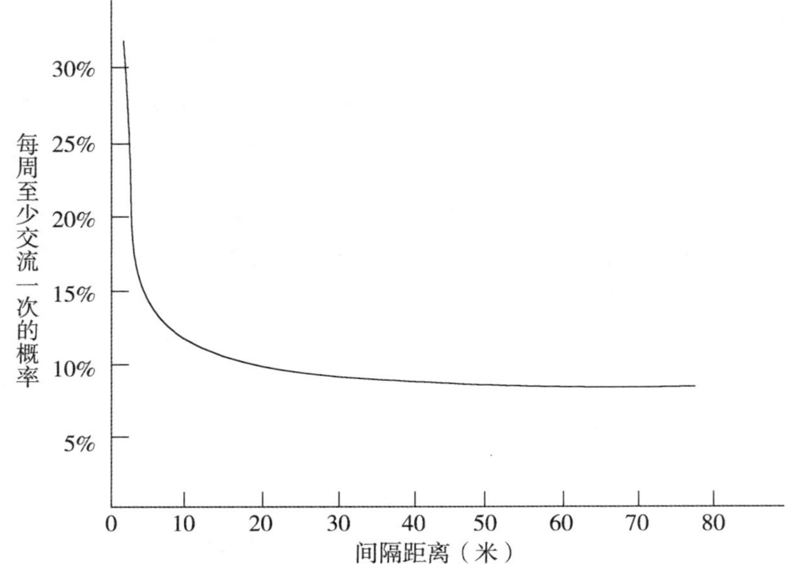

资料来源　Thomas J. Allenm, *Managing the Flow of Technology: Technology Transfer and the Dissemination of Technological Information within the R&D Organization*, MIT Press, Cambridge, MA, 1977。

- **每周更新：**每周情况备忘录由项目领导人书写并以书面、电子表格甚或语音邮件形式通常在周五或周末过后向整个项目组发布。备忘录通常有1～2页，并列出过去一周的主要完成情况、决策和事件，同时它也列出接下来的一周的主要事件，有时它附有一个更新的进度计划表。
- **激励：**许多基本的组织形式，如采用部门绩效观点的部门型组织，可能会限制跨部门的团队成员的生产合作。基于项目绩效标准的方式激励了团队成员更全身心地投入到项目中去。项目经理和部门经理共同考核与提升、赞扬和奖金挂钩的个人绩效，体现了项目结果是最重要的（参见第2章“开发流程和组织”，其中有关于不同组织形式的讨论，有项目型、部门型和矩阵型组织）。
- **过程文档：**本书所提出的每一种方法均有一个与之相联系的信息系统，它有助于项目制定决策和生成文件（我们所说的信息系统指的是项目组用于信息交流的所有结构化方式，而不仅仅是项目组使用的计算机系统）。例如，概念选择法使用两个概念矩阵来记录和实施选择过程。类似地，每一种其他的信息系统同样既用于促进流程步骤的逻辑执行也用于记录结果。图表16—13列出了用于开发过程各阶段的一些重要的信息系统。

图表 16—13 **用于辅助产品开发决策制定、促使项目组意见一致及信息交流的信息系统**

开发活动	使用的信息系统
产品规划	产品组件图
	技术标示图
	产品—过程变化矩阵
	集成资源计划
	产品规划
	任务书
顾客需求确定	顾客需求清单
概念生成	功能图
	概念分类树
	概念组合表
	概念描述和大纲
概念选择	概念筛选矩阵
	概念评分矩阵
产品说明书	需求率矩阵
	竞争水准图
	项目清单
系统设计	纲要图
	几何设计
	分化设计
	共同性设计
细节设计	材料清单
	原型计划
工业设计	美学/人机工程学重要性审查
产品开发经济分析	NPV 分析表
项目管理	合同书
	任务清单
	设计结构矩阵
	甘特图
	PERT 图
	人员配置矩阵
	风险分析
	每周情况备忘录
	缓冲区报告
	项目事后报告

16.4.2 评价项目

项目领导和高层经理要有能力评价项目状况以了解是否需要采取修正行为。在中等规模的项目中（比如少于 50 人），项目领导能相当容易地评价项目状况。项目组领导可通过正式项目组会议评价项目状况，也可通过非正式渠道收集信息来评价。领导由于常常与项目组交换意见、与成员开会以克服难题，因而能够观察到项目所有的信息系统。一个项目组也可以从核心组外雇一个专家来评审项目状况。这些评审的目的是突出风险领域并且产生解决风险的想法。

由高层经理实施的项目评审是另一种评价项目进展的普遍方法，这些评审一般在每一开发阶段的结尾进行，且是项目的主要里程碑，这些事件不仅使高层经理知道项目状况而且能促使大量的各种开发任务结束。这些评审并不只是有用的里程碑，能加强项目的执行，它们也可能妨碍项目的执行。不利的结果来自花太多的时间准备正式的（评审）报告、与繁忙的经理们制定评审计划的延误及评审人员对项目具体细节的干涉。

关键链方法采用了一种新的方式来监控项目进度。仅仅监控项目缓冲区和供给缓冲区（上面已经扼要叙述过），项目经理就可以迅速评估每条路径的关键性和估计项目的完成时间。如果任务消耗项目缓冲区的速度比关键路径完成的速度快，项目就有逾期的风险。因此缓冲区报告以关键路径和其他供给路径的进展情况提供了项目状态的简明近况。

16.4.3 校正行为

在发现一个不良的与项目计划的偏离后，项目组会试图采取纠正行动。问题几乎总是显示潜在的进度拖延，因此大多数纠正行动与阻止潜在的延误有关。可能的行动包括：

- **改变会议进度或频率：** 有时简单地将每周例会改为每日例会，会提高项目组成员间信息流的“驱动频率”，进而能够更快地完成任务。这一点对于那些还没有驻扎在同一地点的项目组尤其正确（如果项目组在区域上高度分散，开会可能消耗大量的路上的时间）。有时简单地将每周例会从星期二早上移到星期五下午将增加项目组“在本周做完它”的紧迫感。
- **改变项目人员：** 项目组人员的投入、技能和能力在很大程度上决定项目的执行。当项目组定员不足时，通过增加必要的人员有时能够使执行速度加快；当项目组超编时，通过减少人员有时也能够使执行速度加快。请注意在项目结尾阶段若令人恐慌地增加人员可能导致项目完成的延误，因为增加的协调要求可能超出人力资源的增加。
- **将项目组聚在一起：** 如果项目组在区域上分散，一个加快项目执行的方式是将项目组定位于同一工作地点，这一行动总是能增加项目组成员间的交流。一些“虚拟同处一处”的方法可能通过电子邮件或电视会议技术来实现。
- **要求项目组投入更多的时间和精力：** 如果一些项目组成员的精力被分配于几

个项目，则通过解除他们的其他职责可加快项目的执行。更不要说，高效能的项目组的成员每周在项目上付出多于 40 小时。如果一些关键任务需要额外的努力，大多数尽职尽责的项目组为了完成工作都愿意奉献几周每天工作 14 个小时的时间。然而，不要期望大多数项目组成员在每周进行 60 小时或 70 小时工作的情况下，仍不会疲劳和“筋疲力尽”。

- **集中更多精力于关键任务：**通过定义可知，关键路径是由一个任务序列组成的。当这一路径可通过增加额外的人手得以攻克时，项目组可能选择暂时放下一些或全部非关键任务以保证关键任务的及时完成。
- **雇用外部资源：**项目组可以雇用外部资源，如一个咨询公司或供应商，来完成某些开发任务。当一组任务能够明确定义和协调要求不严格时，雇用外部公司来完成一般很快且相对经济。
- **改变项目范围或进度：**如果所有的其他努力均无法纠正不良的与项目计划的偏离，那么项目组只有缩小项目范围或者是延缓项目进度。当然这些改变需要保持项目计划的可信赖性和有用性。

16.5 项目后评估

在项目已完成后对其执行情况进行评价，这对个人和组织的提高很有用，这种评审经常被称为“项目事后评估”，尽管许多更友好的名字比较合适（Smith，1996）。项目事后评估通常是一场关于项目计划和执行优缺点的无限制讨论，有时外部咨询员或公司内的非项目人员也可以参与讨论。以下几个问题可以帮助引导讨论：

- 项目组完成了任务说明书所明确表达的任务了吗？
- 项目成效的哪些方面（开发时间、开发成本、产品质量、制造成本）最应受肯定？
- 项目成效的哪些方面最应受批评？
- 哪些工具、方法和惯例有损项目的成功？
- 项目组遇到了什么难题？
- 采取什么特殊行动可改善项目成效？
- 学到了什么特殊的技术教训？组织的其他部分如何共同汲取这些教训？

准备一份项目事后评估报告是项目正式终止的一部分，这些报告被用于未来项目的计划阶段，以帮助项目组成员知道期待什么和帮助确定应避免哪些陷阱。这些报告也是研究所在公司产品开发实践的一种很有价值的历史数据来源。与项目文件（尤其是合同书）一道，它们提供了观察每一项目的“之前和之后”的窗口。

对于“猎豹”项目，项目后讨论由核心组的 6 个成员参加并持续了两个小时，一个咨询员促进了该讨论。项目准时完成，除了那些有超前性的计划表外，讨论大多集中在项目组做了些什么使项目得以成功这一问题上。评价小组认为对项目成功最重要的贡献因素是：

- 对一个项目组领导的授权；

• 有效的项目组难题的解决方法；
• 强调严格执行进度表；
• 有效的交流链；
• 多个功能部门的充分参与；
• 充分利用暗盒的前期经验；
• 使用 CAD 工具进行交流和分析；
• 对制造能力的较早了解。

“猎豹”项目组也确定了一些改善的机会：

• 利用三维 CAD 工具和塑料模具分析工具；
• 顾客更早参与设计决策；
• 工具设计和生产系统设计集成的改善。

16.6 小 结

成功的产品开发需要有效的项目管理。本章的主要思想有：

• 项目由彼此间的依赖性而连接在一起的任务组成。任务间的依赖性可以是串行、并行或耦合的。

• 最长的互相依赖的任务链就是关键路径，它决定了项目可能完成的最短时间。

• DSM 可用来描述依赖性；甘特图用来描述任务的进度；PERT 图同时描述了任务的依赖性和进度且经常被用于计算关键路径。

• 编制项目计划产生一份任务列表、一份项目进度表、人员要求、一份项目预算和一份风险评价。这些项目是合同书的关键元素。

• 在制定项目计划过程中最有机会加速项目进度。有很多方法能使开发项目完成得更快。

• 项目执行包括协调、进展评价和采取行动以解决与计划相左的偏离。

• 评价项目的成效可激励和促进个人及组织的提高。

参考文献

在互联网上可以从 www. ulrich - eppinger. net 获得许多最新资料。

有许多关于项目管理的基础性文献，尽管它们当中的大多数并不是集中讨论产品开发项目的。在大多数的项目管理书籍中，包括 Kerzner 的经典文献，都论述了 PERT，CPM 和甘特图设计技术。Kerzner 也讨论了项目人员配置、计划、预算、风险管理和控制，参见 Kerzner，H.，*Project Management：A Systems Approach to Planning，Scheduling，and Controlling*，ninth edition，Wiley，New York，2005。

一些作者发表了关于产品开发方面的文章。Wheelwright 和 Clark 在论述团队管理和其他项目管理问题时比较有深度，参见 Wheelwright，Stephen C.，and Kim B. Clark，*Revolutionizing Product Development：Quantum Leaps in Speed，Efficiency and Quality*, The Free Press, New York, 1992。

设计机构矩阵（DSM）最早由 Steward 在 20 世纪 70 年代提出。最近，埃平格已经把这个方法用于工业项目计划和装配，他在他的 MIT 研究小组中应用它，参见 Steward, Donald V., *Systems Analysis and Management: Structure, Strategy, and Design*, Petrocelli Books, New York, 1981。

Eppinger, Steven D., et al., "A Model – Based Method for Organizing Tasks in Product Development", *Research in Engineering Design*, Vol. 6, no. 1, 1994, pp. 1 ~ 13; Smith, Robert P., and Steven D. Eppinger, "Identifying Controlling Features of Engineering Design Iteration," *Management Science*, Vol. 43, No. 3, March 1997, pp. 276 ~ 293; Eppinger, Steven D., "A Planning Method for Integration of Large – Scale Engineering Systems," *International Conference on Engineering Design*, Tampere, Finland, August, 1997, pp. 199 ~ 204。

Krishnan 提出了一个重叠进行顺序任务的框架结构，解释了在什么情况下把预先定义的信息更好的从逆序转化为顺序，何时在初期更好地冻结逆序任务，参见 Krishnan, Viswanathan, "Managing the Simultaneous Execution of Coupled Phases in Concurrent Product Development," *IEEE Transactions on Engineering Management.* Vol. 43, No. 2, May 1996, pp. 210 ~ 217。

Goldratt 发展了项目管理的关键链方法。这个方法把每一个任务的安全时间合计到项目和通道缓存中，允许通过监视这些缓存来跟踪项目，参见 Goldratt, Eliyahu M., *Critical Chain*, North River Press, Great Barrington, MA, 1997。

Smith 和 Reinertsen 提出了关于产品开发项目的许多方法，这些方法主要集中在团队人员配置和组织上，参见 Smith, Preston G., and Donald G. Reinertsen, *Developing Products in Half the Time*, New Rules, New Tools, Second Edition, Wiley, New York, 1997。

Sobek, Ward 和 Liker 提出了基于"组"的并发工程原则，在这些原则下，产品开发团队考虑可能的设计解决方案的组别，而不是仅仅使用基于"点"去描述展开的设计，参见 Sobek Ⅱ, Durward K., Allen C. Ward, and Jeffrey K. Liker, "Toyota's Principles of Set – Based Concurrent Engineering," *Sloan Management Review.* Vol. 40, No. 2, Winter 1999, pp. 67 ~ 83。

Allen 已经广泛研究过研发组织中的交流问题。这篇文献包括了他对于交流中物理布局影响的基本经验研究结论，参见 Allen, Thomas, J., *Managing the Flow of Technology: Technology Transfer and the Dissemination of Technological Information within the R&D Organization*, MIT Press, Cambridge, MA, 1977。

Kostner 提出了地理上分散的团队的领导问题，参见 Kostner, Jaclyn, *Virtual Leadership: Secrets from the Round Table for the Multi – Site Manager*, Warner Books, New York, 1994。

Markus 解释了除了传统的媒体，譬如面对面的会议之外，电子邮件也能够很好地促进团队成员间的交流，参见 Markus, M. Lynne, "Electronic Mail as the Medium of Managerial Choice," *Organization Secience*, Vol. 5, No. 4, November 1994, pp. 502 ~ 527。

Hall 提出了风险辨别、分析和管理的结构化方法，并且附有软件和系统工程的例子，参见 Hall，Elaine M.，*Methods for Software Systems Development*，Addision Wesley，Reading，MA，1998，又见 Kerzner，1998。

Smith 提出了一个项目回顾和评估的 12 步方法，可以促进产品开发业务正在进行的改进，参见 Smith，Preston G.，“Your Product Development Process Demands Ongoing Improvement,” *Research – Technology Management*, Vol. 39，No. 2，March – April 1996，pp. 37 ~ 44。

练　习

(1) 准备一份晚餐的任务可能包括（括号内为任务正常完成时间）：

- 洗、切蔬菜以做色拉（15 分钟）；
- 拌色拉（2 分钟）；
- 布置桌子（8 分钟）；
- 准备做米饭（2 分钟）；
- 做米饭（25 分钟）；
- 将米饭盛在盘子中（1 分钟）；
- 混合焙盘配料（10 分钟）；
- 进行烘焙（25 分钟）。

请为这些任务准备一个 DSM。

(2) 为练习（1）中的任务准备一张 PERT 图。准备这份晚餐一个人要用多长时间？如果由两个人来完成呢？

(3) 你能用什么策略可加快晚餐的准备？如果你在 24 小时之前考虑晚餐问题，你能采取哪些步骤以减少明天你到家与晚餐开始间的时间？

(4) 访问一位项目经理（不必是产品开发经理），请他（她）谈谈项目成功的主要障碍。

思考题

(1) 当关键路径上的任务（如模具制造）延误时，即使完成项目所需要的总工作量可能保持不变，整个项目的完成也将延误。你怎样评估这样的延误对项目总成本的影响？

(2) 这一章关注于有关任务、依赖性和进度等项目管理中的“硬”问题，那么，与项目管理有关的“软”问题或行为问题有哪些？

(3) 你认为成功领导项目组的人应具备哪些特征？

(4) 在什么情况下加速产品开发项目进度的努力也会导致产品质量的提高和/或降低制造成本？在什么条件下，当项目加速时，产品的这些属性可能弱化？